제3판 원본 복원판

제국의 위안부

제3판 원본 복원판

제국의 위안부

식민지지배와 기억의 투쟁

박유하 지음

뿌리와
이파리

일러두기
1. 일본 문헌의 번역은 특별한 표시가 없는 한 저자의 번역이다. 본문과 인용문의 강조 또한 특별한 표시가 없는 한 인용자(박유하)의 강조다.
2. '위안부' 할머니의 경칭은 생략했다. 일반적으로는 이 명칭에 대한 이의제기를 담아 따옴표를 붙였지만, '조선인 위안부'와 구별하기 위해 따옴표를 쓰지 않은 경우도 있다.

제3판(원본 복원판) 서문

'민주'가 파괴된 분열의 시대에

1.

인생 후반의 한 시기를 법정에서 보냈다. 누구도 예기치 않았던 일이었는데, 그 기간은 11년 1개월에 달했다.

나는 그저 한국에서 일본에 대해 가르치는 한 사람의 학자로서, 눈앞에서 벌어지는 거대한 오해, 그리고 그에 따른 적대와 소모를 줄여보려고 했을 뿐이었다.

당연히, 한국뿐아니라 일본을 향해서도 문제를 지적했다. 그리고 내 나름의 제안을 했다. 일본의 전후는 "'제국'으로서 존재했던—식민지를 만들어 지배했던—점에 대한 반성의식은 '반전'에 대한 반성의식만큼 일본 국민의 공통인식으로 형성되어 있지는 않"(『제국의 위안부』, 312쪽)다고. 그리고 "일본이 '당사자'들의 마음에 와닿을 수 있는 형태로 단지 '반전'만이 아니라 '반지배', '반제국'의 사상을 새롭게 표명하는 것은 한국과 일본 및 아시아를 넘어 세계사적으로도 의의가 깊"(313쪽)다고. 그러니 "(일본에) 사죄의 마음이 있다면 그 마음을 위안부 문제에 담아 주체적으로 표명해달라"(일본어판 서문)고.

그렇게 나는 오랫동안 위안부 문제 해결을 위해 활동해온 대표적 지원단체 정대협(정신대문제대책협의회, 지금의 정의기억연대)과는 다른 방식으로 '일본의 추가 사죄와 보상'을 이끌어내려 노력했다.

하지만 나에게 돌아온 건 대화나 연대가 아니라 고발이었다. 그것도 발간 후 10개월이나 지난 시점에, 정대협 아닌 '나눔의집'에 의해서였다.(왜 그렇게 되었는지는 2018년에 낸 책 『〈제국의 위안부〉, 법정에서 1460일』에 써두었다.)

하지만 정대협 당시 대표도 『제국의 위안부』를 "정대협을 정면에서 비난하기 위해 쓰여진 책"으로 받아들였고, "명예훼손으로 소송을 걸고 가처분신청을 하려고 했었다"니 고발 사태와 무관한 건 아니었다. 정대협 대표가 상담했던 변호사는 처음엔 만류했다지만, 나눔의집이 주체가 된 소송에 결국 원고 측 대리인으로 참여했다.

그러니까 『제국의 위안부』 소송 사태란 기존 위안부 문제 관계자들의 생각에 반하는 생각을 담고 있어 생긴 일이었다. 책을 내고 나서 할머니들을 만나 사죄와 보상에 관한 생각을 들었고, 이듬해 봄에 그때까지 전달되는 일 없었던 위안부 할머니들의 목소리를 사회에 내보낸 것이 직접적인 원인이 되었다. 책의 출판·판매금지를 요구하는 가처분신청이 위안부 할머니에 대한 접근금지까지 포함하고 있었던 건 그 때문이었다.

할머니들의 목소리를 전달하면서 나는 "하나의 생각만이 존중되는 사회, 국가에 그 목소리를 대표시키는 사회는 '다른' 목소리를 가차없이 억압하고 배제하며 스스로를 국가화합니다"(심포지엄 〈위안부 문제, 제3의 목소리〉 발제문 「위안부 문제, 다시 생각해야 하는 이유」, 2014년 4월 29일)라고 말했었다. 하지만 그 직후에 내가 바로 그 상황을 온몸으로 겪게 될 줄은 상상조차 하지 못했다.

2.
고발한 이들은 일본어판이 나와 뜻밖에도 높은 평가를 받게 되자 일본어판마저 삭제해야 한다고 주장했다. 그런 제안에 합의할 수 없어 형사조정이 결렬되자, 검사는 나를 기소했다. 그 직후에 '한일 합의'가 나오자 『제국의 위안부』에 대한 비난과 공격은 한층 더 거세졌다. 심지어 지원단체 주변 학자들까지 나서서 일본어판을 절판하면 소송을 철회해줄 수도 있다며 회유에 나섰다. 사실 일본어판 발간을 저지하려는 시도는 이미 고발 직후부터 있었지만, 일본어판 발간이 고발 이유 중 하나가 되었음을 명료하게 깨닫게 된 건 이때였다.

고발자들은 '박유하가 위안부를 매춘부라 했다'는 주장으로 언론과 전 국민의 비난을 유도했지만, 법정에서 이루어진 원고 대리인과 검찰의 비난은 위안부 문제 해결 방식에 대한 내 제안에 더 집중되어 있었다. 그리고 일본에 '법적' 책임을 지우는 것은 어렵다고 한 나의 말을 '일본의 책임'을 부정했다는 말로 치환했다.

검사는 『제국의 위안부』보다 10년, 15년 전에 낸 책까지 거론하며 어떻게든 내가 국익을 해치는 매국노임을 증명하고 싶어했다. 그 저변에 노골적으로 드러난 건 바람직한 민족 이야기(내셔널 히스토리)에 균열을 낸 '여자'에 대한 강한 분노였다. 위안부 할머니를 위하는 것으로 여겨졌을 검사의 추궁과 힐난을 떠받친 건 '깨끗한 어머니'만 보호하겠다는 심리였다. 그에 반하는, '적'이어야 하는 일본군과 정을 통한 조선인 여성에 대한 혐오와, 아버지를 위해 자신을 희생한 누이에 대한 불편함과, 그런 이야기를 굳이 써서 자신(남성)을 불편하게 만든 나에 대한 분노가, 그를 사로잡고 있었다. 물론 내가 책에서 일본을 비판했다는 사실은 그, 혹은 그들에게 전혀 관심사가 아니었다.

말하자면 검찰이 대표한, 자신이 바라는 '역사 만들기 욕망'이 나를 11년 동안 법정에 가둬둔 셈이었다. 법정에 가둬두는 것을 넘어 감옥에 가둬둘 수 있도록 검사는 인터넷상의 비난은 물론 학자의 책이나 논문까지 나의 "범죄 증거"로 내밀었다.

나는 그저 "복잡한 사안을 복잡한 대로 마주하자"고 했을 뿐이지만, 그들은 나의 제안을 그들 자신에 의해 단순화되었던 '민족' 이야기에 균열을 내는 "방해"(고소장)물로 간주했다.

그렇게 방해물의 '관리'에 나선 고발자와 대리인과 검찰의 뒤를 언론과 국민과 정치가들이 따라나섰다. 심지어 그 맨 앞에 섰던 건 '학자'며 '평론가'라는 이름의 '지식인'들이었다. (구체적 내용은 7년 전에 『〈제국의 위안부〉, 지식인을 말한다』에 써두었다. 이 책과 함께 내는 『11년—꽃다발과 화살』에도 수록했다.)

학자들이 왜곡해 주장한 내용을 원고 대리인과 검사가 법정에서 "범죄사실"이라며 반복하는 어이없는 일이 일어났던 건 그 때문이었다. 그러니까 한 권의 책을 쓴 죄, 검찰이 구형한 '징역 3년형'이란 실제로는 학자들의 '권위'가 만든 형량이었다. 해프닝으로 끝날 것이라던 『제국의 위안부』 재판이 10년이나 이어지게 된 것도 그런 구조가 만든 일이었다. 그 기간 동안 나는 온갖 비난과 조롱은 물론 때로 살해 협박에조차 시달려야 했다.

3.
'다른' 생각을 허용하지 않았던 비민주적 폭력이 일부 재일교포로부터 시작되었고 민주화 투쟁에 앞장섰던 세대가 그에 호응했다는 것이 『제국의 위안부』 소송 사태의 가장 큰 불행이었다. 나는 사실 그들과 많은 부분에서 문제의식을 공유했었고 여전히 공유하고 있으므로. 연구보다 운동이 먼저 시작되었다거나, 구술사 연구가 되어 있지 않았다거나, 역사에 대한 페미니즘 비평이 많지 않았다거나, 문학과 역사의 관계가 충분히 이해되지 않았다거나 하는 정황들도 폭력적인 고발 사태의 배경에 있었다.

하지만 더 큰 문제였던 건 핵심 관계자 사이에서는 공유되던 위안부 문제 인식, 그리고 운동의 또 다른 목표가 외부에는 공유되지 않았다는 사실이었다. 결과적으로, '민중'(국민)을 앞장세웠던 그들은, '역사와 민족'을 자신의 이상대로 구축하기 위해 실제로는 민중을 배제했다.

이 책이 지적한 계급책임과 젠더책임에, 그런 지적에 가장 민감했어야 할 진보학계와 여성학계가 외면하거나 못 본 척했던 건 그 때문이었다. 형사재판 법정에 방청하러 왔던 어떤 이가 "오늘의 공격의 주체는 교수님께서 책에서 비판하셨던 바로 그 가부장적 권력구조의 제도적 폭력과 편협"이라고 간파했던 것처럼, '가부장'들과 유사/명예 가부장들이 합심해『제국의 위안부』사태를 만들었다.

그들이 씌운 멍에를 벗겨내기 위해 나는 법정은 물론 페이스북과 홈페이지를 통해『제국의 위안부』는 고발자들이 주장한 그런 책이 아니라고 오랜 시간 외쳐왔지만, 그들이 심어놓은 인식은 이미 너무 깊이 뿌리내려 있었다. 기존 인식을 수정하거나 한번 찍은 낙인을 거둬들이기에는 자아가 약한 이들이 그렇지 않은 이들보다 훨씬 많았다.

그렇게 해서 지켜져온 학자들의 문화권력 혹은 정치권력 너머에는 일본과 북한의 국교정상화 때 한국이 1965년 한일협정 때 받지 못한 '배상'을 받도록 하려던 '올바른', 그러나 국가주의적이자 민족주의적인 대리만족적 목적도 있었다. 그 뒤에서 경제적 이익 같은 사익조차 도모되었다.

제국에 동원되었다는 의미에서 '제국의 위안부'라는 제목이 붙여졌던 나의 책은 그렇게 학문이 정치화(진영화)되고 역사가 사법화되던 시기에 그런 상황을 전혀 알지 못한 채 갑자기 뛰어든 한 마리 부나비였다. 그 대가로, 타오르는 불길에 재가 되어 사라지기 직전까지 그들의 궤멸 욕망의 대상이 되어 있었다. 타자의 존재와 목소리를 존중한다던 일부 '민주화' 세대들은 그런 방식으로 '민주'를 파괴하고, 그런 방식으로 나와 '민중'을 동시에 '관리'했다.

4.

당연히, 싸움은 쉽지 않았다. 거짓말과 곡해와 비난과 협박이 돌아가며 나를 향해 쏟아졌다. 베는 사람은 한 번씩이어도 베이는 사람에게는 사람수만큼의 칼일 수밖에 없다는 사실이 '인권'주의자들한테는 가닿지 않았다.

그런 의미에서는, 내가 11년 동안 싸워왔던 건 위안부 할머니도 아니고 '다른 생각'조차 아니고 '정의'를 내세운 이들의 황폐한 감성이었다. 내가 기소당하자 "기소 축하합니다. 유죄가 되기를 빌겠습니다"라던 트윗, 혹은 나의 "붕괴와 몰락을 지켜보겠다"고 SNS에 쓴 한 '교수'의 글이 선명하게 드러냈던 것처럼.

그럼에도 나는 대부분의 사람들의 오해와 경박과 경직 뒤에 '선의'가 존재한다는 사실도 알고 있었다. 그랬기에, 그들의 눈에 박혀 있던 거울 조각이 빠지는 날을 그저 기다렸다. 그들이 내세웠던 '정의'와 '윤리'가, 그들 자신의 사적이거나 공적인 욕망보다 더 힘이 세지기를. '우리'의 바깥에 존재하는 인권에도 관심을 갖는 날이 오기를.

하지만, 법원의 마지막 선고일까지도 그런 날은 오지 않았다. 그리고 20년 전 책에서 내가 지적했던 '정의의 폭력'은 그 긴 시간 동안 오히려 자가증식되어갔다.

자신과 마주하는 일은 에너지를 요하고, 에너지를 담아두려면 마음의 근육도 필요해진다. 하지만 그 근육을 키우지 못해 외양은 어른이어도 마음은 성장하지 못한 이들이 너무 많았다.

2016년에 나온 영화 〈귀향〉의 주인공 강일출 할머니의 증언에는 끌려갈 때 조선인 9명에 일본인이 6명 있었다는 사실이 나온다. 구출되었을 때도 일본인 여성이 한 명 있었고 함께 움직였다는 사실은 영화에 나오지 않았다. 구덩이에 던져져 타오르는 시신들의 기억이 당시 유행하던 전염병에 걸린 이들의 화장 풍경이라는 사실도 물론 나오지 않았다.

당연히, 폭행하는 일본군과 싸우다가 상대를 죽이기도 했던 문옥주 할머니(군법회의에서는 무죄를 선고받았다)가 "누구나 좋아하는 군인이 한 사람씩은 있었다"고 말하기도 했다는 사실이 알려지는 일도 문제 발생 이후 30년간 공적으로는 없었다. 그러면서 90년대엔 허용되던 위안부에 관한 유연한 인식은 하나로 수렴되고 말았다. 『제국의 위안부』가 처음 나왔을 때 『경향신문』이 가장 먼저, 가장 높이 평가했다는 사실이 불과 10개월 만에 잊혀졌던 것도 그런 시간의 결과일 터였다.

5.
수많은 악의에 베이면서도 버틸 수 있었던 건 악의의 속성이 상대를 상처 입히고 복종시키고 말살시키는 데에 있다는 걸 알고 있었기 때문이다. 바로 그 때문에 악의란 본질적으로는 취약할 수밖에 없다는 사실도 나는 알고 있었다.

하지만 11년의 세월이 지나는 동안 비슷하게 생각하는 학자들도 나타나 주었다. 나를 비난했던 기존 학계조차 이 기간 동안 주장을 조금씩 바꾸었다. 너무 오래 걸리긴 했지만, 나는 시간의 힘을 다시 믿게 되었다. 심지어 위안부 문제와 관련해 가장 중심에 있던 정대협 대표와 나눔의집 소장조차 이 기간 동안 횡령죄로 징역을 살거나 징역형 집행유예를 받았다.

고발당하기 직전 위안부 할머니들의 목소리를 내보냈던 심포지엄에서, 마지막에 나는 이렇게 말했었다.

이 모임에서의 이야기를 듣고 보게 될 모든 분들이 오늘의 이야기를 어떻게 받아들일 것인지에 따라 위안부 문제를 둘러싼 상황은 바뀔 수도 있고 바뀌지 않을 수도 있습니다. 말하자면 위안부 문제의 전환점을 만드는 것은 사실은 이 모임을 준비한 저희들이 아니라 여기 와주신 여러분들입니다.

11년이 지나, 이제 다시 똑같은 말을 하고 싶다. 위안부 문제뿐만 아니라, 역사인식이란 언론과 기존의 권위에 의존하지 않고 스스로 생각할 때 비로소 앞으로 나아갈 수 있는 것이라고.

그런 의미에서도, 형사재판이 시작될 때 신청했다가 철회했던 '국민참여재판'의 자료로 이 책이 늦게나마 사용되기를 바라고 있다. 그리고 재판 과정을 기록한 『11년―꽃다발과 화살』이 이 책과 함께 읽혀지기를. 그리하여 우리 사회의 분열로 인해 법원을 믿지 못하게 된 이들이 직접 판단해 이번에는 사회적으로도 무죄를 받을 수 있기를. 그런 일이 가능해진다면, 위안부 문제뿐 아니라 온갖 분야에서 볼 수 있는 우리 사회의 심각한 분열을 넘어설 계기가 어쩌면 조금은 찾아질 수도 있으리라고 나는 생각한다. 타자에 대한 비난과 조롱과 말살 욕망이 당연한 듯 허용되던 사회, 단순화된 '운동'의 언어가 대세였던 사회가 이제라도 과거가 되고, 그렇게 눈밝은 이들의 작은 성찰이 함께 만드는 사회가 우리의 미래가 된다면, 『제국의 위안부』가 겪은 수난도 무의미하지만은 않을 것이다.

한일 합의 10년
한일협정 60년
해방 80주년 10월에
미국 동부 작은 시골마을에서,

박유하

제2판(34곳 삭제판) 서문

식민지의 아이러니

1.

참담한 심경으로 이 책을 낸다.

  2014년 6월 16일, 이 책은 나눔의집 고문변호사와 소장 등에 의해 위안부 할머니 아홉 분의 이름으로 고소를 당했다. 위안부 할머니들의 명예를 훼손했다는 형사고소, 2억 7000만원의 손해배상을 청구하는 민사소송, 그리고 판매 금지와 위안부 할머니에 대한 접근 금지를 요구하는 가처분신청이었다. 그 첫 고소장에서 원고 측은 이 책의 109곳을 지적하며 '허위'라고 주장했다.

  초판 서문에 썼듯이 책을 내면서 약간의 두려움은 있었지만, 고소는 예기치 못한 사태였다. 더구나 책이 나오고 10개월이나 지난 시점이었다. 출간 후 이 책의 문제제기를 진지하게 받아들여준 서평과 인터뷰가 적지 않았기에 더욱 그랬다. 이 책을 통해 위안부 할머니들의 고통을 더욱 잘 이해하게 되었다는 감상을 보내오는 독자도 적지 않았다.

  그러나 8개월 후인 2015년 2월 17일, 서울동부지방법원 민사21부는 가처분신청을 '일부 인용'하여 원고 측에서 수정 신청한 53곳 가운데 34곳을 "삭제하지 아니하고는 출판…해서는 아니 된다"는 결정을 내놓았다. 다만 나머지 19곳과 위안부 할머니들에 대한 접근금지 가처분신청은 기각했다.(사태의 경위와 상세한 자료는 홈페이지 parkyuha.org를 참조해주시기 바란다.)

이 책은 그 결정에 따라 초판본에서 34곳을 ○○○○으로 처리한 삭제판이다.

재판부는 기각한 19곳에 대해 "헌법상 보장되는 학문의 자유 또는 표현의 자유의 보호영역 내에 있다고 보이고, 이러한 견해에 대해 법원이 사전적으로 그 표현을 금지하기보다는 자유로운 토론과 비판들을 통하여 시민사회가 스스로 문제를 제기하고 이를 건전하게 해소하는 것이 바람직하며, 우리 사회의 시민의식은 충분히 이러한 해결이 가능할 정도로 성숙한 것으로 보인다"고 밝혔다. 마땅히 책 전체에 대해 그런 결정이 내려졌어야 한다는 의미에서 나와 출판사는 '일부 인용' 결정에 승복할 수 없었고 이의신청을 하기로 했다. 그리고 재판부도 말한 '자유로운 토론과 비판'이 있는 공론의 장을 위해, 삭제판이나마 내기로 했다.

그러나 이 삭제판의 모습은, 실은 체제와 국가에 반하는 사상은 검열하여 출간하던 일제강점기의 모습이기도 하다. 결국, 식민지 체험과 그 체험이 만든 갈등에 대해 고찰하고자 했던 이 책은 뜻밖에도 우리가 여전히 식민지 시대의 '잔재'를 살고 있음을 드러내게 된, 지극히 아이러니한 책이 되고 말았다.

2.

고소장에는 이 책의 후기에 적었던, 2008년에 한국에 유입된 재일교포 학자의 인식의 영향이 강하게 드러나 있었다. 또 내가 예전에 『화해를 위해서』를 썼고 『제국의 위안부』를 썼으며 그에 그치지 않고 심포지움(2014년 4월, 그 발제문을 부록으로 실었다)을 열었다고 명기되어 있었다. 그러니 "(박유하가) 앞으로도 이러한 활동을 지속적으로 할 것", "『제국의 위안부』의 출판을 금지하지 않는다면" "또다시 새로운 도서를 출판"할 것이므로 "박유하의 활동을 방치한다면 왜곡되고 오염된 일본군 피해자의 상이 한국과 일본 사회에 각인될 것"이라고까지 쓰여 있었다. "결국 한국 사회 내에서의 갈등은 더욱 증폭되는 동시에, 일본과의 위안부 문제 해결에도 악영향을 미칠 것"이므로 그런 "사회적 해악"을 끼치게 될 "잠재된 위험성을 간과해서는 아니 된다"는 것이 고소장의 요지였다.

말하자면 이 고소는 이 책에 국한된 것이 아니라 나의 사회적 활동 자체를 억압하려 한 고소였다. 원고 측은 내가 책에서 마치 위안부 할머니들을 비난한 것처럼 언론에 흘렸고 이에 분노한 군중은 나에게 돌을 던졌다. 특히 나눔의집 소장이 이를 선도하며 나를 '일제의 창녀'라고 쓴 트윗을 리트윗한 사실은, 이 고소의 구조를 명료하게 보여준다. 가처분신청 결정 직전에 성남시장이 나를 친일파로 지목해 다시 한번 수천 명 시민들의 비난을 받도록 한 일은 이 책에서 지적한 진보의 문제가 결정적으로 드러난 일이기도 했다.

3.

고소장에는 내가 위안부 할머니를 '자발적인 매춘부'라 말했다고 쓰여 있었다. 하지만 이 책에서 확인할 수 있듯이, 나는 그렇게 쓴 적이 없다. 지적된 내용은 대부분 기초적인 독해력 부족이나 의도적인 왜곡이 만든 것들이었다. 하지만 재판부는 이 부분도 삭제해야 할 곳으로 인용했다.

원고 측은 특히 '매춘'이라는 단어를 문제시했다. 하지만 내가 이 책에서 말하려 했던 건, '소녀' 이미지를 놓지 않으려 했던 이들과, '매춘부'라고만 주장해온 이들이 똑같이 성이 관련된 문제에 대한 금기와 차별의식에 사로잡혀 있다는 점이었다. 바로 그렇기 때문에 오래도록 당사자들이 어두운 곳에서 나올 수 없었다는 것이 내가 하고 싶었던 이야기다. 고소는 그런 의미에서도 내가 이 책에서 지적한 문제들을 극명하게 드러내보인 사태였다.

원고 측은 또 '동지적 관계'를 문제시했다. 하지만 나는 이에 대해 "물론 그것은 남성과 국가의 여성 착취를 은폐하는 수사에 불과했"다고 분명히 썼다. 무엇보다 '동지적 관계'란 일본인으로서 동원되었다는 의미였다.

또 원고 측은 이 책이 "매춘을 근거로 일본 정부의 법적 책임을 부정했다, 일본 정부를 면책했다"고 했지만, 나는 일본의 책임을 부정하지 않았다. 다만 일본의 책임을 묻는 논지가 기존 연구자나 지원단체와는 달랐을 뿐이다.

내 입장은 '사실을 정확히 알아야 일본에도 제대로 책임을 물을 수 있다'는 것이다. 이 책과 기존 지원단체나 연구자들의 차이는 단지 '책임을 묻는 방식'과 그러한 결론을 도출하기까지의 '논지'에 있다. 그럼에도 그들은 자신들의 '해결 방식'과 다른 해결 방식을 내놓았다는 이유만으로 국가의 힘을 빌려 나를 억압하는 일에 나섰다. 서글픈 건 그들이 오래전부터 그 누구보다도 국가의 억압에 민감했고 때로는 직접 고통을 당했던 이들이라는 점이다.

나는 이 책에서 일본을 향해, 그들이 끝났다고 말하는 '1965년의 한일협정의 한계'와 '1990년대의 사죄, 보상의 한계'를 논거를 들어 말했다. 또 위안부들이 "제국의 유지를 위해 동원한 희생자라는 점에서는 이들과 마찬가지로 식민지배의 희생자다", "일본은 개인들에 대한 법적 책임은 졌다. 그러나 그것은 전쟁후처리였을 뿐 식민지지배에 대한 것은 아니었다", "그렇다고 한다면 한일조약의 시대적 한계를 생각하고 보완하는 것은 다른 제국 국가들보다 일본이 앞장서서 식민지배에 대한 반성을 표명하는 것이 될 수 있다", "그에 앞서, 제국 구축을 위해 전쟁을 일으키고 전쟁을 효과적으로 수행하기 위해 위안부를 필요로 했던 나라로서 일본이 위안부 문제를 해결하는 일은, 제국의 욕망과 지배를 다른 제국 국가에 앞서서 반성하는 의미를 갖는다. 제국주의로 향하게 된 일본의 사죄는 아시아의 통합을 위해서도 필요하다", "조선을 식민지로 삼아 지배했던 기간 동안 희생당했던 수많은 사람들에 대한 진심을 사죄 속에 담아야 한다"고 썼다.

그럼에도 원고 측은 오로지 전쟁의 문제로만 다루면서 '법적' 책임에 구애해온 기존 주장에 회의적이라는 것만으로 이 책이 '일본의 주장을 대변'한다고 주장했고 '일본의 극우세력과 아베 수상'과 관계가 있다는 식의 인식을 퍼뜨려 국민들의 반감을 유도했다.

그러나 2015년 4월, 지원단체들은 그동안 주장해온 '법적 책임'을 요구사항에서 내렸다. 그동안 주장해온 국회입법이 아니라, 몇 가지 요구를 받아들이면 그것을 법적 책임을 진 것으로 인정하겠다고. 20년 이상에 걸친 주장을 바꾼 셈이다. (그 직후에 번복되었다.)

2015년 5월에는, 역사학자를 포함한 세계의 저명한 일본전문가 187명이 일본 정부에 보내는 공개서한을 발표했다. 이에 참여하는 학자들은 이후 500명 이상으로 늘어났는데, 성명의 내용은 이 책에서 내가 말하고자 했던 내용과 크게 다르지 않다. 일본뿐 아니라 한국과 중국의 민족주의도 비판하고 있고, 운동이 당사자인 위안부 할머니들을 소외시킬 수 있다는 내용도 담고 있다. 무엇보다, 성매매, 인신매매라는 단어를 사용하고 있다. 지원단체는 그동안 '세계'가 우리 편인 것처럼 말해왔지만, 이제 그들도 지원단체의 인식에만 갇혀 있지 않게 되었다는 것을 보여주는 성명인 셈이다. 그러나 한국에는 한국 비판은 생략된 채 전달되었고, 이 역시도 한국 편만 든 것처럼 환영받는 일이 일어났다. 이 책의 부록으로 그 성명을 넣기로 한 것은 그래서다[이 제3판 '원본 복원판'에서는 뺐다-편집자 주].

4.

2014년 7월 가처분신청 심리가 시작되었고, 나는 7월과 9월 두 번에 걸쳐 책에는 사용하지 않았던 자료까지 첨부한 A4 10매, 150매 분량의 답변서를 제출했다. 그러자 원고 측은 심리기일을 연기해달라고 요청했다. 그 후 10월에 원고 측은 '청구취지'를 변경하여 처음에 지적한 109곳을 절반 이하로 줄이고, '허위'라던 처음 지적을 이 책이 전쟁범죄를 찬양하고 식민지배를 옹호하는 논지를 펴고 있다는 주장으로 바꾸었다.

늦가을에는 형사고소에 관한 조사도 시작되었다. 이듬해 초봄까지 동부지검에 다섯 번을 불려가 '범죄리스트'라는 제목이 달린 53개 항목의 지적사항에 대해 대답해야 했다. 그때의 담당 검사는 내내 나를 범인 취급했다.

그러나 가처분신청과 고소에 대한 시민사회/학계=공론장의 반응은 거의 없었다. 고소 직후에 일부 학자와 시민들이 법정으로 가는 데에 대한 반대의사를 표명했을 뿐, 관계자들과 관련 학계 대부분은 침묵했다. 오히려 재판부의 결정을 지지하는 학자들조차 있었다.

나를 비판한 이들은 대부분 이 책이 '일본을 면죄'한다는 생각에 사로잡혀 있었다. 하지만 이 책은 일본을 면죄하는 책이 아니다. 그저 '법적' 책임을 물을 수 있는지를 고찰했을 뿐이다.

주로 남성 학자들이 비판에 나선 이유를 나는 '책임의 탈젠더화' 현상으로 생각한다. 언젠가 다시 쓰겠지만, 여러 책임 요소 중에서 '일본'의 책임만 묻는 것은 조선인 위안부 문제가 민족문제일 뿐 아니라 성과 계급의 문제이기도 하다는 사실을 은폐한다.

물론 이 책에도 쓴 것처럼 조선인 위안부 문제에 대한 책임은 전쟁을 일으키고 국민들을 전쟁에 동원한(협력하지 않을 수 없는 구조를 만든) 일본에 있음이 분명하다. 그러나 그 안에서 그러한 국가동원에 협력한 이들의 책임을 묻지 않는다면, 똑같은 일이 일어났을 때 우리는 국가가 전쟁으로 치닫는 것을 막을 수 없다.

'일본'에 대한 책임 추궁은 말할 것도 없이 필요하지만, '일본'이라는 고유명에 대한 집착은 국가와 남성과 지배층과 일반인의 책임을 묻는 일을 어렵게 만든다. 물론 그 모두를 실질적 처벌의 대상으로 하는 것도 아니니, 그런 책임 추궁이 물타기가 되는 것도 아니다.

다중적인 책임을 보는 것을 막으려는 시도는 사태를 단순화시켜 오히려 잘못된 역사의 반복을 막지 못한다. 실제로, 제국이 붕괴하고 제국주의가 끝났어도 여전히 소녀 인신매매가 만연하고 국경을 넘어 여성들이 가혹한 상황에 처하는 일이 사라지지 않고 있다는 것이 그 증거다. 과거를 생각하는 이유가 반복을 막기 위해서라면 더더욱, 책임을 다층적으로 물을 필요가 있다.

5.
한국어판 발간 직후부터 준비했던 일본어판이 2014년 11월에 출간되었는데 『아사히 신문』을 비롯한 이른바 '양심세력'에 속하는 지식인과 매체들은 예상밖의 관심과 호의를 보여주었다. 그중 하나는 "이제 물음은 일본을 향하고 있다"는 말로 맺고 있었다. 또 "나는 이 책을 읽고 일본군 위안부 할머니들에 대한 아픈 마음이 한층 깊어졌을 뿐이다"(2014년 7월 31일자 『동아일보』, 「와카미야의 東京小考」), "일본에서 평가가 높은 것은 결코 우익이 기뻐해서가 아니라 해결을 바라는 양식 있는 사람들의 마음을 사로잡았기 때문"(2015년 3월 19일자 같은 칼럼)이라는 평을 보고, 나는 내가 던진 공을 그들이 제대로 받아주었다고 느꼈다. 나는 일본어판에는 식민지배에 대한 사죄를 담은 일본의 '국회결의'가 필요하다고 추가했었다.

그러나 그런 호평에 반발하는 일본의 연구자/지원단체의 비판도 2015년 들어 시작되었다. 그 대부분이, 2008년 한국에 전달된 재일교포의 시각을 잇는 내용들이다. 조만간 이에 대한 반론을 쓸 생각인데, 언젠가는 그들 중에서도 내 진의를 이해해주는 이들이 나왔으면 좋겠다. 일본에서 이 문제를 부정해오던 이들이 위안부의 정황에 대해 깊이 이해하고 공감을 표해주었던 것처럼.

이 문제에 관여해오지 않은 이들의 적극적인 관심과 객관적인 판단도 기대한다. 한일 양국을 잘 알면서도 목소리를 내지 않았던 이들도 논의의 주역이 되어주면 좋겠다. 당신은 누구 편이냐고 묻는 폭력적인 질문에는 '내 친구 편'이라고 대답하면서.

힘든 나날이었지만, 소신껏 발언하고 옹호해주는 빛나는 지성의 시민들과 지식인들을 많이 만났다. 한국, 미국, 오스트레일리아, 그리고 일본. 다른 공간에 있는 수많은 '마음'들이 나를 위로하고 힘을 북돋워주었다. 그들이 있어서 이 1년 동안의 적의와 슬픔을 견딜 수 있었다. 언젠가는 그들의 힘이, 산소를 가득 품은 강물이 되어, 동아시아에 우애와 평화의 바다를 만들어주리라고 나는 믿는다.

2015년 6월
피소 1년을 맞아

박유하

초판 서문
다시 '생산적인 논의'를 위해서

"위안부 문제는 왜 10년이 넘도록 해결되지 않고 있는 것일까." 나는 8년 전에 이렇게 시작하는 글을 쓴 적이 있다. 『화해를 위해서―교과서·위안부·야스쿠니·독도』(뿌리와이파리, 2005)라는 책에서의 일이다. 나는 또 "일본이 주변국의 비판에도 불구하고 변하지 않고 있다면, 혹은 변하지 않은 것처럼 보인다면, 거기에는 이제까지의 비판의 형식과 내용에 문제가 있었던 데에도 원인이 없지 않다"라고도 썼다. 그리고 한일 간의 문제들이 우리가 생각하는 이상으로 "복잡"한 문제이고 그런 "복잡함"을 보기 위한 "본격적인 논의가 필요"하다고. 그런 과정을 통해서 "문제들을 조금 깊이 볼 수 있다면 분노와 비난에서 자유로워질 수 있"을 것이고 그렇게 되어 "생산적인 논의"가 가능해진다면 "그때 비로소 화해를 위한 논의는 시작될 수 있을 것"이라고도.

그런데 그로부터 8년이 지나도록, 그때 바랐던 "생산적인 논의"는 정작 필요한 곳에서는 거의 이루어지지 않았다. 그리고 그런 한 당연한 일이었지만, 한일관계를 둘러싼 상황은 그동안 기본적으로는 거의 변하지 않았다. 그러니 "우리 안의 견고한 기억들"에 "화해를 지향하는 균열"을 내보려 했던 8년 전의 내 시도는 실패로 돌아간 셈이다.

그 책이나 또 다른 한일관계 관련 책들(『반일민족주의를 넘어서』, 공편저 『한일 역사인식의 메타히스토리』 등)에서 내가 중점을 두었던 것은 민족주의 비판이었다. 그런데 시간이 지나면서 나는 '민족주의' 비판만으로는 한일 간의 갈등을 풀 수 없다는 것을 알게 되었다. 그러니 그 책의 시도가 실패한 건 당연한 일이었는지도 모른다. 한일 간의 갈등은 생각보다 훨씬 복잡하게 얽혀 있었다. 이 책은, 세월이 흘러 이제는 '왜 20년이 넘도록 해결되지 않는지'를 물어야 하게 된, 그런 '복잡한 구조'에 대해 다시 한번 생각해본 책이다.

무엇보다도 위안부 문제를 둘러싼 상황은 당시보다 훨씬 나빠졌다. 그리고 그렇게 된 가장 큰 이유는 무엇보다도 '위안부'가 누구인지에 대한 이해가 불충분했기 때문이다. '위안부'는 실은 결코 하나로 설명될 수 있는 존재가 아니다. 그런데도 그동안 우리는 '위안부'에 관해 하나의 이미지만을 떠올려왔다.

'해결'해야 하는 하나의 문제가 있을 때 그에 대해 가능한 한 많은 정보가 필요하다는 건 두말할 나위도 없다. 그래야만 상황에 대해 올바른 판단을 내릴 수 있을 것 아닌가. 하지만 그 정보에는 때로 듣고 싶지 않은 이야기까지 섞여 있을 수 있다. 그런데 이 20년은 그중에서 듣고 싶은 이야기만 취사선택해서 들어왔고 그에 바탕해 위안부에 관한 새로운 '기억'을 만들어온 세월이기도 했다.

그렇게 해서 우리 안의 '위안부'는 그저 가녀린 '소녀'가 아니면 노구를 이끌고 투쟁하는 '투사'일 뿐이다. 그러나 그건 실은 그녀들 자신의 모습이라기보다는 '우리가 원한 위안부'의 모습에 지나지 않는다. 그런 의미에서는 이 책은 그런 식으로 우리가 폭력적으로 소거시켜온 그녀들의 기억들을 다시 만나려는 시도이기도 하다.

그러나 그 시도는, 나 자신이 그랬던 것처럼, 마음 편한 일이 아닐 뿐 아니라 아프기까지 한 일이다. 그럼에도 불구하고 그런 불편함과 아픔을 공유하려는 이유는, 오직 단 하나, 그런 불편함과 아픔을 거치지 않고서는 '위안부 문제'를 해결할 수 없기 때문이다. 예를 들면 "우리도 완전한 군인이지"(『강제로 끌려간 조선인 군위안부들 3』, 246쪽)라고 말하는 위안부의 목소리를 듣고, 그 말이 상징하는 '식민지의 모순'을 직시해야 하는, 아프기까지 한 불편함.

불편한 일을 굳이 해야 하는 또 하나의 이유는, 우리가 그 모습을 외면하는 사이에, '식민지배는 나쁘지 않았다'고 생각하는 일본인들이 그 모습들을 왜곡해서 보는 일에 적극적으로 나서고 있기 때문이다.

그런 일에 나선 이들의 대부분은 극도의 '혐한' 감정을 갖고 있는데, 그들의 혐한감정은 특히 이 10여 년 동안 서서히 커져왔다. 그리고 그들의 혐한은 1990년대 초 이후의 역사 문제 갈등에서 한국인이 그들을 용서하지 않고 언제까지고 비난만 한다는 생각에서 오는 부분이 크다. 그리고 문제는 그들의 말에 동의하지 않아도 그런 그들의 '감정'을 공유하는 이들이 일본 사회에 급격히 늘어나는 중이라는 점이다. 이제는 혐한파뿐 아니라 한국을 잘 알고 좋아했던 이들조차 이렇게 말한다. "더 이상 한국과 소통하기가 힘들다고 느낀다."(지한파 교수) "그동안 일본에게 한국은 특별한 존재였다. 그런데 한국은 일본의 그런 마음을 알아주지 않으니, 알고 보니 짝사랑을 한 셈이다. 이제 그만 그런 감정을 버리고 한국을 보통 나라로 대하는 것이 좋을 것 같다…."(외교관) "나는 한국을 좋아하는데, 한국인들은 거짓말까지 하면서 일본을 욕하고 언제까지고 일본을 용서하지 않으려 한다. 이젠 한국이 싫어지려고 하는데, 어쩌면 좋은가?"(대학생)

말하자면 한일 양국은 20여 년의 역사 문제 갈등을 거치면서 심각한 소통부재 상황에 빠져버렸다. 외교채널조차 가동되지 못한 지 일 년이 넘었고, 현재 두 나라 국민은 상대방을 도저히 이해할 수 없다고 생각한다. 그 갈등의 중심에 위안부 문제가 있고, 그들은 한국이 세계를 향해 거짓말까지 해가면서 일본의 명예를 훼손하고 있다고 생각한다.

그래서 나는 다시 한번 원점으로 돌아가 위안부 문제를 생각해보기로 했다. 이미 8년 전의 책에서 나는, 일본이 '위안부 문제'에 관해 나름대로 '사죄와 보상'을 했다는 사실, 그리고 일부 위안부들이 그 '사죄와 보상'을 받아들였다는 사실에 대해 쓴 적이 있다. 하지만 지원단체는 그 '사죄와 보상'을 받아들이지 않았고, 지금 우리가 일본의 사죄와 보상이 전혀 이루어지지 않은 것으로 생각하게 된 것은 그 때문이기도 하다. 그 판단이 옳고 그르고를 떠나, 위안부 문제가 이렇게까지 심각한 국가 문제가 된 이상 이 문제에 대한 판단을 지원단체나 소수의 연구자들에게만 맡겨놓을 수는 없는 일이다. 그런데도 이제까지의 20년 동안에는 오로지 소수의 관계자들의 생각이 위안부 문제에 관한 한국의 태도를 결정지었고, 결과적으로 이들의 의견이 한일관계를 좌지우지하는 상황에 이르렀다.

물론 '소수'라는 것 자체가 문제는 아니다. 그러나, 본문에서 보게 되겠지만, 그들의 판단이 전부 옳거나 진실이기만 한 것은 아니다. 그런데도 그동안에는 위안부 문제에 관한 한 지원단체의 의견에 어느 누구도 이의제기를 하지 못했다. 그러나 단언컨대 현재의 방식으로는 위안부 문제는 해결되지 않는다.

위안부 문제가 해결되지 않으면 아마도 한국의 교과서는 '결국 일본은 위안부 문제에 관해 아무런 사죄도 보상도 하지 않았다'고 쓸 가능성이 높다. 그러나 그것은 진실일 수가 없다. 그런 이상, 나는 다시 쓰지 않을 수 없었다. 그건 그저 좋은 한일관계를 지향하기 위해서가 아니다. 그동안 양국의 이해를 위해, 나아가 동아시아의 상호 신뢰회복을 위해 보이지 않는 곳에서 노력해온 이들이 쌓아올린 신뢰의 탑이 적대와 대립의 언어만이 난무하는 가운데 무너지는 것을 그저 바라보고만 있을 수는 없었기 때문이다. 무엇보다, 갈등을 조장하는 담론들이 마음 여린 이들을 상처 입히고, 마음을 닫도록 만드는 것을 팔짱만 끼고 보고 있을 수는 없었기 때문이다.

'위안부 문제'에 대해 쓰는 또 하나의 이유는 이 문제가 단지 '해결'을 기다리는 과거의 문제가 아니라 오늘의 문제이기도 하기 때문이다. 위안부 문제는 일본과 한국에 존재하는 '미군기지'의 문제이기도 하다. 그러나 위안부 문제를 '일본'만의 특수한 일로 생각하는 사고는 그런 구조를 보지 못하게 만든다. '평화'를 지향하는 현재의 운동이 평화를 만들지 못하는 이유이기도 하다.

이 책은 그런 생각들을 정리해본 것이지만, 결과적으로 '세계의 상식'에 이의제기를 하는 셈이 된 이 책이 어떻게 받아들여질지 조금은 두렵기도 하다. 하지만 당장은 어떤 운명이 기다리고 있든, 언젠가는 이 책이 식민지 시대가 만든 우리 안의 분열들, 동아시아의 분열을 극복하기 위한 작은 디딤돌이 될 수 있으리라고 믿는다. 그래서 나는 이 책을, 역사가 만드는 대립과 분열로 인해 상처 입었던 이들에게, 그럼에도 여전히, 상처를 딛고 평화와 신뢰를 만들려 하는 이들에게, 누구보다도 먼저 보내고 싶다.

(이 책의 일부는 2012년 12월부터 다섯 달 동안 일본의 인터넷매체에 연재했던 글들이다. 반복을 피하기 위해 조금 다듬기는 했지만, 내용 자체는 거의 바꾸지 않았다. 『WEBRONZA』, 2011. 12.~2012. 5.)

2013년 7월 17일,
예순여덟 번째 8·15를 앞두고

박유하

차례

제3판 서문 '민주'가 파괴된 분열의 시대에 · i
제2판 서문 식민지의 아이러니 · ix
초판 서문 다시 '생산적인 논의'를 위해서 · 5

■ 제1부 '위안부'란 누구인가—국가의 관리, 업자의 가담

|제1장| '강제연행'과 '국민동원' 사이 · 17

1. 죄와 범죄—'강제로 끌어간' 건 누구인가
2. '위안부'의 전신 '가라유키상'—국가의 세력 확장과 이동하는 여자들
   유괴범들과 일본의 소녀들／조선인의 가담—인신매매와 성매매
   공창과 사창—여러 종류의 위안소들
3. 우리 안의 협력자들
4. '강제로 모집된' 정신대
5. '소녀 20만'의 기억

|제2장| 위안소에서—풍화되는 기억들 · 55

1. 일본군과 '조선인 위안부'—지옥 속의 평화, 군수품으로서의 동지
   위안부의 역할 | 사랑과 평화 | 또 하나의 일본군—수치와 연민
   관리자로서의 일본군 | 병사와 위안부 | 망각되는 기억들
2. 전쟁터의 포주들
   종군하는 업자들 | 강제노동과 착취 | 감시 · 폭행 · 중절 | 제국의 위안부

|제3장| 패전 직후—'조선인 위안부'의 귀환 · 92

1. '일본인'에서 '조선인'으로
2. 극한상황 속에서

■ **제2부 기억의 투쟁―다시, '조선인 위안부'는 누구인가**

| 제1장 | 지원단체의 '위안부' 설명 · 107

　　 1. 근본적인 오해
　　 2. 정보 은폐와 '공적 기억' 만들기
　　 3. 억압으로서의 '성노예'상
　　 4. 박물관의 '위안부'
　　 5. 소거되는 기억들

| 제2장 | 하나뿐인 '조선인 위안부' 이야기 · 123

| 제3장 | 공모하는 욕망들 · 127

| 제4장 | 일본인 지원자들의 문제 · 135

　　 1. 페미니즘의 모순
　　 2. '가해자'란 누구인가

| 제5장 | 일본인의 부정의 심리와 식민지 인식 · 142

　　 1. '조선인 위안부'란 누구인가―소설「메뚜기」의 위안부
　　 2. 관여 주체는 누구인가
　　 3. 그들만의 '법'
　　 4. '애국'하는 위안부
　　　　'자발성'의 구조 | '적극성'의 배경 | '과거'를 생각하는 의미

■ 제3부 냉전 종식과 위안부 문제

| 제1장 | 해석의 정치학—'사죄와 보상'을 둘러싼 갈등 · 167

1. '위안부 문제'의 발생과 경과
2. '고노 담화'와 강제성
3. 여야가 합의한 아시아여성기금
4. '사죄수단'으로서의 기금
5. '위로금'인가 '속죄금'인가
6. 위안부/지원단체의 분열과 당사자주의의 모순

| 제2장 | 정치화된 일본의 지원운동 · 192

1. '위안부 문제'의 도구화
2. 정부에 대한 불신과 운동의 정치화
3. 지원운동의 변화와 향방

| 제3장 | 한국 지원운동의 모순 · 204

1. 서울 정대협 운동의 공과
   '위안부'가 없는 '위안부 소녀상'—정대협의 힘과 민족권력
2. 서울 정대협의 요구를 다시 생각한다
   죄인가 범죄인가—'공식 사죄'와 '법적 책임'
3. 헌법재판소의 판결을 읽는다
   피해자들의 생각과 한일협정/ 한일협정의 논의/ 한일합방조약의 구속/
   제국과 냉전시대의 한계/ 위안부에 대한 이해

| 제4장 | 세계의 생각을 생각한다 · 243

1. 쿠마라스와미 보고서
2. 맥두걸 보고서의 '최종보고'

3. 미 하원의 위안부 결의안
4. ILO 조약권고적용전문가위원회 소견
5. 사라진 '조선인 위안부' 문제

| 제5장 | 일본 정부에 기대한다
—새로운 조치에 나서야 할 세 가지 이유 · 258

1. 1965년 한일협정의 한계
2. 미완의 1990년대 '사죄와 보상'
3. 세계의 시각과 일본의 역할

■ **제4부 제국과 냉전을 넘어서**

| 제1장 | 위안부와 국가 · 277

1. 위안부와 제국
2. 위안부와 미국
3. 위안부와 한국

| 제2장 | 새로운 아시아를 향해서 —패전 70년, 해방 70년 · 290

1. 식민지의 모순
2. 냉전의 사고
3. 해결을 위해

후기 · 315
참고문헌 · 321
부록 1: 『제국의 위안부』 고소고발 사태 관련 일지 · 328
부록 2: 『제국의 위안부』에 대한 '허위사실 적시에 의한 명예훼손' 주장 및 삭제 요구, 가처분 '일부 인용' 내용 표 · 339

● 제1부 ●

'위안부'란 누구인가
— 국가의 관리, 업자의 가담

제1장

'강제연행'과 '국민동원' 사이

1. 죄와 범죄—'강제로 끌어간' 건 누구인가

'위안부'란 도대체 어떤 이들일까. 아직 어린 10대에, 자신의 의지와는 상관없이 '일본군에게 강제로 끌려'가 노예처럼 성을 유린당한 조선의 소녀들. 우리가 아는 위안부란 그런 존재다.

그런데 '위안부'의 존재를 일찍이 세상에 알린 사람은 실은 한국인이 아니라 일본인이었다. 그는 센다 가코千田夏光라는 저널리스트로, 1973년에 『목소리 없는 여성 8만 명의 고발, 종군위안부声なき女8万人の告発·従軍慰安婦』라는 책을 냈다. 책 제목만으로도 이 책이 '종군위안부' 편에 서서 쓰인 책이라는 것을 알 수 있는데, 후기에서 센다는 이 책을 쓰게 된 동기를 이렇게 말한다.

내가 위안부에 대해 흥미를 갖게 된 것은 쇼와昭和 39년(1964)에 마이니치每日

신문사가 사진집 『일본의 전력日本の戦歷』을 발행했을 때였다. 이 사진집은 『마이니치 클럽每日クラブ』별책으로 편집된 책인데, 15년전쟁(만주사변부터 패전까지의 전쟁을 가리킨다―인용자) 기간에 마이니치 신문 특파원이 찍어온 이만수천 장의 사진을 선별하고 편집하는 일을 내가 담당했다.

그런데 그 작업을 하던 중 이상한 여성의 사진을 수십 장 발견했다. 군대와 함께 행군하는 조선인인 듯한 여성. 머리에 트렁크를 이고 있는 모습은 조선 여성이 곧잘 취하는 자세다. 점령 직후로 추정되는 풍경 속에서 일본옷 차림으로 차에 올라타는 여성. 중국인들의 경멸의 시선을 받고 있는 일본식 머리를 한 여성. 사진 필름에 붙은 설명에 '위안부'라는 글자는 없었다. 그러나 이 여성의 정체를 쫓는 동안 나는 처음으로 '위안부'라는 존재를 알게 되었다.(215쪽)

이후 센다는 "온갖 기회를 통해 이 위안부의 실체를 알아내려 했지만, 전쟁체험자들은 웬일인지 그 구체적 사실에 관해서는 얼버무렸"고, "이야기해준 사람들은 익명으로 해줄 것을 완강하게 고집"했다고 말한다. 그러다가 군의로 종군한 적이 있는 의사를 만나 그가 위안부의 "검진을 명령받았고 그 소견을 보고서로 썼다는 사실을 알았"(215쪽)고, 또 "이 리포트를 통해 군 간부가" "조선인 여성들에게 착목하게 된 과정도 알게 되었다"(216쪽)는 것이다(하지만, 이 군의관이 위안부 제도를 생각해낸 것처럼 되어 있는 부분에 대해서는 사실과 다르다고 군의관의 딸이 센다에게 항의했다고 한다. 아마코 구니, 2001). 아무튼, "군이 착목한 조선인 위안부의 비극은 새삼 되풀이할 필요도 없지만"이라고 쓰고 있는 데에서도, 센다가 어떤 입장에서 이 글을 썼는지는 명백하다. 센다는 첫머리에서도 이렇게 쓰고 있다.

『고지엔広辞苑』에서 위안부 항목을 찾으면 '전쟁터 부대와 동행하며 장병들을 위안했던 여자'라고 되어 있다. '위안했다'고 과거형으로 말해지고 있는 데에 그녀들의 슬픔이 있다. 그로부터 28년, 그녀들에 대해 말해주는 사람은 없다. 하지만 혹시 말할 수 있는 위안부가 있다면 분명히 말할 것이다. 우리의 슬픔은 영원히 화석이 되는 일은 없을 겁니다, 라고.(6쪽)

센다가 말한 위안부의 숫자는 후에 다시 보겠지만 문제가 없지 않다. 하지만 이 책이 '위안부'의 비극에 착목하고 사회적인 관심을 환기시키려 했던 첫 번째 책이라는 것만은 분명하다.

센다는 '위안부'를, '군인'과 마찬가지로, 군인의 전쟁 수행을 자신의 몸을 희생해가며 도운 '애국'한 존재라고 이해하고 있다. 국가를 위한 군인들의 희생에 대한 보상은 있는데 왜 위안부에게는 없느냐는 것이 이 책의 관심사이자 주장이기도 하다. 그리고 결론부터 말하자면 그런 센다의 시각은 이후에 나온 그 어떤 책보다도 위안부의 본질을 정확히 짚어낸 것이었다.

사실 위안부들의 증언집을 단 한 권만 펼쳐보아도, '위안부'라는 존재가 우리에게 알려진 하나의 이미지만으로는 결코 충분치 않은 다양한 측면을 지니고 있었다는 것을 금방 알 수 있다. 그런 의미에서는, 그동안 지원자들과 부정자들이 위안부에 대해 가져온 상반되는 이미지는 자신들이 보고 싶은 이미지를 벗어나는 증언은 보지 못했거나 무시한 결과물이다.

그건 꼭 의도적이라기보다는 이른바 '위안부 문제'가 발생한 이후에 나온 관련 연구와 발언들이 이 문제를 식민지배와 일본의 전후처리 문제로서 다루었기 때문이기도 하다. 말하자면 '일본'(군)을 옹호하거나 비판하는 일, 그에 따른 '사죄와 보상'의 필요성을 주장하거나 반대하는 일이 단순히 과거의 일이 아니라 그들 자신이 서 있는 현실정치에 대해 논하는 일이 되면서 그런 '현실적 목적'으로부터 자유롭지 않았던 것이다. 센다의 책이 '조선인 위안부'의 비극에 대한 사죄의식을 가지면서도 거칠게나마 위안부의 전체 모습을 그려낼 수 있었던 것은 그런 현실정치에서 자유로웠기 때문일 것이다.

센다의 책에는 1970년대 초, 그러니까 40년 전에 한국에까지 와서 찾아낸 '위안부'들을 인터뷰한 내용도 들어 있다. 말하자면 이 책에는 현재 우리 앞에 있는 '위안부' 할머니들보다 마흔 살이나 적은, 아직 젊은 '위안부'들이 등장해서 생생한 목소리로 자신의 체험을 들려주고 있다. 그리고 이 책에는 일본인 위안부뿐 아니라 위안소를 이용한 군인들, 그리고 위안부를 모집했던 '업자'들까지 등장한다. 그렇게 이 책은 위안부의 증언에 등장하는 관계자들 대부분이 등장하는 유일한 책이기도 하다.

'일본군 위안부' 중에는, 당연한 일이지만, 일본인도 적지 않았다. 그런데도 '위안부 문제'가 발생한 이후에는 일본인 위안부는 끝내 단 한 사람도 나타나지 않았다. 물론 소개업자나 포주도 목소리를 내지 않았다. 위안부 문제가 단순히 일본군과 조선인 위안부의 구도로만 이해된 데에는 그런 상황도 작용했을 것이다.

그렇지만 위안부들의 증언에는 자신들을 데리고 간 소개업자와 포주들, 관리인들의 이야기가 자주 등장한다(『강제로 끌려간 조선인 군위안부』 1~5 외, 이하 『강제 1』처럼 표기함). 그런데도 그 부분을 강조한 이는 위안부 문제를 부인하는 이들 외엔 거의 없었다. 최근에 와서야 일본의 한 연구자는 이렇게 말한다.

일본군 '위안부' 피해자인 조선인 여성들의 증언과 그 배후의 라이프스토리를 다시 한번 돌이켜보면, 그녀들 중에도 일자리를 주선해준다고 생각했던 사람에게 '일하면서 공부할 수 있다', '결혼하지 않고도 자립할 수 있다', '예쁜 옷을 입고 돈을 벌 수 있다'는 등 속아서 끌려가 '위안부'가 된 여성들이 많다는 사실을 새삼 알게 된다. 그리고 대부분의 경우, 그녀들은 유교적 가족의 보호와 속박의 틀 안에 있지 못했던 가난한 소녀들이거나 혹은 가난하지만 자신의 뜻이 아닌 결혼을 거부하고 가족으로부터 도망친 소녀들이었다는 사실을 알 수 있다.

예를 들면, 잘 알려져 있는 것처럼, 송신도 씨는 부모가 정해준 상대와 열여섯 살 때 결혼했는데, 시집을 뛰쳐나와 아는 이의 집 등을 전전하면서 아이 보는 일 같은 것을 하고 있을 때, 40대쯤의 조선인 여성이 '전쟁터에서 나라를 위해 일하'는 걸로 '결혼하지 않고도 자립할 수 있다'는 말로 유혹해 신의주의 '소개소'로 데려갔고, 그 후에 봉천(奉天: 선양瀋陽의 만주국 시절 이름)이나 한커우漢口, 우한武漢 등지에 가게 되면서 '위안부'를 강요당했다. 모르긴 해도 1920~30년대에 걸쳐 사회적 이동성이 높아진 것을 배경으로 조금 더 나은 생활을 지향한 그녀들의 이른바 현실탈출 소망을 역이용한 인물이 감언으로 꾀었고 그녀들이 가족의 보호 기능에서 단절되어 있음을 이용해 '위안소'에 데려가는 일이 있었던 것이다.(오노자와 아카네, 11쪽)

식민지가 된 조선의 '가난한' 여성들이 공부를 하고 싶거나 '흰 밥'을 먹고 싶어 조선인이나 일본인 '업자'의 꾀임에 빠져 '위안소'에 간 경우가 많았다는 것은 이미 나 자신 지적한 바 있다(『화해를 위해서』). 중요한 건, 위안부들의 심신에 상처를 남긴 이가 군인만이 아니라 그녀들을 직접 관리한 포주나 관리인이기도 했다는 점이다. 그들은 '위안부'들을 대상으로 "쇠막대기로 우리를 후려갈기"고(『강제 1』, 63쪽) "쇠꼬챙이로 맞"(64쪽)게 한 장본인이었고, "군인을 안 받는다고 뺨을 때리고 발로 차"(78쪽)고 "어쩌다 군인이 안 올라 치면 주인은 '너희가 손님에게 기분 나쁘게 하니까 안 온다'며 우리들을 마구 때렸"(79쪽)던 이들이었다. 그들 중엔 일본인도 있었지만 조선인도 적지 않았다.

앞서의 연구자는 다시 말한다.

물론 조선에서 피해자 여성 본인의 출신이나 사회적 위치와는 전혀 관계없는 강제력으로 군부에 의해 납치·연행된 사례도 적지 않았음은 잊어서는 안 되고, 면장이나 반장, 순사 등 말 그대로 식민지 통치의 일환을 담당한 사람들 자신이 이러한 감언으로 여성들을 '위안소'에 데려간 계기를 만든 사례가 보이는 데에서는 '위안부' 징집이 다름아닌 식민지하의 폭력이었음을 명확히 보여준다. 그러나 자신이 식민지 통치자가 아니었던 이들에 의한 사기도 횡행했다는 것을 증언에서는 알 수가 있고, 또 동시에 평상시에 이루어졌던 사기적 주선의 수법이 전시에 식민지 권력에 의해 직접적으로 이용된 것 같다는 사실이 읽히는 것이다.

이렇게 생각해보면, 식민지에 일본군 '위안부' 징집이라는 사태를 초래한 것은 일본군이나 공창제도하의 업자들뿐만이 아니다. 평상시부터 가족 내부의 여성들과 노동시장을 연결하는 일을 생업으로 하고 있던 이들 내지는 겉으로는 그렇게 보이도록 하면서 여성들을 매매한 자들의 존재 방식을 고려하는 일이 중요하다는 생각이 든다.

'위안부'가 되는 전단계, 즉 '위안소'로 데려가기까지의 주체로서 납치에 가까운 형태로 속여 데려간 '업자'가 있었다는 사실에 주목하는 이 연구자는 위안부 문제를 부정하는 주체로 한국에 알려지고 있는 이른바 '우익'이 아니다. 그것은 이 글이 실린 매체 『전쟁책임 연구』가 이름 그대로 일본의 전쟁책임에 대해 반성하는 입장을 취하고 있는 학회지라는 점만으로도 분명하다. 그런 이가 이제 업자의 존재에 주목하기 시작한 것이다.

센다의 책에는, "몇 달 걸려 찾아냈다"(24쪽)는 "1938년 중지(中支: 중국

중앙지역 —인용자) 파견군이 처음으로 군 위안부를 모집했을 때 포주 역할을 했던" 업자를 인터뷰한 내용이 실려 있다. 그 업자는 군인의 의뢰를 받고 위안부들을 모았다고 말한다.

그래서 센다는 말한다. "제1호 위안부는 군이 모집은 했지만 그 모집에 군인이 직접 나서지는 않았음을 알 수 있다"고. 물론 그는 "그렇다고 군이 (위안부 모집에) 관여하지 않았다는 이야기가 되는 건 아니다"(25쪽)라는 중요한 지적도 빠뜨리지 않는다. 결국 그는, "일본 육군은 군인도 군속도 군용상인도 아닌 인물을 수송선에 태워 전쟁터로 데려"(25쪽)간 셈이니, '업자'란 군대에게 "필요한 일은 뭐든 해주는 해결사였을 것"이라는 결론을 내린다.

일제 시대에 어린 여성들을 꼬여 팔아넘기는 일이 적지 않았다는 것은 당시 신문들이 반복적으로 보여주고 있다. 예를 들면 1937년 1월 11일자 『매일신보』의 기사.

> 김제군 월촌면 연정리 최재현(37)과 그의 처 이성녀(24)는 수일 전 서로 공모하여 동면 동리에 있는 김인섭의 둘째딸 양근(12)을 유인해다가 군산부 개복정 2정목 지나支那 요리업자 장우경에게 몸값 50원을 받고 작부로 팔고자 계약서를 작성하던 중 경찰에 발각되어 엄중한 취조를 받고 있다 한다.(일제강점하강제동원피해진상규명위원회, 55쪽에서 재인용)

불과 열두 살짜리 소녀를 유인해 중국인에게 작부로 팔아넘기려 한 것은 같은 동네 사람이었다. 이와 비슷한 내용의 기사는 당시의 신문에 간간이 등장한다. "수양딸로 유괴하여 매춘 강요의 악당, 시골처녀 팔아먹은 것도 탄로, 동문서東門署서 검거취조"(같은 신문, 1937. 3. 17.), "농촌처녀 유인마 4명을 일망타진, 수원서에서 취조중"(1937. 4. 30.), "오오! 가여운 소녀들, 독아毒牙 희생 150명, 유괴마 하윤명 부부 죄상 확대"(1939. 3. 7.), "취직된다 감언이설, 간 곳은 의외로 창루, 처음엔 빨래, 다음엔 화장해라"(1937. 3. 14.) 등은 그 일부다.

실제로 1990년대 이후 우리 앞에 나타난 한 '위안부'는 이렇게 말한다.

> 1939년 12월, 내 나이 열일곱 살 되던 해였다. 어느 날 그 친구가 취직을 시켜준다는 사람이 있으니 일본으로 같이 가자고 하였다. 조선에 있으나 일본에 있으나 고생하는 것은 마찬가지라는 생각이 들기도 했고, 또 조선에서보다 살기가 좋다고 하길래 그 길로 살던 집을 나왔다. 친구와 같이 평안도 신의주가 고향이라고 하는 조선인 부부를 만났는데, 그곳에는 우리들 이외에 네 명의 여자가 더 있었다. 그 조선인 부부는 우리들에게 숙식을 제공해주고 간단한 옷가지도 사주었다. 머리는 모두 단발로 자르게 하고 외모를 가꾸도록 하였다.(『강제 1』, 62쪽)

이후 그녀는 신의주, 부산, 시모노세키下関, 대만을 거쳐 중국 광둥의 위안소로 가게 된다.

> 그러던 어느 날, 내가 스물인가 스물한 살인가 먹었을 때라고 기억이 된다. 하루는 애기를 재워놓고 그 동네 식모들끼리 이야기를 하고 있는데 조선인 남자 한 명과 일본인 남자 한 명이 다가왔다. 남자들은 양복을 입고 있었는데 나이는 젊어 보였다. 그들이 다가와 "광주에서 얼마 받느냐"고 물었다. "월급도 안 받고 밥 먹고 옷이나 얻어 입는다"고 대답했더니, "아이고 조선 사람들, 도둑놈들"이라고 하면서 자기들을 따라 일본 오사카에 가면 돈을 많이 벌 수 있다고 했다. 돈에 욕심이 나서 무슨 일인지 묻지도 않고 따라나섰다.(같은 책 76쪽)

그리고는 오사카를 거쳐 상하이의 위안소로 가게 된다.

사실, 몇 권의 증언집 속에서 '일본군에게 강제로 끌려'갔다고 말하는 위안부는 오히려 소수다. 증언자의 대다수가 이런 식의 유혹을 받고 집을 떠났다고 말한다.

물론 센다의 책에 나오는 업자처럼 '군'이 직접 업자에게 위안부 모집을 의뢰한 경우는 적지 않았을 것으로 보인다. 그러나 사기나 유인까지 해가면서 마구잡이로 끌어오라고 지시했다는 증거는 아직 나타나지 않았다. 오히려 그렇게 마구잡이로 모집하는 것을 금지한 자료라면 존재한다(〈사진 1〉 참조). 그 자료는 설령 강제로 끌어간 군인이 있다고 해도 그것이 공적으로 허용된 것은 아니었다는 사실을 보여주는 것이기도 하다.

위안부를 필요로 했던 군은, 300만 명 이상의 군인들에게 제공하려면 현지의 매춘시설을 포함한 기존 '위안소'만으로는 부족하다고 생각했을 것이다. 그에 따라 위안부를 더 많이 조달하려 생각했고, 이런 요구를 센다의 책에 나오는 업자처럼 직접 듣거나 알게 된 업자들이 '모집'에 나섰을 가능성이 크다. 당시엔 위안부 모집 광고가 신문에 실리기도 했는데(83쪽 〈사진 4〉 참조), 그 사실 역시 위안부가 공적인 '모집' 대상이었다는 것을 말해준다.

일본군이 장기간 동안 전쟁이라는 '비일상'적인 상황에 놓이게 된 병사들을 '위안'한다는 명목으로 '위안부'라는 존재를 발상하고 모집한 것은 사실이다. 그리고 군에서의 그런 수요증가가 사기나 유괴까지 횡행하게 된 이유이기도 할 것이다. 그런 의미에서는 타지에 군대를 주둔시키고 오랫동안 전쟁을 벌임으로써 거대한 수요를 만들어냈다는 점만으로도 일본은 이 문제에서 책임을 져야 하는 첫 번째 주체이다. 더구나 규제를 했다고는 하지만 불법적인 모집이 횡행하고 있다는 사실을 알면서도 모집 자체를 중지하지는 않았다는 점에서도 일본군의 책임은 크다. 묵인은 곧 가담하는 일이기

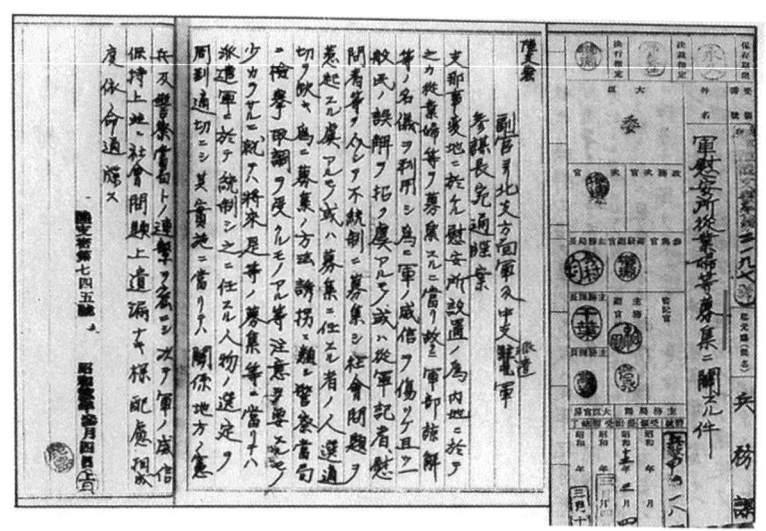

사진 1 1938년(쇼와 13년) 3월 4일자의 '북지방면군 및 중지파견군 총참모장에게 보내는 통첩안' 「군 위안소 종업부의 모집 등에 관한 건」. 군 위안소 종업부를 모집하는 인물을 군이 통제하여 주도적절하게 선정하는 등 모집과정에서 군의 '위신'을 해치거나 사회문제를 일으키지 않도록 하라는 내용이다.

도 하기 때문이다.

그렇지만, 그렇다고 해서 그런 군의 수요를 자신들의 돈벌이에 이용하고 자국의 여성들을 지배자의 요구에 호응해 머나먼 타국으로 데려다놓는 일에 적극적으로 가담한 이들의 존재를 무시할 수는 없는 일이다. 당시에 이런 일을 단속하고 처벌했다는 사실은 이들의 행위야말로 '범죄'이고 따라서 그들에게 책임이 없지 않다는 것을 말해주는 일이기도 하다. '위안부 문제'를 '범죄행위'로 규탄하는 이들의 표현에 따른다면, 업자들이야말로 '범죄'를 저지른 자들로서 '법적 책임'을 져야 할 사람들이었다.

위안부에 대한 '강제성'을 묻는다면, 눈에 보이지 않는 식민지주의와 국가와 가부장제의 강제성을 무엇보다 먼저 물어야 한다. 하지만 동시에, 그런 구조의 실천과 유지에 가담한 이들의 강제성도 함께 추궁되어야 한다.

다시 말해, 위안부가 안게 된 고통에 대한 책임을 물으려면, 당시에는 '죄'로 의식되지 않았던 행위와 이미 '법적'으로 규제되던 '범죄'를 구별해서 함께 생각할 필요가 있다.

그러나 이제까지 문제를 해결하려 했던 이들이 업자들의 '범죄'를 물은 적은 한 번도 없었다. 군인이 직접 끌어간 것은 아니라는 사실이 조금씩 알려지면서 최근에는 업자 등의 중간매개자들의 존재가 대중매체에 공개되기도 했지만(2012년에 방영된 드라마 〈각시탈〉 등), 거기에서 업자들은 어디까지나 조선총독부와 일본군의 지시에 따른 수동적인 존재로 그려지고 있다. 하지만 위안부들의 불행을 만든 주체가 일본군(구조적 강제성의 주체)뿐 아니라 그녀들을 보낸 사람이나 학대한 사람들이기도 한 이상, 그런 그들의 죄나 범죄를 묻지 않을 수는 없는 일이다. 위안부 문제를 제대로 보려면 구조적인 강제성과 현실적인 강제성의 주체가 각각 누구였는지를 보아야 한다.

2. '위안부'의 전신 '가라유키상'
― 국가의 세력 확장과 이동하는 여자들

유괴범들과 일본의 소녀들

업자들은 여성들의 유괴와 착취에서 결코 수동적인 존재가 아니었다.

일본에서는 근대 초기부터, 어린 소녀들을 유괴하다시피 데려가 외국으로 팔아넘기는 일이 적지 않았다. 그들은 대부분 하루하루 먹고살기도 힘든 가난한 소녀들이었는데, 대륙에 가까운 규슈 지방에서 그런 일이 많았다. 그들은 팔려가면서도 오로지 부모와 집을 위하는 마음으로 자신을 희생하

기로 한 심성 고운 딸들이기도 했는데, 그런 소녀/여성들을 고향 사람들은 고마운 마음까지 담아 가라유키상('가라'는 '唐'이라 쓰지만 중국에 한정하지 않고 외국을 통칭하는 말. '유키상'은 '가는 사람'이라는 뜻으로, 외국에 돈 벌러 가는 여성을 가리킨다)이라고 불렀다. 그들은 현해탄을 넘어 한국과 중국 각지에 만들어진 공창─국가의 허가를 받은 매춘시설─으로 팔려나갔고, 동남아시아와 인도로까지 떠돌았다(모리사키 가즈에森崎和江, 『가라유키상からゆきさん』, 1976. 이하 이 대목의 논의는, 특별히 언급하지 않는 한 이 책에서의 인용이다. 저자 모리사키 가즈에는 실제 '가라유키상'과 가라유키상의 양녀에게 직접 들은 이야기를 바탕으로 이 책을 썼다).

그 결과로, 1920년대엔 이미, 한국과 중국 그리고 시베리아 지역에서는 일본의 가난한 처녀들이 하녀로 일하거나 매춘시설에서 일하고 있었다. 그러면서, 원래는 '해외로 돈 벌러 가는 사람'이라는 뜻이었던 '가라유키상'은, 나중에는 바다 건너로 팔려간 여자들을 칭하는 말이 되었다. 또 팔려간 여자들이 유곽생활을 하는 경우가 많았기 때문에, 이들처럼 성을 제공해야 했던 전쟁터의 위안부도 이 이름으로 불리기도 했다(같은 책, 19쪽).

일본은 근대 이전부터 유곽을 공창, 즉 국가가 공인하는 시설로 만들었고 근대 국가가 된 이후에도 공창을 존속시켰는데, 너무 어린 소녀들이 해외로 팔려가는 것을 막기 위해 15세 이하의 공창이 될 수 없도록 했다. 그렇지만 이렇게 규정한 "이민보호법은 조선과 청국(중국) 양국에는 적용하지 않는 것으로 정해져 있었다"(116쪽). 그 이유를 모리사키는 (창기들이, 조선이나 중국으로 앞서 건너간) "내지인(일본인)의 발을 (그곳에) 묶어두는 방편"이었기 때문에 "(일본 정부가) 해외취업녀를 계속 묵인하면서 조선/청국에 이민법을 적용하지 않았고, 신영토에 공창제를 필요시한 것"(117쪽)이라고 설명한다.

유괴범들에게 이끌려 어린 소녀들이 해외로 나가는 것을 일본이 묵인했던 것은, 조선이나 중국으로 단신으로 건너가 경제적 세력을 확장하기 시작한 일본 남성들의 향수를 위로하기 위해서였다고 할 수 있다. 다시 말해 국가 세력을 확장하기 시작한 일본인들이 향수에 젖거나 일상의 불편함을 겪어 일본으로 돌아오는 것을 막아 확대된 국가 세력을 유지하기 위한 흐름이었고, 그런 욕망에 동원된 것이 '가라유키상'이었다.

그 때문에 러일전쟁 전후엔 "가라유키상의 유괴·밀항이 눈에 띄게 늘어났"고 "누구나가 점령지를 목표로 남몰래 나라를 떠나갔"다. 그리고 "이윤에 밝은 업자들은 점령지로 물밀듯 소녀들을 보냈"(126쪽)다. 모리사키는 당시의 신문을 이렇게 인용한다.

> 싱가포르의 인구 약 25만 명. 거주 일본인 약 1800명. 그런데 그 과반은 추업부醜業婦라고 한다. 또 이곳에 거주하는 모 씨의 말로는, 그들 중 단신으로 나라를 떠나 밀항을 기도한 여자들이 3분의 2. 그렇지 않고 나쁜 사람의 손에 걸려 감언에 속아 이곳에 와서 몸을 팔게 된 여자들이 3분의 1.(『후쿠오카니치니치 신문福岡日日新聞』, 1909. 5. 6.)

말하자면 그렇게까지 러일전쟁 이후의 "일본인 부녀매매조직은 활발"(180쪽)했다. 한국이 합병된 1910년의 신문도 그 당시의 상황을 생생하게 보여준다.

> 8월 30일경부터, 갑자기 여객이 엄청나게 늘어나, 매번 여객들을 다 싣지 못하는 연락선도 많았다. 그들은 병합 발표와 함께 재빨리 '젖은 손에 좁쌀 묻히는 식'으로 이익을 취하려는 자들인데, 특히 눈에 띄는 것은 젊은 여성들이 많다는 점

이다. 그들은 기껏해야 2, 30엔을 벌기 위해 조선으로 건너가 작부가 될 뿐 아니라 어떤 일이든 포주가 하는 대로 맡기겠다는 증서—부모의 수락서를 갖고 있다.(132쪽, 같은 신문, 1910. 9. 6.)

당시 한국에서 발행된 잡지『조선 및 만주朝鮮及び滿州』에는 그렇게 해서 건너온 일본인 여성들을 소재로 한 이야기가 적지 않게 실려 있다. 그건 "한국에 체재했던 경성 거류 일본인 총수 4만 3253인 가운데 직업을 가지고 있는 1만 7281인의 직업별 순위를 보면, 하녀가 961인으로 제4위에 랭크되어 있으며, 소위 서비스업으로 간주할 수 있는 2종예기가 347인으로 제12위에 랭크되어 있"(허석, 56쪽)는 상황 속의 일이었다. 당시 조선에서 발간된 일본어신문도 "식민지의 발전에는 그 이면에 부녀자가 잠재적 세력을 형성하고 있는 것도 사실"(『朝鮮新聞』, 1911. 2. 23. 허석, 62쪽에서 재인용)이라고 말한다.

사실 일본인들은 한국이 일본에 병합되기 전부터 한국에 많이 건너와 살았다. 그중에는 속아 팔려온 소녀들이나 살길이 막막했던 가난한 여성들이 적지 않았는데, 그들의 '이동'을 조장하고 묵인한 건 국가권력과 민간업자들이었다.

그런 의미에서는 훗날의 '조선인 위안부'의 전신은 '가라유키상', 즉 일본인 여성들이었다. 그들 역시 가난한 시골처녀들이었고, 감언이설에 속거나 부모의 뜻에 따라 팔려간 이들이었다. 말하자면 '일본인 위안부' 역시 가부장제와 국가의, '가난한 여성'—사회적 약자에 대한 차별이 만들어낸 존재였다.

이들이 러일전쟁 때 이미 일본군을 '위안'했다는 것은, 일본군이 1930년대에 처음 만든 것처럼 알려진 위안소들이 실은 일찍부터 존재했다는 사실을 말해준다. 그 시발점에는 일본인 여성들이 있었고, 민간인이 경영하는 시설이 그 중심에 있었다.

그런데, 처음엔 국가가 아닌 '가족'을 위한 희생에 나선 것이었고 따라서 '고향'의식만 강했던 이들은 전쟁이 터지자 "일본인의식이 강해지면서 남자들을 뒤에서 돌보기도"(182쪽) 하게 된다.

> 지사志士들은 천황의 국가에 환상을 가졌고, 가라유키상은 고향의 행복에 환상을 품고 있었다. 차원을 달리하는 이 두 가라유키가 그래도 문득 서로 접점이 생기는 때가 있었다. 바다를 건넌 지사들은 가라유키상이 일하는 유곽을 근거지로 삼았다. 그리고 그들도 "앞장서서 돌보았다"고 『동아선각지사기전東亜先覚志士記伝』에 나온다. 그들은 가라유키상을 낭자군이라고 불렀다. (226쪽)

'낭자군'이란 娘子軍. 사회 최하계층에서 고통스럽게 일하던 여성들을 '군인'에 빗대어 부른 말이다. 국가의 욕망 실현을 위해 동원되었던 이들이 어느샌가 국가의 세력 확장에 도움이 되는 존재로, '국가를 위한' 역할을 하는 이들로 인정받게 되면서(물론 동원을 위한 국가의 수사일 뿐이다) 생긴 말이었다. 훗날의 위안부들 역시 '낭자군'이라고 불리었고(『마이니치 클럽』별책 『일본의 전력』의 위안부 사진 설명문과 사진, 〈사진 2〉 참조), '위안부'들은 그렇게 국가와 남성에 의한 피해자이면서 국가에 의해 '애국자'의 역할을 담당해야 했던 이들이기도 했다(『화해를 위해서』).

그것은 분명 국가의 부조리한 책략이었지만, 외국에서 서러운 음지생활을 하던 그들에게는 그 역할은 자신에 대한 긍지가 되어 살아가는 힘이 되었을 수 있다. "싱가포르 근처에는 거의 6000명의 가라유키상이 있었고 1년에 1000달러를 벌었는데, 그 돈을 일본인들이 빌려 상업을 했"(232쪽)

다는 이야기는 해외의 가라유키상들이 일본 국가의 국민으로 당당할 수도 있었다는 것을 보여준다.

'가라유키상의 후예.' '위안부'의 본질은 실은 바로 여기에 있다. 국가간 '이동'이 더 쉬워진 근대에, 경제·정치적 세력을 확장하기 위해 타국으로 떠났던 남성들(군대도 그 하나다)을 현지에 묶어두기 위해 동원되었던 이들이 '가라유키상'이었던 것이다(가라유키상의 첫 상대가 일본 항구에 정박한 러시아 군인이었다는 사실은 상징적이다). 그리고 그들의 역할은 '성적 위무'를 포함한 '고향'의 역할이었다.

일본의 가난한 지역의 가난한 소녀들이 해외로 멀리 보내져 신산한 삶을 보냈던 상황은 야마자키 도모코山崎朋子의 『산다칸 8번 창기집サンダカン八番娼館』에도 잘 그려져 있다. 야마자키가 취재한 나가사키長崎의 '가라유키'상은 아직 어린 나이에 부모에 의해 업자에게 팔려 멀리 영국의 식민지였던 보르네오의 항구 산다칸까지 가게 된 여성이었다.

조선인의 가담—인신매매와 성매매

그중에서 조선반도에 와서 몸을 팔던 여성들이 임신해 낳은 아이들은 '조선인의 양녀'(136쪽)가 되기도 했다. 이 책의 주인공인 가라유키상의 양녀는 그렇게 조선인의 집에서 "소학교를 다"니며 자란 여성이다.

이들은 주로 한국으로 건너온 일본인들을 상대했지만, 조선인 노동자들을 상대하기도 했다. 예를 들면 철도 부설을 위해 동원된 이들이 그들이다.

그런데 이때 철도 연변에서 유곽을 운영하던 사람 중에는 조선인도 있었다. 모리사키는 "일본인 출자자가 있었을 것"이라고 적는데, 그는 "공사와 밀접하게 연계하면서 유곽을 공사장이 이동하는 지역으로 옮겨갔다"(140쪽). 사실 그는 이 책의 첫머리에 등장하는 업자, 곧 소녀들을 일본에서

사진 2 『일본의 전력』에 실린 위안부 사진. 1938년 6월 18일 황허 연안 류위안柳園에서 찍은 사진으로, 오른쪽 페이지의 군인들 사진과 함께 '도하'라는 제목으로 묶여 있다. "일본군 또한 낭자군을 데리고 다녔다. 위안부라고 불리는 사람들이다. 조선 여성이 많았던 그녀들은 언제나 진격하는 부대를 따라 최전선으로 향했는데, 사진을 찍으려 하자 하얀 이를 드러내며 웃었다. 망향의 염을 떨쳐버리기 위해서였는지도 모른다."

데려온 사람이기도 하다. 그래서 "소녀들이 죽으면 보충하기 위해 이경춘은 일본으로 갔다"(143쪽).

이렇게 일본인 여성을 대상으로 한 인신매매에는 근대 초기부터 조선인들도 깊이 관여했다. 여성을 위안부로 만들어 상품화한 업자에도, 위안부를 성매매한 이용자—군인이나 군속 중에도 조선인들은 적지 않았다. 말하자면 위안부를 '강제로 끌어간' 직접적인 주체는 업자들이었다.

'위안부'의 본질을 보기 위해서는 '조선인 위안부'의 고통이 일본인 창기의 고통과 기본적으로는 다르지 않다는 점을 먼저 알 필요가 있다. 그 안에서 차별이 존재했던 것은 사실이지만, 위안부의 불행을 만든 것은 민족 요인보다도 먼저, 가난과 남성우월주의적 가부장제와 국가주의였다. 그리고 '조선인 위안부'라는 존재가 생기게 된 것은 이들의 위치를 조선인 여성들이 대체한 결과였다. 그렇게 된 배경에는 한국의 식민지화와 식민지로 이식된 공창제도가 있었고, 중간매개자들은 그런 과정에서 생겨난 존재였다.

공창과 사창—여러 종류의 위안소들

여자들은 야전우편국에서 매일 고향으로 송금을 했다. 송금되는 돈은 (중략) 머지않아 국내 창기와 마찬가지로 적어졌다. 여자들 숫자가 점점 더 많아졌기 때문이다. 이런 유곽을 이용하지 못하는 병사나 노동자들을 대상으로 하는 사창굴도 늘어났다.(155쪽)

'머지않아 국내 창기와 마찬가지로 적어졌다'는 말에서도 알 수 있듯이, '가라유키'들이 고향을 떠나 타지까지 온 것은 유괴당하는 경우를 제외한다면 본국보다 벌이가 좋았기 때문이었다. 그들이 익숙한 고향을 떠나 이동하는 것은 국내에서는 일자리를 찾을 수 없거나 임금이 국내보다 낫기 때문이었다. 후에 다시 보겠지만 그런 식의 이동과 경제의 관계는 오늘날도 이어지고 있다.

만주 가는 곳곳마다 우리 일본인들이 경영하는 마굴이 없는 곳이 없다. 금년(1907) 5월의 조사에 따르면, 다롄大連에는 예기(기생)가 167명, 작부가 282명, 창기가 113명, 중국 창기가 76명, 즉 700여 명의 매춘부가 있다. 그들 이외에 영업 신청을 하지 않은 무허가 매춘부가 얼마나 있을는지는 상상할 수도 없다.(157쪽, 『후쿠오카니치니치 신문』, 1907. 12. 17.)

모리사키는 이들의 숫자를 나열하면서 모두 '매춘부'라고 말한다. '매춘'

의 경로는 다르지만 노래와 춤을 제공하는 '예기'도, 술을 따르는 '작부'도, 남자들에게는 노래나 웃음뿐 아니라 몸도 살 수 있는 이들이었다. 실제로 우리 앞에 나타난 위안부들도 일부는 '성적 위안'뿐 아니라 술을 따르거나 노래와 춤을 제공했다고 말한다. 말하자면 '위안부'로서 증언한 이들 중에는 군인이 중심이 된 곳에서 단순히 '성적 위안'만 제공한 이들 이외에도 매춘을 겸하는 요릿집 등에서 당시의 표현으로 하자면 '작부'나 '예기'로 일한 사람도 적지 않은 듯하다. 이 신문을 인용하며 모리사키는 다시 말한다.

가라유키상은 이렇게 국가의 공창제에 그대로 흡수되어갔다. 그것은 조차지뿐 아니라 일본의 지배세력이 가닿는 지역이라면 어디에서든 볼 수 있는 풍경이었다. 구 만주 지역은 물론이고 청국의 북쪽이나 남쪽 주요 도시에서는 가라유키상을 공창과 사창으로 나누어 일본의 경찰권으로 관리했다.(157쪽)

북쪽 대륙 방면으로 건너간 가라유키상은 그곳에 일본의 주권이 미치기 시작하자 곧 공창제에 의해 관리되었다. 부국강병을 지향하는 정부 방침에 따라 헌병대가 곧잘 창기의 매독 검사를 강화시켰다.(233쪽)

이런 과정을 거쳐 1921년에는 이미 "조선, 사할린, 구 만주에서 창기 노릇을 한 이들은 3000명이 넘었"(233쪽)다.

그중에는 국가의 영업허가를 받은 매춘시설인 '공창'뿐 아니라 허가를 받지 못한 '사창'도 존재했다. 공창이란 말하자면 경찰이라는 국가권력으로 '관리'했던 곳을 말한다. 그리고 아시아 지역에서는 군대가 관리하기 전에 경찰이 관리했고, 경찰이 없는 전쟁터에서는 '위안부'를 일본군이 관리하게 된 것이다.

90년대 이후 '위안소'로 알려진 곳들은, 그렇게 이전부터 존재했던 유곽까지 포함된 것일 가능성이 높다. 어쩌면 군인들이 그 존재는 파악하면서도 공적으로는 이용하지 않았던 사창까지 포함된 것일 수도 있다.

한 한국인 위안부는 군인뿐 아니라 민간인도 이용하는 위안소에 있었다면서, 그 풍경을 이렇게 묘사한다.

> 내가 끌려간 곳은 대만 사람의 집이었는데 큰 단층집이었다. 창문에 창살이 있었다. 그 집에는 간판이 있었다. 간판을 받을 때는 허가가 있어야 한다고 했다. (중략) 대문 입구에는 주인과 관리인이 앉아 있는 사무실이 있었고 그 앞으로 복도가 있었다. 그리고 복도 양쪽에는 색시방이 죽 늘어져 있었다. (중략) 대문 옆에는 꽃이랑 나무가 심어져 있었다. 우리는 방을 한 개씩 차지했고 그리 크지 않은 방에는 이불과 옷이 있었다. 집안은 깨끗하지 않았다. 화장실도 하나뿐이었다. 화장하고 옷을 갈아입고 나온 여자들은 사무실의 오른쪽 방에 나와 앉아 있었다.(『강제 2』, 34쪽)

> 군인들은 들어오자마자 마음에 드는 여자를 한 명씩 데리고 방으로 들어갔다. 대문 밖에서는 많은 군인과 민간인이 기다리고 있었다. (중략) 민간인 손님은 대부분 일본인과 대만 사람이었다. 민간인이라도 한 시간씩 자고 가는 뜨내기도 있었고 하룻밤 자고 가는 사람도 한 달에 몇 명씩 있었다. 나한테 오는 민간인들은 주로 대만 사람이었다. 일본말이 아닌 다른 말을 하고 피부가 일본 사람보다 검고 냄새도 나니까 대만 사람인 줄 알았다. 옷은 보통 민간인 옷이었다. 추잡했다.(35쪽)

'허가'를 받아야 '간판'을 내걸 수 있었다는 것, 그리고 민간인도 이용할 수 있었다는 것은 이 시설이 군인이 직접 경영한 곳이 아니라 민간인이 경영하고 관리한 곳이라는 것을 말해준다. 군이 이곳을 '허가'했다는 것은 군인이 가도 되는 곳(지정업소)로 지정했다는 의미이다. 위안부들은, 일본군은 기본적으로는 '지정업소'에만 가도록 종용했고 그 이외의 곳에 가는 것은 금지했다고 말한다.

이런 상황들은, 군인이 가도 될 만하다고 판단해 지정받은 업소가 아닌 일반 유곽들도 많이 있었다는 것을 말해준다. 그런 곳들 중에는 이전부터 있었던 곳도, 수요가 많아져 매춘사업이 돈벌이가 된다는 것을 안 민간인들이 새로 만든 곳도 있었을 것이다.

상관들은 시내의 좋은 곳에 가지만(대개 노래와 춤, 술을 즐길 수 있는 곳이었다) 일반 병사들은 부대안 시설 같은 그보다 못한 시설을 이용할 수밖에 없었다는 이야기(『화해를 위해서』)도 그런 가능성을 말해준다.

이렇게 대륙 각지에 공창제가 시행되자 남방에서도 여자들이 이동해왔다. 그리고 그로부터 20년이 지났을까 말까 할 무렵 제2차 세계대전을 일으켜 남방에 일본군이 공격해 들어가게 되자, 동남아시아 각지에 공창제가 재개되었다. 이번에는 일본이 관리하고 현지 처녀들이 공창에 합류했다. 또 군 관계의 위안대가 보내졌다. 쇼와 초기(1920년대 후반)에 상해로 건너간 가라유키상 중에는, 이때 일본군 위안부의 감독이 된 이도 있었다.(233쪽)

말하자면 아시아 각지에 존재했던 매춘시설이 모두 '일본군 위안소'였던 것은 아니다. 여러 종류의 '공창'과 '사창'이 존재했고, '일본군'이 관리하고 공식적으로 병사들이 이용한 것은 기본적으로는 군이 허가한 '공창'뿐이었다고 보아야 한다. 또 중국 등 전쟁을 한 점령지에는 여성에 대한 '강간'도 많았지만, 이런 식의 '공창'에 있던 여성들도 있었다. 그렇게 다른 상황에 처해 있었던 여성들을 똑같이 '위안부'라고 말할 수는 없다.

일본군은, 기존의 공창과 사창만으로는 모자라 '위안부'를 더 모집하기로 했을 것이다. 그에 따라 업자에게 의뢰하는 경우도 있었겠지만, 일반적인 '위안부'의 대다수는 '가라유키상' 같은 이중성을 지닌 존재로 보아야 한다. 300만 명을 넘는 군대가 아시아와 남태평양 지역에까지 머무르면서 전쟁을 하게 되는 바람에 수많은 여성들이 필요시된 데에 따라 가혹한 상황에 놓이게 된 것이 '위안부'였다. 하지만 '현지 처녀들이 공창에 합류'했다는 사실은 모든 위안부가 똑같이 일본군에게 '유괴'나 '사기'를 당한 것은 아니라는 사실도 말해준다.

'일본군 위안소'는 하나가 아니다. 다시 말해 군인이 어느 날 독자적으로 고안해서 위안소를 만든 것이 아니다. 일찍부터 국가의 확장과 함께 존재했던 매춘시설을 이용하다가 주둔병력이 많아지자 군이 장소를 늘리고 관리하기 위해 지정했던 곳이 이른바 '위안소'였다. 말하자면 일본군이 이용했다고 해서 아시아 전역에 있었던 그런 유의 시설들을 전부 '일본군 위안소'로 간주하는 것은 무리가 있다.

물론 군인이나 헌병에 의해 끌려간 경우도 없지 않은 것으로 보이고, 개별적으로 강간을 당하는 경우도 적지 않았다. 그러나 '위안부'들을 '유괴'하고 '강제연행'한 것은 최소한 조선 땅에서는, 그리고 공적으로는 일본군이 아니었다. 말하자면 수요를 만든 것이 곧 강제연행의 증거가 되는 것은 아니다.

3. 우리 안의 협력자들

앞서의 센다의 책에는 어느 조선인 위안부가 등장한다. 1970년대 초반, '충청북도 출신의 쉰네 살'인 그녀는 이렇게 말한다.

> 저는 안 갔지만, 1940년 봄쯤이었던 것 같습니다. 가난한 농촌이었던 우리 고향에 키가 작은 일본인 남자가 와서 "돈 되는 일이 있다. 일은 편하고 식사도 제공된다"면서 여러 집을 돌아다녔습니다. 그때는 마을마다 일본인 경찰의 주재소가 있었는데, 그런 **경찰이나 면장**(원문에는 괄호 안에 '촌장村長'이라고 쓰여 있다 ─ 인용자)을 대동하고 다녔으니 별 문제 없는 것으로 생각했겠지요. 생활이 여의치 않은 농가에서 몇 사람 응모했습니다. 응모는 미혼인 젊은 여성만 할 수 있었습니다. 일본 내지의 방적공장이나 군의 피복공장 등에 간 사람들이 있었기 때문에, 사람들은 그런 일로 생각하고 응모했습니다. 그것이 시작이었습니다.(101쪽)

'키 작은 일본인 남자'가 중간업자나 포주였으리라는 것은 분명하다. 그런데 그를 데리고 온 사람이 다름 아닌 '면장(촌장)'이었다는 것은 그들에게 협조한 이들이 있다는 이야기가 된다. 사실 마을의 어느 집에 대상이 될 만한 '가난한 처녀'가 있는지를 알고 부모나 본인을 설득할 수 있는 이들은 순사나 중간업자가 아닌 마을 내부 사람일 수밖에 없다. 그래서 센다는 인터뷰한 위안부의 말을 이렇게 정리한다.

> 그녀에 의하면, 1937년 말부터 1939, 40년 이전까지는 **경찰이나 촌장을 대동하고 오기는 했어도 강제는 아니었고, 동반한 것은 속이기 위한 방법**이었던 것 같다. 쇼와 시대 초기에 도호쿠東北 지방에서 도쿄의 업자들이 농민을 속여 처녀들

을 데리고 갔던 것과 같은 수법이었다. 따라서 농촌에 주재하는 순사들은 주역이 아니고, 군의 어용매춘업자들의 압력기관으로서 칼소리를 내며 따라갔을 뿐이었던 것 같다.(102쪽)

센다의 설명은 모집을 둘러싼 순사 – 경찰과 마을의 장 – 행정기관의 관계를 가장 사실에 가깝게 파악한 것으로 보인다. 실제로 지금의 '위안부' 증언집에도 동네 사람들이 자신의 집을 알려주었을 거라고 말하는 이들은 적지 않다. 한 위안부는 "지금 생각하니 나보고 배급을 타가라던 이장 아들이 계집애가 있는 집을 다 가르쳐준 것이 아닌가 싶다"(『강제 2』, 47쪽)고 말한다.

내가 열일곱 살 되던 해인 1938년에 우리 동네에 어떤 사람이 와서 광목공장에 취직할 사람을 모집하고 다녔다. 그 사람은 동네 구장의 집에서 술을 마시며 하룻밤을 자고 어디론가 떠났다. 그리고 나서 나는 어머니와 의붓아버지의 묵인 아래 동네일을 보는 구장을 따라 광목공장에 취직하러 나서게 되었다. 우리 집은 술장사, 밥장사를 하고 있었으므로 동네 사람, 지서 주임, 면장, 구장, 반장까지도 우리 집 사정을 잘 알고 있었다. 그래서 지서 주임이 나를 끌어내라고 지시한 것 같고 동네의 구장, 반장이 나서서 나를 끌어냈다.(『강제 2』, 169쪽)

센다는 일본군이 "조선총독부에 모집을 의뢰했고 총독부가 각 도·군·면에 내려보내 **최종적으로는 면장의 책임으로 모았다**"(103쪽)는 전쟁 당시 군인의 말을 인용하면서 당시 면장의 아들을 인터뷰한 이야기도 쓴다.

그는, "1941년경 5월이나 6월" 주재소 순사가 다녀간 직후에 머리를 싸매고 고민하다가 결국 "'일본 내지에 좋은 일자리가 있소. 어떻소, 딸을 보내지 않겠소? 딸한테 송금을 받을 수도 있을 거요!'라고 권유하면서 돌아다난"(104쪽) 아버지에 대해 말하는데, 면장이 돌아다닌 집은 "가난한 집, 그리고 아이가 많아서 생활이 어려운 집"이었다. 그리고 그가 권유한 처녀는 "우리 고향에서는 네 명이나 다섯 명"이었고, "모인 건 두 명"이었다. 그랬기 때문에 이들이 떠날 때의 모습은 "울면서 보내는 광경은 분명 있었지만, **취직하러 고향을 떠나는 사람을 배웅할 때의 모습이었고, 심각한 건 아니었던 것으로 기억합니다**"(105쪽)라는 것이다.

여기서의 모집 대상은 위안부가 아니라 뒤에 다시 말하겠지만 정신대였을 가능성이 높다. 아무튼 동네 사람들이 그런 모집에 가담한 것만은 분명하다. 물론 이들은 당시의 '국가'의 여성 동원에 협조했을 뿐이고, 그런 한 그들을 무조건 비판할 수는 없는 일이다. 그러나 정신대건 위안부건, 그들이 그렇게 동원되는 과정에 조선인이 깊이 개입했다는 사실을 묵과한 것이 '위안부 문제'를 혼란에 빠뜨린 원인이기도 했다.

> 참혹하고 슬픈 시대였습니다. 아버지는 약했다면 약했다고 할 수 있습니다. 하지만 당시의 조선 사람이 달리 뭘 할 수 있었을까요? 해방 후에는 고향을 떠날 수밖에 없게 되었지만, 저는 아버지는 운이 나빴다고 생각하고 있습니다. 그때 면장을 맡게 된 게 불운이었다고 생각합니다.(106쪽)

"면장을 맡게 된 게 불운"이라기보다는 한국이 병합된 것이 불운이었다. 2000만 명이 넘는 조선인들이 일본의 지배하에 놓이면서, '면장'이건 '읍장'이건 누군가는 해야 하는 일이었다. 일제에 대한 영합이 아니라 자신의 노력의 결과로 그 지위를 얻었다 해도 누군가는 구조적으로 국가정책에 대한 '협력자'가 될 수밖에 없었다. 센다가 "말하면서 그는 울었다"면서 협력자의 아픔까지 전하고 있는 것은 협력하도록 만든 나라의 후예로서 그런 아품에 공감했기 때문일 것이다.

실제로 위안부들 중에는 "일본도 나쁘지만 그 앞잡이 노릇을 한 조선인들이 더 밉다"(『강제 1』, 57쪽), "일본뿐만 아니라 조선인도 자기 살려고 남을 죽을 곳에 넣었으니 마찬가지로 나쁘다"(같은 책, 71쪽)고 말하는 이들도 적지 않다.

사죄라는 것이 '미움'을 풀기 위한 응답이라면, 우리 안에도 위안부들에게 '사죄'해야 할 이들은 있다. 그런 사태야말로 '식민지'의 모순이자 '조선인 위안부'의 모순이다. 식민지화란 그렇게, 국가에 대한 협력을 놓고 구성원 사이에 치명적인 분열을 만든 사태이기도 했다.

4. '강제로 모집된' 정신대

그렇다면 '일본군이 강제로 데려갔다'는 증언들은 무엇일까.

'위안부'들의 증언은 자신을 데려간 주체가 '마을 남자'이거나 모르는 아저씨였다고 말하는 경우가 많지만, '경찰'이나 '군인'이었다고 말하는 경우도 없지는 않다.

> 이렇게 해서 중급 규모의 여자사냥은 전쟁의 확대에 따라 대규모의 여자사냥으로 바뀌어간다. 대규모로 여성들이 모집된 것은 1943년부터였다. 모집이 가장 극심했던 것은 육군대장 아베 노부유키阿部信行가 조선 총독으로 부임했기 때문이라고 한다. 그녀들은 '정신대挺身隊'라는 이름하에 모집된 것이다.
>
> '정신대.' 이 얼마나 그럴듯한 단어인가. 이 '정신대'원의 자격은 12세 이상 40세 미만의 미혼 여성이었다. 다만 총계 20만(한국 측 추정치)이 모집된 가운데

'위안부'가 된 사람은 '5만 내지 7만'이라고 한다. 모두가 위안부가 된 것은 아니다.(106쪽)

센다는 '정신대'라는 이름으로 '위안부'가 모집된 것으로 이해하고 있다. 그렇게 단정한 이유는 "당시 일을 조사한 한국인 신문기자"(106쪽)가 "우선 18세에서 22, 3세의 여성만을 골라 위안부로 만들고, 중년 여자는 군수공장에 보내진 것 같습니다"(107쪽)라고 한 말에 있는 듯하다. (후에 한국에서 위안부 문제를 처음 제기한 윤정옥 교수는 센다의 책을 읽었다고 말한다.)

그러나 사실은 정신대와 위안부는 분명히 다른 존재다. 그러던 것이 시간이 지나면서 애매하게 겹쳐지면서 정신대와 위안부를 혼동한 결과로 만들어진 기억이 우리 안에 자리잡게 된 것이다.

'위안부'의 모집은 비교적 이른 시기에 이루어졌지만, '정신대'의 모집은 전쟁 말기, 즉 1944년부터였다. 그리고 정신대란 조선인들을 대상으로 한 것이 아니라 일본에서 시행된 제도였다. 일본은 1939년부터 '국민징용령', '국민근로보국협력령', '국민근로동원령' 등으로 이름을 바꾸어가며 14~40세의 남자, 14~25세의 미혼 여성을 국가가 동원할 수 있도록 했는데, '12세 이상'이 대상이 된 것은 1944년 8월이었다(일본 위키피디아 '여자정신대' 항목).

그나마 "식민지 조선에서는 공식적으로 발동되지 않았다". 그러나 센다가 참조한 것으로 보이는 1970년 8월 14일자 『서울신문』은 1944년에 정신대 제도가 시행되었다고 쓰면서 이렇게 말한다.

12세 이상 40세 미만의 미혼 여성을 대상으로 한 이 정신대는 사실상 나치의 소녀대보다도 잔인했던 위안대. 정신대로 끌려간 부녀자들은 군수공장, 후방기지의 세탁소 등에도 배치됐으나 대부분 남양, 북만주 등 최전선까지 실려가 짐승 같은 생활을 강요당했다.

이 기사는 일본에서 시행된 제도가 곧바로 한국에서도 시행된 것처럼 오해했고, 그에 더해 정신대가 위안부인 것처럼 생각하고 있다. 기사는 이어서 작가 한운사의 말을 빌려 "일선부대에 여자들이 끌려오면 1개 소대에 2, 3명씩 배치, 천황의 하사품으로 굶주린 사병들의 노리개가 되었고 날이 새면 또 다른 부대로 끌려가 곤욕을 겪어야 했다"고 전한다. 그리고 군수공장에서 일하는 여성들의 사진에 "일제는 여자정신대라는 이름으로 숱한 부녀자들을 동원, 군수공장의 직공이나 전방부대의 위안부로 희생시켰다"고 설명해두기도 한다.

하지만 '정신대'란 남성들을 전쟁에 보내 노동력이 부족해진 일본이 여성들을 공장 등의 일반 노동력으로 동원하기 위해 만든 근로동원제도였다. 무엇보다 '위안부'와 이들이 다른 것은 '정신대'는 12세 이상의, 즉 중학교 이상의 '학생'이나 졸업생이 주요 대상이었다는 점이다. 말하자면 '위안부'들의 다수는 가난이나 가부장제 속의 교육차별 때문에 교육을 받지 못하거나 저학력이었지만, '정신대'에 동원된 이들은 대부분 학교교육 시스템 안에 있는 이들이었다. 윤정옥 교수가 '정신대'에 징발되지 않기 위해 학교를 중퇴했다고 말하는 것도 '정신대'의 대상자가 처음부터 '위안부'와는 달랐다는 것을 말해준다.

그런데 당시의 신문에는 「여자정신근로대, 만 15세부터 25세로 조직」이라는 제목의 기사(『매일신보』, 1945. 6. 11., 일제강점하강제동원피해진상규명위원회, 280쪽에서 재인용)가 보인다.

긴급 증산을 위하여 이미 생산전에 참가하고 있거니와 8월부터는 여자들도 근로에 참가하기로 되었다. 만 15세부터 25세까지의 여자 중 놀고 있다고 볼 수 있는 여자들을 대상하여 여자근로정신대를 조직하는 것으로 국민의용대의 조직 발전을 기다려서 구체적으로 결성할 모양인데 여자근로정신대원은 상시요원과 임시요원의 구별을 두고 상시요원은 여자들이 할 만한 사업 중에 동원하며 임시요원은 어획이 많았을 때, 운반 같은 데 동원하는 등 적절한 방면에 동원하기로 되었다.

이에 따르면 조선에서 정신대 제도가 실제로 (법에 의거한) 강제적 동원의 형태로 가동된 것은 1945년 8월인 듯하다. 그런데 이보다 앞서 1944년에는 조선에서도 정신대가 조직되었는데, 그 배경을 신문은 이렇게 전한다.

사치와 향락과 안일만을 찾고 있던 양키 미국 여자들도 싸움에 지지 않겠다고 공장으로 몰려들어 벌써 전 미국 공원의 반 이상을 여자들로 채우고 있다고 한다. 이 양키의 도전을 마다할 황국의 여자들이 아니다. 다 같이 보내게 되지 않았는가. 이들 장성들이 정신하고 있던 생산진은 우리들이 굳게 지키기 위하여서 반도 여성들의 총궐기가 있어야 할 지금이다. 여자는 절대로 징용을 안 한다. 이러한 때 나의 뒤를 따르라는 듯 여성 진군의 봉화를 들고 일어선 **근로낭자군**이 있으니 그 이름은 **평양여자근로정신대**이다. 이미 내지에서는 수많은 정신대가 조직되어 증산장으로 진군하여 좋은 성적을 드러내고 있는 터이지만 조선서는 이제 평양정신대가 여자근로의 집단동원으로는 처음이다.(『매일신보』, 1944. 4. 19., 같은 보고서에서 재인용)

내지—일본에서 정신대 모집이 시작되자 조선에서는 이런 식의 '자발적인 동원'이 시작되었다. 이후의 같은 신문에 실린 「여기 지원병의 누이 있다, 생산전장은 어렵니까, 함남으로부터 정신대를 자원해 내성」(1944. 9. 14.), 「정신대 아니라도, 두 처녀 탄원 들어 우선 사무 위촉」(1944. 9. 16.), 「가정도 나라 있은 뒤에야, 혈서로 여자정신대 탄원한 아리마 양」(1944. 9. 20.), 「처녀들이 바치는 이 적성, 여자정신대원 지원 쇄도」(1945. 2. 24.) 등의 기사에 의하면 자원 형태가 중심이었던 것으로 보인다. 물론 그 자원 역시 (애국심을 발휘해야 하는) 총체적 강제 속의 일이었다.

그런 의미에서는 『서울신문』의 기자는 정신대에 대해서도 정확히 알지 못했고 정신대가 그대로 위안부가 되는 것으로 착각했던 것으로 보인다.

물론 이런 식의 자원이 이루어지고 있는 다른 한편에서, 국민동원을 징용으로 간주하고 기피했던 이들은 적지 않았을 것이다. 더구나 미혼 여성의 징용을 두고 "개중에는 이를 위안부로 여기는 등의 황당무계한 소문이 항간에 퍼져 있"(후지나가 다케시, 2006. 후지나가는 '여성을 위한 아시아 평화 국민기금'이 엮은 『정부 조사 '종군위안부' 관계 자료집성 4』[1998]에 수록된 1944년 7월의 일본 내무성 문서를 인용해서 이렇게 말한다)는 상황에서 앞서의 신문이 전하는 사례가 얼마나 있었는지는 알 수 없다.

정신대를 위안부로 혼동하는 착각은 일본이 '국민동원령'이라는 '법'을 만들어 전쟁을 위한 국민동원을 하는 과정에서 생긴 것이 분명하다. 위안부들의 증언에는 정신대로 갔다가 위안부가 된 경우도 있으니, 그런 사례가 와전되면서 정신대와 위안부가 같은 것으로 혼동되었을 가능성이 크다. 어쩌면 처녀공출이라는 단어가 (성경험이 없는) '처녀'에 초점이 맞춰지면서 정신대를 곧바로 성노동에 동원되는 '위안부'로 인식했을 수도 있다.

그런데 그 기자는 센다의 질문에 이렇게 대답한다.

"통지서가 온 다음에 사흘이 지나면 어디로 모였습니까? 면장 집입니까?"
"주재소 앞입니다. 거기서부터 경찰이 인솔해 트럭이나 기차에 태워서, 도망치지 않도록 감시하면서 서울로 데리고 왔습니다. 배웅하는 가족들, 엄마들은 딸들 발 아래 매달리면서 엉엉 울었고, 그 사람들을 경찰이 떼어놓으려고 하면 이번에는 그 경찰의 다리에 매달려 울면서 애원했는데, 발로 걷어차였지요. 세상 어느 나라에, 딸이 군인의 노리개가 된다는데 기꺼이 보내는 부모가 있겠습니까? 가난한 농부라도 인간이니까요."(110쪽)

'트럭이나 기차에 태워서, 도망치지 않도록 감시'한 주체는 '경찰'이다. 그런 데다가 이들은 '통지서'를 받고 모였다고 한다. 이 상황은 명확히 '공적'인 징집이었고, 징집 대상이 노동력 보충을 위한 '정신대'임은 분명하다. 실제 위안부들의 증언에서, 이런 식의 이별 장면은 거의 찾아볼 수 없다. '배웅하는 가족들, 엄마들은 딸들 발 아래 매달리면서 엉엉 울었고, 그 사람들을 경찰이 떼어놓으려고 하면 이번에는 그 경찰의 다리에 매달려 울면서 애원'했다는 경우 역시 증언에서 나타나는 평균적인 모습과는 다르다.

실제 위안부들의 증언을 보면, 단독으로 떠나간 경우가 대부분이다. 약간씩 차이는 나지만, "저녁이라도 준비한다고 혼자 논두렁에서 쑥을 캐고 있는데, 3, 40대가량 되어 보이는 남자가 오더니, 이런 고생 하지 말고 배불리 먹을 것도 주고 좋은 신발도 주는 곳을 알아봐준다고 자기만 따라오라고 해서" 가게 되는 식의 경우가 대부분인 것이다. 중간에 무서워져서 우는 "그녀의 뺨을 때리더니 강압적으로 다시 그녀에게 길을 재촉"한 것도 일본군이 아니라 '조선인 남자'였다(이국언, 74~75쪽). '공장'에 보내준다고 속여 데려간 한 남자는 "공장에 간다고 하더니 이야기가 다르지 않느냐고 하자 김 씨는 하라는 대로 하라고 하며 우리를 일본 사람에게 넘기고 사라져버렸다"(『강제 1』, 87쪽).

'정신대' 동원과 '위안부' 동원의 풍경은, 예외로 보이는 증언을 제외한다면(제외하는 이유는 소수이기 때문이다) 확연히 다르다. 이들이 '트럭'이나 '기차'에 실려 대륙 혹은 '남방'으로 이동하게 되는 것은 대부분 대도시에 집결한 다음의 일이었다.

재일교포 김일면의 책『천황의 군대와 조선인 위안부』는 "어떤 산촌 지역에서는 할당된 인원을 달성하려고 트럭으로 돌아다녔다. 그리고 '정신대'로 지명한다는 통지를 내고, 만약 도망치려는 기색이 보이는 여자는 잡아서 수갑을 채워 유치장으로 처넣었다. (중략) 나중에는 길거리에서 여자들을 잡아왔다"(182쪽)고 말한다. 김일면 역시 정신대를 위안부로 착각한 것이다.

'위안부'를 '강제로 끌어'갔다고 말해 '조선인 위안부' 인식에 결정적인 영향을 끼친 것은 요시다 세이지吉田淸治의 책『조선인 위안부와 일본인』(1977), 『나의 전쟁범죄』(1983)이다. 최근까지도 언론은 요시다의 책을 '강제동원'의 증거인 것처럼 다루지만(『조선일보』, 2012. 9. 6.), 이 책의 신뢰성이 의심받기 시작한 건 이미 오래전 일이다. 요시다 자신도 그의 책이 거짓이라는 비판에 대해 "책에 진실을 써봐야 아무런 이익도 없지요. (중략) 사실을 숨기고 자기 주장을 섞어 쓰는 건 신문도 하는 일 아닙니까"(『주간 신초新潮』, 1996. 3. 27.)라면서 "반론을 하지 않겠다"(『아사히 신문』, 1997. 3. 31.)고 말한 바 있다.

앞서의 기자나 재일교포 학자, 그리고 요시다에 이르기까지 강조된 강제연행은 우선은 정신대에 관한 것으로 이해해야 한다. 윤정옥 교수도 정신대 모집에선 서류에 도장을 찍었다고 말한다. 강제연행이 있었다면, 국가정책에 의한 것이 아니라 국가정책처럼 보이도록 만들어 데려간 일반인이 한 행위로 보아야 한다. 뿐만 아니라 정신대가 그런 방식으로 모집된 시기는 패전이 얼마 남지 않은 시기였다. 그렇다면 그런 방식으로 단기간에 '20만의 소녀'를 모집할 수 있었을 리도 없다.

여성들을 군이 주체가 되어 '강제로 연행/납치'한 것은 일반적으로는 전쟁터에서 개인 혹은 집단이 자행한 글자 그대로의 '강간'의 경우였다. 또 그 대상은 기본적으로는 '조선인 여성'이기보다는 타국 여성—적국의 여성이었다. 위안부 중에는 함께 있던 일본군이 중국인 여성을 강간하는 것을 보았다고 말하는 이도 있다. '조선인 위안부'와 일본군의 기본적인 관계는, 그렇게 중국인과 일본군의 관계와는 달랐다.

5. '소녀 20만'의 기억

앞의 기자는 "1943년부터 45년까지 정신대에 동원된 한일 두 나라의 여성은 모두 20만가량. 이 가운데 한국의 여성은 5~7만 명으로 추산되고 있다"고 말한다. 정신대를 위안부로 혼동한 기자조차 조선인 위안부는 5~7만 명이라고 말하는 것이다. 일본에서 동원된 정신대가 1944년 2월 시점에서 16만 명이었다고 하지만, 이 숫자는 어디까지나 정신대의 숫자였다.

그런데 센다는 "일본군이 동원하고 사용한 위안부 총수는 1938년에서 1945년까지 8만이라고도 10만이라고도 하는데, 그 대부분이 조선인 여성"이라고 말한다(28~29쪽). 이 책 부제목의 '8만 명'은 여기서 나온 숫자였다. 그리고 센다가 쓴 숫자는 한국인 기자가 말한 숫자보다 많다.

물론 숫자가 중요한 것은 아니다. 20만 명이 아니라 2만 명, 아니 2000명이라 해도, 조선인 여성들이 '일본군 위안부'가 된 것이 '식민지'에 대한 일본 제국권력의 결과인 이상 일본에 그 고통의 책임이 있는 것은 분명하다. 그들을 직접 '동원'한 것이 업자들이었다고 해도, 또 그들이 '가라유키상'처럼 유괴되거나 자발적으로 팔려갔다고 해도 그건 변하지 않는다.

그러나 '위안부 20만 명'설은, 센다를 비롯한 위안부 문제 연구자와 운동가들이 『서울신문』 등의 기사를 전적으로 믿은 결과로서 정착되었을 가능성이 크다. 설사 '20만 명'이었다 해도 그 인원을 모두 '군이 강제로 끌어간' 것은 아니었다.

20만 명이라는 숫자 이상으로 우리를 분노하게 만드는 것은 일본대사관 앞의 '소녀'상이 상징하는 것처럼, '위안부'가 대개 어린 소녀였을 것이라는 상상이다. 그렇지만 그런 이미지는 1990년대 초반에 한국에서 이 문제가 보도될 때 정신대를 위안부로 착각했던 데에서 만들어진 것이었다.

실제로는 위안부들은, "내가 나이가 제일 적었지. 거 간 중에. 다른 여자들은 다 스무 살 넘었어"(『강제 5』, 35쪽)라거나 "우리 있는 데는 한 스무 명 남더라구. 그 사람들은 나이가 조금 많고 스무 살 다 넘고 전라도서도 오고 경상도서도 왔더만"(87쪽)이라고 말한다. 증언한 본인 말고는 "스무 살 다 넘"었다는 것을 강조한다. 말하자면 우리 앞에 있는 위안부들의 당시 나이는 오히려 '예외'였다.

> 거기 위안죠(위안소)가 많아. 많으니께 공치는 사람도 있더라구. 거기 가면 다 남자 상대만 한다고 하는데 (꼭 그런) 것만이 아니더라구. 거기 여자들하고 다 얘기해봤지. (중략) 나이가 다 고만고만해. 한 스무 살, 스물한 살, 최고 많은 게 스물다섯 살. 서른 살 최고 많더라고.(『강제 3』, 96쪽)

태평양전쟁 중인 1944년 8월에, 미얀마(버마) 미트키나 함락 이후의 소탕작전에서 미군의 포로로 수용되어 전쟁정보국OWI의 심문을 받은 '조선인 위안부' "여성들의 평균 연령은 25세"(「Japanese Prisoner of War Interrogation Report No. 49」, 후나바시 요이치, 2004, 296쪽에서 재인용)였다. 어느 조선인 출신 일본군도 위안부들이 '스무 살, 스물한 살'이었던 자신들보다 나이가 많아 '누님'으로 부르며 지냈다고 증언하면서 "나이가 많은 여자들은 정신대가 될 수 없"었다고 말한다(대일항쟁기 강제동원 피해 조사 및 국외 강제동원 희생자 등 지원 위원회, 2011).

물론 어린 소녀가 위안부가 된 사례가 없었던 것은 아니다. 그러나 정작 어린 소녀가 위안소에 가게 되었을 때는 "어떤 군인이 몇 살이냐고 해서 열네 살이라고 대답했더니 '젖이나 더 먹고 오지, 부모형제 보고 싶어서 어떻게 왔느냐'"(『강제 2』, 51쪽)고 했다는 이야기는, 그녀의 나이가 결코 평균적인 것이 아니었다는 것을 말해준다. 그런데도 대표적인 위안부상이 소녀로 정착된 것(위안부를 다룬 한 애니메이션의 제목이 〈소녀 이야기〉인 것도 그런 의식을 반영한다)은, 정신대와 위안부를 혼동한 탓도 있지만 앞서의 20만 명 설과 마찬가지로 그런 상상이 우리의 피해의식을 키워주고 유지하는 데에 효과적이기 때문이다.

물론 증언한 '위안부'들의 대부분이 십대에 강간당하거나 위안부 생활을 시작해야 했으니 일본군이 '어린 소녀까지도' 상대했다는 것은 아주 틀린 이야기는 아니다. 그렇다 하더라도 '소녀 위안부'가 위안부의 평균적인 모습이 아니라는 것을 보는 일은 중요하다.

무엇보다, 위안부들 중에 어린 소녀가 있게 된 것은 '일본군'의 의도에 의한 것이라기보다는 오히려 앞에서 살펴본 '강제로 끌어간' 유괴범들, 혹은 한 동네에 살면서 소녀들이 있는 집에 대한 정보를 제공했던 우리 안의 협력자들 때문이었다. 위안부가 된 소녀들을 가족이나 이웃으로서 보호하기보다는 공부라는 교육 시스템에서 배제해서 공동체 바깥으로 내친 우리들 자신이었던 것이다.

열다섯 살이 되던 해에 설날에 내가 합천에 있는 우리 작은할아버지네로 갔어. 작은할머니가 사랑에 어떤 남자를 데리고 오더니 인사하라고 해서 인사드렸지. 그 남자가 마흔 살이 넘은 그 동네 이장이었어. 인사하고 몇 달쯤 후에 그 남자가 나를 찾아왔어. 복숭아나무에 꽃핀 3월이나 4월쯤 봄이야. 만으로 열네 살이었어 (1942년). (중략) **안 가려고 했는데 이장이 잠깐이면 된다고 나를 잡아끌고 올라갔**지. 갔더니 야트막한 산 위에 행길이 있는데 거기 짐차가 와 있더라구. 타라고 해서 탔지. (중략) 그 차를 타고 대구까지 왔어. 대구에서 나는 그 이장과 어떤 집으로 갔고 다른 여자들은 그 차를 타고 그냥 갔어. (중략) 하룻저녁인가 자고서 그 이장이 나를 부산의 방직회사까지 데리고 갔어.(『강제 3』, 193~194쪽)

산으로 봄에, 봄에 인자, 친구 둘하고 셋이서 나물 캐러 갔는데 일본 남자 하나하고 한국 남자 하나가 쪼끄만 도라크(트럭) 차에서 내려서 곁으로 오더라고. 그 사람들이 과자를 주면서 "따라가면 밥도 하얀 쌀밥에다 고기반찬에다 해주고, 뭐 과자도 주고 옷도 좋은 옷을 입혀준다" 그러더라고. 내 나이 열세 살이었어요.(같은 책, 222쪽)

며칠이 지난 후 분순이랑 강가에 가서 고동을 잡고 있었는데 저쪽 언덕 위에 서 있는 웬 노인과 일본 남자가 보였다. 노인이 손가락으로 우리를 가리키니까 남자가 우리 쪽으로 내려왔다. 노인은 곧 가버리고 남자가 우리에게 손짓으로 가자고 했다.(『강제 1』, 124쪽)

그날도 언니들과 고무줄놀이를 하고 있었다. 그때 일본인 한 명과 그 사람의 앞잡이인 듯한 조선인 한 사람이 우리 곁으로 다가왔다. 일본인은 당코바지를 입고 있었고 조선인은 바지저고리를 입고 있었다. "아버지가 조명길에서 바둑을 두면서 너를 찾고 계신다"고 말했다. 같이 놀던 애들은 코를 훌쩍거리면서 어디론가 도망쳤다. 나는 열두 살이었지만 키도 크고 옷도 깔끔하게 입고 있어서 열다섯 살쯤으로 보였다. 전에 아버지가 똑똑하다고 심부름을 시킨 적도 있기 때문에 그 말을 믿고 그들을 따라갔다. 조명길로 데려가서 그들은 나를 골방에 밀어넣었다. 거기에는 이미 나처럼 속아서 온 여자들이 세 명 있었다.(같은 책, 136쪽)

그러자 세 살 위인 오빠가 계집애를 가르쳐서 어디에 쓰느냐면서 학교를 못 다니게 했다. 오빠는 학교에 못 가게 책을 모두 아궁이에 넣어 불태워버리면서 계집애는 공부 가르치면 바람난다고 했다. 그래도 내가 학교에 가고 싶다고 하자 오빠는 집에서는 할아버지가 계셔서 나를 때리지 못하니까 서당으로 끌고 가서 낫으로 찔러 죽인다고까지 했다. 나는 옆집의 키가 큰 언니가 학교를 다니는 것이 무척 부러웠다.

학교에 못 가게 했기 때문에 그해(아홉 살) 늦은 봄에 엄마에게도 말을 안 하고 고모가 사는 서울로 도망쳤다.(같은 책, 183쪽)

첫 번째 증언에서 짐차에 태워 간 사람은 군인이 아니라 동네 이장이었다. 세 번째 증언을 한 소녀가 여기저기 전전하다 공장으로 가는 줄 알고 '위안부'가 된 나이는 열다섯 살이다. 이처럼, 어린 소녀들이 '위안부'가 된 경우는 대부분 주변 사람이 속여 데려가거나 자신이 속한 공동체가 보호공간이 되지 못한 경우다.

어머니와 의붓아버지가 자신을 위안소에 보냈다고 생각하는 한 위안부는 그런 어머니에 대한 원망 때문에 "임종 때 사람을 보냈으나 나는 가지 않았다. 딸을 어떻게 그런 곳에 보낼 수 있는가 하는 원망의 마음이 가시지 않았기 때문이었다"(『강제 2』, 181쪽)고 말한다.

'위안부'들이 위안부가 되기까지의 정황은 이렇게 하나가 아니었다. '강제로 끌려간 20만 명의 소녀'라는 인식은 정신대와 위안부의 혼동, 업자 등 주변 가담자의 소거, 예외적인 사례를 일반화한 수용이 만든 상이었다.

제2장

위안소에서
—풍화되는 기억들

1. 일본군과 조선인 위안부
—지옥 속의 평화, 군수품으로서의 동지

위안부의 역할

센다의 책에 등장하는 한 군인은, "옛 북만주의 쑨우孫吳"라는 곳에 있던 "대소련 병참기지로 일본인이 만든 마을"에서 5킬로미터쯤 떨어진 곳에 군 대용 위안소가 있었다면서 이렇게 말한다.

> 숫자는 사단 군인 2만 명에 50명 정도였던 것으로 생각됩니다. 여기에 민간인 관리인이 있었습니다. 군은 영업에는 개입하지 않았습니다. 다만 그녀들에 대한 관리는 위생 면에서는 군의부 후방 관계 군의가 하고 있었습니다. 정기적으로 검진을 하고, 화류병 환자를 발견하면 각 연대의 주번사령을 통해 각 부대에 통지하고, 그 위안부에게는 영업정지 명령을 내렸습니다. 즉 관리권은 군이 갖

고 있었습니다. 간접관리였지만, 군으로서는 성병을 가장 두려워했던 게 아닐까요?(64쪽)

군인들이 '관리'는 했지만 직접 모집하거나 영업은 하지 않았다는 것이다. 그렇다고 하더라도 2만 명에 50명 정도라는 숫자는 위안부들의 생활이 얼마나 참혹했는지를 말해주는 대목이다. 육군 소위였다는 다른 군인은 이렇게 말한다.

위안소는 바왕청霸王城에 큰 것이 있었고 카오청현考城縣에 출장소 같은 것이 있었습니다. 바왕청은 통과하는 부대가 많은 교통요충지였기 때문에 그들을 위해 대규모 위안소가 필요했던 거겠지요. 카오청현의 위안소는 현지 주둔부대용이고 위안부 숫자도 적어서 각 부대별로 날짜를 정해 이용하게 되어 있었습니다. 하긴 경비주둔, 특히 우리처럼 시간이 정해져 있는 미군 비행기의 공격에 대비하는 부대는 그 시간만 지나면 한가합니다. 고참병은 요령 좋게 외출하곤 했던 것 같습니다. (중략) 게다가 오랜 주둔생활 기간에 같은 위안부들과 지내다 보면 부인 같은 느낌이 되는지 군인들도 그렇게 허겁지겁 욕망을 채우려 하지만은 않게 됩니다. 언제라도 할 수 있다는 식의 분위기였지요. 그래서 그녀들은 **주둔부대의 일원처럼 되어 있었습니다.** 또 장식품이라고 할까, 위안부가 없는 주둔부대는 과자를 갖고 있지 않은 아이처럼 폼이 안 난달까, 그런 분위기가 있었기 때문에 군인들은 그녀들을 소중하게 다루었습니다.
위안부들도 그에 부응해서 휴일에 군인들이 있는 곳으로 선물을 가지고 와서 빨래를 해주거나 진지 옆에서 기관총을 손질하는 군인 옆에서 턱을 괴고 바라보고 있거나 꽃을 꺾거나 하기도 했는데, 하늘에서는 종달새가 노래하니 평화로운 풍경이기도 했습니다. 군인들도 (위안부들에게) 점심을 먹이거나 하고 있었습니다. 주둔지에서의 군인과 위안부 관계는 어디든 이런 게 아니었나 합니다. 하긴 빨래야 군인들은 초년병 때부터 훈련을 받아 익숙해져 있으니 (술장사하는) 여자들보다는 더 잘했지만요. 다만 그런(그녀들이 빨래도 해주는) 성의를 기뻐했습니다. 하긴 조선인 위안부 쪽은 어릴 때부터 교육을 받았는지 빨래를 잘했던 걸로 기억합니다.(65~66쪽)

'주둔부대의 일원'이자 '부인 같은 느낌'이었다는 위안부들. 사실은 이것이 조선인 위안부에게 요구된 역할이었다. 남자들로만 구성된 군대에 투입되어, 회사에서 일하는 남성을 여성이 집에서 일하며 다시 회사에 나갈 수 있도록 보살피는 역할을 맡았던 것처럼, 군인들이 전쟁을 수행하는 동안 거기에 필요한 갖가지 보조작업을 하도록 동원된 것이 위안부였다. 그런 의미에서도 전쟁터에서의 강간의 대상이 된 '적의 여자'와 위안부는 군과의 관계에서 근본적으로 다른 존재였다. 가족과 떨어져 전방에 나가 있는 군인들을 '부인'처럼 신체적·정신적으로 위무하고 사기를 북돋는 역할, 그것이 위안부들의 원래 역할이었다. 위안부들이 군인들과 휴일의 '평화로운' 한때를 보낼 수 있었던 것은 그런 구조가 있었기 때문이다.

간호원도 배운다고 배웠지. 미국 사람이 뭐시가(비행기가) 오는 거 같으면 총도 맞추면 이것 배우고. 이것저것 배우고 호다이(붕대)를 갖다가 어디 맞으면 어떻게 감으라 카는 거 그거 연신 배와주고 놀 여개가 없어요.(『강제 5』, 139쪽)

거기가 일선이라도 군인들 큰 전쟁 나가서 돌아오면 기모노 입고 에프론 하고 고쿠로사마데시타('수고하셨습니다') 인사하고 보통 때는 몸뻬 입고 안 그러면 스카트 같은 거 입고. 기모노는 겨울거 여름거 봄거. 도시 가서 돈 주고 사야지. 인기까이(원문에는 괄호 안에 '송별회'라고 설명되어 있지만, '연예회'[여흥을 곁들인 술자리]의 잘못된 일본어발음일 가능성이 크다 – 인용자) 같은 거 하거든요.(같은 책, 140쪽)

조선인 위안부가 한 일은 성적 욕구를 받아주는 일만이 아니었다. 그들은 간호도 붕대감기도 배웠고 심지어는 총쏘기(총조립하기?)까지 배워 군인들과 함께 전쟁을 지탱했다. 전쟁에 나갔다 돌아오면 '기모노에 에프론' 차림으로 맞아들이고 축하연에 참석하는 존재들이기도 했다.

대동아전쟁 나고 거기 있는 여자들이 다 훈련받았지. 아침이면 다 나와서 모두 체조하고, 군대식으로 똑같이 훈련받았지. 신작로 운동장에서 훈련을 달 반은 받았어. 수류탄 던지는 거 그거는 거 부대서. 부대서 거기서 훈련시키는 사람 있어. 훈련시키는 사람이 있는데 군인이지.(같은 책, 140쪽)

이것은 전쟁 발생 이후의 상황인데, 후에 다시 보겠지만 위안부들이 처했던 상황은 장소와 시기에 따라 달랐고 전선인지 후방인지에 따라서도 달랐다. 또한 어떤 군인을 만났는지에 따라서도 달랐다. 물론 그 어떤 경우도 그들이 처한 상황이 불행한 상황이었다는 본질적인 구조가 달라지는 것은 아니다. 그러나 위안부의 그런 다양한 모습을 보지 않고는 결코 위안부의 총체적인 면모를 포착하지 못한다.

한 일본인 위안부의 이야기는 '위안부'와 군인의 관계를 명확히 보여주고 있다.

위안부가 될 때, 전쟁터에 도착해서 처음에는 이런 몸이 된 나도 나라를 위해 일할 수 있다고 생각했어요. 그런데, 최전선의 위안소에 있을 때는 그래도 괜찮았는데, 후방 병참기지에 있게 되면 점차 생활에 익숙해진다고 할까 지쳐버리거든요. 왜냐하면 전방에서는 군인들과 먹는 것도 같이 먹고 본인들은 내일 죽을지도 모른다고 생각하고 있어서, 우리도 그런 그들을 진짜로 위로해주려고 생각했지요. 군인들도 우리를 보면 '수고가 많네'라고 말해줬어요. 그런데 후방으로 가면 정말로 공동변소 取급인 거예요. 장교나 하사관들 중엔 대놓고 그렇게 말하는 사람도 있었지요.(센다 가코, 81~82쪽)

즐거웠던 일은, 글쎄요. 내 경우에는 역시 시코쿠四国 사람을 만났을 때였어요. 그것도 아이치愛知라든가 마쓰야마松山라든가, 고향이 가까우면 가까울수록 기뻤지요. 군인들도 마치 가족을 만난 것처럼, 성관계를 빼고 고향의 축제나 산이나 강 얘기를 같이 하곤 했어요. 군인들도 그걸로 만족했지요.(같은 책, 82쪽)

이렇게 '위안부'를 둘러싼 상황은 전방인지 후방인지에 따라 달랐을 뿐 아니라 상대에 따라서도 달랐다. 자원한 '위안부'들은 처음부터 자신의 역할이 군인의 '위안'—'나라를 위해' 일하는 것이라는 것도 명확히 인지하고 있었다. '이런 몸'이 되었다고 자기 자신을 비하해야 할 만큼 사회의 차별적인 시선을 받아온 그녀들에게는, 군인을 상대하는 '위안부'란 처음으로 자신의 앉을 자리를 '양지'에 내받은 일이기도 했다.

그렇다 하더라도 그건 어디까지나 약간의 자존감을 높여주는 일이었을 뿐, '위안'이라는 이름의 노동이 대부분의 '위안부'들에게 성과 신체를 혹사당하는 가혹한 노동이었다는 것은 달라지지 않는다. 그녀들에게 여전히 '위안부' 생활은 "지우개로 지울 수 있다면 지워버리고 싶은 과거"(84쪽)일 수밖에 없었다.

그런데 센다는 "속아서 끌려온" 조선인 위안부에 대해서 이렇게도 쓴다.

그녀들이 부대를 따라 행동할 때는 양복이 보통이었다. 하지만 양복이라고 해봐야 면원피스나 투피스였다고 한다. 그런 복장으로 특별한 날에 입는 옷이나 자신의 일상용품들을 넣은 트렁크를 들고 군인들과 함께 걷고 있었다. 습지대 같은 곳을 걸을 때 혹은 강을 건널 때는 훈도시(남성용 속옷―인용자)만 걸친 군인 옆에서 치마를 허리까지 걷어올리고 있었다고 한다. 조건은 군인들과 똑같았던 것이다.(89쪽)

센다가 '종군위안부'라는 단어를 쓴 것은 이러한 광경에 근거한 것이리라. 센다가 말하는 정경을 그대로 옮긴 듯한 사진도 실제로 남아 있다(33쪽의 〈사진 2〉 참조).

직업군인이었던 어떤 이는 중국인 등보다 조선인 위안부들을 더 많이 모집한 것은 그녀들이 자신이 알게 된 사실을 "적에게 통보하거나 군사정보를 흘리는 일이 없었"(121쪽)기 때문이라고 말한다. '조선인 위안부'는 그렇게 중국이나 인도네시아 같은 점령지/전투지의 여성들과 구별되는 존재였다. 말하자면 일본군과의 기본적인 관계에서 결정적으로 달랐다. 식민지가 된 조선과 대만의 위안부들은 어디까지나 '준일본인'으로서 제국의 일원이었고(물론 실제로는 결코 '일본인'일 수 없는 차별이 있었다), 군인들의 전쟁 수행을 돕는 관계였다. 그것이 '조선인 위안부'의 기본 역할이었다.

1945년, 600명의 군인들이 주둔했던 남방의 섬에 '스무 명의 위안부'가 도착했을 때를 한 군인은 이렇게 회고한다.

군인들의 그때의 기쁨이란 전쟁이 끝나고 내지로 돌아갔을 때 이상이었습니다. 행위 자체를 기뻐한 게 아닙니다. 일본의 향기를 가진 여자를 살아서 만날 수 있었다는 것을 기뻐했던 겁니다. (중략)

조금 피로한 기색이기는 했지만, 젊은 일본 여성들이 방문해준 겁니다. 장교는 말할 것도 없고 일반 병사들의 기쁨도 더할 나위가 없었지요. 출격을 눈앞에 둔 전우들 가운데에는 소리내어 우는 이도 있었습니다. (중략)

비가 제 등을 때렸습니다. 한창 하는 도중에 문득 내지 생각이 나면서, 이러고 있는 우리의 존재가 웬일인지 무척 서글프게 느껴졌습니다. 끝나고 나서 방을 나오는데, 여자가 누운 채로 "멋지게 죽어주세요!"라고 말했습니다. 뒤돌아보니, 어둠 속에서, 여자가 가만히 내 얼굴을 바라보고 있었습니다. 아마도 한 사람 한 사람에게 그렇게 말했겠지요. 베개 옆에 여자의 옷이 가지런히 접혀 있었는데, 맨 위에 부적주머니가 올려져 있는 것이 보였습니다. 하지만 저는 대답할 말이 없었습니다.

제가 전쟁터에서 위안부를 안은 건 그 전에도 후에도 없었고 이때 한 번뿐입니다. 무엇보다 그런 일에 신경쓸 만큼 여유가 있는 상황이 아니었고, 군도 이제 방어전을 하느라 필사적인 상태였기 때문입니다.(181~182쪽)

국가가 일본인을 비롯한 '제국의 위안부'에게 맡긴 가장 중요한 역할은 바로 이런 것이었다. 성적 착취를 당하면서도 죽음을 앞둔 군인을 '후방의 인간'을 대표하여 '전방'에서 '위안'하고 그의 마지막을 지켜보는 역할. 말하자면 '위안부'에게는 신체적 '위안'뿐 아니라 정신적 '위안'까지도 요구되고 있었다. 그녀들이 '황국신민서사'를 외우고 무슨 날이면 '국방부인회'의 옷을 갈아입고 기모노 위에 띠를 두르고 참여한 것은 그래서였다. 그것은 국가가 멋대로 부과한 역할이었지만, 그러한 정신적 '위안'자로서의 역할—자기 존재에 대한 (다소 무리한) 긍지가 그녀들이 처한 가혹한 생활을 견뎌낼 수 있는 힘이 될 수도 있었으리라는 것은 충분히 상상할 수 있는 일이다.

물론 '조선인 일본군'이 그랬듯이, '애국'의 대상이 조선이 아닌 '일본'이 었다는 점에서 '조선인 위안부'들을 일본군 위안부와 똑같이 취급할 수는 없다. 그러나 동시에, 그런 딜레마를 잊고 눈앞에 주어진 '거짓 애국'과 '위안'에 몰두하는 것은 그녀들에겐 하나의 선택일 수 있었다는 사실을 무시할 수는 없다. 일본군과의 연애나 결혼이 가능했던 것은 그런 딜레마를 안을 것을 포기한 이들의 선택이었다고 보아야 한다. 혹은 어리면 어릴수록 일본인의식이 강했을 터이니 딜레마로조차 생각하지 않았던 이들이 훨씬 많았을 수도 있다.

센다가 인터뷰한 어느 업자는, 자신이 데려갔던 이들이 빌린 돈을 다 갚고 자유의 몸이 될 수 있었을 때에도 그 일을 그만두려고 하지 않았다고 말한다.

> 응모했을 때도 그랬지만, 이런 몸이 된 나도 군인들을 위해 일할 수 있다, 나라를 위해 몸바칠 수 있다고 생각하고 그녀들은 기뻐하고 있었습니다. 그랬기 때문에, 자유로워져서 내지에 돌아가도 다시 몸 파는 일을 할 수밖에 없다는 것을 알고 있었기 때문에, 여성들은 군인들을 위해 온 힘을 다할 수 있었던 것입니다. 물론 돈도 벌고 싶었겠지만요.(26쪽)

물론 이것은 일본인 위안부의 경우다. 그러나 조선인 위안부 역시 '일본 제국의 위안부'였던 이상 기본적인 관계는 같다고 해야 한다. 그렇지 않고서는 패전 전후에 위안부들이 부상병을 간호하기도 하고 빨래와 바느질을 하기도 했던 배경을 이해할 수가 없다. 조선인 위안부들이 '사유리'(작은 백합), '스즈란'(방울꽃), '모모코'(복사꽃) 같은 일본이름으로 불렸다(후루야마 고마오, 「하얀 논밭」, 12쪽)는 것도, 식민지인이 '위안부'가 되는 일이란 '대체

사진 3 '제국의 위안부'는 신체적 '위안'뿐 아니라 정신적 '위안'까지 요구받았고, 그 '애국'의 대상이 일본이 었다는 데에 '조선인 위안부'들의 딜레마가 있었다. 1939년 8월 스좌장石家莊의 요리집(위안소를 겸하는 경우 가 많았다) '아이코쿠 쇼쿠도愛國食堂'을 찍은 이 사진에는 "병사들의 출신지가 제각각이어서 각 향토 이름을 붙일 수도 없으니, 이름하여 '아이코쿠 쇼쿠도'. 고심 끝의 작명이었을 터이다. 희한하다는 듯이 바라보는 젊 은 중국인의 눈"이라는 설명이 붙어 있다.

일본인'이 되는 일이었다는 것을 말해준다.

다무라 다이지로田村泰次郎의 「춘부전春婦伝」이라는 소설의 첫머리에는 군대의 트럭을 타고 이동하는 '위안부'들이 등장한다. 이들은 "고향집이 가 난"해서 "선수금에 팔려 위안부가 된" 이들인데, 이런저런 사정으로 원래 있었던 톈진天津에서 다른 곳으로 이동하기를 희망하여 군대 트럭을 타고 이동하는 중이다. 모두 일본이름으로 불렸던 이들이 탄 것은 트럭 15대 가 운데 "앞에서 다섯 번째 트럭"이었다.

하루미(주인공 조선인 위안부 – 인용자) 등이 새로 옮겨온 집은 성내 북문 가까이에 있었다. 민가를 개조한 집인데, 위안쯔院子를 중심으로 그녀들의 방이 있었고, 바깥에는 '히노데칸日の出館'이라는 간판이 걸려 있었다. 여자들은 이전부터 있던 여자들을 포함해 여섯 명이었다. 세 집 건너 이웃에 '기미노야君の屋'라는 집이 있었다. 여기에도 여자들이 네 명 있었다. 이 정도 되는 여자들이 이 현성을 중심으로 하는 이 부근 일대를 경비하는 1개 대대의 군인들을―1000명에 가까운 욕망으로 넘치는 젊은 군인들을 받아들이는 것이다.(「춘부전」, 112쪽)

이 소설은 '위안부'들이 본인의 희망에 따라 이동할 수도 있었다는 것, 이동은 군인이 맡았다는 것, 군은 이들을 군부대가 주둔하는 '같은 시' 다른 지역에 있는 '여관'이라 이름 붙은 위안소로 이동시켜주기까지 했다는 사실을 알려준다. '일본군'의 깊은 관여/관리 사실과 함께 위안부의 '자유'도 보여주는 것이다. 물론 이들 '열 명'이 '1000명'을 상대해야 했다는 사실이야말로 이들의 '위안소 생활'의 가장 중요한 본질이다.

그리고 일본인 위안부들은 '장교'나 '어용상인'이나 '국책회사의 간부'들을 '비단이불'에서 상대하지만, 조선인 위안부들은 "전선의 흙과 진흙으로 만들어진 주민들의 집의 온기도 없는 안페라(인도네시아 지역의 풀 – 인용자) 바닥"이나 "더 전방인 진지의 초소가 있는 토치카" 안에서 "빈대에 물리면서, 때때로 적의 공격에 떨면서, 하급 병사들의 고갈되지 않는 왕성한 욕망에 응해주"어야 했다.

사랑과 평화
그러나 동시에 「춘부전」은 '병사'에게 호감을 갖고 마지막에는 함께 죽는 위안부를 그리고 있다. 실제로 위안부에 대한 사랑에 빠져 자살 소동을 벌이는 군인이 없지 않았으니, 있을 수 있는 일이다. '위안부'로서의 가혹한 생활 속에서도 연애는 존재할 수 있었다.

> 전투를 마치고 돌아오는 군인들은 난폭하고 삿쿠(콘돔 – 인용자)도 잘 사용하지 않으려고 했다. 얼굴, 옷, 신발 등이 온통 먼지투성이였다. 전투를 하러 나가는 사람들은 다소 온순하고, 이제 자기는 필요없다고 잔돈 부스러기를 놓아두고 가기도 했다. 전투에 나가면서 무섭다고 우는 군인들도 있었다. 그럴 때 나는 꼭 살아서 돌아오라고 위로해주기도 했다. 정말 살아서 다시 오면 반가워하고 기뻐했다. 이러는 중에 단골로 오는 군인들도 꽤 되었다. "사랑한다", "결혼하자"는 말도 들었다.(『강제 1』, 53쪽)

속아서 간 경우건 자원해서 간 경우건 '위안부'의 역할은 근본적으로는 이런 것이었다. 가족과 고향을 떠나 머나먼 전쟁터에서 내일이면 죽을지도 모르는 군인들을 정신적·신체적으로 위로하고 용기를 북돋아주는 역할. 그 기본적인 역할은 수없는 예외를 낳았지만, '일본 제국'의 일원으로서 요구된 '조선인 위안부'의 역할은 그런 것이었고, 그랬기 때문에 사랑도 싹틀 수 있었다. "하루이틀 전쟁하면, 저 산비탈에 갈 거 같으면, 중국 여자들 있으믄 강제적으로 옷을 벗겨갖고 참 누워 자고 그란다고. 군인들이 저거가 그랬다고 그러지. 그럼 불쌍하게 중국 여자 그랬냐고 그러지. (우리에 대해서는) 무조건하고 옷 벗기고 그러지 않지"(『강제 5』, 133쪽)라는 말에서처럼, 중국인 여성과 조선인 위안부는 일본군에게는 명확히 다른 존재였다.

그래서 위안부들은 말한다. "진송처럼 촌구석의 군인들은 이동이 잦지 않아 위안부와 군인들 사이에 인정이 싹틀 수 있었다"(『강제 2』, 173쪽)고. 위안부의 상황은 그렇게 장소에 따라 달라질 수 있었다.

이케다는 나를 불쌍케 여겨주고 참 귀여워해줬어. 몸두 마음대로 안 거스그하고 그냥 옆에서 가만 누웠다 가고. 좋은 사람도 있어.(『강제 3』, 228쪽)

거기에 내 애인이 있었어. 좋아하는 사람이. 일본 남자 소죠야. 구마모도 시미즈라고 그래. 나는 그걸 몰랐었어. 근데 내가 막 인자 후큐슈 가니까 아 뱃머리에 나왔드라고. 배를 타고 막. 우리는 큰 배에 탔는데 뽀드를 타고 막 그때만 해도 "마보우, 마보우" 하는데 얼매나 반가운지. 허허 그때만 해도 반갑드라고 아주. 허허. "오도록 부탁을 많이 했다, 오라고 부탁을 많이 했다"고 그래. 헌병한테로.(같은 책, 110쪽)

이렇게 말하는 위안부는, "자꾸 배신감이 들어"라면서도 "지금도 이 사람이 안 잊혀져"라고 말한다.

복숭아꽃 필 때 기헤이가 말 타는 병이거든. 우리를 이쁘다고 말 태와갖고 말을 쫓아버려. 그럼 난 말 그 위에 올라앉아 가지고 죽는다고 소리지르면 말이 더 놀라서 뛰네. 사진도 많이 박혔는데 한국 나오면서 다 내삐렸어. 그거 놔두면 문제될까봐.
    그 일본 사람도 우리도 그렇지만 일본 사람들도 흥을 잡을라면 한이 없고, 그 사람한테 은혜를 입었다고 하면 또 입었고. 지는 사람이 문제야. 이기는 사람이 문제지. 쪼끄만 사람이 할 수 없었잖어. 우리가 졌으니게. 일본놈도 좋은 놈도 있고 하고 하잖어.(『강제 5』, 43쪽)

일본놈들이 그땐 막 별걸 다 갖다주는기라. 먹으라고. 근데 오는 거 보니 간즈메(통조림)랑 과일이랑 별거, 그땐 계란도 귀해서 계란도 가지고 와서 막 삶아주고,

먹고 일어나라고. 파인애플도 사주면 가지고 와서 막 따놓고 옆에 떠억 긴 칼 차고 저 구석에 앉아갖고 날 치다보고 앉아서 그걸 먹으라고 보네요. 그러믄 난 못 먹는다고 안 먹었어. (중략) 그랬더니 스기야마 군죠가 날보고 시영딸로 하자고, 올라오더니 밥 먹어, 밥 먹으면 한국에 보내줄게. 내가 보내줄게 지발 밥 먹으라고. 어떤 때는 또 시금치죽, 계란죽, 그거를 좋은 죽이라고 또 끓여 올려 보내주네. (중략) 그때가 추어(추웠어). 막 벌벌 떨고 침대도 거기는 불 때는 데가 없어. 중국은 모포나 그런 거나 덮고 침대에 참 추워. 근데 거기서 인자 두르고 있으면 올라와서 추븐강(추운가) 올라와 보고 또 가고. 나스면 내 꼭 보내주꾸마 했어.(같은 책, 39~40쪽)

물론 이런 기억들은 어디까지나 부수적인 기억일 수밖에 없다. 설사 보살핌을 받고 사랑하고 마음을 허한 존재가 있었다고 해도, 위안부들에게 위안소란 벗어나고 싶은 곳일 수밖에 없기 때문에. 그렇다고 하더라도 그곳에 이런 식의 사랑과 평화가 가능했던 것은 사실이고, 그것은 조선인 위안부와 일본군의 관계가 기본적으로는 동지적인 관계였기 때문이었다. 문제는 그녀들에게는 소중했을 기억의 흔적들을 그녀들 자신이 "다 내삐렀다"는 점이다. "그거 놔두면 문제될까봐"라는 말은, 그런 사실을 은폐하려 한 것이 그녀들 자신이었다는 것을 보여주는 말이기도 하다. 그리고 우리는 해방 이후 내내 그렇게 '기억'을 소거시키며 살아왔다.

그 부대의 제일 높은 사람의 취사병이었던 한 군인은 나를 무척 좋아하여 대장들에게 식사를 해주고 남은 오징어, 쇠고기, 우렁 등을 '덴뿌라'로 만들어 중국인 애들을 시켜서 하루 한 번씩 나에게 보냈다. 심지어 달걀, 빨랫비누, 세탁비누, 흰사탕까지 보내주었다.(『강제 2』, 174쪽)

그녀들은 그런 기억을 특별히 강조하지는 않는다. 물건뿐 아니라 기억까지도 한 번 발화된 이후로는 우리 사회에서는 "내버려"져왔다. 말하자면 그녀들이 자신의 소중한 기억을 버리는 것은 그녀들 자신이 선택한 일이 아니다. '문제'삼을 것으로 여겨진 '사회'의 억압이다. 그건 그녀의 기억들이 '피해자로서의 조선'에 균열을 일으킬 것을 두려워하는 무의식적 양해사항이라고 할 수도 있다. 그러나 위안소의 고통을 잊게 해주었을지도 모르는 또 다른 기억들을 무화시키고 망각시키는 것은 그녀들에게 또 하나의 폭력이 아니었을까.

또 하나의 일본군 — 수치와 연민

우리의 기억 속에서 일본군이 그저 성욕을 채우기에만 급급한 짐승 같은 존재들로만 살아 있는 것은 그 결과이기도 하다. 그러나 위안부들은 군인들에게 당한 고통을 말하면서도 또 다른 군인들에 대한 기억을 말하는 일도 잊지 않았다. "나쁜 군인은 말도 못 하게 나쁘지만 좋은 군인은 같이 울기도 하고 자기들도 천황 명령이기 때문에 어쩔 수 없다고 했다"(『강제 2』, 57쪽)는 증언이야말로 위안소의 실태에 가장 가까운 것이리라. 그런데도 이 20년 동안 "어떤 군인은 달려들지 않고 젖통만 만지다가 가는 애들도 있었다"(56쪽)는 기억은 그저 묻혀 있어야 했다.

> 그 사람들은 뭐 저거 쌍시런 그런 거 취해서 오는 기 아니라 서로 얘기하고 놀고 그럴라고 저그 마음 위로하고 할라고 오지. (중략) 그 장교들은 잘 (관계) 안 해요. 저기 모미(몸) 생각해요. 고향의 처자들 고향의 마누라들 생각나는지 얼마나 그런지 앉아 운당께. 마누라 생각에. 그 부부간에 그렇게 정 말고도 자기 마누라가 눈에 선해가 남의 여자하고 잘 안 할라 그래요. 어떤 거는 그냥 가요. 그래도 자주

오지. 위로받고 놀고, 술 먹고 얘기할라고 자주 오지. 육체는 안 하는 사람이 쎘어요.(『강제 5』, 36쪽)

앞에서 언급한 미국 정부 전쟁정보국OWI이 전시에 포로로 보호한 조선인 위안부들에 관해 작성한 보고서(「Japanese Prisoner of War Interrogation Report No. 49」)는, "버마 전선의 일본군 소탕작전에서 포로가 된 20명의 조선인 위안부(Korean Comfort Girls)와 민간인 일본인 부부"를 대상으로 "1944년 8월 20일에서 9월 10일에 걸쳐" 벌인 심문 결과를 담고 있는데, 거기에는 다음과 같은 내용이 보인다.

일반 병사들은 여기 오는 것을 누가 보는 것―특히 줄서는 일을 수치스러워했다. 개중에는 군인이 이들에게 구혼하거나 실제로 결혼한 경우도 있었다.(후나바시 요이치, 297쪽에서 재인용)

위안소에 와도 여자들과 자지 않거나 위안소를 이용하는 일 자체에 수치감을 느끼는 군인 역시 '짐승 같은 일본군' 이미지가 강한 우리에게는 익숙치 않은 모습이다. 그러나 "마루야마 대좌(대령―인용자)는 매일처럼 다니는 고객이었다. '요금'을 단번에 반으로 내렸다. 비정하고 이기적이었다. 미즈가미 소좌(소령―인용자)는 결코 오지 않았다. 그는 따뜻하고 부하를 생각하는 사람으로 알려져 있었다. 미트키나 함락 때, 마루야마 대좌는 자기가 먼저 도망갔고 미즈가미 소좌는 자결했다"(같은 책, 298쪽에서 재인용)는 것처럼, 군인들 역시 다양했다.

'짐승 같은 일본군'이라는 이미지에 사로잡혀 있는 한 그들에게 '수치심'이 있었다는 것을 상상하기란 쉬운 일이 아니다. 물론 그들은 성행위 자체를 수치스러워했다기보다는, 가장 사적인 장소에서 이루어져야 할 일이 공적인 장소에서 이루어지는 상황, 자신의 욕망을 온전히 세상에 드러내야 했던 자신이 '수치'스러웠을 것이다. 위안소에 가지 않거나, 가더라도 행위를 하지 않는 경우는 그 '수치심'에 충실한 경우였을 것이다. 군인들의 성욕과 그 해소 과정이 국가에 의해 조종된 것이라는 한 연구자(구라모토 도모아키)의 지적은 그런 의미에서 정확한 분석이다.

위안부의 처지에 함께 눈물을 쏟는 군인. 그런 '인간적'인 군인 역시 우리의 기억에는 없다. 그건 '일본군'의 이미지가 '비인간'으로 정형화되었기 때문이다. 물론 그런 정형화는 수많은 기억들이 폭력적으로 소거된 결과였다. '위안부'의 상황—'위안소'에 가기까지의 상황과 위안소에서의 상황이 하나가 아니었던 것처럼, '일본군' 역시 하나가 아니었다.

> 하룻밤 자고 가는 군인이, 내가 어떻게 해서 여기까지 오게 되었는지를 얘기하면 불쌍하다고 돈(요즘 돈으로 1000원이나 2000원 정도)을 주고 가기도 했다. (중략) 군인들은 나를 때리지는 않았다.(『강제 2』, 36쪽)

> 내가 울면 저희도 울고 먹던 것도 주고 그랬다. 고주부대 부대장은 나보고 고생한다면서 안쓰러워했고 중위도 내게 잘해주었다.(같은 책, 159쪽)

관리자로서의 일본군

군인 중에 못되게 구는 사람은 없었느냐는 질문에 "군인들이 어디라고. 술 먹어도 잠잠하지. 행패 부리고 때리고 (이런 거는) 일절 없어. (계급) 높은 사람에게 맞아죽어"(『강제 5』, 90쪽)라는 대답도 또 하나의 일본군을 보게 해준다.

아유, 큰일나지. 헌병들 있잖아. (중략) 때리고 그러면 큰일나지. 안 때려. 그래도 가다가 뭐 몬된 놈 있지. 몬된 놈 있으면 또 막 우리 친구들이 건드리지 말라고. 낮에 우리가 이렇게 놀고 있으면 이 사병들이 그 아래로 이렇게 길인게 지내가면, 한국 여자들이 사병들보고 막 욕한다. 욕하면 그놈들이 막 뛰어 올라와. 뛰어 올라오면(하하) 우리는 저쪽으로 피해 달아나(하하). 욕하고. 예끼, 이놈의 새끼. 이렇게, 예끼 이놈의….(『강제 5』, 36쪽)

한번은 보초를 서는 졸병 하나가 보초를 서다가 들어오려고 했다. 내가 그에게 들어오지 말라고 했더니 총대로 내 어깻죽지를 때리는 것이었다. 내가 그 일을 대장에게 알려서 그 군인은 혼이 났다.(『강제 2』, 202쪽)

군인이 우리보고 위안부라고 하면 장교들이 그런 소리 하지 말라고 했다. 우리나라를 위해서 여성들이 왔는데 그런 소리 한다고 뭐라고 했다.(같은 책, 59쪽)

해남도의 위안소는 군대가 위에서 일정한 지시를 했다. 해남도에서도 처음 상당 기간 1할씩 받았다. 그러나 군대의 책임자가 바뀌면서 주인에게 수입의 6할을 여자들에게 주고 4할을 주인이 갖도록 정해주었다.(『강제 3』, 281쪽)

여기 와서는 가끔 외출도 했어요. 아무 때나 할 수는 없고 높은 **군인**이 허락해주면 나갈 수 있었어요. 두어 달에 한 번 외출했을까? 높은 군인들이 가는 데 함께 갔어요. 우리끼리는 못 가요. 군인들과 같이 차를 타고 시내로 나가는 거예요. (중략) 따라나가서 목욕도 하고 옷도 사고 반지, 목걸이도 사고 그래요. 중국엔 금값이 싸데요? 물건은 높은 군인이 조금씩 주고 간 것을 모은 걸로 사는 거야.(같은 책, 132쪽)

제1부 '위안부'란 누구인가―국가의 관리, 업자의 가담 **71**

부대장이 힘을 써서 나를 고향으로 내보내주었다. (중략) 위안부로 왔다가 병이 들고 기한도 차서 나간다는 공문을 만들어줬다. 여기에 장교가 서명을 했는데 군인차를 타고 영안 역으로 나와 목단강을 거쳐 서울로 오는 기차를 탈 때 이 공문을 보여주면 통과할 수 있었다.(『강제 2』, 161쪽)

여기에는 사병들의 경멸과 폭력을 '관리'하는 장교들이 존재한다. 위안부들이 말하는 군인의 폭행은, 오히려 규범에서 벗어난 예외적인 사례로 보아야 하는 것이 아닐까. 설사 규범을 어긴 경우가 더 많다고 하더라도, 그 행위를 규탄하기 위해서도 그런 규범이 있었다는 사실만큼은 더욱 분명히 알 필요가 있다.

업자들이 과도한 착취를 하지 않도록 관리했다는 것도, 군이 위안소의 '올바른 경영'을 지향했다는 것을 보여준다. 물론 위안소에서 폭행 등이 없도록 노력했다는 것이 위안소 설치와 이용의 책임을 상쇄할 수 있는 것은 아니다.

앞서의 센다는 일본군이 위안부들의 권태감을 풀어주기 위해 부대가 주관해서 운동회를 열었던 일을 언급하면서, 위안부들이 운동회를 몹시 즐거워했다는 이야기를 전한다. "조선인 위안부는 눈을 반짝이면서 눈물을 내비치는 경우도 있었다고 합니다. 즐거웠던 소녀시대를 문득 생각했던 거겠지요"(80쪽)라고 말하는 군의관이 생각하는 복지가 결국은 일본군 자신을 위한 것이라고 하더라도, "운동회 이후 일주일 동안" "자신이 얼마나 열심히 뛰었는지, 빵따먹기 경주에서 빵이 얼마나 맛있었는지를 말했다"는 '위안부'들의 순수한 기쁨의 기억을 외부자들이 소거할 권리는 없다. 위안소에서의 시간이 지옥 같은 고통의 시간이었다면 더더욱, 그런 가운데 맛볼 수 있었던 그런 체험과 기억 역시 그녀들의 생을 구성했던 한 순간이기 때문이다.

병사와 위안부

> 어떤 녀석들은 장난감도 가지고 와서 이거 내가 가지고 놀던 거니까 너 가지라구 선물이라고 주구 가. '왜 그런가?' 하면 '나 가면 이제 못 오니까' 그래. 별것 아닌 데도 하다못해 세수수건 같은 거에 이름 써가지구 주는 것도 있구. 인형도 주구 가구, 제것 모아났던 거 다 주구 가. 나는 그런 거 싫다구 그러면 아니라구 내가 쓰던 거라구 하면서 주구 가. 생각하면 그 군인들도 참 안됐지.(『강제 3』, 301쪽)

아마도 돌아올 가능성이 없는 전쟁터로 나가는 군인은 정말은 자신이 아끼는 고향의 가족이나 친지에게 유품을 남기고 싶었을 것이다. 그러나 그런 일이 불가능했던 전쟁터에서 위안부는 대리고향이자 가족이었다. 그런 특공대의 마음을 받아주고 동정하는 역할을 맡은 것도 위안부들이었다. 그러나 피해기억만을 필요로 하는 한 "참 안됐"다고 말하는 연민의 기억은 잊혀질 수밖에 없다.

전쟁과 위안소를 체험한 작가 후루야마 고마오는 한 소설에서 위안소에 대해 이렇게 말한다.

> 하지만 유코, 군인이 위안소에 가는 건 '더럽네' 어쩌네 하는 수준도 아닐 만큼 버러지 같은 짓이란다. 곧잘 군인들은 자신들이 버러지 같다고 자조하지. 그건 그렇다고 생각해, 나도. 군인들이 자기를 버러지 같다고 말하는 건, 군인들은 우롱당하면서 죽는 거라는 생각으로 자조하는 거야. 나는 군인은 작고, 가볍고, 툭하면 엉뚱한 곳으로 옮겨져서는 돌아가려야 돌아갈 수 없어져버리는 점에서 버러지 같다고 생각해.
>
> 어렸을 때, 집 정원을 기어다니던 개미를 한 마리 잡아 눈약병에 넣어 학교에 갖고 가서 놓아준 적이 있어. 그리고 나는 개미로서는 정신이 하나도 없을 만큼 멀

고 먼 개미의 여행을 상상했어. 근데 지금의 나는 그때 그 개미와 비슷한 것 같아. 군인과 위안부의 만남 같은 건, 개미와 개미의 만남 정도로밖에 안 느껴졌거든. 또 나와 고미네(다른 군인 – 인용자)의 관계 같은 것도 우연히 같은 눈약병 속에 갇힌 두 마리 개미 같은 게 아닐까?(「개미의 자유」, 『프레오 8의 새벽』, 135쪽)

'위안부'가 '강제로 끌려온' 피해자였다면 일본 군인들 역시 자신의 의지와는 상관없이 국가에 의해 머나먼 이국땅으로 '강제로 끌려온' 존재였다. 물론 그들에게는 조선인 위안부에 비해 남성이자 일본인이라는 지배적 지위가 있다.

그렇다고 해서 "장교를 상대로 하는 사람들은 일본 여자하고 조선 여자"이고 "현지 여자는 주로 병정들이 상대"(대일항쟁기 강제동원 피해 조사 및 국외 강제동원 희생자 등 지원 위원회, 114쪽)한다는 식으로 계급화되어 있던 상황 속에서, 가장 하위에 놓여 성과 생명을 국가에 바쳐야 했던 식민지의 '여성'과 병사들이 서로에게 연민을 느끼는 것이 이상한 일은 아니다.

무엇보다, "순서를 다투지 않아도 되"는 위안부조차 "몇천 번이고 성교를 해야 하는"(같은 책, 「하얀 논밭」, 13쪽) 처지에 있다는 것을 본 이들도 다름 아닌 병사들이었다. 말하자면 '조선인 위안부'라는 존재가, 상상을 초월하는 가혹한 '윤간'의 대상이었다는 사실을 명확히 적어둔 것도 병사들이었다. 후루야마는 "우리가 네이판 마을에 니퍼 하우스(니퍼야자 잎으로 지붕을 얹고 벽을 두른 집 – 인용자)를 만들고 3주 정도 지나자 조선인 위안부가 열 명쯤 왔다. 그녀들은 모두 사유리니 스즈란이니 하는 꽃이름을 딴 유곽식 일본이름을 갖고 있었다"면서 그가 만난 '조선인 위안부'의 말을 이렇게 기록한다.

"징용이라고 했어. 나 경상남도에서 밭에 있었거든. 그런데 징용이라고 그러면서 데려가는 거야. 기차를 탔고 배를 탔지. 나, 위안부가 된다는 거 몰랐어."

여유롭고 느긋한 성품이란 이런 걸 말하는군. 하루에한테는 어두운 그림자가 없었다. 유쾌하게 웃으면서 그녀는 말을 이어갔다.

"운이야. 위안부가 된 것도 운이지. 군인들이 총알 맞는 것도 운이고. 모두가 다 운이라고."(「개미의 자유」, 84쪽)

여기에는 속아서 왔다면서도 "군인들이 총알 맞는 것"과 "위안부가 된 것"을 그저 운이 나빴다는 식으로 간주하고 군인을 원망하지 않는 위안부가 있다. 그녀가 이런 식으로 말할 수 있는 것은 그녀가 이미 식민지가 된 지 오래인 땅에서 자라나 자신을 '일본'의 일원으로 믿었기 때문일 것이다. 말하자면 그녀의 눈앞에 있는 남성은 어디까지나 동족으로서의 '군인'일 뿐 적국으로서의 '일본군'이 아니다. 그녀가 일본군을 가해자가 아니라 자신과 똑같이 불행한 '운'을 가진 '피해자'로 보면서 공감과 연민을 표할 수 있는 것도 그녀에게 그런 동지의식이 있었기 때문이다.

일본 사람한테 나가 압박은 많이 받았지. 압박은 많이 받았지마는, 내 운명인디. 내가 세상을 잘못 만나고 내 운명이고, 나를 그렇게 한 일본 사람을 나쁘다는 소리는 안 해. 그리고 같은 한국 사람이지마는 한국 사람이 주인이 돼갖구는 얼마나 나를 뚜들겨패는지 몰라. 손님을 안 받을라 한다구. 살이 아파싸서 죽겄는디. 막 눈물이 절로 나오는 기라. 밥도 못 먹지.(『강제 3』, 225쪽)

위안부 체험을 '운명'이라고 말하는 이는 우리 앞에도 있다. 말하자면 똑같은 가혹한 '운명'을 겪고도 그 운명에 대한 '태도'는 위안부마다 달랐고, 지금도 다르다. 그런 그녀는 일본군이 아닌 업자를 '폭행'의 주체로 기억한다.

혹독한 체험을 한 이들에게도 '즐거웠던' 순간은 없지 않았고, 군인에게 신세타령을 하면서 정신적 교감을 나누는 '위안부'도 없지 않았다. 그들은 국가에 의해 고향을 떠나 머나먼 타지로 이동해야 했던 '개미' 같은 처지임을 서로 민감하게 감지한 고독한 남녀이기도 했다.

물론 거듭 말하지만, 사랑과 평화와 동지가 있었다고 해도 '위안소'가 지옥 같은 체험이라는 사실은 변하지 않는다. 그것은 어떤 명예와 칭송이 따른다 해도 전쟁이 지옥일 수밖에 없는 것과 마찬가지다. 그러나 그렇다면 더더욱, 그런 지옥을 살아내는 힘이 되었을 연민과 공감, 그리고 분노보다 운명으로 돌리는 자세 역시 기억되어야 한다.

망각되는 기억들

내가 고향 가야 하는데 우리가 부모도 모르게 여기 왔으니께 어떻게 했으면 좋겠느냐 그랬지. 그래갖고 그 장교들이 서둘더니 명령 쫙 내려갖고, 야단났는디 데려다주라고. 이 불쌍한 애들 왜 데리고 왔냐고. 무카야마 소사, 곤도 소사, 다카하시 주사, 뭐 이런 사람들이 주인을 불러갖고 이거 어디서 데리고 왔느냐, 이거 델고 온 그 자리 갖다놓으라고. 그래서 그놈도 데리고 온 그 자리 꼭 갖다놓드만그려. (중략) 이 아까운 거를 한참 피는 것을 어디서 데리고 왔느냐고 이놈 거기 있던 자리 갖다놓으라고 어떤 사람은 그렇게 나를 아깝게 생각을 해요. 우리가 왜 짐승이래 불쌍한 거 날려보내 주는 거, 그 맘이 들었던가봐요. (중략) 그 여자들, 같이 있던 여자들 서너 명 되는 거 해방시켜 같이 전부 한국으로 나왔어.(『강제 5』, 50쪽)

유난히 어린 소녀가 위안소로 왔을 경우 그 상황을 부당하게 생각하는 군인도 없지 않았다. 그들이 그런 위안부를 되돌려 보내주기도 한 건 자신의 의지로 구조를 바꿀 수는 없는 '운명' 속에서 그나마 그들이 발휘할 수 있는 개인으로서의 윤리의식이었을 것이다. 위안부를 억압한 일본 군인은 그렇게 때로 업자로부터 위안부를 '해방'한 주체이기도 했다.

그러나 그런 기억은 우리 사회에서는 여전히 잊혀진 상태다. 그리고 기억되고 재생되는 건 그저 '포악한 짐승 같은 일본군'일 뿐이다. 위안부의 이야기 중 고통과는 다른 체험들이 기억되지 않는 건 그런 고통의 이미지를 필요로 하는 힘이 사회에 작동하기 때문이기도 하다.

한 위안부는 "제일 즐겁고 행복하셨던 건 언제예요?"라는 질문에 "없지 없어" 하면서도 이렇게 말한다.

> 지금 중국 생각하면 만날 노는 거, 어디 나가서 산보하면서 노는 거. 경치 좋은 데 나가서 노는 거. 그 사람들이 어디 데리고 나가서 꽃밭에서 데리고 노는 거 그런 거뿐이여. 즈그들 놀 때 말 태와갖고 막 장난친 거. 말을 막 태와놓고 난 말 위에서 울고. 말이 펄쩍펄쩍 뛰면 난 말 위에서 울고 막 사진 찍고 그 지랄 하더민. 경혜라는 그 여자도 운전도 할 줄 모르는 게, 그 사람들이 자동차에 갖다놓고서 발로 밟아가지고 그냥 넘에(남의) 담벼락 처박아가지고 (웃으며) 막 내삐려. 그래 장난들이 맨 어른애들마냥 놀아.(『강제 5』, 73쪽)

군인들과 위안부들이 어울려 말이나 자동차에 타고는 "어른애들마냥" 놀았던 체험을 이 할머니는 즐겁고 행복한 추억으로 기억한다. 그건 이후의 인생이 얼마나 신산한 것이었는지를 보여주는 대목이기도 하지만, 아무튼 이런 유의 기억들 역시 공적 기억이 되는 일은 없다. 그건 '역사'라는 것이 듣고 쓰는 이에 의해 취사선택된다는 것을 보여주는 일이기도 하다. 그 때문에 "군인들도 악한 사람 별로 없심더"(『강제 5』, 141쪽)라고 말하는 위안부의 증언은 들려오지 않는 것이다.

물론 이런 평화로운 풍경이 위안소의 중심 풍경일 수는 없다. 이런 식의 평화의 다음 장면에, 혹은 이웃한 장소에 위안소의 비참은 존재했다. 위안부들과의 평화로운 생활에 대한 군인의 말을 인용했던 센다 또한 이렇게 말한다.

하긴 이런 일은 전쟁에 어느 정도 인간적인 마음을 불어넣을 수 있었던 장교가 있는 부대나 주둔지뿐이고, 그 숫자가 적었던 것은 분명하다. 대부분의 부대나 주둔지에서 이런 일이 있었던 건 아닌 듯하다. 보통은 아무런 즐거움도 없는 공동변소로 취급되고 있었다. 그런 위안소에서는 여자들은 하루종일 팬티를 벗은 채로 "자, 다음!", "다음!" 하는 식으로 무표정하게 숫자를 채우고 있었다고 한다. 군인들 역시 거칠었다고 한다.(81쪽)

인간을 죽이는 일이 아무렇지도 않은 일상이 되어버리지요. 그렇게 석 달만 지나면 위안부를 사러 가는 일도 '돌격'이라는 군대용어가 딱 맞는 상황이 됩니다. 그녀들의 신세타령이라든가 속아서 끌려왔다는 이야기를 들어도 당시엔 동정심조차 전혀 일어나지 않았습니다. '현지 여자를 혹시 강간하게 되면 꼭 죽이라'는 이야기도 들었습니다.(186쪽)

우리에겐 오히려 이런 유의 증언들 쪽이 익숙하다. 거칠고, 폭력적이고, 심지어는 쉽게 살인을 저지르는 일본군. 그런데 그런 상황의 확인과 함께 주목해야 하는 건 이들이 '죽이라'는 이야기를 들었다는 여성은 '위안부'가 아니라 '현지 여자'라는 점이다. "트럭에 타고 있을 때 일본 군인들이 중국인 여자들을 강탈하는 것을 보았다"(『강제 2』, 200쪽)거나 "중국 여자들 있으믄 강제적으로 옷을 벗겨갖고 참 누워 자고 그란다고. (중략) (우리에 대해서는) 무조건하고 옷 벗기고 그러지 않지"(『강제 5』, 133쪽)라는 말도 그런 차이를 보여준다.

조선인 위안부는 일본군에게 '적의 여자'와는 다른 관계였다. 뿐만 아니라 같은 조선인 위안부라도 그녀들이 놓인 정황은 다양했다. '조선인 위안부'란 식민지의 가난과 성적/민족적 차별의식의 소산일 수밖에 없다. 압도적으로 비대칭적인 숫자의 군인을 감당해야 했다는 점에서도 '위안부'가 '군인'과의 관계에서 희생자였다는 것은 의심의 여지가 없는 일이다.

그러나 다른 한편으로 그들은 양쪽 다, 국민동원이라는 국가 시스템 속에서 함께 움직여진 장기말이었다. 그들은 둘 다 성과 생명을, 그것을 담는 신체를 '국가를 위해' 바쳐야 했던 한 마리 '개미'들이었다. 포악한 군인이었건 온순한 군인이었건, 그들의 운명은 다르지 않았다. 그건 그들이 남녀 간의 불평등, 민족적 불평등이라는 관계 속에 있다고 해도 변하지 않는다. "당신도 헤이타이상(군인-인용자), 헤이따이상, 나도 이리 산 것도, 고향을 떠나서 이리 산 것도, 천황을 위하여"(『강제 3』, 107쪽)라는 노래를 했다는 증언이 말해주는 것처럼, 그들은 함께 국가에 의해 고향을 멀리 떠나 타지로 '이동'해야 했던 이들이기도 했다.

> 사실 마닐라에서 제일 고생을 많이 했다. 그때는 한창 전쟁 때였고 군인들이 워낙 많았기 때문이다.(『강제 2』, 109쪽)

> 그렇게 꽉 줄이 서간? 그냥 모두 하나하나 들어오지. 그렇게 꽉 줄서서 들어오면 우린 뭐 죽으라고? 그렇지 않아요. 그리고 30분, 1시간씩이야.(『강제 5』, 89쪽)

스무 살이 넘으면서부터 이력이 나기 시작하였고 시간이 지날수록 위안소가 여기저기 생겨서 상대하는 군인의 숫자도 줄어들었다. 진송에서 군인들 많이 받을 때도 그 숫자는 고슈보다 적어 20~25명 수준이었다.(『강제 2』, 174쪽)

서로 상반되는 이런 증언들은 위안소의 상황이 하나가 아닐 뿐 아니라 위안부들도 시간대와 이동된 장소에 따라 다른 체험을 했다는 것을 보여준다. 그러나 다른 어떤 것보다도 우리가 보고 싶지 않은 것은 바로 다음과 같은 기억일 것이다.

대만이나 마닐라에서 "고고쿠신민나리"라는 신민서사를 외우라고 주인이 가르치고 군인도 가르쳤다.(『강제 2』, 111쪽)

위안부들은 당시 '일본인'으로서 동원되었다. "군인들은 병에 걸리면 기합을 받는다고 하면서 삿쿠를 끼지 않으면 여자들과 관계하지 말아야 했고, 중국인 여자한테는 가지 말고 우리한테 가라는 말을 들었다"(『강제 2』, 155쪽)는 것 역시 그런 구조 속의 일이다. '조선인 위안부'란 그렇게 일본의 제국 확장 전쟁을 수행하기 위해 동원된 존재이기도 했다.

그동안 위안부들은 그저 자신들이 겪은 일을 담담히 말해왔다. 그러나 그 이야기를 듣는 이들은 자신들이 듣고 싶은 이야기만 가려서 들어온 셈이다. 그건 위안부 문제를 부인하는 이들이건 지원하는 이들이건 다를 바 없었다. 우리 안에 자리잡은 일본군과 조선인 위안부의 이미지는 증언의 한쪽 면에 불과하다. 그런 의미에서는 우리 모두가 그들의 체험을 왜곡하는 데에 가담해온 셈이다. 그곳에서 위안부는 더 이상 있는 그대로의 위안부가 아니다. 그들의 기억은 듣는 이가 원하는 '새로운 기억'일 뿐이다.

2. 전쟁터의 포주들

종군하는 업자들

앞에서 본 것처럼, 위안부가 될 이들을 위안소까지 데려간 주체는 대부분의 경우 중개업자나 포주들이었다. 그 점에 대해서도 위안부들은 명확하게 증언한다.

> 주인은 한국 사람이었어. 주인 남자는 아주 일본 사람같이 생겼는데 군복 입고 일본말을 아주 잘했어. 처음엔 한국 사람인 줄도 몰랐어. 거기 여자들이 주인보고 "저게 아주 악질이야 저놈을 잘 구슬러야 돼. 안 그러면 돈 한푼도 안 주고 부려먹기만 해" 그러더라고. 주인 그게 사람이요? 한국 사람인데 헌병대에 있던 사람이래요. 높은 사람이라던데. 계급장은 없지만 주인은 부대에 들어가요, 거기는 일본 부대하고 같이 하는 거예요. 주인은 당꼬즈봉(단고바지)에 어떨 적엔 칼을 착 차고 모자를 탁 쓰고 들어온다고. 위협 주는 거지. 일본 사람하고 똑같아요. 걸음걸이가 장교하고 똑같아요. 세력이 당당해. 졸병들은 그 앞에 꼼짝하지 못하고 장교들은 주인하고 이야기하고 놀더라고요. '헌병아가리'(퇴역헌병)라고 했어요.(『강제 3』, 176쪽)

> 소개쟁이들이 여자들을 계속 팔아넘기는데 처음 만주의 주인 조 서방이 여자 스무나믄 명을 사서 여기저기 넘겼다. 마누라는 현지에서 장사하고, 남편은 돌아다니며 여자를 사고 팔아댔다. 조 서방이 만주에서 오면 성환의 소개쟁이가 여자 여럿을 소개해주는 것이었다. 내가 스물두 살 때쯤, 상해와 싱가포르에서도 잠시 있다가 인도네시아 수라바야까지 갔다.(『강제 3』, 269쪽)

아마도 여성들을 그렇게 적극적으로 매매했던 이들이 오지에까지 위안부를 제공하는 역할을 했을 것이다.

센다의 책에서도 한 군인은 이렇게 증언한다.

깜짝 놀란 건 지난濟南에 들어간 지 이틀 후에 어느새 작부가 들어온 일이었습니다. 작전을 수행하면서 전진하는 부대 뒤를 땀을 흘리며 따라오는 것 같았습니다. 숫자는 세 명인가 네 명이었는데, 거의 모두가 조선인이었던 것 같습니다. 약삭빠른 매춘업자가 전쟁수당을 받고 있는 군인들의 수당을 노리고 여자들을 모아 돈 벌러 와 있는 것 같았습니다. 여자들은 각기 일본식 머리를 하고 있었습니다. 일본옷도 입고 오비를 둘렀는데, 정신이 번쩍 들 만큼 신선한 느낌이었습니다. 약삭빠른 업자의 지혜였겠지요. 군이 여자들을 데리고 오는 것을 요구하거나 바란 건 아니었던 것 같습니다. 남자가 한 사람 있었습니다. 그 사람이 업자였겠지요. 남자는 주둔지 한쪽 구석에 판자를 박고 돗자리를 둘러쳤는데, 우리가 바라보고 있는 동안에 엉성하나마 집을 지어냈습니다. 거지들의 오두막집 같은 거지요. 밖에서 돗자리를 들추면 안이 훤히 들여다보이는, 엉성한 집이었습니다. 부대에 영업허가를 받지도 않았겠지요. 형태로 봐서는 민간인이 마음대로 와서 제멋대로 장사를 하는 식이었을 겁니다.(184쪽)

대부분의 위안소는 군의 직간접적인 관리하에 있었던 것으로 보이지만, 이런 식의 업자가 있었다는 것은 '종군위안부'란 인솔자인 '종군업자'가 만든 존재라는 것을 보여준다. 위안부 문제를 부정하는 이들이 '민간인이 멋대로' 영업을 한 것이라고 말하는 것은 그들에게 바로 이런 기억이 남아 있기 때문일 것이다. 말하자면 '종군'의 주체는 '위안부'라기보다 '업자'였다.

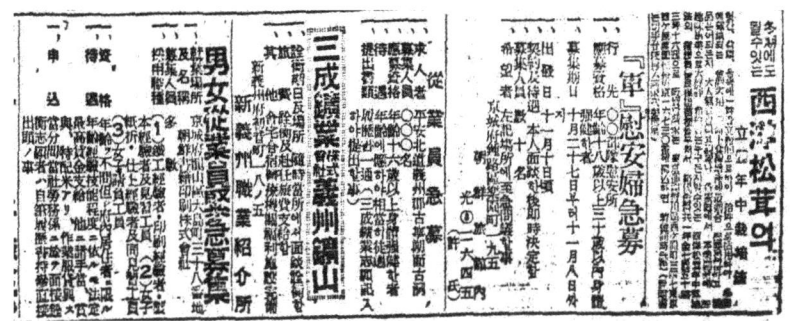

사진 4 조선총독부 기관지 『매일신보』 1944년 10월 27일자(위)와 『경성일보』 1944년 7월 26일자(아래)에 실린 '위안부' 모집 광고. '18세 이상 30세 이내의 신체 강건한 자' '수십 명'을 '허 씨'가, 그리고 '17세 이상 23세까지' '이마이 소개소'가 급히 모집한다는 내용이다. 양쪽 다 가는 곳이 군부대라는 사실을 밝히고 있다.

조선에서의 모집이 시작된 것은 1942년 5월 초, 업자들은 전방의 병원에서 부상당한 병사의 붕대를 감아주고 사기를 북돋아주자는 등의 말로 여성 한 사람당 200~300엔의 돈을 건네주고 데려갔다. 이런 방식으로 300명 가까운 여성이 1942년 8월 20일, 랑군에 도착, 그곳에서 여러 집단으로 나뉘어 전방으로 보내졌다. 포로가 된 여성은 중국 국경에 가까운 미트키나에 있었던 '마루야마 클럽'이라고 불렸던 위안소에서 일하고 있었다. 여성들의 평균 연령은 25세. 자신들의 직업이 싫다고 말했고, 일이나 자신의 가족에 관해서는 말하고 싶어하지 않았다.(「Japanese Prisoner of War Interrogation Report No. 49」, 후나바시 요이치, 296쪽에서 재인용)

'20명의 조선인 위안부와 민간인 일본인 부부'를 심문한 내용이라는 이 보고서도 '업자'들의 개입과 사기 사실을 보여준다. 위안부들을 전쟁터로 데리고 다니며 군에 제공했던 주체는 업자들이었다. 군이 위안부를 필요로 한다는 것을 안 업자들이 기존에 해오던 인신매매 과정에서의 속임수로 '부상당한 병사의 붕대를 감아주고 사기를 북돋아주자는 등의 말'로 꾀어 그들을 '종군'시켰던 것이다.

강제노동과 착취
뿐만 아니라 포주들은 위안부들을 가혹하게 다루었다. 말하자면 이들을 강제노동에 가깝게 혹사시킨 것은 군인뿐 아니라 업자들이기도 했다. 아직 어린 나이에 위안소에 가게 되었던 한 위안부는 말한다.

> 거기 가니 색시들이 댓 명 있었다. 스무 살에서 스물세 살인 언니들은 병원에 가서 검진을 했다. 주인은 나보고도 언니들처럼 손님을 받으라고 했는데 그러면 울면서 구석으로 가서 엎드려 있었다.(『강제 2』, 149쪽)

우리가 위안부 문제에서 분노하는 건 '소녀'들이 당했다는 인식 때문이지만, 어린 소녀들에게 성노동을 직접 강요한 것은 이렇게 포주들이었다.

> 저녁이 되면 주인은 그날 여자들이 상대한 군인의 수를 점검하고 군인을 적게 상대한 여자나 그날 잘못을 저지른 여자들에게 벌을 주었다. (중략) 집안 치우는 일로도 꼬투리를 잡히면 맞았고, 특히 상대하는 군인한테 반항하면 맞았다.(『강제 2』, 126쪽)

> 말일경이 되면 주인은 여자를 다 불러 일층 큰 방에 모아놓고 그러는 거야. 아무개는 일등했다, 이등했다, 삼등했다, 너희는 뭐 했냐, 매상 표시를 했어. (중략) 일

등한 여자, 손님 많이 받은 여자는 말일경에 상금을 주는 거야. (중략) 무조건 손님을 많이 받으라는 거겠지. (중략) 난 뺑이질을 잘 쳤어. 왜 그런지 거부하면 주인이 때린다고 으름장 놓고 꾀가 나니까.(『강제 3』, 105~106쪽)

(병에 걸려) 그 여자에게 애걸을 하는데도 계속 군인을 받게 하데요…. 그러다가 그냥 까무라쳐버렸어요. 그제야 하루를 쉬게 해주었는데 나한테 얼마나 심하게 욕을 하던지…. (중략) 내가 너무 아파서 '차라리 나를 죽여달라'고 했더니 '이년이 엄살떤다'며 야단도 아니야, 같은 조선 사람인데도 그 여자는 인정사정도 안 봐주고 참 독했어요.(『강제 3』, 130쪽)

한 사람의 위안부가 군인을 몇십 명씩 받게 된 배경에는 단순히 일본군의 강제와 숫자만 있었던 게 아니다. 업자들이 과도한 노동을 강요했던 것이고, 그런 식의 요구가 일종의 강제노동인 것은 분명하다.

앞서의 미군 보고서에도 비슷한 이야기가 나온다.

이런 사업은 군이 관리하고 있었고, 세세한 규칙을 정해두고 있었다. (중략) 장교는 매일 밤이라도 올 수 있게 되어 있었다. 병사들은 줄을 지어 순번이 오기를 기다렸다. 여성들에게는 손님을 받는 것을 거부할 권리가 주어져 있었다. 사감은 여성들의 빚의 정도에 따라 그녀들의 벌이 중 50~60퍼센트를 가로챘다. 그녀들의 한 달 벌이는 평균 1500엔이었는데, 대부분의 사감이 식비를 비싸게 받아 생활은 겨우 먹고살 정도였다.(후나바시 요이치, 297쪽에서 재인용)

위안부들 중에는 돈을 벌었다는 이들도 있지만, 대부분은 돈을 받지 못했다고 말한다. 그중에는 갑작스러운 패전 때문에 저금이나 패물 등을 몸에 지니지 못한 채 돌아와야 했던 이들도 있지만, 이들이 언제까지고 가난에서 벗어나기 어려웠던 것은 대부분 그런 구조 때문이었다. 이런 식으로, 혹은 빚을 회수한다는 명목으로, 그들에게 가야 할 돈을 반 이상 가로챈 이들—여기서는 '사감'으로 표현되는 포주들이 있었다. "돈 주고 가면 주인들이 다 받지. 한 달에 얼마씩… 돈을 줬"(대일항쟁기 강제동원 피해 조사 및 국외 강제동원 희생자 등 지원 위원회, 41쪽)거나, "보수는 받지 못했고 군인이 가끔씩 용돈을 줄 때가" 있었거나, 오히려 "술 먹는 애들은 오바상(아줌마-인용자)에게 빚을 지고 있었"(『강제 1』, 173쪽)던 경우가 대부분이었다.

감시·폭행·중절

포주들은 어린 소녀에게 강제로 성노동을 시키고 노동의 대가를 착취하는 데에 그치지 않고 대부분 가혹한 폭행으로 이들을 다스렸다.

> 도망했으니까 맞지. 맞을 짓을 하니까. 밤늦게 청진으로. (갑자기 언성을 높이면서) 도망해두 뭐 당장 붙들렸을 끼여. 그러는디 그걸 몰르구 도망을 해니께, 패구, (정강이를 가리키며) 이놈을 묶어서 꿰 달아매. (중략) 안 그렇게 하면 돈을 안 주고 굶어죽어. 그 사람네서 [군인을] 안 받을 수가 없지. 그러카고 철문으로 안쪽으로 척척 가둬두고.(『강제 4』, 157쪽)

> 조선인 남자는 우리의 행동이 마음에 들지 않으면 쇠꼬챙이를 손가락 사이에 끼워서 고문을 하는 등 우리를 몹시 학대했다. (중략) 배에서 내리자 우리를 인솔하던 그자가 우리들이 잘못을 저질렀다고 조목조목 따지면서 쇠막대기로 우리를 후려갈겼다.(『강제 1』, 63쪽)

주인은 군인을 안 받는다고 뺨을 때리고 발로 차고 했다. (중략)

밥을 지어놓고 밥상에 앉았는데 주인이 밥을 먹지 말라고 했다. 그래도 앉아서 먹으니 주인은 도망쳤던 년이라고 하면서 나를 마구마구 때렸다.

맞은 상처가 아물 무렵 군인들이 자꾸 나를 찾는데 내가 안 받는다고 하니까 주인이 곤봉으로 내 머리를 때렸다. 머리에서 피가 너무 많이 나서 나는 그만 기절을 하고 말았다. (중략)

나를 상대하던 야마모도라는 육군 소위는 머리를 싸매고 누워 있는 나를 불러 병원에 데리고 가서 치료를 해줬다. 일본인 군인이 다 나쁜 것은 아니다. 이 군인과 아카시마赤島에서 왔다는 군인은 좋은 사람이었다. 나이가 서른쯤 되는 인정이 많은 그 소위는 키도 크고 건장했다. 병원에 두어 달 다니니까 상처가 아물고 부기도 가라앉았다. 지금도 내 머리에 15센티쯤 되는 흉터가 남아 있다.(같은 책, 78~81쪽)

그 집에서는 한 명이 잘못하면 군대식으로 전부 맞았다. 무릎을 꿇어 앉으라 했고 주인과 우리를 관리하는 일본 여자가 허벅지 위를 몽둥이로 때렸다. 손님들에게 보이지 않도록 그 부위를 때린 것이다. (중략) 내가 잘못해서 맞는 것이 아니라 여자들 중에 한 명이라도 술을 많이 먹고 장사를 못 하겠다고 하면 열이고 스물이고 모두 때렸다.(『강제 2』, 37쪽)

포주에게 입은 상처를 군인이 치료해주었다는 것은, 속아서 온 소녀들을 해방시켰던 군인의 이야기와 부합하는 이야기다.

위안부들은 "주인과 관리인에게 하도 머리를 많이 맞아서 머리가 이렇게 나빠"(『강제 2』, 41쪽)졌다거나 "주인 남자나 여자는 대문간 방에 딱 앉아서 지키고 살림을 거기서 했다. 우리가 도망갈까봐 지킨다고 문 가까이에 있었던 것"(104쪽)이라고 말한다. 말하자면 위안부들을 폭행하여 그녀들의 몸에 씻을 수 없는 상처를 남긴 이는 군인들뿐 아니라 포주들이기도 했다.

진송 시절부터 위안부 여자들에게도 계급제도가 생겼다. 이 제도는 위안부 관리인이 시켜서 하였고 여자들이 스스로 한 것은 아니었다. 거기서 나는 빨간 바탕에 금줄 세 개, 별이 세 개 있는 계급장을 달았다. 이 계급은 상당히 높았다. (중략) 나는 여자 중에서도 계급이 제일 높았다. 계급이 높았던 이유는 경력이 제일 오래되어 군인을 많이 받았기 때문이었다. 매일 오후 4, 5시가 되면 점호를 하였다. (중략) 이때 위안부 여자들 중 말 안 듣는 여자들을 때리기도 하였다. 계급이 높았기 때문에 나는 이들을 직접 때리기도 하고 내 밑의 계급을 단 위안부에게 때리도록 시키기도 하였다. (중략) 하루하루의 생활이 악에 받쳐 있었다.(『강제 2』, 178쪽)

위안부들에게 경쟁을 시키고 자주 폭행으로 다스렸던 주체는 이렇게 '관리인'이거나 포주들이었다. 고작 "한 달에 한 번 정도" 외출을 허용하면서 "도망가지 못하게 조를 짜서 보"(『강제 3』, 179쪽)내고, "임신했지. 많이 뗐어. 주인이 나를 민간병원에 데리고 가서 떼내. 눈치 안 나게 떼내. 낳으면 자기 손해잖아. 니 애 낳아갖고 어떻게 살 낀데 그래. 여자 중에 임신 안 한 사람 아무도 없어"(102~103쪽)라는 식으로 위안부들에게 임신중절을 시킨 것도, 군인뿐 아니라 포주들이었다. 따라서 그들의 미움은 포주에게도 향한다.

부산에서 데리고 간 아줌마는 해방되고 못 만났어요. 해방되고는 막 해방됐다고 난린디 도망가고 없더라구요. 그 집 식구들 다요. (중략) 있으면은 누구 손에 죽어도 맞아 죽었을 거인디. 우리는 오도가도 못 하고 잇는디 어쩔 것이여? 그런디 도망가부려. 그것들이 있었으면 여자들한테 맞아 죽었을 것인디. 근디 내가 지금 나이 먹어 생각하면은 그 한국 사람들이 더 나빴어요. 우리를 팔아묵었으니께. (중략) 여자들 데려다 못할 짓 시키고 그 죄를 다 어디다 받을라나 몰라. 나만 데려간 것이 아니고 그 수천을 데려다 그 염병할 짓을 시키고 그 죄를 어따가 받을 것이여. 기가 맥힐 일이지, 기가 깍 맥힐 일이야. 어떻게 똑같은 한국 사람이 그런 짓을 시켜.(『강제 5』, 199쪽)

포주가 도망가지 않았으면 "맞아 죽었을" 거라는 말이 그들의 미움의 크기를 웅변한다. 위안부를 대상으로 한 감시와 폭행과 중절의 주체는 일본군뿐 아니라 포주이기도 했는데, 이런 목소리들은 묻혀왔던 것이다.

제국의 위안부

그렇게 포주를 미워한 이들이 때로는 스스로 포주가 되는 경우도 있었다 (『강제 3』, 287쪽). 증언집에 따르면 위안부들의 대부분이 노동의 대가를 제대로 받지 못한 것으로 보이지만, 그중에는 예외도 있었다.

밥해먹는 사람은 중국 사람이야, 부부와 애. 그 사람들이 물 다 들어올리고, 청소 다 하고, 목욕물 데워주고, 빨래는 별도로 해주는 여자가 있어. 마마상이라 불렀는데 해온 대로 우리가 각자 돈을 주었지. 썹보이라는 죠바 심부름꾼도 있었어. 이 사람이 장부정리를 했어. 중국 아이였는데 우리가 놀렸어.(『강제 3』, 101쪽)

수마트라에서는 김치도 담가먹을 수 있었고 중국인 요리사를 두고 잘 해먹었었다. 거기서는 여자들이 개별적으로 빨래해주는 여자, 청소해주는 남자를 각각 10원씩 주고 고용할 만큼 생활에 여유가 생겼고 더욱이 인도네시아 사람들은 싼 임금에 쉽게 구할 수 있었다. 인도네시아 사람들은 일본 사람이 오라고 하면 감히 응하지 않을 수가 없었던 것이다. 당시 우리 국적은 일본인이었고, 일본군의 적극적인 관리통제하에 우리가 있었기 때문이다.(같은 책, 286쪽)

그곳은 큰 유전지로, 위안소는 유전 바로 옆에 있었다. 정말 말하기 부끄럽고 창피한 이야기지만 그곳에서는 돈을 많이 벌었다. 인도네시아 여자들이 군인들을 잘 받았기 때문이다. 그곳에서는 일본인의 권리가 너무나 당당해서 인도네시아 사람들은 오라고 하면 오고 가라고 하면 가고 그랬던 때였다. 그리고 일본군의 적극적인 협조로 아무런 어려움이 없었다. 일본군이 나와 집안 소독도 해주었다.(같은 책, 288쪽)

이들이 중국인이나 인도네시아인을 부리고 심지어는 인도네시아인을 지휘해 위안소를 운영하기까지 했다는 것은, 조선의 위안부들이 식민지인이 되어 '본토 일본'의 하위 위치에 있게 되기는 했지만 그건 동시에 다른 아시아인들의 상위 위치에 서는 일이기도 했다는 것을 말해준다. 말하자면 이런 상황은 '제국'의 임금체계를 설명해준다. '조선인 위안부'들은 분명 피해자였지만, 그러면서도 '일본 제국' 안에서 '두 번째 일본인'의 지위를 누릴 수 있었다. 그리고 그것이 바로 식민지인의 모순이었다. 그리고 후에 말하는 '아시아의 조선 인식'이 좋지만은 않은 것은 그런 과거의 결과이기도 하다.

그런데도 다른 나라에서는 기억되고 있는 이런 사실들이 우리 안에서는 '공적 기억'이 되지 못하는 것은 우리가 아직 '식민지의 현실'을 제대로 마주한 적이 없기 때문이다. 그러나 그런 한 일본뿐 아니라 우리도 이른바 '역사왜곡' 욕망이 이어질 수밖에 없다. 그 욕망은 우리 자신의 피해자성을 희석시킬 수 있다는 두려움과 연동되지만, 이런 사실을 마주하는 일이 꼭 위안부의 비참성을 희석시키는 일이 되는 것은 아니다. 그녀들이 설사 어느 정도 여유를 가진 생활을 할 수 있었다 해도, 그녀들은 여전히 '일본군 위안부'이며, 그런 한, 그녀들을 만든 것이 식민지지배 구조라는 것만은 분명하기 때문이다.

제3장

패전 직후
—'조선인 위안부'의 귀환

1. '일본인'에서 '조선인'으로

위안부들은 패전 이후에도 대부분 돌아오지 못한 것으로 알려져 있다. 그리고 그 이유는 일본군에 의한 학살로 간주되고 있기도 하다. 그러나 위안부들의 증언은 위안부들의 현지 잔류와 귀국에 대해 우리가 아는 것과는 다른 모습들을 보여준다.

> 어느 날 일본 헌병이 위안소로 와 내일 아침이면 러시아 군인들이 처들어와서 위안소에 불을 지를 테니 어서 도망가라고 알려주었다. 그래서 같이 있던 '미즈코'와 둘이서 새벽에 도망 나왔다. 그때 다른 위안부들도 다 도망 나왔는데 뿔뿔이 흩어졌다. 나와 함께 나왔던 '미즈코'와도 귀향 도중에 인파 속에서 서로 잃어버렸다. 기차에 매달려 타기도 하고, 기차 지붕 위에 타기도 하고 그것도 여의치 않을 때는 걸어서 하얼빈을 거쳐 한 달 닷새 만에 개성까지 왔다. 기차에 매달려 길

이가 몇십 리나 되는 것같이 느껴지는 굴 속을 지나갈 때면 기차에서 떨어져 죽는 사람도 많았다.(『강제 2』, 214쪽)

중국 헤이룽 강黑龍江 부근의 헤이허黑河라는 곳에 있었던 이 위안부의 이야기는 만주에 나가 있었던 조선인과 일본인들의 귀환 체험을 대표하는 것이기도 하다. 이 이야기에서는 어디에서 기차를 탔는지 명확하게 나타나지 않지만, 대부분의 재만 일본인과 조선인들은 갑자기 참전한 소련군을 피해 지금의 북한 지역까지 걸어서 도망쳤다. 그리고 혹한과 전염병과 기아로 1945년 여름부터 1946년 봄까지 만주와 북한에서만 수만 명의 일본인들이 목숨을 잃었다. 그리고 그렇게 도주했던 이들 중에, 당연한 이야기지만, 일본인 위안부도 조선인 위안부도 섞여 있었던 것이다.

이른바 '외지'로 불렸던 일본군의 점령지와 식민지에 나가 있던 일본인들 중 무사히 귀국한 이들은 군인과 민간인을 합해서 무려 670만 명을 넘었다. 그들의 귀환 여부와 그 과정은 어디에 있었는지에 따라 극명하게 갈렸고, 그것은 당시 '일본인'이었던 조선인들도 마찬가지였다. 예를 들면 조선인 일본군들 중 일부는 만주에 있던 일본군과 함께 시베리아로 끌려가 극심한 추위 속에서 강제노동을 한 뒤에야 돌아올 수 있었다. 군인 중에도 필리핀이나 남태평양 지역의 섬들에 있었던 군인들은 대부분 전사했는데, 그 지역에 가 있었던 위안부들도 그들과 운명을 함께했던 것으로 보인다. 위안부가 될 때까지와 된 이후의 상황이 하나가 아니었던 것처럼, 귀국 여부나 귀환 과정 역시 하나가 아니었던 것이다.

해방됐는지 어떤지도 몰라. 그러는데 남자가 너희 맘대로 가라고 그러더라고. 돈은 아무것도 안 주고 맨손으로 나왔어. 그래 일곱 명이 백두산으로 걸어나왔

어.(『강제 3』, 83쪽)

여기서의 '남자'란 이들을 관리한 주인 남자이다. 데려온 주체가 업자였으니, 그들의 귀국을 책임져야 하는 것도 업자임은 분명하다. 그러나 업자들은 대부분 먼저 도망치거나 '해방'의 형태로—'돈은 아무것도 안주고' 이들을 방치했다. 중요한 것은 그들의 귀환 여부가 각각 처한 상황에 따라 달라졌다는 점이다.

많아야 삼 년 있었다는 기억인데, 해방되고 나왔어. 스물세 살 닭띠 해에 해방됐는데, 난 몰랐잖아. 주인도 없고, 참 이상하더라고. 어쩜 일본 군인이 하나도 없어? 우리한테 어떤 한국 남자가 빨리 나오라고 그래요. 몸뚱아리만 나오라고 해서 나갔더니 전쟁이 끝났다. 집으로 가야 한다고 그래요. 광장이라도 가라고. 광장에 가니까 큰 광장에 한국 여자들이 빽빽한 거야. 위안부가.(『강제 3』, 182쪽)

만주에 있었던 위안부의 이 증언은 우선은 '일본군의 학살'과는 다른 장면을 보여준다. 물론 목숨은 부지했어도 이들의 귀환 역시 순탄했던 건 아니다. 만주에 있던 일본인 여성들은 소련군에게 강간당하거나 끌려가 일정 기간 동안 성노동을 강요당하는 경우가 많았는데, 조선인 여성도 전쟁 당시에는 '일본인'이었기에 혼란 속에서 같은 피해를 입었던 듯하다.

그런데 소련군이 막 들어와요. 소련군들이 우리를 덮치려고 했어. 나한테 묻지도 말어. 난 정말 그건 말하기 싫어. 그래서 내가 기억상실증에 걸린 것일지도 몰라. 일본 군인보다 소련 군인을 더 못 봐주겠더라구요. 그렇게 더럽더라구요. 막 쳐내려오는데.

어떻게 나왔는지도 모르겠어요. 하얼빈으로 가서 들어갈 때처럼 하나하나 돌이켜 나왔어요. 하얼빈에서 100명 이상의 일본군 시체를 밟고 왔어. 얼굴은 새카 맣게 하고 농부들이 입는 옷을 허름하게 입고 나왔어. 그러지 않은 사람은 소련으로 많이 끌려갔을 거예요.(『강제 3』, 182쪽)

일본군의 위안부였던 이 증언자에게는 일본군 체험보다도 소련군의 참전에 따른 경험이 더 끔찍한 체험이었던 듯하다. 당시, 여성들은 죽은 군인의 옷을 벗겨 입거나 머리를 짧게 깎고 얼굴에 숯검댕이를 발라 소련군의 강간을 피했다. 자신의 '기억상실증'의 원인이 그 체험에 있을지도 모른다는 말은 상징적이다. 그녀에게는 위안부 체험보다도 귀환 체험이 더 잊고 싶은 기억으로 남아 있는 것이다.

그렇기는 하지만 이런 상황은 만주에서의 상황으로 보인다. 일본인 여성들은 소련군뿐 아니라 북한에서도 조선인들에게도 방치되어 죽어갔지만, 조선인 여성들의 경우는 일단 한국 땅에 들어선 이후엔 상황이 조금은 나아졌을 것이다.

만주에 있었던 이들은 조금씩 다르면서도 대부분 이와 대동소이한 체험을 말한다.

거기(중국 우한 – 인용자)서 생활한 지 일 년쯤 되어 일본이 투항했어. 그때 죽은 일본 군인도 많았지. 일본 군인들은 한국인과 중국인한테 맞아죽기도 하고 자살하기도 했어. (중략) 그 집의 주인 내외가 어디 갔는지도 모르고 여자들끼리도 먹고살 길이 없어 자기 살려고 각자 흩어졌어. (중략) 같이 있던 여자 두 명은 중국 사람의 첩처럼 살았어. 먹을 데 없고 잘 데 없으니까. (중략) 타국 땅에서 설움이 많았어. 중국 사람들이 기생질했다고 나에게 침을 뱉었어. 여기는 **중국 땅이다**,

돌아가지 않으면 총을 쏘겠다고 나를 위협하기도 했어. 나는 그럴 수 있다고 생각했어. (중략)

남의 집에 들어가서 일해주고 먹고살았지. (중략) 내 이름을 이춘도로 바꾸고 중국 국적을 얻었어.(『강제 5』, 163쪽)

해방되고 해 안 넘기고 나왔어요. 쫌 추웠지 춥기는. 그래가 미군들 그 코 큰 사람들 배는 한 척밖에 안 왔는디. 그래서 인자 큰 군함이 항꾼(함께) 간다 그래요. 조선으로 엄마한테 간다 해여. 그래서 너두 나도 해보껜 거기서 심지뽑기를 했어요. 일본 군인인가 미국 군인인가 모르겠는디. 그걸 깡통을 들고 와 하나 뽑으라고 그러더라고. (중략) 그래갖고 나만 나오고 그 언니는 못 나왔지.(『강제 5』, 198쪽, 중국 한커우에 있었던 이의 증언)

인자 한데 쭉 있다가 일본이 졌다케서. 일본 사람, 높은 사람이 얘기를 해줬지. 일본이 졌으니까 우리는 일본으로 가니까 너희들은 조선 대통령이 새 나라가 됐다고 하면서 가르쳐줬어. 부대에서 기차를 태워줘서 우리는 모두 상하이로 가가꼬 거서 배로 왔지. (중략)

조선 사람이든 일본 사람이든 반장이 있거든요. 반장이 도끼이(도해)라고 하지. 몇 번 몇 번 며칠 며칠 되면 1반이 간다 2반이 간다 그래 해요. (중략) 한국 사람들 반장해가지고 잘해주요. 조선 사람들 잘해주요. 반장들이 태와주고. 나올 때도 에로다구요(어려웠다구요). 가딱 잘못하면 못 나와요. 아직 거 살고 있는 여자 있을 끼라. 같이 있는 여자들은 배를 한 배를 안 타니까 흩어지지 어디로 갔는지 몰라. (중략) 부산서 내려가지고 어릴 때부터 부산 얘기는 들었거든. 부산서 있다가 마산에 걸어갔거든.(『강제 5』, 143~144쪽)

이들 역시 업주의 발빠른 도주와 방치를 증언한다. 그런 상황 속에서의 잔류란 이들에게는 먹고살기 위한 하나의 방편이기도 했다. 또 귀환 여부는 '에로다구요'로 표현되는 근본적으로 탈출이 쉽지 않은 상황 속에서의 '운명'이기도 했다. 무엇보다, 일본군 '높은 사람'이 이들을 학살하거나 방치하는 것이 아니라 "부대에서 기차를 태워"보냈다는 사실 역시 '일본군의 학살'과는 다른 증언이다. 그런데 동남아시아 쪽이 되면 상황은 더 극명하게 갈린다.

> 해방이 되자 위안부 여자들을 다 모아서 근처 수용소로 가 있었다. 그곳에는 작은 배를 타고 갔는데 인도네시아의 다른 섬인 것 같았다. (중략)
> 언젠가 귀국할 때를 대비하여 옷과 이불 같은 것을 많이 마련해두었으나 하나도 가져올 수 없었다. 당시에는 일본이 진 것이 기쁘기는커녕 아득하고 아찔할 뿐이었다. 내 청춘을 바쳐 그렇게 번 돈을 몽땅 쓰레기처럼 버리고 돌아와야 했던 것이다.(『강제 3』, 289쪽)

> 인도네시아 사람들에게 식당 보이러를 팔아달라고 그랬는데 팔아주지도 않고 결국 돈을 못 받아서. 맨날 팔고 돈을 준다고 했는데. 배가 일본으로 나올 전날에 그 보이러값을 가지러 갔는데 쇠사슬을 휘두르면서 나를 협박하는 거야. 인도네시아 사람들은 해방이 되고 나서 일본 사람들을 무섭게 하는 것이요. 그동안 압박을 받았으니까. 일본 군인들이 나를 보고 '네창 기치가이(아가씨 미쳤어?) 총 갖고 다니는 우리들도 그 사람들한테 못 가는데 돈이 뭐요?'라고 그랬어. (중략)
> 우리 여자가 한국에 나올 적에는 쉽게 나왔어. 부대에서 간호원처럼 있다 나온 께로 딴 사람들은 여러 달 걸렸지만. 일본 군인들은 배를 타고 일본으로 간 거요. 나도 그 배를 탔지. 아무것도 갖고 나오지도 못하고.(『강제 3』, 233쪽)

중국뿐 아니라 인도네시아에 있었던 이들의 증언은 조선인 위안부들이 현지인들에게는 '적'의 관계였음을 여실히 보여준다. 이들 중엔 스스로가 위안소를 경영하는 업자가 된 이들도 있었는데, 그들에게는 일본의 패전이란 우선 그동안의 자신의 위치와 재산을 잃는 일이었다. 그리고 같은 지역에 있었어도 '간호원'이라는 지위를 이용해서 일본군과 함께 쉽게 빠져나온 경우도 있었다. "아무것도 갖고 나오지" 못한 것은 일본인 역시 마찬가지였다. 말하자면 돈을 벌었던 경우에도 이들은 모은 돈을 잃을 수밖에 없었고, 그건 그들이 일본의 점령지에 나가 있었던 결과로 일본과 함께 현지에서 쫓겨 달아나야 했던 '준일본인'이기 때문이었다. 그런 의미에서는 '위안부의 가난'은 업주들에게 노예 같은 착취를 당한 결과이기도 하지만, 다른 한편으로는 '일본의 패전'의 결과이기도 하다. 실제로 식민지나 점령지에 나가 있었던 일본인과 조선인 등 '일본 제국'의 구성원들은 갑작스러운 일본의 패전을 맞아 대부분 몸만 빠져나와야 했고, 돌아온 각각의 '조국'에서 오랫동안 차별과 가난에 시달려야 했다. 그리고 그 부분이 (일본인, 대만인과 함께) '조선인 위안부'가 중국에 있었던 위안부와도, 다른 동남아시아에 있었던 위안부와도 같은 위치에 있지 않았다는 것을 극명히 보여주는 부분이기도 하다.

이제 생각하니 태국의 방콕이라고 기억나네. 거기서 몇 개월 있었어. 일본 군인과 군속이 인솔하여 방콕에서 걸어나와서 부둣가에 가 있으니까 일본 가는 배가 왔어. 쪼맨한 배 타고 나와가지구 거기서 또 큰 배에 옮겨탔어. 일본까지 타고 온 배 이름은 생각 안 나.

우리를 배에 싣고 요코하마로 왔어, 일본 사람이 데리고 왔어. 요코하마 와서도 미군을 봤지. 시코쿠 전쟁범인들만 집어넣는 데로 왔어. 한국 여자는 나하고 셋이 왔어. 그 외엔 전부 일본 사람들이야. 거기 오니까 한국 여자들이 붙들려서 많이 와 있대. (중략) 해방된 다음해 초에 (한국에) 왔어. (중략) 고향으로 돌아올 때 일본에서 부산까지 타고 온 배가 미국 배야. (중략) 내가 나올 때 여자들이 한 30명 나왔어.(『강제 3』, 313쪽)

버마의 양곤(랑군)에 있다가 전쟁 막바지에 폭격을 피해 태국으로 피신했던 이 위안부 역시 일본군의 안내로 일본까지 왔다가 귀국한 경우다. 이들이 '전쟁범인', 즉 전범들이 있는 곳으로 가게 된 이유는 이들이 '일본군'과 함께 행동하며 '전쟁을 수행'한 이들이었기 때문이다. 그건 설사 그들이 가혹한 성노동을 강요당했던 '피해자'라고 해도 '제국의 일원'이었던 이상 피할 수 없는 운명이었다.

2. 극한상황 속에서

그러다가 하루는 텐트를 치고 있던 부상당한 군인을 만났는데 그 사람들이 우리를 우미라(바다)로 가라고 가르쳐줬어요.

"우미라로 가라, 이 산을 따라가면 우미라가 나오니 너희들은 그리로 가거라. 나는 죽으니까 너희는 나가서 살아라. 미군이 묻걸랑 저팬이라고 하지 말고 코리아라고 해라" 했어요.(『강제 3』, 57쪽)

'마닐라에서 떨어진 시골'에 있었다는 이 위안부의 이 증언에는, 패전을 맞아 마지막 순간에 위안부를 '일본인'이 아닌 '조선인'으로 되돌려 구하려한 일본 군인이 있다. 필리핀이나 다른 지역의 고립된 섬에서 일본군은 치열한 전투와 기아로 인해 거의 괴멸상태에 빠졌었다. 이른바 '위안부의 죽음'은 대부분 전쟁터에서의 일이었을 가능성이 높다.

센다가 인용했던 1970년 8월 14일자 『서울신문』도 "필리핀이나 사이판 등 남방으로 보내진 위안부는 대부분 슬픈 죽음을 당했다"고 말해, 그 죽음이 '남방' 지역에 한한 것임을 분명히 말한다. 이 신문이 인용한 "솔로몬 군도에 학병으로 갔던 이호원 씨"라는 이도 "전쟁 초에 남방으로 끌려온 정신대원들은 미군의 공격으로 후송선이 끊겨 '정글' 속에서 군인들과 함께 시달리다 죽어갔다"고 전한다.

난리가 나서 여자들 15명하고 주인하고 애기들 모두 18명이 피난을 갔지. 처음에는 미군들이 마구 폭격을 할 때 일본놈들이 우리를 몰고 다녔지. 주먹밥 해서 주고 그랬는데 나중에는 우리 맘대로 빠져나가라고 그래. 근데 맨 마지막 빠져나가지도 못할 데 데려다놓고 해제를 시켜뿔데. 그때 미군들이 센소캉(잠수함)으로 질 만들어 대니고 그랬거든.

그러다가는 끝판에 가서 맘대로 다 가거라 하니까 나도 산에서 돌아댕기다가 보면 막 폭격을 섬에다 하고는 해서 그때 많이 죽기도 했어. (중략) 나중에는 막 배에서 미국놈들이 섬을 보고 나오라고 손들고 나오면 안 죽인다고 나오라고 배에서 방송을 하면서 뺑뺑 돌았어. 그런데 손들고 나가면 그 뒤에서 일본놈들이 쏴 죽여버렸어. 나가면 오모짜(장난감)맹으로 놀려먹고 죽인게 우리 손에 죽으라고 쏴부렀어. (중략) 그것 캐러 갔다가 미군들한테 잡혔어. (중략) 노다 섬에서 포로가 돼서 사이판으로 나왔지. 나는 부모 볼랑케 한국으로 간다고 그랬어. 막 흩어지고 죽고 그랬어. (『강제 5』, 318~324쪽)

팔라우에 있었던 이 위안부의 증언은 위의 '학병'이 본 상황과 가깝다. 그런데 여기서 확인되는 것은 위안부의 직접적 죽음의 대부분은 미군(연합군)의 폭격에 의한 것이라는 점이다. 위안부들은 일본군들과 함께 피신 다니다가 막바지에 개별 행동을 하게 되었고, 함께 있었던 경우에는 '항복'을 둘러싸고 일으킨 갈등이 때로 이들의 죽음의 원인이 되기도 했다.

당시 일본군의 철칙은 포로가 되기보다는 죽음을 택하는 것이었다. 그리고 그런 규범은 여자들과 아이들에게도 적용되었다. 그들은 항복을 '남성의 거세와 여성에 대한 강간'이 시작되는 것으로 이해했고, 여기서 일본군이 '오모쨔'가 된다고 말하는 것은 그런 의미다. 그런 의식은 직접적으로는 군부의 선전에 세뇌당한 결과이겠지만, 여성의 신체와 생명의 관리자는 언제고 남성이었음을 드러내는 것이기도 하다. 그리고 여기서 일본군에 의해 죽은 이들이 '조선인'인지는 불분명하다. '항복'하면 포로가 되어 천황의 명예를 더럽히는 것으로 간주되었던 당시의 사고에 비추어보면 오히려 일본인이었을 가능성이 높다. 무엇보다 이렇게 말하는 위안부가 살아 돌아온 것도 그 가능성을 말해준다.

센다의 책에는 위안부들이 기모노를 입고 군인들과 함께 죽을 준비를 했다는 상황도 적혀 있다(156쪽).

> 일본인 위안부는 조선인 위안부에게 흰 헝겊을 손에 들고 투항할 것을 권하고 자신들은 부상당한 군인들이 마시는 청산가리를 마셨다. 그곳으로 진격해 들어온 중국 군인이 세어본즉 그 시체는 7구였다고 한다.(131쪽)

일본인 위안부들은, '일본이름'을 갖고 '일본인'처럼 행동해야 했던 '조선인 위안부'들을 패전의 순간에 '조선인'으로 되돌리려 했다. 어쩌면 그들의 '죽음'은 '일본인'에게만 허용된 의무이자 긍지의 표현이었을 수도 있다.

아무튼 이런 상황이 확인되는 한 일본군이 패전 직후 조선인 위안부를 무조건 사살했다는 이야기를 보편적인 상황으로 보기는 어렵다. 자신을 '일본인'으로 믿었던 일부 조선인 일본군처럼 자결을 택했을 수도 있다. 그런 의미에서는 '위안부의 죽음'으로 알려진 사진은 폭격에 의한 것이거나 '일본인 위안부'일 가능성이 높다.

패전 직후 위안부를 방치했던 주체는 군인이라기보다는 업자였지만, 위안소와의 관계가 더욱 밀접했던 것으로 보이는 오지에서는 물론 일본군의 보호의무가 있다고 할 수 있다.

그런데 패주할 때 위안부와 군인 간에 '차별'이 있었느냐고 묻는 센다에게, 군인은 이렇게 말한다.

지휘관급은 마지막 단계가 되어도 그녀들한테 꽤 신경을 썼던 것 같습니다. 하지만 패주하게 되면 군인들끼리라 해도… 인간의 에고이즘이 드러나는 법이니까요. 특별히 전우의식이 강한 사람만 서로 도울 수 있었다고 생각합니다.(155쪽)

전쟁터의 극한상황에서 군인이 조선인 위안부를 버리고 갔다 해도, 그 또한 대상이 '조선인'이어서라기보다는 나부터 살아야 한다는 '에고이즘'이거나 '위안부' 집단보다는 '군인' 집단을 더 우위에 둔 차별에 의한 것으로 보아야 하지 않을까.

센다는 다시 전직 군인의 증언을 이렇게 전한다.

전투력의 40퍼센트가 전사할 가능성이 있어도 전투에 이긴다고 판단했을 때는 공격을 발동합니다. 경우에 따라서는 60퍼센트라도요. 그렇게 하는 것이 작전기획입니다. 병력이라도 그럴진대 81, 82여단이 위안부를 버린 것은 군인으로서는 당연한 판단이었다고 말해도 좋겠지요. 그런 데다가 죽이는 것이 아닙니다. 아마도 뭔가 식량과 금전은 건네주고 나서 안전지대에 숨어 있으라고 말했을 테니, 오히려 인도적인 조치였을지도 모릅니다. 바로 그 부대 자체가 그 이후에 전멸에 가까운 타격을 받았으니까요. 데려갔더라면 그녀들은 같은 운명이 되었을 겁니다.(158쪽)

센다가 다시 버마에서 일어난 사태에 대해 추궁하자 이렇게 말한다.

그것도 어쩔 수 없는 일이 아니었을까요? 그렇게까지 전면붕괴하게 되면 군 자체가 통제되지 않고 병력 파악조차 되지 않습니다. 제대로 된 명령조차도 말단까지 전해지지 않습니다. 보급도 생각을 못 하지요. 위안부만 죽은 게 아니었고, 군인도 마찬가지였으니까요. 만약 그 이상의 책임을 추궁한다면, 그 책임은 위안부를 발상하고 전쟁에 데려간 사람한테 있다는 게 되겠지요. 그건 전쟁책임 추궁처럼 한두 사람한테 책임을 물어봐야 소용없는 일 아닙니까?(162쪽)

아마도 이것이 전쟁 말기의 극한상황 속의 표준적인 진실이었을 것이다. '에고이즘'이건 '국민으로서의 충성'이건 일본군에 대한 비판은 그 누구보다 '위안부를 발상하고 전쟁에 데려간 사람'에게 향해져야 한다.

위안부들의 증언에 나타나는 죽음이나 자살은 패전 때가 아니라 위안소 생활 때의 이야기인 경우가 대부분이다. 어느 날 자고 일어나니 군인들이 없어졌다는 이야기는 있어도 패전시 군인들이 조선인 위안부에게 위협을 가했다는 이야기는 거의 눈에 띄지 않는다.

실제로 위안부들이 얼마나 귀환할 수 있었는지는 알 수 없다. 그러나 우리 앞에 나타난 이들의 숫자가 적은 것은 우리 앞에 나타나야 할 만큼 피해가 컸던 이들인 게 아닐까. 다른 이들은 나이가 많았지만 자신은 어렸다고 하는 이야기가 그런 가능성을 보여준다. 귀환 여부는 그녀들이 처했던 상황에 따라 달라졌겠지만, 대부분 돌아오지 못했다거나 돌아오지 못한 이유가 학살당했기 때문이라는 이야기는 사실과는 많이 다르다.

아마도 지금 우리가 귀 기울여야 하는 것은 누구보다도 이들이 아닐까. 전쟁터의 최전선에서 일본군과 마지막까지 함께하다 생명을 잃은 이들—말없는 그녀들의 목소리에. 일본이 사죄해야 하는 대상도 어쩌면 누구보다도 먼저 이들이어야 할지도 모른다. 언어와 이름을 잃은 채로 성과 생명을 '국가를 위해' 바쳐야 했던 조선의 여성들, '제국의 위안부'들에게.

◉ 제2부 ◉

기억의 투쟁
— 다시, '조선인 위안부'는 누구인가

제1장

지원단체의 '위안부' 설명

1. 근본적인 오해

위안부 문제가 발생한 이후, 이 문제에 대한 한국의 공통인식을 만들어온 것은 '한국정신대문제대책협의회'(이하 정대협)다. 물론 다른 지원단체나 연구자들도 있지만, 정대협은 그동안 '위안부'에 관한 정보제공자로서 절대적으로 중심적인 위치에 있었다. 그런 의미에서는 '위안부'에 관한 한국인들의 '상식'—강제로 끌려가 성노예가 된 20만 명의 소녀—은 정대협이 만들었다고 해도 과언이 아니다.

   실제로 정대협은 홈페이지('전쟁과 여성인권 박물관' 사이버기념관의 '애니메이션 배움터')에서, '위안부'란 "제2차 세계대전 이전부터 1945년까지 일본 정부에 의해서 강제로 연행, 납치되어 일본군의 성노예 생활을 해야만 했던 여성들"이라고 설명하고 있다(2012년 7월 현재. 이후 정대협이 홈페이지를 재정리하면서 많은 부분이 수정되었다. 하지만 이 글은 2012년 여름에 쓰기 시작한 것이고 지난 20여 년에 걸친 '공통기억의 형성'에 관한 글이므로, 이미 없어진 자료지만 수정 없이 사용하기로 한다).

그런데 정대협은 '정신대'에 관해서도 언급하면서, '정신대'란 '일본이 일본제국주의의 전투력 강화를 위해 특별히 노동력을 제공하는 남녀 조직 모두를 지칭하는 명사'라고 설명한다. '위안부'와 '정신대'가 다른 존재라는 것을 분명히 알려주고 있는 것이다. 2010년에 나온 정대협 현 대표의 책(『20년간의 수요일』)에도 그 차이는 언급되어 있다.

사실 위안부 문제가 사회에 알려지면서 '위안부'와 '정신대'가 다르다는 지적은 일찍부터 여러 사람이 해왔으니(후지나가 다케시, 112쪽), 이런 설명이 있는 것은 당연한 일이다. 하지만 '정신대문제대책협의회'가 왜 '정대협'인지에 대한 설명은 없다. 다시 말해 정대협이 활동 초기에 정신대를 곧 '위안부'로 생각했다는 말은 하지 않고 있다. 실제로 정대협이 1990년대 초에 '위안부' 문제를 제기했을 무렵의 신문을 보면 '정신대 문제에 대해 사과하라'라고 말하고 있으니 정대협이 정신대를 위안부로 착각했다는 것은 분명해 보인다.

한국에서는 처음으로 위안부 문제를 제기한 윤정옥 교수를 인터뷰한 기사는 이렇게 쓰고 있다.

1943년 이화여전 1학년 시절, 어느 날 학교는 1학년 학생을 전부 지하교실로 모으더니 종이를 한 장씩 나누어주고 아래 양쪽 귀퉁이에 지장을 찍게 했다. 정신대소집장이었다. 그 다음날로 자퇴서를 썼다. (중략)

다시 정신대 문제를 기억에서 되살려낸 건 1970년대 중반, 일본 기자 센다 가코우가 쓴 『분노의 계절』이란 책 속에서 '종군위안부'를 발견한 것이 계기가 됐다.(『미즈내일』171호, 2004. 3. 신민경 기자)

도장을 찍게 했다는 이 소집은 윤 교수 자신이 말하는 것처럼 '정신대' 소집에 관한 장면이다. 학교를 대상으로 모집했고 '지장'을 찍었다는 상황은, 위안부에 관한 일반적인 상황—시골 동네나 도회지 길거리에서 가난하고 교육을 못 받은 계층 여성들을 유인하거나 신문에 공고를 내는 방식—과는 판이하게 다르다. 윤 교수의 체험은 '국가총동원법' 하에서의 정신대 모집이었음이 분명하다. '국가총동원법'이란 일본이 식민지를 포함한 '일본 국민' 전체를 전쟁에 필요한 노동력으로 동원할 수 있도록 1938년에 만든 법을 말한다. 이를 바탕으로 이듬해에 '국민징용령'이 만들어졌고, 1941년부터는 '국민보국근로협력령'에 의해 14~40세의 남성, 14~25세의 미혼 여성을 30일 동안 노동에 동원할 수 있게 되었다. 그리고 1943년 9월 차관회의의 '여성 근로동원의 촉진에 관한 건'에 의거해 14세 이상을, 1944년 2월에는 '국민직업능력신고령'의 개정을 통해 12세 이상을 동원할 수 있게 되었다(정혜경).

당시에 이미 정신대를 위안부가 되는 것으로 오해하는 일이 있었으니, 어쩌면 당시의 윤 교수도 그런 소문을 믿었던 것인지도 모른다.

윤 교수가 보았다는 센다의 책은 위안부에 관한 책이다. 그런데 윤 교수는 그 책을 보고 조사에 나서 각지의 위안부들을 만나기 시작했다니 윤 교수가 정신대를 위안부로 착각했다는 것은 분명하다.

그런데, 윤 교수는 조사 과정 혹은 이후의 운동 과정에서 정신대와 위안부가 다르다는 것을 몰랐을까. 아무튼 그렇게 착각을 바탕으로 한 윤 교수의 문제제기는 "81년에 한국일보에 정신대 할머니를 찾아다닌 기록을 연재"(앞의 기사)하는 것으로 시작되었다. 그리고 30여 년을 지나면서 '일제가 어린 소녀까지 끌고 가 위안부로 만들었다'는 기억은 한국인의 '공적 기억'이 되었다.

최근 몇 년 사이에 학생들이 위안부 문제 해결운동에 참여하는 경우가 많아졌는데, 2012년 7월의 한 신문기사는 "고등학생들이 직접 서명과 모금 운동을 벌여 위안부 할머니들의 고난과 넋을 달래는 '해원비'를 세웠다"며 이렇게 말한다.

시사탐구동아리 학생들이 주축이 돼 만든 정신대문제연구회가 지난 3·1절을 앞두고 전국 고교생 535명에게 설문조사를 했더니, 응답자의 86퍼센트가 '일제강점기 위안부 문제'에 대해 전혀 모르는 것으로 나타났다.(『한겨레』, 2012. 7. 23.)

'위안부 문제'를 돕기 위해 활동하는 모임의 이름이 '정신대문제연구회'인 데에서도 이 학생들 역시 '정신대'와 '위안부'를 같은 것으로 생각했다는 사실이 드러난다.

문제는 아직 어린 학생들이 여전히 그런 착각과 함께 운동에 참여하고 있는데 정신대문제대책협의회는 자신들의 그런 혼동 사실을 단 한 번도 공식적으로 밝힌 적이 없다는 점이다. 뿐만 아니라 홈페이지의 콘텐츠나 박물관의 전시내용을 조금씩 사실에 가깝게 바꾸고 있으면서도, 그런 변화를 공식적으로 알린 적은 없다. 그리고 그 때문에 정신대에 관한 강제성이 위안부에 관한 강제성으로 오해되면서 여전히 '강제연행된 어린 소녀'라는 도식이 유지되고 있다.

일본군에 의한 성폭력은 일회성 강간과 납치성(연속성) 성폭력, 관리매춘의 세 종류가 존재했다. '위안부'들의 경우 이 세 가지 상황이 조금씩 겹치는 경우도 있지만, 조선인 위안부의 대부분은 앞에서 본 것처럼 세 번째 경우가 중심이었다. 그런데 우리는 그동안 중국 등의 점령지에서 많이 발생했던 첫 번째 경우나 네덜란드 여성을 대상으로 한 두 번째 경우까지 '조선인 위안부'의 경험으로 생각해왔다.

일본 국가가 필요로 했고, 식민지가 되었기 때문에 그 구조 속에 휘말려 들어갔다는 점에서는 일본 국가의 '강제성'은 존재했다. 그러나 소녀들을 '위안부'로 만들기 위해 '강제로 끌어간' 직접적인 주체는 대부분 포주이거나 업자였다. 그런데도 정대협은 '위안부'를 "일본 정부에 의해서 강제로 연행, 납치되어 일본군의 성노예 생활을 해야만 했던 여성들"이라고만 설명한다.

2. 정보 은폐와 '공적 기억' 만들기

홈페이지는 이어 "어떤 여성들이 위안부로 끌려갔는지 알고 있나요?"라는 질문을 내놓고 "아시아태평양 전 지역에 걸쳐 각국의 미혼 여성이 위안부가 되었는데, 그중 80퍼센트가 한국인 미혼 여성이었습니다"라고 설명한다. 한국인 여성들이 어떤 정황에서 가게 되었는지는 말하지 않기 때문에, 이 설명은 '아시아태평양 전 지역'의 다른 여성들과 '한국인 여성'이 위안부가 된 정황이 모두 같은 것으로 이해하도록 만든다.

하지만 '조선인 여성'은 일본의 '식민지'가 된 '반도' 출신 '일본' 여성 — '제국 치하 국민'의 자격으로 군인에 대한 성의 제공을 요구당한 존재였다. 그리고 그 상황은, 일찍이 메이지明治 시대부터 해외로 돈벌이를 나가야 했던 일본인 여성을 대체한 것이었다. 최종적으로 '조선 여성'이 많았던 것은, 다른 이유도 있지만 우선은 '조선'이 '일본'에 비해 상대적으로 가난한 여성들이 많은 지역이었기 때문이다. 현지 여성보다 '조선' 여성들이 인기가 많았다면 그녀들이 '준일본인'일 뿐 아니라 외모에서까지 '일본 여성'을 대체할 수 있었기 때문일 것이다. 예외는 있었겠지만 일본어를 어느 정도 할 수 있었던 그녀들이 일본옷을 입고 일본이름을 갖고 일본군을 상대했다는 사실은 '조선인 위안부'가 '일본인 위안부'를 대체한 존재였다는 것을 말해준다. 실제로 조선 여성의 임금은 일본 여성의 뒤를 이었고, 중국 여성은 그 다음이었다(『해남도로 연행된 조선인 성노예에 대한 진상조사』). 정대협은 그런 '차이', 다른 지역 여성들과의 근본적 차이를 배제하고 똑같은 피해자로만 설명한다.

'정신대'는 가난하지 않아 교육을 받을 수 있었던 여성들도 대상이 되었지만, '위안부'의 대상은 어디까지나 가난한 여성이었다. 성이나 장기나 피 등 신체를 파는 일은 대개는 다른 경제문화자본을 갖지 못했을 경우에 마지막으로 선택된다.

무엇보다, 성노동의 가해자는, 여성을 '교육'에서 배제시켜 경제적 자립의 기회를 주지 않고 아버지나 오빠가 물건처럼 팔 수도 있었던 시대, 여성의 소유권을 남성이 가졌던 시대의 가부장제적 국가였다(『화해를 위해서』). 따라서, '조선인'이 처음부터 타깃이 될 이유도 없었다. 조선인 여성이 위안부가 된 것은, 오늘날에도 여전히, 다른 경제활동이 가능한 문화자본을 갖지 못한 가난한 여성들이 매춘업에 종사하게 되는 것과 같은 구조 속의 일이다. 그녀들 중에는 오빠의 학비를 대기 위해 공장에 가는 여공처럼 가족을 위해 자신을 희생한 여성들이 적지 않았다.

그런 의미에서는 처음부터 '조선의 미혼 여성'이 '일본군 위안부'의 타깃이었던 것처럼 말하는 정대협의 설명은 '조선인 위안부' 여성이 많았던 것이 식민지의 빈곤과 인신매매조직의 활성화 등 전체 사회구조의 결과라는 것을 보지 못하게 만든다.

홈페이지는 다시, "전쟁이 끝난 후 이들은 어떻게 되었을까… 여러분은

사진 5 1944년 9월 3일 중국 윈난雲南성 라멍拉孟에서 포로가 된 조선인 위안부들. 정대협 '전쟁과 여성인권 박물관'에는 「임신한 조선 일본군위안부」라는 제목의 이 사진에 "일본군은 전쟁에서 패하자 일본군 '위안부' 여성들을 그대로 버리고 갔다. 이 중에는 임신한 여성들도 있었다. 이 여성은 현재 북한에 생존해 있다"는 설명을 붙여놓고 있다.

알고 있나요?"라는 질문과 "현지에 **버려지거나 자결을 강요당하거나, 학살 당하였다**"는 설명으로 이어진다. 그러나 앞에서 본 것처럼, 위안부들은 폭격으로 사망한 이들이 오히려 소수이고 대부분은 귀국했거나 현지에 남은 것으로 보인다. 물론 그중에 일본군의 도움으로 귀국한 이들도 있었다는 사실도 정대협의 설명은 말하지 않는다.

한국에서의 대표적 '위안부' 사진이라 할 수 있는 임신한 소녀 사진의 설명에서도 "일본군은 전쟁에서 패하자 일본군 '위안부' 여성들을 **그대로 버리고 갔다**"는 설명이 붙어 있을 뿐, 왜 버렸는지는 전혀 설명되지 않는다(〈사진 5〉 참조). 중국 이외에는 조선인 위안부들을 연합군이 포로로 수용했고 귀국한 경우가 오히려 많아 보이는데도, 그런 설명은 하지 않는 것이다.

제2부 기억의 투쟁 – 다시, '조선인 위안부'는 누구인가 113

무엇보다 문제는 이런 질문들이 오직 하나의 정답만을 찾도록 하는 단답형 질문으로 이루어져 있다는 점에 있다. 그래서 이런 질문들은 상황에 대해 '왜'를 묻거나 '또 다른 상황'을 생각할 수 있는 여지를 주지 않는다. 따라서 이런 질문들은 그저 분노를 키우는 일로 귀결될 뿐이다. 결국, 과거의 잘못을 생각하는 일이, 그렇게 된 구조를 생각하도록 하고 그런 인식을 바탕으로 더 나은 미래를 만들기 위해서가 아니라 오로지 특정 고유명사를 비난하기 위한 도구가 되고 마는 것이다. 그저 적대감과 피해의식을 만드는 일에 치중하는 이런 식의 서술이 과거의 잘못을 딛고 이해와 용서와 평화를 만들 가능성은 적다.

정대협 홈페이지의 두 번째 항목에서는 "할머니들이 강제로 연행되었던 장소를 보여줍니다"라는 설명과 함께 동북/동남아시아의 거의 전역에 걸쳐 빨간 점이 표시되어 있다.

그러나 그 표시들 중에는 '나눔의 집'에 만들어져 있는 조악한 침대만 하나 달랑 놓여 있는 삭막한 위안소뿐 아니라 노래와 춤이 따랐던 요릿집 형태의 위안소도 섞여 있을 가능성이 높다. 뿐만 아니라 공창이 아닌 사창들, 즉 허가받지 못했던 위안소도 섞여 있을 수 있다. 다시 말해 그 붉은 점들을 모두 '강제로 끌려간 소녀'들이 성노동을 강요당한 곳이라고만 생각할 수는 없다.

홈페이지는, 출입문 왼쪽에는 '몸과 마음을 바치는 야마토 나데시코(大和撫子: 청초한 아름다움을 가진 여성을 표현하는 말 – 인용자)의 서비스', 오른쪽에는 '성전 대첩의 용사 대환영'이라고 쓰여 있는 위안소 사진을 올려놓으면서도, 그런 문구와 '강제로 끌려간' 이의 관계가 어떻게 되는지에 대한 설명은 없다(〈사진 6〉 참조). 홈페이지는 그저 할머니들의 증언에 "만주로 연행"되었다거나 "중국에 추가적으로 연행"되었다거나 "부산에서 열여섯 살

사진 6 위안소의 입구. '몸과 마음을 바치는 청초한 일본 여성'이라는 말은 여성들에게 신체적 위안뿐 아니라 정신적 위안까지 요구되었다는 것을 보여준다. 설사 속아서 끌려왔다고 해도 여성들은 국가와 남성의 이러한 요구에 따라야 했다.

때 일본군 위안부로 연행", "집에서 위안부로 연행"되었다는 식으로 전부 '연행'이라고 말할 뿐이다(정대협이 2012년에 개관한 '전쟁과 여성인권 박물관' 역시 마찬가지다).

문제는 그런 정보를 통해 만들어진 '하나의 기억' 자체가 아니다. 진짜 문제는 그런 상황이 또 다른 기억을 갖는 일본인들의 반발과 부정을 부르고, 한국과 지원단체들은 다시 그들을 비난하게 되면서, 결과적으로 위안부 문제가 20년 이상 해결되지 못하고 있다는 점에 있다.

물론 정대협이 이런 식의 정보만을 유포해온 것은, 정신대와 위안부를 혼동했던 것처럼 의도적이라기보다는 정보가 부족했거나 착각에 의한 부분이 컸을 것이다. 그러나 시간이 지나면서 자신들의 오류를 알게 되었다면 그 사실을 명확히 밝힐 필요가 있었다. 하지만 정신대를 위안부로 혼동했다는 것을 알게 된 사실을 공식적으로 밝히지 않았던 것처럼, 정대협은 위안부에 대한 이해가 바뀐 부분에 대해서도 명확히 밝히지 않았다. 그저 홈페이지의 콘텐츠를 바꾸거나 전시내용을 조금 바꾸었을 뿐이다. 그러나 정대협의 인식이 한국의 '공적 기억'을 만들어온 만큼, 위안부에 대한 이해가 바뀌었다면 공식적으로 발표했어야 했다.

3. 억압으로서의 '성노예'상

그렇게 정대협이 한국 사회에 내보낸 정보들은 '위안부'를 둘러싼 상황을 '강제연행'과 '반복적 무상 성폭행'으로만 상상하도록 만들면서 '성노예'라는 단어를 정착시켰다.

물론 위안부들이 자신의 몸의 주인일 수 없었다는 점에서 대부분의 위안부는 '성노예'임에 틀림없다. 그런데 문제는 그들의 주인이 군대라기보다는 업자였다는 점이다. 사전적인 의미대로 노예란 '자유와 권리를 빼앗기고 타인의 소유의 객체가 되는 자'라고 이해한다면, 위안부의 자유와 권리를 구속한 직접적 '주인'은 포주들이었다.

예외도 있었던 것으로 보이지만, 포주들은 위안부들의 수입의 대부분을 갈취했고, 일하기 싫거나 아플 때도 성노동을 강요했다. 그녀들의 인권—인간으로서의 '자유'와 '권리'를 침해한 것은 군인들이기도 했지만 가혹한 노동을 강요한 직접적인 주체는 포주였다. 압도적인 숫자의 군인들이 위안부들에게 직접적인 고통을 강요한 것은 사실이지만, 그런 구조를 만든 국가에 가담해 가난한 소녀들이 더 많은 숫자의 군인을 상대하도록 종용한 것은 군인뿐 아니라 업자였다. 그러나 정대협이 정착시킨 '성노예'라는 단어가 비난하는 주체는 어디까지나 일본군일 뿐이다.

물론, 공적인 '위안'으로서의 성노동 이외에 단순강간도 많았다. 또 이런 모든 구조를 만든 것은 '위안부'를 필요로 한 국가이니 '일본'을 '노예'의 주인이라고 말할 수 없는 것도 아니다. 다만 그것은 '식민지 백성은 노예다' 혹은 '여자는 가정의 노예다'라고 말할 때처럼 상징적이고 구조적인 의미에서만 가능한 어법이다.

'조선인 위안부'는 분명, 식민지가 된 나라의 백성으로서 일본의 국민동원과 모집을 구조적으로 거부할 수 없었다는 점에서 일본의 노예였다. 조선인으로서의 국가 주권을 가졌다면 누릴 수 있었을 정신적인 '자유'와 '권리'를 빼앗겼다는 점에서도 분명 '노예'였다.

그러나 우리가 상상하는 '노예'가 '감금해놓고 언제든 군인들이 무상으로 성을 착취했다'는 식의 것인 한 '조선인 위안부'는 그런 성노예와는 다른 존재다. 그런 상황에 노출된 이들이 설사 있었다 해도, 그것이 처음부터 '위안부'에게 주어진 역할은 아니었다.

무엇보다 '성노예'란 성적인 혹사 이외의 경험과 기억을 억압하고 은폐하는 말이다. 그들이 총체적인 '피해자'인 것은 틀림없지만, 그런 측면에만 주목하고 '피해자'의 틀에서 벗어나는 기억을 은폐하는 것은 위안부의 전全인격을 받아들이지 않는 일이기도 하다. 결국 위안부들이 자신의 기억의 주인이지 못하게 한다는 점에서, 다른 이들의 기억에 의해서만 존재하도록 한다는 점에서, 우리 또한 그들을 '노예'로 만드는 주체가 되고 마는 것이다.

4. 박물관의 '위안부'

정대협의 홈페이지뿐 아니라 2012년 5월 5일에 문을 연 '전쟁과 여성인권박물관' 역시 위안부에 관한 한 기본 이해와 설명은 다르지 않다. 위안부의 인원수에 관해 "그 수는 20만 명을 비롯해 여러 추정치가 있"다면서도, 8만 명설(센다)이나 5만 명설(요시미 요시아키)이나 그 이하의 숫자를 말하는 이들(하타 이쿠히코)은 열거하지 않는다. 그리고 위안부 문제에 관해 "식민지 조선에서 광범위하게 이루어진 동원 중에도 공식적으로 드러나지 않고 비밀리에 시행"했고 "정부의 관여 사실이 명백하게 드러나기 시작했지만 전면적인 책임 인정과 법적 책임을 이행하지 않은 채 미봉책만을 취했"다고 말한다(〈사진 7〉).

사실 정대협의 현 대표는 책에서는 일본이 '1965년의 협정 때문에 국가배상을 못 하고 있다'는 사실을 말하고 있다(『20년간의 수요일』). 운동 초기에는 말하지 않던 일이니, 아마도 뒤늦게 알게 된 사실일 것이다. 그런데도 국민들이 정보를 얻는 중요한 정보창구일 박물관이나 홈페이지에서는 그런 사실을 말하지 않는다. '미봉책'으로 간주한다고 하더라도 위안부 문제를 둘러싼 '박물관'인 이상 미봉책의 내용—일본 정부가 국민기금을 만들어 사죄와 함께 보상금을 전달했다는 사실—이나 상당수의 위안부들이 이 보상금을 받았다는 사실도 말해야 옳다. 그러나 그런 이야기는 적히지 않는다. 말하자면 위안부 문제에 대한 객관적인 지식보다도 정대협의 주장을 전달하는 데에 훨씬 비중이 두어져 있다. 그런 한 위안부 문제에 대한 '객관석'인 자료를 모은 장소라고 하기는 어렵다(이에 반해 정신대문제대책부산협의회, '부산 정대협'이 만든 자료관은 훨씬 많은 자료를 비치해두고 있어 전체 방향은 크게 다르지 않아도 방문자들이 객관적으로 사태를 볼 수 있도록 해준다).

사진 7 2012년 5월 5일에 문을 연 '전쟁과 여성인권 박물관'의 개관 당시의 전시물. 일본 정부가 책임을 인정하지 않고 '미봉책'만을 취했다면서 고노 담화를 '일본군의 개입 범죄 규모를 축소'한 것으로 설명하고 있다. 또 아시아여성기금은 '민간모금' '위로금을 지급'한 것이며 '국제기구 역시' 기금을 '불충분한 조치라고 지적'했다고 설명한다. 하지만 이는 사실과는 다른 설명이었다.

 물론 '전면적인 책임 인정'이란 '국가의 책임과 법적 책임'을 말하는 것일 터이다. 일본의 사죄와 보상을 둘러싼 경과에 대해서는 뒤에서 다시 살펴보겠지만, 그렇다 하더라도 일본이 한 일을 전혀 알리지 않는 것은 공정한 처사로 보기는 어렵다.

 식민지였기에 '조선인 위안부'라는 존재가 생긴 건 사실이지만, 그들은 '황국신민서사'를 외우면서 일본군이 전쟁을 잘 수행할 수 있도록 모집된 존재이기도 했다. 그리고 그것은 식민지가 되는 순간 안을 수밖에 없는 모순이었다. 그런데 이러한 서술은 식민지의 그런 복잡한 측면을 보지 못하도록 만들고, 우리 자신을 완전한 피해자로 상상하도록 만든다. 결국 우리는 언제까지고 우리 자신을 알 수 없게 될 뿐이다.

 그러나 우리 자신을 있는 그대로 직시하고 왜 그들이 그랬는지까지를 보지 않는 한 우리는 우리 자신을, 식민지가 된 우리 자신을 언제까지고 용서할 수가 없을 것이다. 그건 식민지화되면서 시작된 우리의 협력—자의건

타의건—을 타자화하고, 그로 인해 생긴 분열을 치유할 수 없다는 말이기도 하다. 다시 말해 언제까지고 일본에 의해 야기된 '분열된 민족'의 상태에서 살아야 한다는 것을 의미한다. 그리고 그런 한 우리에게 '일본의 식민지배'가 만든 후유증에서 벗어날 수 있는 날은 오지 않을 것이다.

불화는 증오심을 키우고, 증오심은 다시 적대와 불화를 만든다. 2000년대 들어 혐한 현상이 나타나기 시작하고 2010년대 이후에 '위안부' 상과 박물관에 말뚝을 박는 식으로 노골적인 적대를 표명하는 일본인이 나오게 된 것은 그런 20년의 결과이기도 하다. 그런데도 그런 일본인이 나오게 된 원인을 단순히 일본 탓으로만 돌리는 한 사태는 더 악화될 뿐이다.

태평양전쟁 때 일본이 '위안부'를 필요시하고 위안부의 효과적인 공급을 위해 '관리'를 했던 건 분명하다. 그런 한 일본이 이 문제에 대한 '남은 책임'을 져야 한다는 것도 분명하다. 그러나 '책임'을 지도록 하기 위해서라면 더더욱, 그 '죄상'을 명확히 할 필요가 있다.

위안부 문제를 부정하는 이들이 '강제성'을 부정하는 것은 그들이 위안부에 관한 기억 중 '그들만의' 기억에 집착하기 때문이다. 그들 가운데에는 위안부 문제를 완전히 부정하는 이들도 있지만, 대부분은 '강제연행'이나 '20만 명이라는 숫자'를 문제삼고 있다. 그리고 그 두 가지를 둘러싼 우리의 생각에 문제가 없지 않다는 것은 앞에서 본 대로다.

위안부 문제를 부정하는 이들은 '위안'을 '매춘'으로만 생각했고 우리는 '강간'으로만 이해했지만, '위안'이란 기본적으로는 그 두 요소를 다 포함한 것이었다. 다시 말해 '위안'은 가혹한 먹이사슬 구조 속에서 실제로 돈을 버는 이들은 적었지만 기본적으로는 수입이 예상되는 노동이었고, 그런 의미에서는 '강간적 매춘'이었다. 혹은 '매춘적 강간'이었다.

이 20년 동안, 우리는 초기에 만들어진 '상식'에만 고집하고 그에 반하는 이야기는 무조건 '우익의 망동'이거나 '친일적 발언'으로 간주하고 배척해왔다. 그 결과, 우리 안에 남아 있는 것은 모든 '불순물'을 제거하고 '순수배양'된 '위안부 이야기'뿐이다.

그런 이야기들을 지켜온 것은, '피해구조'에 자칫 균열이 가해지는 데에 대한 두려움 때문일 것이다. 그러나 '피해구조'를 지키려고 애를 쓰면 쓸수록 그에 대한 반발도 커질 뿐이다. 그리고 거기에 처음부터 인권이나 아시아의 평화 같은 것에는 관심도 없는 이들의 가담과 주장이 섞이면서 타당한 비판조차도 들려오지 않게 된다. 그렇게 되면 다시 비판할 수밖에 없게 되는 구조가 이어지게 되고, 그런 한 해결은 오지 않는다. 운동의 지속이 아니라 이 문제의 해결을 지향한다면 이제 조선인 위안부에 대한 이해를 바로잡을 필요가 있다.

5. 소거되는 기억들

'위안부'가 20만 명이 있었다고 한다면, 또 그중의 80퍼센트가 조선인이었다고 한다면, 2012년 현재까지 등록된 234명이라는 숫자는 너무나 적은 숫자가 아닐 수 없다. 해방 때 스무 살이었다고 해도 1991년 시점에서는 아직 60대다. 그렇다면 나머지 '위안부'들은 왜 목소리를 내지 않았을까. 돌아오지 못하거나 이미 사망한 이들도 있었겠지만 '대부분 돌아왔다'고 한다면, 그 대부분은 우리가 생각하는 비참함과는 조금은 다른 상황으로 자신들을 인식했기 때문이었을 것이다. 그리고 '위안부 문제'를 부정하는 이들의 기억을 차지했던 것은 그렇게 나타나지 않았던 이들이 아니었을까.

거의 10년 전 일이지만, 위안부들의 쉼터인 '나눔의 집'에서 100미터쯤 떨어진 곳에 혼자 나와 사는 '위안부' 할머니가 있었다. 그녀는 개를 키우며 혼자 살고 있었는데, 나눔의 집이 싫다고 했다. 그리고 할머니는 착오로 일본 군인과 헤어지게 된 안타까운 사랑 이야기를 들려주었다.

그 할머니에게 나눔의 집이 불편했던 것은, 그 공간이 사랑의 기억을 품어주는 공간이 아니었기 때문일 것이다. 다시 말해 '완벽한 피해자'의 기억만이 필요한 공간이었기 때문일 것이다. 일본의 보상금을 받은 위안부들이 아직껏 목소리를 내지 못하고 있는 이유도 거기에 있다. 피해의 기억만이 필요한 곳에서는 화해의 기억은 배제된다. 기금을 받았거나 일본군을 사랑한 위안부들의 이야기는 결코 '위안부 이야기'가 되지 않는 것이다.

기억해야 할 대상에서 배제되는 이야기들은 공적 기억이 되지 못한다. 당연히 역사로 남지도 않는다. 그렇게 위안부에 관한 한 우리는 하나의 '공적 기억'만을 만들어왔고 다른 기억들은 보지 않고 듣지 않았다. 그러나 그건 과거에 그들을 우리 사회에서 '일본 제국의 위안부'라는 일을 담당하도록 고향 밖으로 내몰고, 이후에도 50년 동안이나 그들을 망각이나 차별로 역사에서 배제했던 것처럼 그들을 또 다시 '지금, 이곳'의 역사에서 배제하는 일이기도 하다.

제2장

하나뿐인 '조선인 위안부' 이야기

'위안부'들에 관한 이야기는 소설로, 만화로, 그리고 노래로 재생산되었다. 그리고 그렇게 재생산된 '위안부 이야기'들의 대부분은 참혹하고 비참한 측면만을 강조하면서 '끔찍한 피해자'로서의 기억을 더욱 공고히 해왔다. 물론 '끔찍한 피해' 이야기 자체가 문제될 것은 없다. 문제는 그 이야기들이 위안부의 여러 모습을 총체적으로 그리기보다는 그저 하나의 결론으로 귀결되는 '단 하나의 위안부 이야기'가 되고 있다는 점이다. 아무리 많은 '이야기'들이 만들어져도 결국 그 이야기들은 위안부의 다양한 이야기들이 들어 있는 증언집의 극히 일부를 반영할 뿐이다.

한국을 대표하는 작가 박완서의 『그 여자네 집』 역시 그런 작품 중의 하나다. 이 작품에는 정신대 징발을 피하기 위해 짚더미 속에 숨었다가 끔찍한 일을 당하는 여성이 등장한다.

이전에도 여자정신대에 대해서 아주 모르고 있었던 것은 아니다. 일본 본토나 남양군도에 가서 일하고 싶은 처녀들은 지원하면 보내주고, 나중에 집에 송금도 할 수 있다는 면사무소의 공문이 한바탕 돈 후였지만, 그럴 생각이 있는 집은 한 집도 없었고, 설마 돈벌이를 강제로 보내리라고는 아무도 짐작을 못 했다.

  그러나 들려오는 소문은 그게 아니어서 몇 사람씩 배당을 받은 면사무소 노무과 서기들과 순사들이 과년한 딸 가진 집을 위협도 하고 다짜고짜 끌어가는 일까지 있다고 했다.(조남현 감수, 41쪽)

"면사무소의 공문"이 돌았다는 건 여기서의 모집이 위안부가 아니라 근로'정신대' 동원이었다는 것을 말해준다. "몇 사람씩 배당을 받"았다는 것도 '배당'이 법적으로 가능한, '국민동원령'이라는 법을 이용해 이루어진 '정신대'에 관한 이야기일 수밖에 없다. '면사무소 서기'와 '순사'들이 직접 간여했다는 것도 여기서 이야기되고 있는 사태가 공개적인 모집, 즉 '국가동원' 하의 이야기라는 것을 말해준다. 그렇지만 이 글을 읽는 이들은 이 상황을 위안부에 관한 사항으로 생각하고 읽을 것이다.

  뿐만 아니라 이 이야기는 직접 본 이야기뿐 아니라 '소문'에 대해서도 쓰고 있다. 그리고 이렇게 이어진다.

  설마설마 하는 사이에 더 나쁜 일이 생겼다. 그건 같은 면내에서 생긴 일이기 때문에 소문이 아니라 실제 상황이었다. 동구 밖에서 감춰놓은 곡식을 뒤지려고 나타난 면서기와 순사를 보고 정신대를 뽑으러 오는 줄 지레짐작을 한 부모가 딸 애를 헛간 짚더미 속에 숨겼다고 했다. 공출 독려반들은 날카로운 창이 달린 작대로 곡식을 숨겨두었음 직한 곳이면 닥치는 대로 찔러보는 게 상례였다. 헛간의 짚가리로 창을 들이대는 것과 그 부모네들이 안 된다고 비명을 지른 것은 거의 동시였다. 창끝에 처녀의 살점이 묻어 나왔다고도 하고, 꿰진 창자가 묻어 나왔다고도 하고, 처녀는 그 자리에서 죽었다고도 하고, 피를 많이 흘리면서 달구지로 읍내 병원으로 실려갔는데 죽었는지 살았는지 모른다고도 했다.(41~42쪽)

박완서는 이 끔찍한 상황을 '실제 상황'이라고 말하는데, 이 일을 당한 처녀의 '사건 이후'는 다시 '…고 했다'는 식으로 '들은 이야기'가 되고 있다. '곡식'을 찾기 위해 찌른 '창'이 짚더미 안에서 사람을 죽일 수도 있는 무기가 되었으리라는 것은 분명한 일이다. 그러나 이 글을 읽는 이들은 이 상황이 '곡식 공출'을 하기 위한 과정에서의 잘못된 판단이 만든 사건이라기보다는 '강제적인 정신대 모집'이 만든 사건으로만 기억할 것이다. 물론 그렇게 창을 찌른 가해자들이 조선인일 수도 있다고 생각하지도 않을 것이다.

무엇보다 '창자'나 '살점'이 강조되는 참혹성에 대한 기억은 이 상황에 대한 분노를 가중시킨다. '같은 면'에서 일어난 일이라면서도 죽었는지 살았는지에 대해서는 밝혀지지 않기 때문에 듣는 이들은 그녀의 죽음까지도 예상하며 슬픔과 분노를 공유할 수밖에 없다.

결과적으로 이 작품은, 작가가 '실제 상황'이라고 말하는 만큼, '정신대'를 위안부로 생각하는 이들에게 이 사건을 '위안부' 동원의 현장—끌려가지는 않았지만 끔찍한 죽음을 맞은—으로 오해하도록 만든다. 박완서도 아마 당시를 경험한 만큼 '정신대'로 가는 것이 성노동을 하는 일인 것으로 오인했을 수도 있다. 이 작품은 '위안부 문제'를 가르치는 대표적인 텍스트이기도 한데, 전체적으로는 온건한 내용이지만, 끔찍한 장면이 감수성 강한 중고생들에게 어떤 영향을 끼칠지는 상상하고도 남음이 있다.

그러나 1990년대 초의 한국에서 결정적인 '위안부' 이미지를 만들어낸 것은 아마도 드라마 〈여명의 눈동자〉일 것이다. 열일곱 살에 일본군 위안부로 '강제연행'된 것으로 나오는 드라마의 주인공 윤여옥은 '독립운동가의 딸'이다. 앞에서 본 것처럼 위안부가 된 이들의 대부분이 가난하고 교육을 못 받은 이들이었다는 점에서는 이 드라마는 실제 '위안부'의 보편적인 현실을 반영한 것으로 보기는 어렵다. 그리고 '독립운동가'의 딸이라는 설정은 '위안부'에게 바람직한 '우리 민족을 대표'시키려는 욕구가 반영된 결과이기도 하다. 가난한 농부의 딸보다는 '독립운동가'의 딸(때문지 않은 고귀한 정신을 상징한다)로 설정하는 것이 그녀가 '위안부'가 되는 일의 부당성이 강조되기 때문이다.

1990년대에 인기를 누렸던 만화가 이현세의 〈남벌〉(『일간스포츠』에 1993년 7월부터 1994년 11월까지 연재되었다)도 일본군의 '위안부' 모집을 다루었는데, 여기서의 '일본'의 폭력 묘사는 『그 여자네 집』 이상의 수준이다. 동시에 일본을 침공하고 정복하는 욕망이 드러난다는 점에서는, 폭력을 폭력으로 갚고자 했던 1990년대의 당대의식(『반일민족주의를 넘어서』)을 드러낸 작품이었다.

이런 유의 소설이나 드라마, 그리고 만화들도 오로지 '하나의 위안부'상을 재생산하는 데에 기여했을 것이다. 그리고 위안부나 위안부 문제에 대한 폭넓은 이해보다는 일본에 대한 분노와 부정적인 인식만을 키우는 이야기라는 것도 의심의 여지가 없다.

시간이 흘러 2012년 봄에서 여름에 걸쳐 방영된 드라마 〈각시탈〉에서는, '강제로 끌어간' 주체가 일본군이 아니라 업자로 묘사된다. 그런데 군이 모집했다는 것을 숨기기 위해서 '친일파' 업자를 군이 이용한 것처럼 말하고 있다. 그러나 업자들은 일찍부터 존재했고, 소녀들을 속여서 데려오라고 한 것처럼 말하는 설정은 작가의 상상일 뿐이다. 그들은 꼭 '친일파'여서라기보다는 자신들의 돈벌이를 위해 나섰을 뿐이다.

제3장

공모하는 욕망들

 최근에 나와 주목을 끌고 있는 애니메이션 〈소녀 이야기〉는 한 위안부의 육성을 사용한 '위안부 이야기'다. 증언자의 육성을 살렸다는 점에서 단순한 재창작 이상으로 호소력이 강한 작품이기도 하다.

 주인공 소녀가 위안부로 가게 된 계기는, 일제의 공출을 피하려던 아버지가 감옥에 들어가게 되고 자신이 센닌바리千人針를 만드는 공장으로 가서 일하면 아버지가 나올 수 있다고 한 이장의 말이다. 이 소녀가 다다른 곳은 인도네시아의 스마랑. 다른 위안부들의 경우처럼 곧바로 험악한 얼굴의 일본군에게 강간을 당하고 고통스러운 위안부 생활을 시작한다.

 속아서 끌려가 위안부 생활을 하게 된 이 할머니는 군인의 폭행을 특히 강조하는데, 그중 하나로 아편주사를 맞았다는 이야기도 한다.

 '일본군위안부 피해자 e-역사관'은 이 애니메이션이 사용하고 있는 증언을 2002년에 채록된 것으로서 인터넷에서 공개하고 있다(http://www.hermuseum.go.kr/bbs/bbs_view.asp?s_top=3&s_left=3&idx=49). 그 이야기를 읽어보면 몇 가지 특이한 점이 눈에 띈다.

우선 그녀는 자신이 '좋은 집안' 출신이라는 것을 강조한다. 소작인을 많이 거느리고 살았던 '무남독녀 외딸'이었다는 것이다. 그러나 학교는 가지 않았는데, 그 이유는 다른 이들처럼 가부장적인 여성차별이 아니라 아버지가 '왜놈'들이 가르치는 학교에서는 배울 것이 없다고 생각했기 때문이라고 말한다. '일본'에 대해 적극적으로 저항한 이로 묘사하는 것이다. 창씨개명도 하지 않았고 공출에 대한 저항이 문제의 발단이었다고 말하는 것도 그 연장선상의 일로 이해할 수 있다. 실제로 그녀는 자신과 다른 위안부들의 차이를 강조한다.

"이장이 다 얘기를 했어. 어떻게 해서 내가 끌려갔는지, 고향 사람들은 다 알아. 그래서 날 무시할 사람 하나도 없어.

"상황이 다르지. 왜냐하면 그냥 무조건 끌끼간 사람두 아니구. 난 오로지 아버지를 위해서 그래서 갔거든, 가두 공양한다 하구. 사람들은 그 당시 알아, 내 일본 갈 때.

"우리 고향에서 내를 다 알거든. 인자 우리 집안도 잘 알고, 소문난 집안인께. 또 어떻게 해서 갔다왔다는 걸 다 알기 때문에 저 보통 위안부보다는 칭하가 있지.(일본군위안부 피해자 e-역사관 홈페이지)

그녀가 '무조건 끌끼간' 사람과의 차이를 강조하는 것은 그 사실이 자신을 '무시'하지 못하는 이유가 될 거라고 생각해서일 것이다. '보통 위안부보다는 칭하'가 있다는 말은, 자신이 일반적인 '조선인 위안부'와는 다른 존재라는 것을 강조하는 말이다.

그것은 '조선인 위안부'를 둘러싼 정황이 결코 하나가 아니었다는 것을 말해준다. 그리고 그 차이가 당사자에게는 자신의 긍지를 확보하기 위한 중요한 부분이었을 수 있다.

그러나 애니메이션은 그런 차이는 말하지 않는다. 그저 '소녀 조선인 위안부'를 대표하는 존재로 그려질 뿐이다. 그리고 소녀를 보낸 직접적인 주체가 마을 사람-한국인이었다는 사실을 그리기는 하지만, 증언에 나오는 이야기―소녀가 '자청'했다는 사실은 사용되지 않는다.

특히 아편에 관한 이야기에서, 원래의 증언은 아편을 놓은 이가 군인이 아니라 '주인'이었다고 말하는데 애니메이션에서는 군인이 주사를 놓은 것처럼 그려진다. 그렇게 되다 보니 '주인'의 그림자는 전혀 보이지 않는다(증언에서도 '주인' 이야기가 나오는 것은 이때 한 번뿐이다).

"가서 얼마 안 돼서 남자들 상대 안 할려구 내가 발악하구 하니… [어쩔 수 없이] 남자를 받았는데 피가 죽죽 나구 목간도 못 갔어. 나 살려달라고 그러니깐 나 살려준다면서 그때부터 아편을 놓아주는 기라. 그게 아편인 기라. 그 뒤 아편을 맞고 나면 아픈 데도 모르는 기라, 상대를 해도. 그래 가지고 고만 일요일이나 토요일은 다섯 대씩 아편을 맞았다.

"기분 좋은 거는 모르고 아프지가 않아. 처음에는 하루에 한 대 맞구, 나중 가서는 한 대 가지고는 안 되거든. 그러니깐 두 대 맞고 일요일, 토요일 날은 다섯 대 맞구.

"매일 놔줬다. 인자 주인[이] **놔줘**.

"모르지. 아편주사라는 걸. 내가 중독이 될 때 알았지. 하루 한 번 주던 게, 아침에 주고 저녁에 주고 그러고 이제 주사를 안 주면 아이고 맞았으면 하는 생각이 든다. 그게 바로 중독 초기라.(일본군위안부 피해자 e-역사관 홈페이지)

그러나 애니메이션을 보는 이들은 일본군이 아편까지 놓았다고 생각할 수밖에 없다. 사실 아편에 관한 이야기는 다른 위안부들의 증언에서도 많이 보인다.

아편을 하는 여자도 있었다. 나이 먹고 몸이 힘들고 속상하니까. 중국 사람 중에는 아편 하는 사람이 많았다. 아편을 팔에 혈관에 맞기도 하고 빨아먹기도 했다. 몰래 중국집에 가서 하는 것이다. 아편은 쌌다. 아편을 빨고 오면 안 아프다고 했다. 아편 기운이 떨어지면 죽어간다. (중략) 그런 언니들이 나중에 돈도 떨어지고 주사를 더 꽂을 데가 없으면 살이 굳어지면서 죽어가는 것을 보았다.(『강제 2』, 157~158쪽)

또 아편하는 사람들도 많았어요. (중략) 중국인, 조선인 장사들이 몰래 와서 파는데 나도 한번 찔러보니 세상이 내 세상이여. 그렇게 좋을 수가 없어요. (중략) 함께 있던 여자들도 몰래 아편을 많이 했어요. 군인들이 찔러줬어요. 들키면 큰일 나지. 군인은 아편을 못 찌르게 돼 있었거든. 군인들이 몰래몰래 찔러줬는데, 같이 아편을 찌르고 그걸 하면 그렇게 좋다고 하면서 여자도 찔러주고 자기들도 찌르고, 그렇게 했어요.(『강제 3』, 133~134쪽)

아편은 하루하루의 고통을 잊기 위한 수단이었을 것이다. 그러나 증언에 의하면 대부분은 '주인'이나 상인들을 통한 직접사용이었다. 군인과 함께 사용한 경우는 오히려 즐기기 위한 것으로 보아야 한다. 아편이 본래 좋은 기분을 만들거나 고통을 잊기 위해 쓰는 것인데도, 〈소녀 이야기〉의 아편 이야기는 그런 문맥을 완전히 소거하고 그저 '일본군의 악행'의 증거로만 이야기된다. 물론 이 위안부가 해방 후에 '밀수'로 생활을 했다는 것도 애니메이션에서는 이야기되지 않는다. '육성'을 토대로 해 '진실'성이 강한 것으로 받아들여지는 만큼, 이런 식의 각색을 거친 이야기는 '위안부의 온전한 삶'에 대한 이해를 더욱더 어렵게 만들 뿐이다.

2012년에 '위안부' 대신 '성노예'라는 단어를 공식적인 명칭으로 하자는 제안이 나왔을 때 당사자들이 거부한 이유는 바로 여기에 있다. 그동안 자신의 위안부 생활이 '성노예'로 말해지는 데에 대해 암묵적으로 동의해왔으면서도 정작 그 명칭이 정착되는 데에는 반대한 것은 의식 여부와는 상관없이 그 이름이 자신들의 '과거'의 모든 것을 표현한다고 생각하지 않았기 때문일 것이다. '성노예'라는 호칭은 분명 '위안부'를 나타내는 중요한 부분이지만, '위안부'의 전부가 아니다. 그럼에도 그들을 '성노예'라고 부르는 것은 그네들이 애써 가지려 했던 인간으로서의 긍지의 한 자락까지도 부정하는 일일 수밖에 없다.

〈소녀 이야기〉의 주인공이 증언에서 자신이 일반 위안부와는 출신이 다르다고 강조하는 것도 긍지를 잃지 않으려는 몸짓일 수 있다(물론 다른 위안부들에 대한 차별적인 시선이 없지 않다는 것도 문제이기는 하다). 그러나 작품 〈소녀 이야기〉는 그런 그녀의 '긍지'는 필요로 하지 않는다. 위안부의 긍지가 주목되는 것은 오로지 일본을 상대로 한 '조선인'으로서의 긍지에 한한다. 그러면서도 '위안부'에 관해서는 언제까지고 그녀들은 '성노예'여야만 한다. 말하자면 '민족의 피해'를 상징하는 존재가 되어야 하고, 그런 한 그런 이름으로 남아 있고 싶지 않은 그녀들의 '개인'으로서의 긍지는 무시되는 것이다.

'성노예'라는 단어는 위안부들의 또 다른 기억을 억압한다. 그 이름으로 남아 있는 것은 위안부 자신의 기억이라기보다 개념화된 '식민지의 기억'이자 우리의 민족주의가 요구하는 기억일 뿐이다.

며칠이 지난 후 분순이랑 강가에 가서 고동을 잡고 있었는데 저쪽 언덕 위에 서 있는 웬 노인과 일본 남자가 보였다. 노인이 손가락으로 우리를 가리키니까 남자가 우리 쪽으로 내려왔다. 노인은 곧 가버리고 남자가 우리에게 손짓으로 가자고 했다.(『강제 1』, 124쪽)

앞에서도 보았던 이 증언은 근년에 가장 활발히 활동해온 이의 증언이다. 그런데, 20년 전인 1993년에 나온 증언집에서 그는, 이 일은 "만 열여섯 살" 때의 일이었고 "며칠이 지난 어느 날 새벽" 친구 "분순이"가 불러 "따라나갔"는데 "강가에서 보았던 일본 남자"를 만나게 되고 그가 보여주는 "빨간 원피스와 가죽구두가 어린 마음에 얼마나 좋았는지", "그래서 그만 다른 생각도 못 하고 선뜻 따라나서게 되었다"(같은 책, 124쪽)고 말한다.

그런데 2004년에 교토 대학교에서 열린 모임에서는, 자신이 끌려간 정황을 "열다섯 살"이었고 "일본군의 칼에 위협을 받은 여성이 자신을 불러 감싸안아 끌어갔"다고 말한다. 또 최근 한국의 신문을 대상으로 한 인터뷰에서는 "대구에 있는 집 마당에까지 일본군이 들어와서 끌고 갔다"(『영남일보』, 2012. 9. 14.)고 말하기도 한다. 끌려갔을 당시의 나이가 점점 더 어려지고 일본군에 의한 강압적인 정황이 점점 강화되고 있는 것이다.

그는, 2011년 12월에 미국에서 홀로코스트 생존자와 만나 했던 증언에서는 "열다섯 살 때 대만의 가미카제 부대에 끌려갔다", "군인 방에 들어가기를 거부했다가 온갖 고문을 당해 거의 죽을 뻔했"(『연합뉴스』, 2011. 12. 14.)다고 말한다. 또 위안부 생활에 대해서는 "말을 듣지 않으면 전기고문도 했다"(『영남일보』, 위의 기사)고 말한다. 하지만 앞의 증언집에 의하면, 그렇게 한 이는 일본군이 아니라 그녀를 데려간 일본인 "주인 남자"였다. 위안소에서 행해진 "전기고문", 즉 "전화 코드를 잡아빼서 그 줄로 나의 손목, 발목에

감"고 "전화통 손잡이를 마구 돌"리는 행위를 했던 일본인 "주인 남자"는 '위안부'뿐 아니라 일본 여자와 조선 여자인 "부인이나 첩도 걸핏하면 두들겨 패"는 사람이었다. 그리고 그는 "군인들에게 맞은 적은 없는데 주인에게는 많이 맞았다"(128쪽)고도 분명히 말하고 있다. 실제로, 위안부들에게 폭행을 가한 주체가 일본군이 아니라 그들을 데려온 '주인'들인 경우는 적지 않았는데, 폭행의 주체가 그들이었다고는 말하지 않는 것이다.

일본에서 위안부 문제를 부정하는 이들이 '위안부의 증언은 거짓말'이라고 비난하는 것은 이런 경우가 있기 때문이다. 하지만 위안부의 그런 '변화'는 의식적인 거짓말이라기보다는 듣는 이들의 기대가 그렇게 만든 측면이 크다. 증언을 듣기 위해 모인 이들은, 미리 인지된 지식을 바탕으로 그 지식이 보완되기를 무의식적으로 바랐을 테니까. 한국인이라면, 그 피해가 더 가혹할수록, 더 끔찍할수록, 일본에 대한 분노를 키우고 당당해질 수 있게 되니까, 증언의 장이 어떤 이야기를 요구하는지는 위안부들 역시 본능적으로 알고 있었을 것이다.

그런 의미에서는 위안부의 증언에 차이가 난다고 해서 위안부들만을 비난할 일은 아니다. 그들의 그런 증언을 듣고 싶어했던 것은 오히려 우리 자신이라고 해야 한다. 피해자로서의 자신을 확인하고 싶은 욕망. 그것은 자신의 주장의 정당성을 확보해주는 것이기도 하다. 물론 한국이 과거에 일본에 의해 식민지화되었다는 체험이 기본적으로 피해체험인 것은 분명하다. 그 정치가 근대화의 기틀을 마련했다고 하더라도 그 체험이 정신적 노예일 수밖에 없었던 한 그건 두말할 필요도 없는 이야기이다. 더구나 고문과 성적 노동을 포함한 신체적 강제에 더해 생명까지도 '일본'이라는 국가에 맡겨진 상태였으니 식민지 체험이 피해체험인 건 분명하다.

그러나 그것을 확인하는 것이, 그 밖의 다른 기억을 모두 말살시키는 일을 통해서만 가능한 것은 아니다. 피해자임을 확인하기 위한 민족담론은 표면적인 피해 인식 외의 모든 기억을 말살시키려 한다. 하지만, 그 기억 역시 우리 자신의 과거의 반쪽이라는 것은 지울 수 없는 사실이다.

상처받은 자신만을 기억하는 일은 협력하고 순종한 기억을 배제하고 배척한다. '일본군의 잔학성'에 균열을 가하는 이야기들이 위안부들의 증언에 많았는데도 20여 년 동안이나 그런 이야기들이 공식화되지 않은 것은 그런 욕망의 크기를 말해준다.

하지만 그런 욕망으로부터 자유로워지지 않는 한 우리는 언제까지고 등신대의 자신을 마주하지 못한다. 그건 자신의 신체에서 마음에 안 드는 부분을 가능한 한 보지 않으려고 하는 심리와 한없이 닮아 있다. 그런 욕구는 때로, 보고 싶지 않은 모습을 영원히 안 볼 수 있도록 해주는 성형에의 욕구까지도 만들어낸다.

그러나, 70세가 되어가도록 그 이전의 자신의 모습을 직시할 수 없다면, 그건 과거의 상처가 깊어서라기보다는 상처를 직시하고 넘어서는 용기가 부족해서라고 할 수밖에 없다. 혹은 우리가 아직, 있는 그대로의 자신을 인정하고 보듬는 자신에 대한 사랑 대신 타자에게 아름답게 보이고 싶은 욕구가 더 큰 미성숙의 상태에 머물러 있기 때문이라고 말할 수밖에 없다.

이제, 우리 자신을 있는 그대로 받아들이고, 사랑하고 싶지 않은가. 애국심이 그렇게 발휘될 수 있다면, 그 또한 아름다울 수 있다.

제4장

일본인 지원자들의 문제

1. 페미니즘의 모순

정대협의 운동이 힘을 얻은 것은 일본의 지원자들이 있었기 때문이기도 하다. 그들의 진정어린 투쟁과 따뜻한 인권의식은 제국주의에 대한 반성으로부터 시작한 '전후 일본'의 정신이 살아 있다는 증거이기도 하다. 그런데 일본의 지원자들의 위안부 이해에도 문제가 없지는 않다.

그동안 한국과 일본을 막론하고 지원자들은 '위안부'를 '성노예'로 규정해왔다. 물론 위안부들은 자신의 생각대로 거부할 수 없고 도피할 수 없었다는 점에서 종속적이었다. 또 그녀들의 선택이 설사 표면적으로 '자유'로운 것처럼 보였다 하더라도 실제로는 '구조적 강제' 속의 선택이었다는 점에서도 그녀들의 처지는 노예적이었다.

하지만 거듭 말하지만, '노예'가 '자유의 상실'을 의미하는 것이라면, '위안부'의 '자유'를 억압한 주체는 '일본'이나 '군'만은 아니다. 그녀들을 인신매매 등의 수단을 통해 모집하고 이동시키고 군에 넘겼으며 '위안부'들의 노동의 대가인 군표를 가로채는 형태로 관리했던 업자와 포주들이야말로 그녀들의 자유를 직접적으로 구속한 주체였다. '군인' 이상으로 오히려 더 빈번하게, 더 가혹하게 '위안부'의 자유를 구속하고 폭력을 행사한 것은 업주와 포주들이었다. 임금을 받지 못하고 노동력을 착취당하는 상황을 '노예'적인 상황이라고 한다면, 그녀들의 '주인'은 군인이 아니라 '업자'이고 포주였다. 설사 그들에게 군인 이상의 권력이 없었다 하더라도 '위안부'의 주인이 '업자'인 건 분명하다.

'위안부'들은 유곽이나 기지촌에서 일해야 했던 여성들이 대부분 그렇듯, 누군가에게 팔려가는 과정에서 자신도 모르는 '빚'과 함께 위안소 일을 시작하는 경우가 많았다. 노동으로 그 빚을 갚지 않는 한 그녀들은 그곳에서 나올 수 없었다. 실제로 여러 위안부들은 '계약기간'이 있었다고 말한다. 계약기간이 다하기 전에는 자유롭지 못했다는 점에서도, '노예'로서의 그녀들의 주인은 그녀들의 관리자인 포주다.

그런 의미에서는 하루에도 여러 명, 때로는 수십 명을 상대로 성을 제공해야만 했던 가혹한 상황을 놓고, 이제까지의 일본의 지원운동은 성의 '구매자'만을 비난해온 셈이다. 다시 말해 여성을 상품화해서 착취했던 성의 판매자, 즉 그녀들의 '주인'의 존재를 무시하거나 망각해왔다. '위안부'들의 증언에는 '일본'뿐 아니라 자신을 팔아버린 부모나 자신을 가혹하게 다루고 또 패전하자 버리고 달아난 '주인'에 대한 원망이 적지 않은데도, 지원자들은 그 부분은 지적하지 않는다. 그 결과, '위안부'의 참혹한 상황을 만든 책임은 전부 '일본군'에만 있다는 인식을 정착시켜버렸다.

'성노예'라는 단어는 미국이나 유럽 혹은 다른 피해국가를 상대로 일본군의 잔혹함을 강조하는 데에는 효과적이었지만, 꼭 정당한 싸움이었다고

만은 말할 수 없다. 그런데도 그런 개념이 정착되면서 결과적으로 세계는 지금, '인신매매'의 주체를 '일본군'으로 생각하고 있다.

앞에서도 본 것처럼, 일본인·조선인·대만인 '위안부'의 경우 '노예'적이긴 했어도 기본적으로는 군인과 '동지'적인 관계를 맺고 있었다. 다시 말해 같은 '제국 일본'의 여성으로서 군인을 '위안'하는 것이 그녀들에게 부여된 공적인 역할이었다. 그들의 성의 제공은 기본적으로는 일본 제국에 대한 '애국'의 의미를 지니고 있었다. 물론 그것은, 남성과 국가의 여성 착취를 은폐하는 수사에 불과했지만, '일본' 군인만을 위안부의 가해자로 특수화하는 일은 그런 부분을 보지 못하게 만든다.

결국 페미니즘 정신을 바탕에 둔 운동이었음에도 '일본' 비판에 더 무게가 실리면서 위안부 문제를 보편적인 '남성과 국가와 제국'의 문제로 다루는 일을 어렵게 하고 말았다. 다른 나라 역시 이 문제에서 무죄일 수 없음에도 그들의 문제를 보지 못하도록 만든 셈이다.

앞에서도 살펴본 것처럼, 중국이나 네덜란드 등 전쟁 상대였던 '적국의 여성'과 본국·식민지·점령지의 여성들이 처했던 위치는 다르다. 조선인 위안부들이 '빨래' 같은 허드렛일을 해주거나 '간호사'로서 부상당한 군인들을 보살피는 일을 할 수 있었던 이유도 거기에 있다(박유하, 2009; 하야시 히로후미, 2010).

한 군의는 "내가 '위안부'를 처음으로 본 것은 거류민 여성에게 위생/응급처치 교육을 했을 때였습니다. 그때 저는 '조선인 주제에 붕대를 잘 감기나 하겠어?'라든지, '너는 천황 폐하를 일본인과 똑같이 섬길 수 있어서 기쁘지?' 하는 식으로 깔보았습니다"라고 고백한다(http://www.ne.jp/asahi/tyuukiren/web-site/backnumber/05/yuasa_ianhu.htm). 일본의 지원운동 방식은 이런 상황과 심리가 보여주는 '식민지인의 이용과 차별'의 교묘한 구조 역시 보지 못하도록 했다. '위안부'가 '간호사'를 겸하기도 했다는 사실을 두고 그저 "'간호사'로 만들어 당국이 연합국에게 위안부의 존재를 은폐하려"(『교도통신』, 2008. 7. 31.) 한 것으로 이해하거나 "정식 군속으로 임명해서 위안소의 존재도 감추는 동시에 함께 돌아갈 편의를 도모하기 위한 것"(같은 기사)이었다고 해석하는 것 역시, 위안부의 '동지'성을 파악하지 못한 결과다. 그녀들은 전시에 이미 간호부로 일하고 있었다.

'성노예'라는 단어는 '조선인 위안부'가 처한 그런 복잡한 상황을 보지 못하게 한다. '동지'적 관계를 직시하는 것이 꼭 '일본군'을 면책하는 일은 아닌데도 이 부분에 대해 무관심했다는 것은, 일본의 지원자들이 이런 사실을 충분히 보지 못했거나 한국의 정대협과 마찬가지로 '운동'에 불리한 사실로만 판단했다는 것을 말해준다.

표면상으로는 '동지'적 관계였어도, '조선인 주제에 붕대를 잘 감기나 하겠어?'라고 생각하는 데에서 보이는 것처럼 차별감정은 깔려 있었다. 그러나 그런, 감추어진 차별감정을 보기 위해서도 '조선인 위안부'라는 존재의 다면성은 오히려 직시되어야 했다. 명확하게 보는 일만이 책임을 져야 할 책임 주체와 피해자의 관계성을 명확하게 보여주기 때문이다. 무엇보다, '동지'적 관계를 기억하고 그 기억만을 고집했던 이들을 무조건 규탄하고 거부하는 것이 아니라 올바르게 응답하고 대화하기 위해서도 사실을 있는 그대로 봐야 했다. 위안부의 고통을 이해하지 못하는 이들을 제대로 비판하기 위해서도, 그들의 내면에 존재했던 차별의식을 지적하기 위해서도, '동지적 관계'는 우선 인정될 필요가 있었다.

하지만 일본 지원자 측의 운동가나 연구자들 역시 그런 사실은 눈감았거나 보지 못했고, 조선인 위안부에게서 그저 '완벽한 피해자'의 모습만을 보려 했다. 그것은, 명확한 '굴종'이면서도 표면적으로는 '자발적'인 협력을 강요당한 '식민지'의 복잡한 구조를 보지 못했기 때문이다. 혹은, '국가와 제국' 비판이 앞선 나머지 식민지의 미묘한 심리를 무시했기 때문이다.

그러나 그런 '동지적' 상황을 그저 예외적인 것으로서 배제해버린 일은 '동지적' 측면에만 혹은 '매춘부'적인 측면에만 주목하려 했던 이들의 반발을 불렀고, 대립을 심화시켰다. 말하자면 위안부의 증언을 총체적으로 보지 않은 일, 다시 말해 위안부의 '피해'에만 주목하고 나머지는 외면했던 일은 일본 국민의 폭넓은 지지를 얻지 못했고, 결과적으로 문제를 해결하지도 못했다.

2. '가해자'란 누구인가

피해자—'위안부'에 대한 이해가 불충분했던 것과 마찬가지로, 가해자—'일본군' 및 '일본 국가'에 대한 이해도 충분하지 않았다. 일본의 지원자들은 위안부 문제의 책임자로 '군'이나 '제국 일본'의 정점에 존재하는 존재로서의 '천황'만을 지목했고, 위안부 문제를 '파시즘'에 의한 일본 특유의 '특수범죄'로만 간주해왔다. 2000년의 도쿄 여성국제전범법정은 그런 문제의식을 바탕으로 이루어진 것이었다.

물론 '위안부' 문제는 분명 '일본만의 특수한' 문제인 측면도 있다. 하지만 그 특수성은 우선은 국가와 군대가 공통적으로 갖는 문제를 먼저 보면서 찾아야 하는 부분이었다. 일본에서 위안부 이용이 제도적으로 실시된 이유(제도적으로 실시되었을 뿐 '제도'였다고 하기는 어렵다)는 군국주의나 파시즘보다도 일본이 일찍부터 '유곽'이라는 공창제도를 가지고 있었다는 데서 찾아야 한다. 말하자면 군이 쉽게 '이동'하는 '위안소'를 발상했던 것은 근세 이후의 '유곽'의 전통, 즉 성매매를 '공적'으로 허용하는 인식의 영향으로 보아야 한다. 다시 말해 '위안부' 제도는 근대 이후의 정치적인 면이 아니라 근세 이후 일본의 문화적 전통과 근대 이후의 여성들의 생계형 '이동'에서 그 원인을 찾았어야 했다. 거기에 국민동원이 가능해진 근대 국민국가가 '제국'=세력확장의 욕망을 가지면서 더욱 노골적인 방식으로 '공인 이동 유곽'을 발상한 셈이다. 그 시스템에 '제국' 내부의 사람들이 동원되었던 것은 그녀들이 조선인이었기 때문이라기보다는 그녀들이 '더 가난한 일본', 즉 제국의 중심을 떠받쳐야 하는 '식민지'에 살고 있었기 때문이다.

물론 그러한 '국민동원'을 가능하게 만든 것은 말할 것도 없이 '국민총동원'이라는 형태로 전 국민을 전쟁협력자로 만들었던 '일본'의 파시즘과 제국주의다. 하지만, '위안부'라는 존재 자체는 결코 일본만의 특수한 상황은 아니었다. 그런데도 운동은 '위안부' 문제의 원인을 단순히 근대 이후의 일본 제국주의에서만 찾으려 했다. 그리고 그런 일본 이해가 '위안부' 문제에 관한 한국의 이해와 맞물리면서 '일본'만의 특수한 '범죄'처럼 생각하도록 만들었던 것이다.

'위안부' '문제'를 한국에서는 최초로 제기했고 정대협 대표를 역임한 윤정옥 교수는 2001년에 한국에서 간행된 증언집 『기억으로 다시 쓰는 역사』의 발간사에서, 일본을 "武를 숭상하는 사무라이 문화의 나라"(5쪽)로 규정하고 그런 "문화가 잘못되면 폭력으로 치달을 수 있는 것은 기정사실"이라면서 "일본 남성들도 여성을 멸시하는 2중 여성관을 가지고 있었다"고 설명한다. 그리고 이어서 "이 세 가지 조건이 일본군으로 하여금 일본군 성노예 제도를 낳게 했다"고 단정하고, "문제는 해방 후 반세기가 지났는데도 반성의 기미조차 없는 일본의 교만이다. 그들은 1930년대부터 드러낸 군국주의·제국주의를 버리려는 생각이 전혀 없는 듯 보인다"(6쪽)고 말한다.

그에 더해 "일본은 전쟁 때와 비교해 하나도 변한 것이 없이 우월감에 빠져 있고, 돈이 군사력을 대신하고 돈이 폭력을 대신하고, 돈으로 속이며 피해자의 인권을 침해하고 있다"(6쪽)고 말한다. 여기에 이르면 일본의 지원자들도 수긍하기는 힘들 것이다.

그러나 이런 식의 일본관이 한국에서 대세를 이룰 때 일본의 지원자들은 그에 대한 이의제기를 하지 않았다. 이런 식의 일본관은 1990년대에 한국에서 유행했던 『일본은 없다』(전여옥, 일본어판은 『슬픈 일본인』, 다마たま출판, 1994)와 다름없는 이해였다. 전여옥은 일본의 여성이 유독 성에 관해 문란하다는 이미지를 만들어내기도 했는데, 한국의 운동이 '조선인 위안부는 처녀', '일본인 위안부는 원래부터 창녀'라는 이미지에 집착했던 것은 이런 동시대적 일본관과도 무관하지 않을 것이다(한국어판은 1993년 말에 간행되어 베스트셀러가 되었다).

'가해자'에 대한 정확한 인식의 부재는 한국이 위안부 문제 발생 이후로 사태를 정확하게 이해하는 것을 가로막았다. 그리고 그런 식의 가해자와 피해자에 대한 불충분한 이해와 그렇게 만드는 사회적 심리구조가 문제 해결을 어렵게 만든 첫 번째 원인이었다.

제5장

일본인의 부정의 심리와 식민지 인식

1. '조선인 위안부'란 누구인가
　　―소설 「메뚜기」의 위안부

　그러나 일본이나 한국의 지원자들의 인식―조금 편향된 인식이 이 문제에 관한 일본의 '부정'을 만나 더욱 거세진 건 사실이다. 그런 이들 중에는 위안부란 피해자이기는커녕 오히려 '가난한 병사들의 돈을 가로채서, 큰돈을 벌었'다고 생각하는 이들도 있다.
　'위안부'를 둘러싼 양상이 출신 지역·시간·장소에 따라 '위안부'의 숫자만큼이나 다양한 것은 사실이니 그런 경우에 해당하는 이가 없었던 건 아니다. 문제는 부인하는 이들 역시(그래서 그들은 한국이 갖는 위안부상을 그저 거짓이라고만 말하는데), '위안부란 매춘부'라는 하나의 상만 고집해왔다는 점이다. 그런 의미에서는 그동안 위안부 문제를 두고 대립해온 이들은 각기 보고 싶은 내용에만 주목하면서 그것만을 위안부의 '진실'로 생각해온 셈이다.

위안부와 '일본군'의 관계는 우선 출신지가 '본국'인지 '식민지'인지 '적국'인지 '점령지'인지에 따라 근본적인 차이가 있다. '자발성' 속에 보이지 않는 구조적인 '강제'가 존재했고, '매춘부'라는 외견 속에 '성노예'라는 측면이 존재했다.

물론 역으로 강제성 속에 자발성이 있었고 성노예의 이면에 매춘부가 있었다고 말할 수도 있다. 그 정도의 차이는 국적에 따라 개개인이 처한 상황에 따라 달랐다. 문제로서의 '위안부 문제' 해결은 그 모든 상황의 차이를 보면서 결론을 내려야 한다.

분명한 것은 보수가 주어졌건 아니건 '위안부'란 남성에 의한 여성의 윤간이 국가에 의해 허용된 존재라는 점이다. 그리고 그것을 허용한 의식은 여성을 자신의 욕망을 해소하는 도구로 대할 수 있게 만드는 차별의식이었다. 특히 '조선인 위안부'는 그런 인식이 명확히 드러난 경우다.

작가 다무라 다이지로의 소설들은 일본군의 그런 의식을 잘 보여준다. 다무라는 1940년에 징집되어 중국 북부지방에서 병사로서 전쟁을 경험했는데, 중일전쟁기의 전쟁터를 무대로 한 「메뚜기蝗」(1964)는 그때의 경험을 녹여낸 소설 가운데 하나다.

이 소설에서 주인공 하라다 중사는 부하들과 함께 전사자들의 유골을 넣을 나무상자를 주둔지의 상인으로부터 넘겨받아 전선에 전달하는 임무를 수행 중이다. 그런데 '다섯 명의 여자들을 주둔지에서 그곳까지 데리고 가는 것도 그의 또 다른 임무'였다. '위안부'들 이외에 '조선인 업자'도 있었는데, '중사'가 업자와 함께 위안부의 이송을 담당한 것이다. '위안부'와 업자의 이동이 이들의 '임무'였다는 것은 군이 적극적으로 '위안부'를 필요로 했고 그 관리에 나섰다는 증거이기도 하다. 그런데 열차로 이동 중이었던 그들은 도중에 다른 부대와 만나게 되고, 그 부대장은 여자들을 내려놓으라고 요구한다.

"이봐, 나오라고 하잖아, 안 나올 거야! 조센삐." (중략)

"당신이 인솔자인가? 조센삐들을 당장 하차시켜라. 나는 이곳 고사포부대장이다. 내려라." (중략)

"이들은 이시이石井 부대 전용 여자들입니다."

"뭐라고? 쓸데없는 소리 마라. 어차피 닳는 것도 아닌데 쩨쩨하게 왜 그러나. 신징(新京: 창춘長春의 만주국 시절 이름 – 인용자)에서는 신나게 인심썼다던데, 왜 우리 부대는 안 된다는 거야."

"하지만…."

"하지만이고 뭐고, 안 된다면 통과시켜줄 수 없지. 이 앞으론 절대 못 간다. 알겠나? 통행세라고. 기분 좋게 내고 가지 그래."

이곳에 도착하기 전, 카이펑開封을 출발하고 얼마 안 지난 시점에 신징과 다른 한 곳에서 그녀들은 이미 두 번이나 차에서 끌어내려졌었다. 그때마다 그 지점에 주둔 중이었던 병사들이 쉴 새 없이 차례로 그녀들 다섯 사람에게 덤벼들었다.(479~81쪽)

이 상황은 이론의 여지가 없는 '강간'이다. 또 이들이 '이시이 부대 전용 여자들'이라는 말은 '위안부'들이 '부대'마다 할당되어 있었고 병사들이 '전용' 의식을 가지고 있었다는 것을 보여준다. 그렇게 '위안부'는 일본군에게 군복이나 무기 같은 군수품이었다.

조선인 '위안부'를 지칭하는 '조센삐'라는 말에서는 조선인에 대한 노골적인 경시가 드러난다. 이 군인들이 그녀들을 이렇게도 간단히 강간할 수 있었던 것은 그녀들이 '창녀'였기 때문이기도 하지만, 무엇보다 '조선인'이었기 때문이다. '닳는 것도 아닌데'라든지 '쩨쩨하게 왜 그러나'라는 표현은 이 군인들에게 조선인 '위안부'란 정당한 보수를 지급하고 이용하는 한 사람의 '창녀'조차 아니었다는 것을 말해준다. '조선인 위안부'란 전용권을 가진 부대가 다른 부대 소속 군인들에게 '신나게 인심써'도 되는 '물건'에 지나지 않았다. 다시 말해 매춘부에게는 허용되기도 했던 자신의 신체의 관리권을 그녀들은 갖지 못했다. 그렇기 때문에 그녀들은 그저 '통행세'로 간주되는 사용가치일 뿐 주체적인 의지를 가진 상품조차 아니다.

그렇게 해서 결국 강간당하고 돌아온 그녀들은 이렇게 말한다.

"제기랄. 누굴 병신으로 아나. 그 자식들, 했으면 돈을 내야 할 거 아냐. 돈도 안 내고 뭐 하는 짓이야." (중략)

"멍청하긴. 작전 중에 돈 가지고 있는 사람이 어디 있냐"라며 병사들은 당연한 요구를 비웃었다.(488~89쪽)

'위안부'들은 이렇게 '무상'노동도 강요당했다. 특히 처음 위안소에 도착했을 때 그녀들이 장교들에게 통과의례처럼 당하는 강간은 거의가 무상이었을 가능성이 높다.

물론 보수를 받았으면 문제가 없다는 뜻은 아니다. 설령 보수를 받았더라도 그 보수는 그녀들의 정신적·신체적 고통에 대한 대가로 충분한 것은 아니었다. '위안부'들이 '비싼 요금'을 받았다고 강조하는 이들도 있지만, '위안'이었건 '매춘'이었건 보수가 혹 높은 경우가 있었다면 그건 그만큼 그 일이 모두가 꺼리는 차별적이면서 가혹한 노동이었기 때문이다. 말하자면 '비싼 요금'은 오히려 당연하다. 그 장소가 목숨을 저당잡혀 있던 전선이었다면 더 말할 나위도 없다. 대부분의 위안부들은 자신들의 몸값을 저당잡혀 있는 신세였다. 또 그 착취의 주체가 설령 포주들이었다 하더라도, 그런 착취구조를 묵인하고 허용한(간혹 그 구조를 바로잡으려 한 군인도 있었지만 그건 예외적인 일로 보아야 한다) 군의 상부에 책임이 없을 수는 없다.

그런데 이후 하라다 중사와 함께 '위안부'들을 호송 중이던 병사들까지도 그녀들에 대한 욕망을 드러낸다.

"응? 반장. 우리도 더 못 참겠다고. 그까짓 거, 조센삐잖습니까. 그러니까, 우리가 저 여자들을 우리 부대가 있는 곳까지 운송해야 한다는 건 잘 알고 있지만, 마지막에 사람 수만 맞으면 되는 거 아닙니까? 아까 그 장교도 말했잖습니까. 진짜 닳는 것도 아닌데, 도중에 우리가 좀 쓴다고 해서 뭐 잘못될 거 있나요? 다른 부대는 쓰게 해주고 우리만 못 쓰게 하는 건 이치에 안 맞잖습니까."(492쪽)

병사들은 주저하는 하라다에게, 내일 닥칠지도 모를 자신들의 죽음을 상기시키면서 '다른 부대들도 더 내버려두지 않게 될 것'이라면서 또다시 조른다.

"그리고 저 여자들을 무사히 부대에 데려다주고 나면 그때부터 우리는 몇백 명이나 되는 줄을 서야 되잖아요. 저 여자들하고 한 번 하려면 몇 시간이고 서서 기다려야 하잖습니까. 그건 말도 안 되는 일 아닙니까?"(493쪽)

결국 하라다는 마지못해 허가하게 되고, '위안부'들은 하라다의 부하들에게 또다시 강간을 당하게 된다. 그러고는 돌아온 '위안부' 중 한 명인 '히로코'는 말한다.

"이 사람들 짐승 같아. 남이 피곤하다는데도 자꾸… 처음 봤다니까…."(495쪽)

실은 이 히로코와 하라다는 서로 호감을 가진 사이다. 그런데도 하라다는 "일본어가 가능하면서 병사들을 상대할 수 있는 건 너희들뿐이야. 병사들을 동정해줘"라며 히로코를 달랜다. '위안부'들에 대해 동정적인 시각을 갖고 있는 하라다 역시 조선인 '위안부'의 고통보다는 일본인 군인의 욕망을 해소시키는 일을 우선시한 셈이다.

병사들의 강간은 위안소라는 공공장소에서 '몇백 명이나 되는 줄을 서'는 일에 대한 염증이 만들고 있다. 말하자면 강간을 피하기 위해 위안소를 만들었다는 군 상부의 의도는 군대의 숫자를 생각하면 처음부터 문제 해결에는 도움이 될 수 없는 시도였다. 그리고 실제로 여기서의 강간 욕망은 그녀들이 '고작 조센삐'였기 때문에 생긴 욕망이었다. 말하자면 단순한 여성 경시뿐만 아니라 민족 경시가 그들에게 강간을 허용한 것이다. '저 여자들하고 한 번 하'는 데에 '몇 시간이고 서서 기다려야' 하는 것을 '말도 안 되는 일'로 생각한 것은 상대에게 그럴 만큼의 가치가 없다고 생각했기 때문이다. '조선인 위안부'란 그렇게, 여성을 도구화하는 성차별뿐 아니라 조선인임을 경시하는 민족차별이 만든 존재이기도 했다. 그 점이 일본인 위안부와 다른 점이다.

무엇보다, 일본인 위안부가 주로 장교를 상대하고 조선인 위안부가 병사를 상대했다면, 처음부터 이들이 담당해야 할 숫자가 달랐으리라는 것도 명확해진다. 이동 중에도 강간을 당해야 했던 '조선인 위안부'들의, 몇백 명이나 상대해야 하는 노동이란 상상을 초월하는 극한 노동이다. 정상적으로 감내할 수 있는 숫자가 아닌데도 불구하고 그런 상황이 용인되었다는 것도, 일본군에게는 '묵인과 유지'의 책임이 따를 수밖에 없는 이유다. 강간을 막기 위해 위안소를 만들었지만 몇백만의 군인을 감내할 위안부가 충분하지 않았다면, 그러면서도 전쟁에 위안부가 필요하다고 생각했다면, 처음부터 '군수품' 보급이 어려운 전쟁으로 판단하고 전쟁을 하지 말았어야 할 일이다. 일반적인 전쟁이 군인의 숫자와 무기보급과 연료와 식량 등을 계산하며 승산을 전제로 이루어지는 것이라면 이 부분에서 일본군은 계산을 완전히 잘못한 셈이다.

물론 앞에서 본 것처럼 일본군 중에는 그녀들을 '인간'으로서 인식한 사람도 적지 않았다. 그들은 '위안부'에게 친절하게 대했고 사랑하고 청혼하기도 했다.

그렇다고 해도, 설령 그녀들이 '조선인 부모에 의해 팔려'가거나, '조선인 업자'에 의해 '강제로 끌'려갔다 하더라도, 그녀들의 '인간'으로서의 존엄성을 훼손하게 되는 구조를 기획하고 마지막 순서로 가담한 이들은 일본군이었다. 전쟁터의 '위안부'들이 '원래부터 매춘부'였는지 아닌지는 그런 점에서는 중요하지 않다.

물론 이 소설 속의 장면은 위안소의 규율 바깥에서 벌어진 일이니 예외적이고 '개인적'인 상황일 뿐 '조선인 위안부'에게 원래 요구된 역할은 아니다. 그러나 여기에서 벌어진 '개인적'인 일 역시, 군인들의 대화에서 보이는 것처럼 '공적'인 사회인식과 구조가 만든 일이었다. 그리고 그런 인식과 구조를 만든 일본의 책임을 부정할 수는 없다.

다시 말해 소설 속의 장면은 '공적'으로 용인된 구도, 즉 종주국-식민지라는 권력구조가 만든 일이다. 이들의 행위는 단순강간으로 처벌받아야 할 영역조차 넘어선 교묘한 구조 속의 일이지만, 문제는 조선인 '위안부'들이 그렇게 군대에 의해서든 민간에 의해서든 '공적'인 운영 공간의 바깥에서도 강간―착취당하기 쉬운 존재였다는 점에 있다.

'점령지의 여성에게 피해를 끼치지 않'는다는 생각은 '피해를 끼'쳐도 상관없는 여성이 있다는 사고를 전제로 한다. '피해를 끼치지 않기' 위한 위안소를 타국 군인에 의한 점령지에서의 강간과 비교하면서 일본은 '러시아 같은 야만국과는 다르다'고 주장하는 이도 있지만, '야만'과 대조되는 위안소, 잘 관리되면서 지극히 '문명'적으로 보이는 그곳은 가난이나 그 밖의 이유로 차별해도 되는 것으로 간주된 여성에 대한 폭력을 '공식적으로' 용인한 장소일 뿐이다. 공창을 합법화하는 발상 자체가 인간에 의한 인간(여성)의 상품화라는 '야만'을 정당화하는 장치인 것이다.

소설에서 '위안부'들은 강간당하기 전 "밤이 늦었다고 말했는데도 차량 안에서 미친 듯 소리치며 노래를 불렀다", "같은 노래를 몇 번이고 불렀다". 뿐만 아니라 그녀들은 강간당한 뒤 고통을 견디지 못하고 치부를 그대로 드러낸 채로 누워 있기도 한다. 작가는 그런 장면을 이렇게 쓴다.

> 평소에 그녀들이 아무렇지도 않게 그곳을 남자들에게 보란 듯이 내보이는 건 남자들에 대한 도전, 그리고 더 정확히 말하자면 그녀들 자신이 수치를 느끼는 데에 대한 저항, 그리고 그렇게라도 하지 않으면 살아갈 수 없는 자신들의 삶의 방식을 애써 잊어버리려는 적극적인 몸부림인 셈이다.(490쪽)

그녀들이 '미친 듯이' 부르는 '노래'는 그런 비참과 슬픔을 극복하기 위해 자신들에게 용기를 북돋워주기 위한 것이다. 그러므로 '노래하는 위안부'를 '비참한 위안부'와는 다른 존재로 생각하려 하는 것은 보고 싶은 모습만 보려 하는 욕망이 만드는 생각일 뿐이다. 그러나, 그 안에서 사랑을 나누고 행복이 존재했다 하더라도, 그들에게 그 위안부 생활은 폭행과 병과 죽음이 이웃하는 장소였다.

그녀들을 데리고 다닌 포주 중에는 조선인도 많았지만, 그들이 '위안부'들의 '관리'를 제대로 할 수 있었던 것도 아니다. 군인들이 하는 대로 내버려둔 채 아무런 개입도 못 하고 있는 이 소설 속의 상황도, 위안부들의 직접 관리자는 포주였어도 '위안부'들을 실제로 '관리'할 수 있는 권력을 가진 주체는 다름 아닌 '일본군'이었다는 것을 보여준다.

그러면서도 「메뚜기」는 위안부의 비참한 상황뿐 아니라 위안부가 그럴수록 자신이 호의를 가진 군인에게 집착하는 장면 또한 보여준다. 그런 위안부의 욕망이란 자신이 소비되는 '물건'으로서의 '위안부'라는 사실을 잊게 해주는 유일한 수단이었을 수 있다. 그리고 우리는 그런 위안부의 욕망도 있는 그대로 보아야 한다. 그렇지 않고 '성노예'라는 측면에만 집착하는 것은 가까스로 자신의 몸과 마음의 주인이고자 했던 위안부의 노력을 짓밟는 일이 되기 때문이다. 그것은 그들의 몸을 마음대로 다루었던 일본군과 다를 바 없는 또 하나의 폭력일 수밖에 없다.

전쟁터에서의 '집단위안'이란 주체도 객체도 자신이 '인간'임을 잊어야 하는 일이었다. 군인은 자신의 성적 욕망을(때로는 행위 자체를) 공중 앞에 드러내놓는 데에 대한 수치를 잊고, 눈앞에 있는 인간을 물건(상품)으로 대하는 일로 '인간적'이기를 포기해야 했다. 위안부는 자신의 몸의 주인이기를 포기하고 감정을 가진 '인간'이기를 포기해야 했다. '아시아의 해방'을 명분으로 하면서도, '위안부'와 병사의 비참한 상황이 보여주는 것처럼 실상은 개인의 자유와 해방을 억압하면서 이루어진 전쟁이었다는 것이, 일본의 전쟁의 결정적인 모순이었다.

2. 관여 주체는 누구인가

만주사변 이후 일본은 최종적으로 300만 명 이상의 병사들을 조선, 중국 대륙, '남양'군도에 두고 있었다. 병사들에게 주둔지와 전쟁터에서의 생활이란, 각자의 고향에서 보냈던 '일상'이 상실된 생활이다. 전쟁이란 그런 비일상적인 세계를 말한다. 비일상을 견디기 위해서는 '일상'과 가까운 환경이 필요해지기도 한다. 스킨십을 동반한 성적 욕망이 그러한 '일상' 중 하나임은 물론이다. 똑같은 성욕 처리라 해도 전쟁터에서의 강간은 오히려 일상을 벗어난 행위다. 그러므로 '강간을 막기 위해' 위안소를 설치한다는 것은 병사의 '일상' 또한 관리해야 하는 '군'으로서는 필연적인 발상이었을 수 있다. 말하자면 일상과 여성으로부터 격리되어 남성들끼리 생활하게 되는 군대 시스템이나 전쟁 자체가 이미 '위안소'를 필요로 하게 된다. '위안부'란 아이러니컬하게도 그런 구조를 드러내주는 명칭이기도 했다.

일본의 부정자들이 말하는 것처럼 이른바 '강제연행'설에는 문제가 없지 않다.

하지만 위안부를 모집한 중심 주체가 민간인이라 해도, 또 모집하는 데에 사기나 납치 등의 수법이 횡행하고 있다는 것을 병사들이 알고 있었다는 것은 상부 역시 그런 상황을 알고 있었다는 것을 의미한다. 군이 불법적인 행위를 막으려 했다 해도 불법적인 수단이 자행되는 시스템 자체를 방기했다면 시스템을 유지시킨 책임이 군에 돌아가는 것은 당연하다. 군이 위안부 모집에서의 문제를 지적한 것은 분명히 군이 '직접' 모집하지 않았다는 것을 말해주지만, 그것은 밀수품을 막으려는 국가의 태도에 비교할 수 있다. 말하자면 군은 이때 소비자가 밀수품을 사지 않도록 밀수품을 막으려 했던 것이지만 정식 관세를 내면 통과시키는 식으로 수입 자체는 허가한 셈이다.

일반적으로 소비자들은 상품의 품질에 대해 감시하고 불만을 제기할 수는 있어도 직접 관리와 개선에 나설 수는 없다. 그런 의미에서는 군이 성병검사를 실시했다는 사실도, 일본군이 상품과 그것이 유통되는 시스템의 단순한 소비자가 아니라 관리자로 돌아섰다는 것을 보여준다. '위안부'가 임신했을 때 낙태시키는 일을 맡았던 한 군의가 '나는 검사관이라는 무기=권력을 쥐고' 있었기 때문이라고 말하는 것은 그런 상황을 가리킨다(http://www.ne.jp/asahi/tyuukiren/web-site/backnumber/05/yuasa_ianhu.htm).

그런 식의 일방적 권력의 존재는 군이 시스템을 '관리'한 관리자라는 사실, 다시 말해 '관여'했을 뿐 아니라 주체적으로 관여했다는 사실을 명확히 보여준다. 군이 모집에 직접 관여하지 않았다 해도 군의 관여가 없었다고는 말할 수 없는 이유다.

군이 물리적으로 행사한 '강제연행'을 글자 그대로 '강제' '연행'으로 생각한다면, 그런 의미에서의 '강제연행'이 조선인을 대상으로 행해진 경우는 많지 않아 보인다. 하지만 사기든 납치든 업자와 포주들이 '강제'적으로 데려가는 일이 빈번했던 위안소를 유지한다는 것은 계속적인 수요를 창출한다는 점에서 공범자일 수밖에 없다. 말하자면 살인교사와 비슷한 구조일 수밖에 없고, 그런 시스템을 필요로 한 것이 군이라는 사실은 분명하다. 군인에 의한 것이 명백해 보이는 '강제'가 그렇게 눈에 띄지 않는 것은 식민지에서는 오히려 당연하다. 전쟁터가 아닌 식민지는 아직은 '일상'이 유지된 공간이었고, 그런 의미에서는 '법'이 작동해야 하는 공간이었다. 징병이든 징용이든 구성원의 의지에 반한 '강제적' 모집 행위조차 '법'을 통해 이루어졌다는 것은 그것을 보여준다. 식민지에서 무차별적 '강제연행'은 없었던 것으로 보이지만, 그건 어디까지나 그런 행위를 '유법有法'화해도 문제가 되지 않는 비일상적 공간이 아니었기 때문일 뿐이다.

'위안부' 문제를 부정하는 이들은 일본의 '식민지배'가 폭력적이지 않았으며 온건했고 좋은 통치였다고 강조한다. 하지만 온건하고 좋은 통치란 어디까지나 체제에 저항하지 않는 이들에게 한정된 것이었다. 다시 말해 일본의 통치가 총체적인 '온건통치'였던 것은 일본 국가에 대한 복종이 전제된 공간에서의 일이었다. 정신대 모집은 '법'을 적용시켜 합법화하면서 위안부 모집을 그렇게까지 하지 않은 것은 그것이 식민지에서의 '온건통치'의 임계선이 무너지는 일이었기 때문일 것이다. 마찬가지로, 전쟁터에서 앞에 본 소설과 같은 일이 일어나거나 인도네시아나 중국 등지에서의 납치(수용)강간이 일어날 수 있었던 것은 그곳이 '전쟁터'이자 '국가' 바깥의 공간이어서 더 이상 '일상'을 유지하는 '법'을 작동시키지 않아도 되는 공간이었기 때문이다.

'위안부' 모집에서 업자와 포주들이 전면에 등장한 것은 바로 그래서라고 이해해야 한다. '온건통치'의 범주에 '자발적으로' 편입된 이들이 '개인적'으로 불법을 자행한 셈이다. 결과적으로 일본은 자신들의 손은 더럽히지 않고(온건통치를 유지하면서) 식민지인들에게 불법행위를 전담시켜 그들을 동족에 대한 가해자로 만들었다.

식민지에 살았던 일본인들은 조선을 지배하면서도 두려워했다. 그건, '지배'라는 것이 구조적으로 언제나 저항과 반발을 내포할 수밖에 없기 때문이다. 반체제 '사상범'을 잡아들이는 것은 '치안유지법'이라는 '법'을 작동시키는 일로 '법'망 안에서 가능했지만, 식민지인들을 마구잡이로 '연행'하는 것은 '온건통치'를 표방하는 한 불가능하다.

그러니, 위안부 문제에 관한 군의 관여는 더 이상 부정할 수 있는 일이 아니다. '제21군 사령부가 위안소를 설치하기로 결정하여, 내무성에 400명, 대만 총독부에 300명의 여성을 모집해주기를 요청한 경위를 나타내는 자료'(요시미 요시아키, 2007. 5.) 외에도 위안부의 증언과 군인이 남긴 다수의 기록에서 위안부 제도에 대한 군의 관여는 명백히 드러난다. 모든 위안소가 '군이 설치한, 군인·군속 전용 제도'(위의 글)라고 할 수는 없는 경우도 있지만, 군이 위안소를 필요로 하고 이용한 이상 위안소에 대한 군의 관여를 부정할 수 있는 일은 아니다. 군이 주체가 되는 '강제연행'을 하지 않았다 해도 '강제로 끌려가는' 이들을 양산한 구조를 만든 것이 일본군이라는 것만은 분명하다고 해야 한다.

'위안부' 이동에 군이 관여했다는 점을 두고 전쟁터이기 때문에 군이 보호했을 뿐이라고 말하는 이도 있지만, 「메뚜기」는 그 이동이 단순한 '보호'가 아니었다는 것도 명백히 보여주고 있다. 뿐만 아니라 당시는 일본 본토와 한반도 사이의 이동이 엄격하게 제한되어 있어서 국가의 관리를 받아야만 했다. 따라서 이동하기 위해서는 지금의 여권과 유사한 국가의 허가증이 필요했다. 그런데 일본인에 대해서는 그런 업종에 종사하는 이들의 출국을 '21세 이상의 경험자'로 정해놓았지만, 조선이나 대만의 경우에는 그런 제한이 없었다(요시미 요시아키, 2009년 여름). 이것은, 이미 지적되고 있는 것처럼, 식민지 여성들에 대해서는 국가의 보호의식이 작동하지 않았다는 사실을 말해준다.

3. 그들만의 '법'

위안부 문제를 부정하는 이들은 '위안부'라는 존재는 인정하면서도 그 시대에는 그것이 '상식'이고 '합법'이었다고 말한다.

일찍부터 '유곽'을 국가가 허용하여 '공창'이라는 공간을 당연시했던 일본이 기본적으로는 남성들만 있는 군대 주변에 '공창'을 만드는 일에 특별한 저항을 느끼지 않았던 것은 어쩌면 당연한 일이다. 하지만 공창제는 19세기 후반부터 20세기 초에 걸쳐 순차적으로 철폐되었고, "유지된 곳은 일본·호주·이탈리아·스페인 등의 국가"(요시미 요시아키, 2009년 여름)뿐이었다. 당시에는 '상식'이었다고 생각하는 이들도 있지만, 공창제도가 "전 세계 어디에나 존재했다고는 말할 수 없"(같은 글)다. 게다가 설령 '어디에나 존재했다'고 하더라도 그것이 곧 위안소 이용이 문제없다는 이유가 될 수는 없다. '어디에나 존재했다'는 말은 합법성을 주장하려 하지만 그건 어디까지나 남성 중심의 사고일 뿐이다.

'법'이란 하나의 공동체의 구성원들이 공동으로 지키기로 한 약속이다. 따라서 대부분의 '법'에는 그렇게 하는 것이 바람직하다고 여겨지는 동시대의 사고가 반영되기 마련이다. 그런 의미에서는 모든 사람에게 '정의'일 수 있는 규칙이어야 하지만, 법을 만드는 주체가 누구인지에 따라 '정의'의 내용은 늘 달라져왔다. 성매매를 '상식'으로 여겼던 건 그것을 더 많이 필요로 했던 당시의 남성들뿐이다. 식민지에서의 '법'이 언제나 종주국 혹은 식민자 중심의 법이었던 것처럼.

그런 의미에서 '위안부'들이 설령 처음부터 "공창 기생으로 팔렸다"(혼고 요시노리)고 하더라도 그 점이 문제가 될 수는 없다. 조선인 '위안부' 문제가 식민지배 구조에서 발생한 문제인 이상 '일본의' 공창 시스템—일본 남성을 위한 법에 식민지 여성들을 편입시킨 것 자체가 문제였다(물론 그 시스템에는 조선인 남성들도 기꺼이 가담했다). 그러므로 '위안소' 이용이 "당시에는 허용되었다"(오노다 히로오)는 주장은 '위안부' 문제의 피상적인 면만을 본 발언이다.

'상식'론 또는 '합법'론자들은 당시는 '모두' 그랬다는 말로 '위안부' 문제를 부정한다. 그러나 '모두'란 누구였을까. '모두' 그랬다는 말은 대개의 경우 '모두'에 포함되려 하지 않은 이들을 빼놓는 경우가 많지만, 무엇보다 '모두'라는 말은 개인을 집단 속에 숨게 만든다. 다시 말해 '모두'라는 말은 발화자의 의도가 그렇지 않더라도 행위에 대한 책임을 면죄하는 식으로 작동한다. 그런 식의 '모두'에는, '모두'로 지칭되는 이들이 마땅히 가져야 할 본래의 힘은 사라지고 집단의 '폭력성'과 비겁함만이 존재한다. 무엇보다도, 그런 식의 '모두'는, 언제나 숫자가 많은 것을 이용해 논의의 주도권을 잡으려 한다. 그렇지만 그 '모두가 그렇게 생각한다'는 상상을 통해 인류는 전쟁을 일으키고 지배를 정당화해왔다.

물론 그렇다고 '당시에는 상식'이었다는 말에 들어 있는 당혹감을 이해하지 못하는 것은 아니다. 나쁜 일이라는 의식 없이 저질러버린 행위, 더구나 '법'의 보호 아래에서 한 행동이 훗날 비난받게 된다면 반발심이 생기는 것도 당연하다. 다양한 상황이 있었는데도 비참한 상황만 강조되고 언제까지고 규탄당하는 일이 심적 부담이 되는 것도 당연하다. 또, 비판만 받게 되면, 당신이라면 그렇게 하지 않았겠는가, 그 시스템의 생산자가 되지 않고, 시스템에 편입되지 않을 수 있었겠는가라는 말을 하고 싶어지는 것도 당연하다.

하지만 '위안부'의 존재를 그저 '상식'으로만 여기는 것은 위안부라는 존재가 왜 지금 우리 앞에 나타났는지에 대해 사고하기를 포기하는 일이기도 하다. 동시대 사람들이 '상식'으로 용인했다 하더라도, 그것은 어디까지나 당시의 공통 사고에 지나지 않는다. 그리고 현대를 살아가는 우리가 과거에 대해 계속 질문을 던지는 것은 그런 구조가 현재와 무관한 것이 아니기 때문이기도 하다. 설사 과거의 일이라 해도 그것이 '옳지 않은 일'이었음을 새로이 인식하는 것이 중요한 이유는 바로 거기에 있다. 그렇지 않으면 현재나 미래에 우리는 또 다시 변하지 않은 구조 속에서 같은 행동을 반복할 수 있다. 각자의 공동체, 남성이나 국가의 '상식'에 뒷받침되어 유지된 '법'에 근거해 또 다른 폭력을 행사하는 것이 가능해지는 것이다.

위안소의 이용을 '상식'이자 '합법'으로 여기는 사고에는 그 상황에 대해 수치심을 느끼는 감각이 존재하지 않는다. 하지만 한 사람의 여성을 압도적인 다수의 남성들이 윤간했다는 사실, 한 사람의 인간을 '인간'이라기보다는 오로지 자신의 욕망을 처리하기 위한 '수단'으로 사용했다는 것은 일본인이기 이전에 인간으로서 부끄러워해야 할 일이 아닐까. 조선인 위안부들이 '존엄성'을 회복하고 싶다고 말하는 것은 바로 그 때문이다. 그녀들은 자신들이 인간이 아닌 '물건'으로 취급되었던 과거의 어느 한때를 수치스러워하고 있는 것이다. 그 수치를 만든 것은 자신의 잘못이 아니었는데도, 수치스러운 공간을 벗어난 뒤로도 수십 년 동안 그 수치는 온전히 그녀들의 몫이었다. 수치심은 때로 사람을 자살로 몰아넣기도 한다. 그렇다면 지금 필요한 일은 그녀들의 수치심에 대한 상상력이다. 앞서의 소설의 주인공이 동료 군인의 행위나 위안부들에게서 느낀 건 분명 그런 수치심이었다.

설사 그녀들의 수치심을 상상할 수 없다 하더라도, '인간'이기를 포기하지 않으면 지속할 수 없었던 가혹한 노동을 강요당했던 '위안부'들의 고통 자체에 대한 상상은 가능할 것이다. 타자의 고통과 수치를 이해할 수 있게 만드는 것은 그런 상상력이다. 그런 상상력은, 똑같이 '합법'적으로 전쟁에 동원되었던 병사들의 고통을 이해하기 위해서도 필요하다.

4. '애국'하는 위안부

'자발성'의 구조

'위안부'의 '강제연행'은 전쟁터에서만 이루어졌던 것처럼 보인다. 위에서 인용했던 요시미 요시아키吉見義明 교수는 인도네시아의 "암본 섬에서 강제연행·강제사역이 존재했음은 분명하다"(「일본군 '위안부' 문제에 대해서―『워싱턴 포스트』의 '사실' 광고를 비평한다」)고 말하지만, 그런 강제성은 조선인 여성과는 다른 경우로 보아야 한다.

그런 의미에서 봤을 때 "그런 유의 업무에 종사하던 여성이 스스로 희망해서 전쟁터로 위문하러 갔다"든가 "여성이 본인의 의사에 반해서 위안부를 하게 되는 경우는 없었다"(기무라 사이조)고 보는 견해는 '사실'로는 옳을 수도 있다. 분명 그녀들 중에는 가난 속에서 '흰 쌀밥'을 꿈꾸거나 여자가 공부하는 일을 극단적으로 혐오하던 가부장사회에서 벗어나 하나의 독립적인 주체가 되고자 한 이들도 많았다. 그런 이들을 '자발적'으로 갔다고 생각하는 것도 있을 수 있는 일이다.

하지만 설사 '자발적'으로 '희망'했다 하더라도 그녀들로 하여금 세상에서 '추업醜業'이라고 불리던 일을 선택하도록 만든 것은 그녀들의 의지와는 상관없는 사회적 구조였다. 그녀들은 그저 가난하거나 식민지의 여자거나 가부장제 속의 여성이었기 때문에 자립 가능한 또 다른 일을 할 수 있을 정도의 교육(문화자본)을 받을 기회를 얻지 못했을 뿐이다.

'일―직업'이란 집 바깥에서 경제적으로 자립할 수 있고 사회에 기여할 수 있는 자신의 '장소'를 발견하는 것이기도 하다. 하지만 성을 제공하는 직업은 설사 법적으로 보호받는다 해도 사회적·심리적 '인정'을 얻을 수 있는 직업은 아니었다. 그런 '추업'에 그녀들이 '자발적'으로 향했다면 무엇이 그런 표면적인 '자발성'을 이끌어냈는지를 먼저 생각해야 한다.

그것은 남성이고 군대이고 국가였다. 그리고 '일본 제국'이었다. 다시 말해 '위안부'란 어디까지나 국가와 남성, 그리고 격리된 남성 집단을 만드는 전쟁이 필요로 했기 때문에 생긴 존재다. 위안부의 자발성이란, 본인이 의식하지 않는다 해도, 국가와 남성과 가부장제의 차별(선별)이 만든 자발성일 뿐이다. 그리고 그녀들은 폭탄이 터지는 최전방에서도 폭력에 시달리며 병사들의 욕구를 받아주어야 했다.

> 전쟁이 난 후 괭이를 들고 우리가 보국구덩이를 팠다. 섬을 돌아다니면서 공습을 피했는데 그런 때 양은칠과 임창수가 나를 들것에 업고 다니기도 했다. 나는 몸이 회복된 다음에 폭발탄을 날라주기도 했다. 피난 중에도 나무판을 가져다가 칸만 질러놓고 가려놓으면 물을 떠놓은 대야에 밑을 씻을 여가도 없이 달려들었다. 바나나, 야자, 사사포 나무 등 과일나무마다에 밑에 커튼을 치고 군인을 받았다. 술 먹고 달려드는 군인을 내가 밑이 붓고 몸뚱이가 말을 안 들어서 밀쳐냈더니 칼로 어깨를 쳤다. 어떤 때는 총대로 얼굴을 때렸다. 거기다 걸음도 못 걸으면서 피문은 붕대 등의 빨래도 해야 했다.(『강제 2』, 60쪽)

'적극성'의 배경

'위안부'들이 병사들에게 "단체로 다가가 자신을 팔기 위해 적극적으로 애교를 부렸"다거나 "참으로 밝고 즐거워 보여"서 "성적 노예에 해당하는 모습은 어디서도 볼 수 없었다"(오노다 히로오)라는 발언을 들으면서 그녀들이 적극적으로 이 일에 참여했다고 말하는 이들도 있다. 분명 그녀들 중에는 '자신을 팔기 위해 적극적으로 애교를 부렸'던 사람이 있었을 것이다. 또 그런 그들이 '밝게' 행동하고 '즐거워' 보이는 건 당연한 일이다.

그러나 포주의 철저한 감시 속에서 자신의 의지로는 되돌아갈 길이 없다는 것을 알게 된 위안부들이(물론 그중에는 계약기간의 만료에 따라 돌아간 이들도 있다) 시간이 지나면서 처음 도착했을 때의 당혹감과 슬픔과 분노를 지우고 '자신을 팔기 위해 적극적으로' 행동하게 되었다고 해도 이상할 것은 없다. 그 적극성은 포기와 체념, 혹은 그저 살기 위해 자신에게 부여한 트릭이었을 수도 있다. 그렇다고 한다면 '애교를 부리는' 일이 비참성과 배치되는 일은 아니다. 다시 말해 그녀들에게 부여된 역할이었던 '위안'에 충실하려 했다 해도 그것이 '위안부의 고통'을 부정할 수 있는 이유는 되지 않는다.

오히려 그녀들의 '미소'는 매춘부로서의 미소가 아니라 병사를 '위안'하는 역할을 부여받은 '애국처녀'로서의 미소로 보아야 한다(『화해를 위해서』). 설사 "동정을 이끌어내서 돈을 가로채 자기 이익을 챙기는 여자"(오노다 히로오)가 있었다 하더라도, 그로 인해 많지 않은 돈을 다 써버리고 후회한 병사가 있었다 하더라도, 그녀들을 일본이 식민지배 구조 속에서 병사들을 '위안'하기 위해 동원한 이상 그녀들을 비난할 수는 없다. 견디기 힘든 상황이었음에도 불구하고 밝은 얼굴로 '애국처녀'로서의 역할에 충실했다면, 그녀들을 그렇게 만든 일본으로서는 오히려 감사해야 마땅한 일이다.

식민지인으로서, 그리고 '국가를 위해' 싸운다는 대의명분을 가지고 있는 남성들을 위해 최선을 다해야 할 '민간인' '여자'로서, 그녀들에게 허용된 긍지—자기 존재의 의의, 승인—는 "국가를 위해 싸우는 병사들을 위로해주고 있다"(기무라 사이조)는 역할을 긍정적으로 내면화하는 애국심뿐이었을 수 있다. "내지는 물론 조선·대만에서 전쟁터에 가기를 희망하는 사람이 끊이지 않았다"(같은 글)고 한다면, 그것은 일본 국가가 그런 '애국'을 식민지인들에게까지 내면화시킨 결과일 뿐이다.

같은 위안부들 중에서도 산속이나 섬 같은 오지에까지 일본군을 위안하기 위해 이동한 것은 대부분 식민지 여성들이었던 것으로 보인다. 그렇게 만든 것이 구조적인 것인지 개인적인 선택인지는 명확하지 않지만, 아무튼 앞에서 살펴본 바와 같은 상황 속에서 그들이 일본군과 마지막까지 함께 있었다는 사실을 일본의 '애국자'라면 오히려 감사해야 할 일이다. 그리고 물론 그 작업이 말할 수 없는 고통을 동반한 것이었다는 사실이야말로 기억되어야 한다.

그에 반해, 예외도 있는 것처럼 보이지만, 일본인 위안부들은 대개 도회지의 좋은 시설에서 장교들을 중심으로 상대하며 상대적으로 편한 환경을 누릴 수 있었던 것으로 보인다. 이것이 일본인 위안부와 조선인 위안부의 결정적인 차이였다. 그리고 그렇게 조선인 위안부들이 더 많이 가혹한 환경으로 가게 된 이유는, 그들이 식민지의 여성이라는 계급적이고 민족적인 이중차별의 결과로 일본 여성들보다 가난했기 때문일 가능성이 크다. 군인들이 그녀들에게서 본 적극성이란 그런 상황이 만든 적극성이었다.

그녀들이 주둔지뿐 아니라 실제로 전쟁이 벌어지는 전쟁터에까지 갔던 것 역시 마찬가지다. 돈을 위해서건 강요에 의해서건 위험한 장소까지 간 것은 대개는 조선인이었다(물론 일본인도 없지는 않았다)는 사실은 그녀들의 적극성의 표현일 수 있지만, 그렇게 만든 것이 가난이었다는 것도 분명한 일이다. 그리고 그녀들 자신의 적극성이라기보다는 위안부를 이용해 돈을 벌려 했던 포주들의 적극성일 뿐이다. 무엇보다 그 대부분은 군의 요청에 의해 이루어진 '파견근무'이기도 했다. 다시 말해 위안부의 '적극성'이란 바로 식민지인이라는 요소가 만든 적극성이었다. 그건, 포로감시원으로 동원되었던 조선인 군속들이 일본인보다 잔혹(박유하, 2009)했던 것과 비슷한 구조 속의 일일 수도 있다. 그들은 일본인 이상으로 일본인이 되어야 했다.

그리고 그렇게 만든 것은 일본이었다.

그런 이상, 그녀들의 적극성과 주체성을 말하는 일이 '위안부는 없었다'는 결론으로 이어질 수는 없다.

진송에서처럼 다이쩡에서도 겨울이 되면 한 달에 한 번씩 군인을 받지 않는 날 아침에 일본 병사들 무덤에 풀을 뜯고 향을 꽂고 빗자루로 쓸어주기도 하고 합장하기도 하였다. 이들은 죽어서도 고향에 돌아가지 못하고 거기에 뼈를 묻은 군인들이었다. 눈이 오는 추운 때에도 높은 산에 올라가 그 일을 하였다. 무덤을 찾아다닐 때에는 무덤자리를 아는 사람이 데리고 다녔다. 노는 날에는 피문은 군복이나 이불을 빨아서 꿰매 들여보냈다.

또 군인들이 전쟁터에 나가면 환송하러 나가고 돌아오면 환영하러 나갔다. 어쩌다 시간이 나면 소방대 훈련과 가마니를 세워놓고 창을 찌르는 연습을 하기도 했다. 소방대 훈련은 진송 때부터 있었는데 이때는 검은 모자를 쓰고 검은 몸뻬를 입었다.(『강제 2』, 177쪽)

조선인 위안부들은 이렇게 살아 있는 군인을 위안했을 뿐 아니라 죽은 군인들을 위로하는 역할도 했다. '피문은 군복'을 빨아 다음 전쟁에 대비할 수 있도록 하고 여차하면 함께 싸울 수 있는 훈련까지도 한 이들이 조선인 위안부였다. 그렇게 그녀들은 생명의 위협 속에서 때로 운명의 '동족'(후루야 고마오, 「하얀 논밭」, 14쪽)으로서 일본의 전쟁을 함께 수행한 이들이기도 하다. 그런 의미에서는 그런 그녀들에게 돌아가야 할 말은 때로 그녀들에게 폭력을 행사하고 가혹하게 다룬 데에 대한 사죄의 표현이어야 한다. 군인의 폭력은 표면적으로는 '내선일체'였어도 차별구조는 온존시켰던 일본의 식민지 정책이 만든 것이기도 했다.

'과거'를 생각하는 의미

전쟁터에서의 병사들의 성행위는 국가에 의해 빼앗긴 '일상'을 되찾으려는 간절한 갈망이기도 했다. 그렇다고 '위안부' 문제를 부정하는 이들이 위안소 이용을 "살아 있다는 증거로서의 성행위"(오노다 히로오)로 정당화하는 데에는 문제가 있다. 그 '증거'의 확인은 결국 남성 자신만을 위한 이기적 확인이기 때문이다.

부정하는 이들은 또한 "왜 전후 65년이나 흐른 지금에서야 비난"(기무라 사이조)하느냐며 "역사는 시간이 지난 후에 다시 재판할 수 없다"고 말한다. 하지만 '지금' 다시 이런 문제를 생각하는 이유는 당시의 일본이 위안소 관리와 이용을 '나쁜' 일이라고 생각하지 않았기 때문이다. 세월이 흐른 후 그것이 '나쁜' 일로 인식된다면 60년 이상의 세월이 흘렀다 하더라도 '재심판'의 대상이 될 수 있다. 그리고 그렇게 하는 이유는 재심이 새로운 가치를 만드는 일이기 때문이다.

한국의 기생집을 위안소와 똑같이 치부하고 비난하는 이들도 있지만, 위안소는 전쟁과 군인들을 위한 장소였다. 군인들이 쉽게 폭력을 행사한 것은 '군인'이라는 존재가 폭력에 길들여진 존재이기 때문이기도 하겠지만, 여러 증언들은 그런 폭력 역시 차별의식이 기반에 깔려 있다는 것을 보여준다. 위계질서에 길들여진 군인들에게 조선인 위안부란 권력을 갖지 못한 졸병이라도 권력을 시험할 수 있는 대상일 수 있었다.

그런 의미에서 "이처럼 한심한 나라가, 무슨 낯짝으로 일본을 비난할 수 있단 말인가. 자신들이 저질렀던 부끄러운 짓에서 눈을 돌리기 위해 일본을 비난하고 있다고밖에 생각할 수 없다"(기무라 사이조, 같은 글)는 비난은 위안소의 구조와 실제 상황에 대한 이해가 없는 이야기다. 그들은 또 "피해망상에만 근거를 두고 있는 한국의 이야기를 진심으로 받아들여 일본을 비난"하는 미국을 비난하며 "일본은 진실을 전달해주어야 한다"(같은 글)고 주장하지만, 그런 상황이 되어버린 것은 일본이 오랫동안 이런 식으로 위안부 문제를 부정하고 일본 정부 역시 문제가 전부 해결되지 않았는데도 '기금' 이후로는 이 문제를 더 이상 직시하지 않았기 때문이다.

'위안부' 문제를 부정하는 것은, 조선이 받았던 고통에 대해, 당한 당신한테 잘못이 있다고 가해자가 말하는 일이기도 하다. 하지만 '자기 책임'은 어디까지나 '자기 책임'의 주체가 생각해야 할 문제다. '조선은 멸망 직전'이었는데 일본이 구해준 것이라며 식민지배를 정당화하는 발언은 강한 자의 논리일 뿐이다.

설사 '이유'가 있었다 하더라도 갈등 해소는 자신의 책임을 먼저 생각하는 데에서 비로소 가능해진다. 위안부 문제를 부인하는 이들은 식민지배를 하게 된 '이유'만 강조하고 싶어하지만, 상대방의 문제만을 지적하는 한 대화는 결국 닫힐 수밖에 없다. 그리고 대화에는 상대방의 긍지를 생각하는 상상력과 끈기가 필요하다.

위안부 문제에 대한 새로운 사죄와 보상은, 이제까지 부정해왔던 이들이 마음을 표현할 수 있는 마지막 기회라는 점에서도 필요하다.

● 제3부 ●

냉전 종식과 위안부 문제

제1장

해석의 정치학
— '사죄와 보상'을 둘러싼 갈등

1. '위안부 문제'의 발생과 경과

2011년 12월 14일에 수요시위 1000회를 기념하여 서울의 일본대사관 앞에 위안부를 상징하는 소녀상이 세워진 일은 일본의 부정파들의 반발을 한층 더 가속화시켰다.

예를 들면 일본의 보수잡지 『세이론正論』 2011년 12월호는 '한국이여, 적당히 해두라'라는 제목의 특집을 기획하고, 2011년 가을 이후 '위안부' 문제에 관한 움직임이 활발해졌다면서 한국을 격하게 비판했고(니시오카 쓰토무, 「위험수위를 넘어선 '위안부' 대일 모략」; 구레 도모후사, 「도덕이라는 도구와 역사의 진실」), 특히 여성들이 한국의 지원단체에 호응하는 시위를 비판하면서 "12. 14 수요데모 1000회에 대한 항의 행동 및 집회 '위안부의 거짓말은 용서할 수 없습니다! 나데시코 액션 2011'"(http://sakura.a.la9.jp/japan/)을 연 것은 전에 없었던 움직임이었다. 동시적으로 일본의 트위터에 "위안부는 거짓말쟁이", "강제연행이 아니다"라는 등등의 의견이 급속히 늘어난 것도 위안부 소녀상이 가져온 현상이었다. 그건 2000년대 이후 등장한 '혐한류' 주장과 통하는 감정이 일본 사회에서 표면화된 것이었고, 그런 의미에서는 이후의 한일 갈등의 촉매제는 다름 아닌 위안부 소녀상이었다.

당시 『산케이 신문』이 2007년에 '위안부' 문제에 관한 발언으로 세계적인 주목을 끌었던 아베 신조安部晋三 전 수상(2012년 12월에 두 번째로 수상이 되었다)을 다시 인터뷰하여, 아베 전 수상이 사죄하고 끝난 것처럼 보였던 당시 상황에 관해, 실은 "사죄한 적은 없었다"는 답변을 끌어냈던 것도 그런 경과 중의 하나다. 아베 전 수상은 그 당시 '위안부' 문제에 관해서는 논의되지 않았는데도 미국 쪽이 마음대로 마치 사죄한 것처럼 발언했다고 말했다(2011. 11. 23.).

'위안부' 문제는 사실 한일 간의 문제이기 이전에 일본 내부의 문제이기도 하다. 말하자면 위안부 문제를 둘러싼 대립은 단순히 '한일 간의 대립'이 아니다. 결론을 먼저 말하자면, 위안부 문제가 해결되지 못한 또 하나의 이유는 이 문제가 냉전 종식기에 대두되어 역사인식 논쟁화되면서 위안부 문제를 현재의 정치 문제와 결부시켰던 일본 좌우 진영의 대립에 있다. 다시 말해 '조선인 위안부'라는 존재는 식민지지배가 야기한 문제였지만, 위안부 문제를 장기화하고 미해결 상태로 몰아넣은 것은 냉전적 사고였다.

위안부 문제가 제기되었을 때, 일본은 처음에는 '민간 업자가 군대를 따라다니며 데리고 다녔다'면서 군의 관여를 부정했다. 그러자 한국의 여성 단체가 일본 정부에 항의서한을 발송하면서 발족된 것이 '한국정신대문제대책협의회'다. 이후 앞에서 본 것처럼 정대협은 위안부 문제를 둘러싼 운동과 발언에서 가장 영향력이 큰 단체가 된다.

이듬해인 1991년, 최초로 김학순 씨가 나타나 자신이 '위안부'였다고 밝했고, 12월에는 다른 이들도 함께 일본의 사죄와 보상을 요구하며 도쿄 지방재판소에 제소하게 된다. 1992년에 군의 관여 사실이 확인되는 자료가 발견되자 당시의 미야자와 기이치宮沢喜一 내각은 92년과 93년 2회에 걸쳐 실시된 조사 결과를 발표한다. 그리고 1993년에는 당시의 관방장관 고노 요헤이河野洋平가 이른바 '고노 담화'를 통해 공식적으로 사죄를 표명하게 된다. 이후 필리핀에서도 자신이 '위안부'였음을 밝히는 사람이 등장해, '위안부' 문제는 한일 간의 문제를 넘어선 국제문제가 된다.

그런데 이른바 '고노 담화'가 한국에서 회자되게 된 것은 당시보다도 일본에서 '고노 담화의 수정' 가능성이 있다고 알려지게 된 이후다. 그리고 앞으로 말하게 될 고노 담화 이후의 일본의 대응도 한국에서는 여전히 충분히 알려지지 않은 상태다. 한국에서 '사죄도 보상도 안 하는 일본'이라는 이미지가 굳어진 배경에는 그런 식의 정보 부족의 영향도 크다.

1994년에 무라야마 도미이치村山富一 수상은 문제 해결을 위해 국민의 참여를 얻겠다는 구상을 발표했고, 여당 삼당(자민당, 사회당, 사키가케)이 함께 '전후 50년 문제 프로젝트'를 발족시켰다. 이 프로젝트의 소위원회는 문제 해결을 위한 검토에 착수, 국민의 참가를 얻어 문제에 대처하고 여성들의 명예와 존엄 회복을 위한 활동 등을 지원하라고 제언한다. 그리고 1995년에는 중의원 본회의에서「역사를 교훈 삼아 새로이 평화를 위한 결의決意를 다지는 결의決議」가 채택되게 된다. 이어서 당시의 이가라시 고조五十嵐広三 관방장관이 '여성을 위한 평화우호기금'의 사업 내용과 발기인을 발표, 같은 해 7월에 '여성을 위한 아시아 평화 국민기금'(이하 기금)이 발족된다(이때의 이사장은 하라 분베에原文兵衛 전 참의원 의장이었다). 8월에는 모금을 호소하는 호소문이 발표되었는데, 무라야마 수상은 여기에 인사말을 싣기도 했다. '기금'의 활동에 필요한 협력은 정부가 한다는 각의양해가 이루어졌고, 이후 '기금'은 활동을 시작했다.

그런데 지원자들은 한국과 일본 양쪽에서 동시적으로 반대운동에 나섰다. 기금을 '민간'기금으로 간주한 것이 반대 이유였고, 그들은 국회입법에 의한 '국가배상'을 해야 한다고 주장했다. 그리고 그 반대운동은 이후 미국이나 유엔을 상대로 국제화하면서 국제적인 운동으로 커가게 된다. 1996년에 스리랑카의 쿠마라스와미Radhika Coomaraswamy 씨가 지원자들의 목소리를 반영하는 형태로 이 문제에 관한 보고서를 유엔 인권위원장에게 제출하게 된 것은 운동의 최초의 성과였다.

하지만 같은 해에 기금은 '위안부' 한 사람당 200만 엔의 '보상금'과 '총리의 편지', 그리고 한 사람당 300만 엔까지 7억 엔 규모의 의료복지사업을 실시하겠다고 발표했고, 8월부터 '보상사업償い事業'에 들어갔다.

1997년에는 한국에서도 보상이 실시되었지만 격렬한 반대운동이 벌어졌고, 그런 가운데 보상금을 받겠다는 의사를 밝힌 7명의 전前 '위안부'들이 일본 수상의 사죄편지와 보상금을 받게 된다. 인도네시아는 '고령자 사회복지 지원사업'의 일환으로 지급하기로 했는데, 그런 식으로, 피해국에 따라 구체적인 보상 형태는 조금씩 달랐다.

1998년에는 다시 유엔의 '차별 방지, 소수자 보호 위원회'에 맥두걸Gay McDougall 씨가 역시 '입법해결'을 주장하는 단체의 목소리를 반영한 보고서를 제출한다. 2000년에는 무라야마 전 수상이 기금의 제2대 이사장으로 취임했는데, 같은 해 12월, 기금에 반대해온 일본과 한국, 그 밖의 지역의 지원자/관련자들은 도쿄에서 '여성국제전범법정'을 열고 쇼와 천황이 '유죄'라는 판결을 내린다.

같은 기간 동안 기금은 한국 이외의 나라들과는 합의를 이루었고 2002년 말까지 필리핀, 대만, 한국의 285명에게 보상금 지급을 완료하고 2007년 봄에 사업을 종료하고 기금을 해산한다. 그동안 '한국인 위안부'들은 일본 정부를 상대로 재판을 진행했는데, 1965년의 한일협정에서 개인보상 의무는 끝났다는 이유로 대부분 패소하게 된다(야마구치山口 지방재판소에서 이끌어낸 간푸関釜 판결은 유일한 승소 케이스였다).

그런데 2007년 3월, 아베 당시 수상이 "위안부 문제에서 좁은 의미에서의 강제성은 없었다"고 말한 것이 계기가 되어 다시 위안부 문제에 대한 세계적인 관심이 커지게 된다. 그리고 같은 해 미국 하원에서 위안부 문제에 일본의 사죄와 추가보상이 필요하다는 결의를 내놓은 것을 필두로, 캐나다와 오스트리아, 유럽 등 다른 지역들의 의회도 이 문제에 대해 결의를 내놓게 된다. 그런데 유엔 보고서의 경우는, 후에 다시 살펴보겠지만 일본이 한 사죄와 보상을 인정하여 더 이상 발언하지 않겠다는 내용까지, 시간이 지남에 따라 내용이 조금씩 달라지게 된다.

이후 몇 년 동안 일본에서는 위안부 문제가 사회적으로 주목받거나 다루어지는 일은 거의 없었다. 그리고 이 동안 한국 정부는 한일회담 문서를 공개하고, 1965년의 한일협정에서 개인에 대한 보상을 정부가 받았다는 것을 인정하고 '위안부'들을 비롯한 '일제강점기 피해자'들에게 일본의 보상금에 해당하는 금액을 지급하기도 했다(자세히는『화해를 위해서』참조). 이들은 정부나 자치단체의 생활보조금을 받고 있기도 하다.

그렇지만 한국인 '위안부'들과 지원단체는 그 후에도 일본 정부와 세계를 상대로 '사죄와 보상'을 요구하고 있다. 그것은 일본의 사죄를 인정하지 않기 때문이다. 그런 의미에서는, '세계적인 문제'로 간주되고 있지만 다른 나라는 사죄를 받아들였으므로, 현재의 '위안부 문제'란 실은 이 몇십 명의 위안부와 지원단체가 주체가 된 '한국인 위안부' 문제이기도 하다.

그리고 '위안부'들과 지원단체는 "일본군 '위안부'에 대한 배상청구권"

이 있는데도 한국 정부가 일본 측에 그 권리를 행사하지 않는 것은 정부의 책임을 소홀히 한 것이라면서 2006년에는 한국 헌법재판소에 위헌심판을 청구한다. 1965년의 '대한민국과 일본국 간의 재산 및 청구권에 관한 문제의 해결과 경제협력에 관한 협정'에서 양국 간에 '해석상의 분쟁'이 있을 경우에는 제3국과 함께 협의하도록 정한 조항을 근거로 한 소송이었는데, 2011년 8월 30일, 헌법재판소는 피해자들의 요구를 받아들여 한국 정부가 위안부 문제 해결을 위해 나서지 않는 것은 위헌이라는 결정을 내렸다.

한동안 잠잠했던 위안부 문제가 2011년 가을부터 다시 주목을 받게 된 데에는 이런 배경이 있었다. 피해자들을 대상으로 한 보상금 지급사업을 끝낸 상태였던 정부는 이 문제에 적극적인 자세를 취하지 않았지만, 위헌 판결 이후 어쩔 수 없이 협의를 위한 대화를 일본 정부에 요구하게 된다. 그리고 2011년 말의 한일정상회담에서 이명박 대통령이 이 문제의 해결을 강하게 촉구했던 것은 말하자면 정부가 위안부들을 위해 움직이지 않는 것은 위헌이라는 판결을 받았기 때문이다. 그리고 2012년 5월에 일본은 추가조치를 할 수 있다는 의사를 밝혔지만 한국은 거부했고, 대통령은 2012년 8월에 독도에 가는 방식으로 일본에 대한 불만을 나타냈던 것이다.

그동안, 정대협 등의 지원자와 단체들은 미국을 주무대로 해서 자신들의 주장을 호소해왔다. 그리고 2000년대 후반에는 미국과 유럽까지 이 문제에 대한 생각을 공식적으로 밝히면서 '위안부 문제'는 세계가 관심을 갖는 문제가 되었다.

그런 의미에서는 '위안부 문제'란 더 이상 단순히 '사죄하지 않는 일본에 대해 세계가 사죄를 요구하고 있는 문제'가 아니다. 위안부 문제는 이제 '위안부'에 대한 이해와 해결방식에서 일본의 부정자들과 지원자들이 양분되고 한국의 지원자들이 일본의 지원자들과 연대해 세계를 상대로 일본정부에 '압박'을 가하기 위한 운동을 펼치면서 관계국의 '역사인식 전반을 묻는 문제'가 되었다. 말하자면 위안부들에 대한 일본의 사죄와 보상 차원을 넘어서서 각국이 '태평양전쟁에 대한 일본의 인식'을 묻게 된 것이 지금의 '위안부 문제'이기도 하다. 다른 나라와는 해결이 되어 실질적으로는 한일 문제이면서도 그 한편으로 세계가 관심을 갖고 발언하는 문제가 된 것은, 지금 이 문제가 미국과 유럽을 포함한 자국의 역사인식을 묻는 문제가 되었기 때문이기도 하다.

2. '고노 담화'와 강제성

한국인으로서는 처음 위안부 문제를 밝혀낸 것으로 알려진 윤정옥 교수가 『아사히 신문』 기자에게 전달했다는 테이프의 내용으로 소개된 '위안부'의 모습은 이런 것이었다.

> 「위안부의 아픔 절절히」
> 이 여성은 중국 동북부에서 태어나 17살 때 2, 3백 명의 부대가 있는 중국 남부의 위안소로 가게 되었다. 거기에는 5명의 조선인 위안부가 있었고, 매일 3, 4명을 상대해야 했다.(『아사히 신문』 1991. 8. 12.)

이와 함께 신문은 그녀가 "감금당해 도망치고 싶다는 생각밖에 없었다"는 말도 전한다. 하지만 여기서 그녀를 '감금'한 것은 군인이 아니라 직접적으로는 포주였을 가능성이 높다. 그리고 "매일 3, 4명"이라는 숫자는 우리에게 익숙한 '수십 명'과는 많이 다르다. 위안부에 관한 초기의 발표는 실은 현재의 '상식'과는 그렇게 많이 달랐다.

아무튼 그런 식의 문제제기에 따라 일본 정부는 조사에 나섰고, 1993년 8월 4일 당시의 관방장관 고노 요헤이 명의로 발표한 것이 이른바 '고노 담화'다.

이번 조사 결과, 장기간에, 또한 광범한 지역에 걸쳐 위안소가 설치되어 수많은 위안부가 존재했다는 것이 인정되었다. 위안소는 당시의 군 당국의 요청에 의해 설영된 것이며, 위안소의 설치, 관리 및 위안부의 이송에 관해서는 구 일본군이 직접 혹은 간접적으로 이에 관여하였다. 위안부의 모집에 대해서는, 군의 요청을 받은 업자가 주로 이를 맡았으나, 그 경우에도 감언, 강압에 의하는 등, 본인들의 의사에 반하여 모집된 사례가 많이 있으며, 더욱이 관헌 등이 직접 이에 가담하였다는 것이 명확하게 되었다. 또한, 위안소에서의 생활은 강제적인 상태하에서의 참혹한 것이었다.

또한, 전장에 이송된 위안부의 출신지는, 일본을 제외하면 조선반도가 큰 비중을 차지하고 있었으나, 당시의 조선반도는 일본의 통치하에 있어, 그 모집, 이송, 관리 등도, 감언, 강압에 의하는 등, 대체로 본인들의 의사에 반해 행하여졌다.

결국, 본건은 당시 군의 관여하에서, 다수의 여성의 명예와 존엄에 깊은 상처를 준 문제이다. 정부는 이 기회에, 다시금 그 출신지의 여하를 묻지 않고, 이른바 종군위안부로서 허다한 고통을 경험당하고, 심신에 걸쳐 씻기 어려운 상처를 입은 모든 분들께 사과와 반성의 마음을 올린다. 또한, 그런 마음을 우리나라로서 어떻게 나타낼 것인가에 대해서는, 식자의 의견 등도 구하면서, 앞으로도 진지하게 검토해야 할 것으로 생각한다.

우리는 이런 역사의 사실을 회피하지 않고, 오히려 이것을 역사의 교훈으로서 직시해가고 싶다. 우리는, 역사연구, 역사교육을 통해, 이런 문제를 오랫동안 기

억에 남기며, 같은 과오를 결코 반복하지 않겠다는 굳은 결의를 다시금 표명한다.(한국 위키피디아의 번역문)

일본 정부가 "군의 요청을 받은 업자"가 위안부를 모집한 것을 알면서도, 다시 말해 "감언, 강압"을 한 것은 업자라는 것을 알면서도 "본인들의 의사에 반하여" 모집된 것을 중시하여 일본군의 책임을 인정했다는 것을 이 문면은 보여준다.

말하자면 고노 담화가 인정한 것은 우리의 이미지—총칼로 무장한 "군인이 강제로 끌어갔다"는 '강제성'은 아니다. 요청은 군이 했지만 모집은 업자가 했고 그 과정에서 업자들이 한 감언이나 강압이라는 제3의 '강제성'만을 인정한 셈이다. 그렇다는 사실을 알면서도 "조선반도가 일본의 통치하에 있"었고 요청을 한 주체가 '군'이니 그 과정에서 벌어진 일의 간접적 강제성에 대해서도 총체적 책임을 지겠다고 한 것이 고노 담화다. "관헌 등이 직접 이에 가담하였다"는 사례는 앞에서 본 것처럼 정신대 모집의 경우를 착각한 것이거나 개인적인 예외행동으로 보아야 하지만, 일본은, 조선의 여성들이 일본군의 성욕을 해결하는 도구로 사용되게 된 것이 "조선반도가 일본의 통치하에 있"었던 결과, 즉 식민지배라는 정신적 강제체제하의 일이었다고 인정했던 것이다.

그렇게 일본은 위안부 문제를 "군의 관여하에서, 다수의 여성의 명예와 존엄에 깊은 상처를 준 문제"로 인정했고, "종군위안부로서 허다한 고통을 경험당하고, 심신에 걸쳐 씻기 어려운 상처를 입은 모든 분들께 사과와 반성의 마음"을 표명했다. 훗날 논란이 된 '아시아여성기금'은 바로, 여기서 말한 "그런 마음을 우리나라로서 어떻게 나타낼 것인지에 대해서는, 식자의 의견 등도 구하면서, 앞으로도 진지하게 검토"한 결과였다.

일본인 위안부가 아닌 '조선인 위안부'가 많았다는 것은 '조선'에 상대적으로 가난한 여성이 많았기 때문이었다. 그런 식민지의 상황은 식민지배의 본질을 보여준다. 그렇다고 한다면 '조선인 위안부' 문제는 성차별과 계급차별 이상으로 '식민지배' 책임을 물어야 하는 일이었고, 고노 담화는 그 부분을 정확히 파악하고 응답한 담화였다. 다시 말해 '고노 담화'란 "일본을 제외하면 조선반도가 큰 비중을 차지"했다는 사실에 응답한, 위안부 문제를 '식민지배'의 결과로 받아들여 사죄한 담화였다. 이후 다른 나라들이 목소리를 내면서 문제가 복잡해지지만, 그런 의미에서는 고노 담화에서 인정된 '강제성'은 네덜란드나 중국에 대한 강제성과는 다른 차원의 강제성이었다.

3. 여야가 합의한 아시아여성기금

일본은 앞에서 본 것처럼 위안부 문제에 대해 '사죄와 보상'을 하게 된다(박유하, 2005; 여성을 위한 아시아 평화 국민기금; 오무라 야스아키). 그런데 한국에서는 그런 사실이 거의 알려지지 않았고 혹은 일부에 알려져도 그에 대한 비판이 힘을 얻으면서 일본은 '사죄와 보상'을 하지 않았다는 생각이 한국사회의 상식이 되었다. 이에 따라 한국은 세계적인 운동을 펼쳐온 것이지만, 일본에서는 이후 언제까지 사죄를 해야 하느냐는 혐한 감정이 확산되게 된다.

사실 일본의 '기금'은 위안부 문제가 발생하자 곧바로, 위안부 문제를 부정했던 이들의 주장을 억누르고 실시된 보상이었다. 말하자면 기금은 분명 '사죄와 보상'을 위해 만들어진 기구였다. 그러나 한일 양국의 지원단체는 정부의 보상 방식을 단지 일본이 책임을 회피하는 것으로만 간주하고 비난했다. 기금이 오늘의 한국 사회에서 잊혀지고 만 것도 그 때문이다.

일본은 당시 새롭게 법을 만들어 보상하는 대신(즉 국회를 거치는 대신) '여성을 위한 아시아 평화 국민기금'을 만들어 위안부들에게 수상의 편지와 함께 보상금을 전달했다. 그런 방식을 취한 것은 과거청산 문제는 1965년의 한일기본조약으로 해결되었다는 입장이었기 때문이다.

당시는 사회당수이기도 했던 무라야마 도미이치 수상이 내각을 이끌던 때였는데, 무라야마 내각은 그때까지 자민당이 다루지 않았던 역사문제에 대한 대응을 중요시한 내각이었다. "그러나 의원석 숫자로는 자민당이 사회당의 세 배를 차지하고 있었던 데에다 내각의 주요한 자리를 거의 자민당이 차지하고 있었던" 내각이었다. "따라서 참의원이었던 시미즈 스미코淸水澄子가 고노 담화 발표 이후부터 입법을 위해 활동하고 있기는 했지만 의원입법이 성립될 가능성은 낮았다."(쓰치노 미즈호, 「'여성을 위한 아시아 평화 국민기금'의 정책과정에 관한 일 고찰―액터 분석을 중심으로」)

말하자면 '아시아여성기금'이란 그런 상황에서 전후청산 문제에 깊은 관심을 갖고 있었던 무라야마 정부가 차선책으로 만든 것이었다. 당연히 아시아여성기금은 보상을 할 필요가 없다고 주장하는 우파들에게 비난을 받았다. 일본의 진보, 보수 양쪽의 비판을 받으며 사업을 실시했던 것이다. 아시아여성기금은 각의양해에 의해 설립이 결정되었는데, "각의양해에는 전 각료의 합의가 필요했고, 반대파의 설득이라는 정책 결정에 따르는 난관은 의원입법과 다를 게 없다. 일반적으로 각의 결정 때는 각료 간에 논의는 이루어지지 않는다. 관료들에 의한 사전의 '물밑작업'에 따라 각의에 의안이 올라갈 때엔 전 각료의 합의를 얻어야 하게 되어 있으며, 각의는 서명만 하는 것이 보통"인데 "자민당의 경우 모든 정책은 당내의 정무조사회에서 심의를 거치지 않으면 안 되며, 거기에서의 결정은 만장일치를 원칙으로 하고 있"어서 "자민당 각료뿐 아니라 반대파 의원의 합의도 얻지 않으면 각의양해에는 도달하지 못"(같은 글)하는 상황 속에서 이루어낸 일이었던 것이다.

말하자면 자민당 의원의 숫자가 세 배나 되는 국회에서 위안부 문제 해결을 위한 입법이 이루어질 가능성은 거의 없었던 상황에서 '국회'를 제치고 '정부' 중심으로 만들어진 것이 '기금'이었다. 다시 말해, '기금'은 '책임을 회피하기 위해서'가 아니라 '책임을 지기 위해' 만들어진 것이었다. 다만 그 주체가 국회가 아닌 정부였을 뿐이다. 더구나 국회를 통과하기 어려웠던 이유가 꼭 '자민당'이 실질적으로 지배했기 때문이라고 할 수는 없는 것은 '기금'의 성립과 실시에 열심히 나선 이들이 자민당 사람들이었다는 데서도 알 수 있다.

당사자와 지원단체들은 "연립정권에서 다수파를 차지하고 있었던 것은 자민당이며, 시미즈 스미코 등의 여성의원들의 리더십만으로는 법안 제출은 어려웠다"(같은 글)는 상황을 충분히 인식하지 못했는지도 모른다. 더구나 발의가 어려웠던 것은, 위안부 문제를 다루던 소위원회에서는 "정말 강제연행은 있었"는지에 대한 논쟁이 격렬해서 논의가 진전되지 않는 상황에 있었던 것으로 보인다('기금' 홈페이지). 결국 이런 문제에 관한 "정책 지식과 발상을 가지고 있지 않은 남성 의원들이 대부분인 소위원회는 실질적인 기능을 하지 못하고 이름뿐인 위원회가 되었기 때문에 논의가 관저로 가게 되었"(쓰치노 미즈호)던 것이다.

말하자면 국회입법이 불가능했던 것은, 그저 국회의원들이 식민지배에 대한 사죄를 하고 싶지 않아서가 아니었다(물론 그런 이들이 없었다고 단정하는 것은 아니다). '위안부'들이 정말 군에 의해 '강제연행'되었는지에 대한 의

구심과 1965년에 개인보상은 끝났다고 생각한 인식 때문이 국회입법이 되지 않았던 이유였다.

4. '사죄수단'으로서의 기금

일본 정부의 '위안부' 문제에 대한 대응 검토는 1994년 6월, 무라야마 내각의 발족과 함께 시작되었습니다. 검토의 출발점은, 국가보상을 개인에게 지급할 수 없다는 그때까지의 일본 정부의, 관료, 대장성, 그 밖의 관청 등의 원칙이었습니다. 무라야마 내각이 6월에 성립하자, 당시 외무성은 전후 50년 문제 대책을 위해 준비 중이었던 '평화우호교류사업'안을 받아들여 그 항목을 예산안에 넣을 것을 내각에 요구했습니다. '위안부' 문제 등 개별적인 문제에는 대응하지 않고 교류사업을 중심으로 10년간 1000억 엔을 사용한다는 계획이었습니다. 이것이 7월 17일 『아사히 신문』 1면 머리기사로 나게 됩니다. 하지만 이 안에 대해 사회당 각료들이 반발했습니다. 즉 위안부 문제에 대한 대응이 없다는 데에 저항한 것입니다. 관료들이 다시 국가보상을 개인에게 할 수는 없다는 일본 정부의 원칙을 제시하여 정권 내부에서 격한 대립이 표면화되었습니다.

그래서 사회당 정치가, 각료들은 국민이 참여하는 기금을 만들어 '위안부'에 대한 보상을 하자는 아이디어를 냈습니다. 이 사실이 또 8월 13일 『아사히 신문』 머리기사로 보도되었습니다. 「전후보상, 10년 동안 1000억 엔의 평화교류기금 사업, 수상이 결심했다, 위안부 기금 통해 지원」이라는 제목이었습니다. 12일에 수상이 결단을 내렸다는 것을 측근이 밝혔다는 보도였습니다. (중략)

그런데 그런 이야기가 진행되던 도중에, 찬물을 끼얹은 것이 8월 19일의 『아사히 신문』 머리기사였습니다. 방금 하나자키상이 소개한 "전 위안부에게 '위로

금'", "민간기금으로 기금 구상, 정부는 사무비용만, 실질적 '보상償い' 직접보상 피한다"라는 기사가 난 것입니다. 이런 기사가 왜, 어떤 과정에서 쓰여졌는지, 누구에 의해 쓰여졌는지는 아직 조사하지 못했습니다. 아직 '전후 50년 문제 3당 프로젝트'의 첫 회의도 열리지 않은 상태에서 정부 방침이 결정되었다고는 도저히 말할 수 없는 단계에, 이런 식으로 부정적인 보도를 내보내어 방향을 결정하려 하는 악의를 느끼지 않을 수 없었습니다. 이후, '민간기금의 위로금'이라는 말이 없어지지 않는 이미지로 정착되게 되었습니다. 여기서 부여된 틀과 싸워, 어디까지 이 틀을 수정할 수 있는지가 정부 안에 있었던 사람들, 사회당계 사람들의 과제였고 후에 기금에 관여하게 된 이들의 과제였습니다. 그렇지만, 국가보상을 할 수 없어서 국민모금에서 위로금을 내놓는 거라는 설명이 마지막까지 기금의 활동을 속박했고 그 일이 피해자들의 감정에 처음부터 깊은 상처를 입혔다고 말하지 않을 수 없습니다.(와다 하루키, 2012, 59~61쪽)

'기금'의 발기인이자 전무이사로서 오랜 기간 동안 '위안부' 문제 해결을 위해 혼신의 노력을 다해온, 일본의 전후를 대표하는 지식인 와다 교수의 증언은, '기금'이 전쟁에 대한 반성의식이 강한 사회당을 중심으로 만들어진 정책이었고, '전후보상'을 위해 마련한 예산으로 지급될 것이었으며, 따라서 '국가'의 보상이었다는 사실을 명확히 말해주고 있다. 와다는 "국민이 돈을 내는 것은 정부가 돈을 내도록 하는 마중물이라는 생각을 갖고 있"(같은 글, 62쪽)었다고 말한다. "아시아여성기금은 내각의 결정에 의해 설립된 재단법인"이었고, "이 법인의 결정과 행동은 내각부와 외무성의 대표자가 항상 감독하고 있었고, 모든 문서는 이들 관청의 검토를 거쳐 작성, 인쇄되었"다. "즉 정부의 결정에 의해 만들어진, 어떤 의미에서 정부의 방침을 실행하는, 그런 재단법인"(63쪽)이었다.

그런데 그것을 단순한 '민간기금'으로 오인한 누군가가 아직 구체적인 방향이 정해지기도 전에 딱지를 붙이고 나섰던 것이다.

일본 정부는 이제까지 조선반도 출신자를 중심으로 하는 전 위안부 출신 여성에 대해서는 '정부에 의한 개인보상은 하지 않는다'는 방침을 취해오고 있으며, 한국의 김영삼 대통령도 보상을 요구하지 않겠다는 생각을 밝힌 바 있다. 이 때문에 이번 구상에서는 정부로부터의 비용 지출을 사무관계로 한정, 최대치를 모금 규모 전체의 2, 30퍼센트로 억제한다는 점과 이 모금을 위안부 문제 이외의 전후 처리에도 돌리는 방식으로 종래의 방침을 바꾸지 않고 간접적/실질적으로 전 위안부에 대한 '쓰구나이償い'를 실현할 수 있다고 규정하고 있다.

'미마이킨見舞金'의 대상이 되는 위안부는 1000명쯤 되는 것으로 보고 있다. '미마이킨'과 함께 무라야마 도미이치 수상의 이름으로 사죄의 편지를 전 위안부에게 보내는 안도 부상 중이다. 이 구상은 아시아의 청소년 등과의 인적 교류, 전쟁에 관한 역사자료 수집 등 '미래지향'의 시책을 중심으로 하는 총액 1000억 엔 규모의 '평화우호교류사업'(가칭)과는 별도의 것으로 병행해서 검토 중이다. "'미래지향' 시책만으로는 전쟁 중의 반인류적인 행위의 쓰구나이는 안 된다"고 하는 전 위안부들의 강한 불만이 있기 때문이다. 무라야마 정권으로서는 그 불만에 부응해 '과거청산'에 진지하게 임하는 자세를 보이고 싶다는 생각이 있어서, 개인보상이 되지 않는 범위 내의 궁여지책으로 구상을 짜고 있다.(『아사히 신문』, 1994. 8. 19.)

이 기사는 '미마이킨'(위로금)이라는 말로 기금의 성격을 규정짓고 있기는 하지만, 동시에 '기금'이 '간접적'인 형태를 취한 '실질적' 보상이었다는 사실도 명확히 알려준다. 말하자면 '기금'은 1965년의 협정 때문에 '개인

보상'은 안 된다는 원칙은 고수하면서 '궁여지책'으로 마련한 정책이었다. 무엇보다 중요한 것은 '위안부'들의 "불만에 부응해 '과거청산'에 진지하게 임하는 자세"로 만든 정책이라는 점이다. 말하자면 정부가 피한 것은 '국가보상'이라는 내용이 아니라 '직접보상'이라는 형식이었을 뿐이다. 그러나 와다 교수의 말대로 오해는 깊어만 갔고, 이후 '기금'은 지원자와 부정자 양쪽에서 쏟아지는 비판 속에서 고독한 사업을 이어갈 수밖에 없었다.

이미 정권이 바뀌고 말았지만, 오랫동안 '기금'을 비판해왔던 이들은 정권이 바뀌는 것을 기대하고 있었던 듯하다. 하지만 민주당 역시 '개인보상'은 안 된다는 원칙을 넘어서지는 못했고, 마지막에 이명박 대통령에게 제안한 것도 '인도적 조치'라는 이름의 보상이었다. 전후 처음 이루어진 정권교체 이후 최초로 수립된 2012년의 정책도 연립정권에 의해 1994년에 만들어진 정책과 전혀 다를 바가 없었던 것은 그것이 '국가'의 원칙이었기 때문이다.

그러나 '기금'은 강제연행을 부정하는 이들의 반대에 맞서 만들어진 것이었다. 그런 의미에서 높이 평가할 만한 결정이었다. 고노 담화에서 보여준 것처럼, 강제연행을 긍정한 것은 아니지만 구조적인 강제성을 인정한 기구였다.

하지만 한국과 일본의 비판자들의 목소리에 묻혀 결국, '문제의 중요성을 인지한 양심적 관료'들과 정부의 정책에 호응해 국민모금에 적극적으로 호응한 일반 국민들의 존재가 한국에 알려지는 일은 없었다. 한국 언론들이 직접 관계자들에게 취재하지 않고 지원단체의 의견만을 보도한 결과다. 결국 지원단체의 의견만을 전 국민이 공유하면서 20년이 지난 것이다. 2011년의 헌법재판소 판결 이후 한일관계가 심각한 국면에 빠져들게 된 것도 그런 과정이 만든 것이었다.

5. '위로금'인가 '속죄금'인가

'기금'을 반대한 이들은 '기금'의 주체를 '민간'으로만 생각해왔다. 하지만 앞에서 살펴본 것처럼, '기금'은 어디까지나 일본 정부가 국민과 함께 독자적으로 책임을 지기 위해 만든 기구였다. 1965년의 한일기본조약이라는 제약과 '강제연행'에 대한 의구심 때문에 국회에서는 합의를 보지 못해 그 책임 주체가 정부로 넘어갔을 뿐이다. 형식은 '민간'이었지만, 실제로는 정부가 '국고금'을 반 이상 사용한 보상이었다. 국민모금이 모자랄 경우에는 정부가 끝까지 관여하겠다고 약속했고, 실제로 사업이 종료된 시점에서 일본 정부가 국고금에서 지출한 금액은 전체 사업비용의 90퍼센트에 가까운 금액이었다(와다 하루키, 2011, 53쪽)고 하니 실질적으로는 국가보상이었다. 그런데 기금은 앞에서 살펴본 것처럼 보상사업에 대해 '쓰구나이償い'라는 말을 쓰고 있다. 이 부분에 대해 다시 와다는 이렇게 말한다.

> 기금이 쓴 '쓰구나이償い'라는 말은 '보상補償'이라는 말과 구별되어 사용되었습니다. 영어로는 補償은 compensation, 償い는 atonement라고 번역되었습니다. atonement라는 말은, 종교적인 단어로 속죄, 죄를 씻는다는 의미를 갖는 영어입니다. the를 붙여 대문자로 the Atonement라고 쓰면 예수 그리스도의 속죄를 의미합니다. 이에 따라 기금 사업은 사죄에 근거한 행위라는 것을 전하려 했던 겁니다. 영어로 설명을 들은 필리핀과 네덜란드가 아시아여성기금에 대해 다른 곳보다 더 이해해준 것은 이 부분과 관련되어 있는지도 모릅니다. 한국어로는 補償도 償い도 다르게 번역할 수 없어서 똑같이 '보상'이 될 수밖에 없습니다.(와다 하루키, 2012, 64~65쪽)

그런데 『아사히 신문』의 보도 이후에 난 항의광고에는 "우리는 민간기금에 의한 위로금이 아니라 일본 정부의 직접 사죄와 보상을 원합니다"라는 말이 보인다. 기금을 전적으로 '민간'기금으로, 보상금을 단순한 '위로금'으로만 이해한 것이다. 같은 광고에 게재된 전 '위안부' 김학순 할머니도 기금을 '미마이킨見舞金―위로금'으로 인식하고 있다. 그래서 그들은 "민간인에게 무슨 죄가 있다는 말입니까"(김학순), "나는 거지가 아닙니다. 민간인들한테서 모은 동정금은 필요없습니다"(이순덕)라고 말한다(「의견공고」, 『마이니치 신문』, 1994. 11. 30.). "돈만 건네주면 된다고 생각하는가?"(송신도)라는 항의 역시, '기금'이 정부의 '전후청산' 작업의 일환이었다는 사실이 전혀 이해되지 않았다는 것을 보여준다.

그런데, 같은 광고에서 재일교포 송신도 할머니는 "위로금見舞金을 받으면 주위 일본 사람들이 경멸한다"고 말한다. 그녀는 '주위의 경멸'을 두려워했던 셈인데, 그녀가 말하는 '주위 일본 사람들'이란 누구였을까. 그들이 지원자들이라면, '위안부'들이 지원자들의 눈을 의식했다는 이야기가 된다. 그들이 직접적인 관계가 없는 '일반 일본인'들이라면, '일본'을 앞에 두고 '조선인'으로서의 긍지를 의식한 발언일 터이다. 다시 말해 이 발언은 당사자 자신만의 의견이 아니다.

이 광고는 "위로금이란 의무가 아니다. 법적 배상이란 의무를 지는 일이 된다"고 말한다. 그렇지만 기금의 운영은 국고금으로 이루어진 것이었다. 일본은 '법적 의무'가 있다고는 생각하지 않았지만 '도의적 의무'를 다하려고 했다. 하시모토 류타로橋本龍太郎 수상이 편지에서 '도의적 책임'을 지겠다고 말한 것은 그런 의미로 이해해야 한다. 또 그들이 '법적 의무'가 없다고 생각한 것은 실은 '사죄와 보상'을 하고 싶지 않아서가 아니라 1965년의 한일협정을 통해 '법적 책임'은 다했다고 생각했기 때문이었다. 그리고 이미 '사죄와 보상'을 다한 모범국으로 인식되는 독일의 '기억·책임·미래 재단'의 보상도, 와다가 지적하는 것처럼(앞의 글), '도의적 책임'을 지는 보상금이었다.

와다에 의하면, 필리핀과 네덜란드에는 피해자를 찾기 위한 공고를 낼 때 atonement라는 영어가 사용되었는데, 그 단어의 의미가 오해 없이 받아들여진 듯하다. 그런데 한국에서는 '보상'이라는 말조차 기피되었고, 일본의 비판자들과 똑같은 오해와 공격이 나오게 된 것이다.

위안부 피해자 위로금
日 민간기금 "지급 강행"(『동아일보』, 1997. 1. 13.)

이런 제목을 단 기사는 '국가로서 도의적 책임을 통감'한다고 쓴 수상의 편지를 인용하면서 이렇게 적는다.

> 서울을 방문한 한 기금 측 관계자는 12일 오전 "보상금(위로금) 등 500만 엔을 받기로 한 한국인 피해자 7명은 지난해 12월 16일과 24일 보상금 등을 받겠다는 편지를 기금 측에 보내왔다"며 "이들처럼 보상금 등을 받겠다는 피해자가 있는 한 우리의 사업을 계속할 것"이라고 밝혔다.(이낙연 기자)

이 기자는, '보상금'이라는 단어에 굳이 '위로금'이라고 다시 적는다. 기금의 성립 과정에 대한 충분한 이해 없이 자신의 해석을 추가하는 것이다.

말하자면 '기금'을 둘러싼 공격과 대립은 하나의 단어를 둘러싼 '해석'의 싸움이기도 했다. 그런데 앞서의 『마이니치 신문』 광고에 실린 네덜란드의 '도의적 보상 청구 재단'은 일본 정부에 대한 요구사항을 '모든 피해자에게

개인보상을 함으로써 고통과 손해를 보상하는 일全被害者に個人補償することによって苦しみと損害を償うこと'이라고 쓰고 있다. '쓰구나우償う'란 그런 단어다. 말하자면 한자에서도 알 수 있듯, '보상補償'의 뜻이자 '속죄'의 의미를 갖는다. 아니, 사실 '쓰구나우'는 와다 교수가 설명한 것처럼 '보상'보다 '속죄'의 의미가 더 강하다.

그러나 기금을 완전한 '민간기금'으로 이해한 이들은 일본 정부가 전달한 '쓰구나이킨償い金'을 단순한 '위로금'으로 격하했다. 한국 사회에서 '보상은 없었다'는 이해가 주류가 된 것은 그런 경과를 거친 결과였다. 그러나 '도의적 책임'을 지는 뜻으로 건넨 그 돈이 일본 정부와 국민들의 '속죄'의 마음이 담긴 보상금이라는 것만큼은 분명한 사실이다.

일본은 기금의 사업이 끝난 지금도 일부 '위안부'들에게 사후지원을 하고 있다(특정비영리활동법인 C²SEA 朋: Create Common Space in East Asia, Tomo, 〈사진 8〉 참조). 이 단체의 팸플릿에는 "혼자 쓸쓸히 세상을 떠나는 것을 그냥 보고만 있을 수는 없습니다—'위안부'가 되었던 분들에게 보살핌을. 가르는 바다=이어지는 바다, 동아시아와 일본—지금, 과거를 돌아보며 만드는 미래"와 같은 문구가 보인다. 그러나 그런 사실 역시 한국에는 알려지지 않는다.

필리핀의 경우는 지원단체가 처음에는 반대하다가 당사자들의 의견을 존중해서 국민기금을 지급받았다. 네덜란드의 경우는 연합국의 일원이었기 때문에 전후처리에 따른 조약에 의거해 추가보상을 받지 않고 수상의 편지를 전달하는 것으로 처리되었다. 그리고 그 편지를 받은 이들의 감상은 이들이 기금을 긍정적으로 받아들였다는 것을 보여준다. 말하자면 한국과 대만이 가장 치열한 갈등을 겪었던 것인데, 그건 뒤에서 보듯이 이들 나라/지역이 일본의 식민지였다는 관계성이 만든 갈등이었다.

사진 8 '시투시 토모'의 팸플릿. "아시아여성기금 해산 후 그 사업을 '팔로 업'하는 위탁사업으로서 한국의 前 위안부를 케어, 지원하고 있다. 한국 각지의 '위안부' 피해 당사자들을 순회방문하여 의료 및 복지의 직접적인 지원과 함께 장보기, 식사, 청소, 빨래 등을 돕고, 생활상담 등을 포함하여 심신의 케어를 하고 있다."

6. 위안부/지원단체의 분열과 당사자주의의 모순

한국에서는 국민기금의 사업 실시 첫해였던 1997년에 7명이, 그리고 현재까지 총 61명이 보상을 받았지만, 지원단체는 기금을 반대했기 때문에 기금과 위안부를 연결하는 공식 창구가 없었다. 그렇지만 초기에 받은 이들은 지원단체의 격한 비난을 받았고, 한국 정부의 보상금 지급에서 제외되었다. 기금을 받은 이들이 있다는 사실이 아직껏 알려지지 않고 있는 것은 그런 비난이 있었기에 당사자들이 말하지 않기 때문이다. 심지어 현재 일본대사관 앞에서 벌이는 수요시위에 참여하는 이들 중에도 기금을 받은 이가 있다고 기금 관계자는 말한다.

그런데 이 과정에서 지원단체와 격하게 대립하는 위안부들도 있었다. 그들은, 지원단체가 자신들을 이용해서 권력을 얻었고(실제로 지원단체 관계자

제3부 냉전 종식과 위안부 문제 187

중에는 상을 받거나 장관이 되거나 국회의원이 된 이가 많다), 자신들을 '앵벌이' 시키고 있다고까지 주장한다. 자신들의 재판을 지원하고 헌신적으로 돌봐 준 이들은 한국의 지원단체가 아니라 일본인이라는 것이다(인터넷신문『시티뉴스』에 실린 심미자 할머니의 증언).

그러나 살아생전에도 사회를 향해 한껏 목소리 높여 외쳤고 죽음을 앞에 두고 그 외침을 CD에 담아 공증해 인터넷 언론매체에 남기기까지 한 그녀의 한 맺힌 '유서'도 우리 사회에 널리 알려지는 일은 없었다. 그런 상황은 이 할머니의 주장의 정당성 여부를 떠나, '위안부' 문제를 둘러싸고 우리 사회의 언론이, 지원단체가 보호하는 위안부 이외의 위안부에게는 관심이 없었다는 것을 말해준다. '기금'의 보상금을 받고 일본의 사죄를 받아들인 '위안부'가 61명이나 있다는 사실을 세상에 알린 것도 일본의 지방신문이었다.

정대협은, 기금을 부정하고 일본에 '입법'을 요구하는 이유는 위안부들 자신이 '입법'을 원하고 기금을 부정하기 때문이라고 말한다. 그저 '당사자'의 뜻을 존중하고 있을 뿐이라는 것이다.

그러나 지원단체가 말하는 '당사자'들이란 어디까지나 지원단체의 생각에 따르는 이들에 한정될 뿐이다. 말하자면 '당사자'는 하나가 아니다. 그러나 지원단체와 의견을 달리하는 위안부들의 존재는 우리 사회에 거의 알려지지 않는다.

또 사실은 '정대협' 역시 하나가 아니다. 서울에서 활동하는 정대협만 주목을 받고 있지만, 위안부를 지원하는 단체는 서울에서 정대협이 발족한 이후에도 생겼고 그중에서도 부산의 정대협은 서울 정대협의 발족 당시부터 함께 활동한 김문숙 관장이 사재를 털어 위안부의 일본에서의 재판을 지원하고 자료를 풍부하게 갖춘 전시관('민족과 여성 역사관')까지 지었다. 서울 정대협은 국가 전체의 주목과 지원을 받아왔지만, 부산 정대협은 언론의 관심이 서울에만 쏠렸던 탓에 거의 주목을 받지 못했고 2012년 가을에는 재정난에 처해 전시관이 폐쇄될 위기에 처하기도 했다(『여성신문』, 2012. 10. 19.).

김문숙 관장은, 과거에 기금에 반대했지만 지금은 "그때 받아들였으면 좋았을 것"이라고 말한다. 그러면서 기금을 여전히 비판하는 서울 정대협의 주장을 비판한다(2013년 4월 1일, 필자의 인터뷰).

말하자면 위안부도 하나가 아닌 것처럼 지원단체도 하나가 아니다. 위안부들이 기금을 부정하는 것은 있을 수 있는 일이지만, 그렇다 하더라도 기금을 수용한 위안부가 있다는 사실이나 기금에 대해 더 이상 비판적이 아닌 지원단체도 있다는 사실은 알려질 필요가 있다.

무엇보다, 설사 모든 위안부와 지원단체가 기금을 부정한다고 해도, 그 부정이 앞에서 본 오해에 연유한 것이었다면, 모두가 함께 이 문제를 다시 합리적으로 풀 방도를 강구할 필요가 있다. 더구나 위안부 문제가 전 국민의 관심사가 된 이상, 해결 방식에서도 더 이상 '그들만의 문제'로 남겨둘 수는 없는 일이다. 물론 그 방도가 당사자의 의사를 부정하는 일이 되어서는 안 될 것이다. 어디까지나, 당사자들에게 더욱 많은 정보를 제공하고 이해받고 그들이 납득할 필요가 있다.

그동안 지원단체와 위안부의 '해결운동'이 길어지면서, 또 운동이 대외적으로 성공하면서, 수요시위를 비롯한 '위안부 문제' 해결운동은 어느새 해결 자체보다도 일본 정부를 압박하는 '한국의 힘'을 확인하는 싸움이 되고 있다.

하지만 성공 가능성이 희박한 '운동'을 20년 동안이나 계속하면서 병들고 나이든 위안부들에게 '한국의 자존심'을 대표하게 하는 것은 과연 '당사자'의 뜻을 존중한 일이었을까. 그녀들을 노구에 채찍질하며 길거리에 나서는 '투사'로 만든 것은 너무 가혹한 일이 아니었을까. 이미 한 번 국가의 보호를 받지 못하고 원치 않는 길을 가야만 했던 그들에게, 그런 식으로 '올바른' 민족의 딸이 되기를 요구하는 것은 또 하나의 '민족'의 억압이 아니었을까.

한 개인으로서의 '위안부'의 또 다른 기억이 억압되고 봉쇄되어온 이유도 거기에 있다. 일본 군인과 '연애'도 하고 '위안'을 '애국'하는 일로 생각하기도 했던 위안부들의 기억이 은폐된 이유는 그녀들이 언제까지고 일본에 대해 한국이 '피해민족'임을 증명해주는 이로 존재해주어야 했기 때문이다. '위안부'들에게 개인으로서의 기억이 허용되지 않았던 것도 그 때문이다. 그녀들은 마치 해방 이후의 삶을 건너뛰기라도 한 것처럼, 언제까지고 '15살의 소녀 피해자'이거나 '싸우는 투사 할머니'로 머물러 있어야 했다.

피해자임을 확인하고 싶어하는 우리 사회의 그런 욕망은, 일본 군인에 대한 사랑도, 자신을 판 부모나 조선인 업자나 '주인'에 대한 미움도, 그리고 해방 후에도 50년 동안 이어진 차가운 '한국인'의 시선도 잊고, 소거시킬 수밖에 없다. 오로지 일본이라는 국가에 대한 원한만을 되살리기를 그녀들에게 요구하는 것이다. 20여 년간 이어진 '위안부 문제'란, 지원단체를 비롯한 한국 사회의 그런 욕망과 기대가 우선시되면서 '당사자'들의 '지금, 이곳'에서의 고통은 잊혀진 문제이기도 하다.

실제로 기금의 수령 여부를 둘러싸고 당사자들은 심각한 분열과 후유증을 겪었고, 건강을 해친 한 할머니는 본인이 다른 이에게 수령을 거부하도록 강하게 촉구한 일이 건강 악화의 원인인 것 같다고 말했다고 한다(하나후사 에미코). 그것은 분명 국가의 또 다른 억압이었다.

기금을 반대했던 이들은 위안부 안의 분열과 지원자와 위안부의 분열이 '기금' 탓이라고 말하지만, 그것은 기금에 대한 이해가 처음부터 부정적이었기에 하는 말이다. 실제로는, 기금의 존재 자체가 아니라 기금을 만든 정부에 대한 지원자들의 이해 부족이 위안부들을 분열시켰다.

'조선인 위안부'들이 위안소에서 겪은 강간이나 가혹한 노동의 원인은 식민지배와 국가와 남성중심주의와 근대자본주의가 빚은 가난과 차별에 있다. 나아가 그들을 그런 장소로 내몬 가부장제에 있다. 다시 말해 구체적으로 그 시스템을 만들고 이용한 것은 '일본군'이지만, 직접적인 책임은 그런 시스템을 묵인한 국가에 있다.

그러나 국가가 군대를 위한 성노동을 당연시한 것은 사실이지만, 당시에 법적으로 금지되어 있지 않았던 이상 그것에 대해 '법적인 책임'을 묻는 것은 어려운 일이다. 또 강제연행과 강제노동 자체를 국가와 군이 지시하지 않은 이상(일본군의 공식 규율이 강간이나 무상노동, 폭행을 제어하는 입장이었던 이상) 강제연행에 대한 법적 책임을 일본 국가에 있다고는 말하기 어려운 일이다. 다시 말해 위안부들에게 행해진 폭행이나 강제적인 무상노동에 관한 피해는 1차적으로는 업자와 군인 개인의 문제로 물을 수밖에 없다.

그렇다고 한다면, 그런 개인이 거의 세상을 떠났거나 찾기 어려워진 이상 '범죄'로서 책임을 물을 대상은 이미 없다고 해야 한다. 대신, 구조적 강제성을 만든 책임 주체로서, 일본 국가가 그런 개인들의 '범죄'에 대한 책임과 함께 위안부들의 불행을 만든 구조적인 '죄'에 대해서 책임을 질 수는 있다. 범죄에 대한 책임을 의무적인 배상으로 질 수 있다면, 죄에 대해, 의무가 아니라도 책임을 지는 일은 가능하다. 그리고 그것이 '도의적 책임'이라는 말로 표현된 것이 90년대의 일본의 사죄와 보상이었다. 그러나 90년대의 보상은 그렇게는 이해되지 않았던 것이다.

제2장

정치화된 일본의 지원운동

1. '위안부 문제'의 도구화

앞에서 본 것처럼, 한국의 정대협만 일본의 '사죄와 보상' 방식을 비판해온 건 아니다. 일본의 지원자들 역시 '조선인 위안부'에 대한 이해가 불충분한 상태에서 일본 정부를 격하게 비판해왔다.

일본에서 위안부 문제는 진보좌파세력을 중심으로 한 '전후 일본'의 교육을 받은 선량한 시민들이 '제국 일본'을 비판하는 방향으로 전개되었다. '조선인 위안부' 문제가 '제국 일본'의 국민동원의 연장선에서 발생한 이상, 운동이 '제국 일본'을 비판하는 방향으로 흐른 것은 당연한 일이기는 했다. 하지만 '위안부'를 지원했던 이들은 한발 더 나아가 '위안부' 문제가 전후 50년 가까이 지난 시점에서 문제화된 것을 '전후 일본'의 문제로 생각했고, 운동은 그런 일본을 존속시킨 것으로 간주된 '현대 일본' 비판으로 향했다. '전후 일본'과 '현대 일본'을 살아온 일본 국민 전체의 가치관을 다시 묻고 확인하는 운동이 되었던 것이다. 그리고 위안부 문제의 해결이 어려웠던 것은 바로 그런 식으로, 운동이 '현재'를 묻는 운동이 되었기 때문이기도 하다.

사실 위안부 문제에 대한 부정은 1991년 '위안부' 문제가 '문제'로서 세상에 제기되었을 때 곧바로 시작되었다. 니시오카 쓰토무西岡力의 「위안부 문제란 무엇이었는가」(『분게이슌주文藝春秋』 1992. 4.), 이타구라 요시아키板倉由明의 「검증 위안부 사냥 참회 진상: 아사히 신문에 공개 질문, 아비규환의 강제연행은 정말 있었는가」(『쇼쿤諸君!』, 1992. 7.), 우에스기 지토시上杉千年의 「총괄 위안부 노예사냥의 '꾸며낸 이야기'」(『지유自由』, 1992. 9.), 고노 담화 후의 가토 마사오加藤正夫의 「고노 관방장관 담화에 이의 있다, 위안부 강제연행은 사실무근」(『겐다이 코리아現代コリア』, 1993. 10.) 등은 그런 반발 중의 일부이다. 이런 반발의 대부분은 '위안부'를 그저 '자발적'인 매춘부로만 인식하는 경우가 많았지만, 그래도 그들의 비판은 '사냥'이라는 표현이나 '군이 강제로 끌어'갔다는 주장에 대한 이의제기, 즉 '강제연행'에 대한 문제제기였다.

그런데 위안부 문제를 심각하게 받아들이고 문제 해결에 나섰던 이들은 그런 의문들을 곧바로 '제국 일본'에 대한 반성이 없기 때문에 나오는 것으로 치부했다. 그리고 그런 상황을 그대로 (과거에 대한 반성이 없는) '현대 일본'의 문제로 받아들였다. 이후 일본의 지원운동이 '강제'나 '사냥'의 주체였던 '업자'나 포주의 존재를 완전히 무시하고 '일본군'과 '제국 일본' 비판과, 그들의 흐름을 이어받는 '현대의 우익' 비판에 집중하게 되는 것은 바로 그 때문이었다.

문제는 이들 지원자들이, 위안부 문제 자체를 부정하는 이들과 일본 정부를 똑같이 취급했다는 점이다. 일본 정부는 '고노 담화'를 발표하긴 했어도 (샌프란시스코 조약에 근거해) "국가와 국가 간의 전후보상은 처리되었" (『아사히 신문』, 1994. 6. 17.)다는 입장이었다. 그러다가 "지금까지 개인보상은 실시하지 않는다고 해왔지만 민간단체의 기금을 통해 전前 위안부를 지원하는 조치를 강구함으로써 보상에 가까운 형태의 해결을 지향한다"(『아사히 신문』, 1994. 8. 13.)면서 '여성을 위한 아시아 평화 국민기금'을 발족시켰던 것이다. 하지만 이때 지원자들은 "어디까지나 (책임을) 회피하기 위해 구상"된 것으로 간주하면서 "민간단체의 거죽옷을 쐬"(스즈키 유코, 1997, 237쪽)운 것에 불과하다고 비난했다.

그런데 이 비판은 당시의 정치상황을 "무라야마 도미이치 사회당 수반 정권은 미일안보 반대에서 유지, 자위대 반대에서 용인이라는 자민당의 정책·노선 쪽으로 크게 기울어져서 사회당의 주체성을 포기"한 것으로 받아들이면서 "이러한 무라야마 내각에서 사회당의 전후배상 정책도 급변하여 '개인보상·국가배상'에서 '위문금' 구상으로 전환, 여당 내에 전후 50년 프로젝트, 동 프로젝트·종군위안부문제소위원회가 만들어져서 95년 5월 '국민기금'을 발족"(스즈키 유코)시키게 되었다고 이해하면서 행해진 비판이었다. 말하자면, 당시 정권의 안보정책 전환에 대한 비판이 그대로 전후배상정책에 대한 불신으로 표명된 셈이다. 말하자면 이 비판은 '전후 일본'의 안보정책을 담당해온 '자민당' 정권에 대한 불신과 (사회당 정권이긴 하지만) 그 정책을 이어받았다는 것으로 인한 당시 '정부'에 대한 불신이 만든 것이었다.

당시의 일본 정부가 나름대로 책임의식을 가지고 있었다는 건 "자민당과 관료는 법적 책임을 인정하지 않았고, 국가자금으로 개인보상을 실시하는 것에는 반대했습니다. 그렇지만 도의적 책임은 인정했고, 사죄하고 보상사업을 실시한다는 것에는 찬성했습니다. 사회당은 법률적 책임을 인정하고 국가보상을 실시하자고 주장하였으나, 통하지 않았습니다. 그래서 **자민당과 관료가 합의하는 범위에서 보상사업을 실시하게 되었습니다**"(와다 하루키, 미출간원고)라는 증언을 통해서도 확인된다.

당시의 신문은 「'개인배상'으로 대립, 여당 삼당」이라는 제목으로 "여당 삼당 수뇌회의에 동석한 이가라시 관방장관이 갑자기 제3의 기관을 통해 전 위안부에게 돈을 지급하는 것이 좋을 것 같다"고 "말을 꺼냈다"며, 이 발언이 "전 위안부를 위한 복지시설 건설이나 의료 부담 등 **간접적인 보상을 국비로 충당**하는 착상을 정부 내에서 검토하도록 한" 결과였다고 전한다(『아사히 신문』, 1995. 6. 15.). 자민당과 사키가케가 "국가 간의 배상은 완료되었다"고 반발하며 "마음대로 할 거면 예산은 인정 못 한다"고 했고, 자민당 간부가 "수상 관저가 주도하는 진행 방식에 불신감을 숨길 수 없다"(같은 기사)면서 반발하는 가운데, 정부가 보상을 하기로 결정하고 간접적인 보상이나마 "국비로 충당하는" 정책을 강행했다는 상황이 명확히 보이는 것이다. 심지어 당시의 한국 정부(외무부)는 '기금'에 대해 "지금까지의 당사자들의 요구가 어느 정도 반영된 성의 있는 조치"(『아사히 신문』, 같은 날짜의 다른 기사)로 받아들였다.

'기금'은, '자민당과 관료의 합의'를 바탕으로, 전후배상에 관한 조약 때문에 직접적인 국가보상이 불가능했던 한계를 돌파하기 위한, 말 그대로 "민간기금의 겉옷을" 입혀서, "간접보상"을 하려 했던 일본 정부의 궁여지책이었다. 그건 '기금'이 "내각의 결정에 의해 설립"되어 "법인의 결정과 행동은 내각부와 외무성의 대표자가 항상 감독하고 있었고 모든 문서는 이들 관청의 검토를 거쳐 작성, 인쇄되었으며", "기금의 사무국장 이하 유급 직원의 인건비, 활동비, 사업비는 모두 정부 예산이 부담"하는, "정부의 정책을 실시하기 위한 재단법인"(와다 하루키, 2012, 63~64쪽)이었다는 점을 봐도 분명하다.

그리고 위안부 문제를 일본 사회에 제기한 주역이었던 『아사히 신문』은 "민간모금에 의한 '위로금'으로 국가의 '사죄'가 될 수 있는가"라는 의문을 드러내면서도 "이런 방식을 취할 생각이라면, 정부가 책임을 통감하고 있다는 것이 그녀들의 가슴에 전해질 수 있도록 하기 위해 많은 노력을 다해야 한다"(사설, 1994. 9. 2.)고 말했다. 다른 진보신문 역시 "백보 양보해서 민간기금에 의존한다고 하더라도 국가로서 보상 정신을 분명하게 전달하지 않으면 안 된다"(『마이니치 신문』 사설, 1994. 9. 2.)는 등 정부가 사업을 잘 해낼 수 있도록 주문을 달았다. 이들은 '기금'이 '국가보상'의 마음을 담은 것임을 제대로 이해했던 것이고, 이러한 의견들이야말로 당시의 '일본 국민'의 다수의 생각이었음에 틀림없다.

하지만 지원자들은 변함없이 기금을 반대했다. 이들은 기금을 "또 다른 형태의 폭력', '국가의 전쟁범죄를 재은폐하기 위한 것"으로 단정하고, 정부가 말하는 '도의적 책임'이라는 표현은 "법적 책임을 회피하기 위한"(스즈키 유코, 239쪽) 것으로만 생각했다.

이들은 "'국민기금'은 겨우 싹트기 시작한 일본인의 주체적 전쟁책임을 더 자라기 전에 뽑아버리기 위해 구상된 것이나 마찬가지"(스즈키 유코, 238쪽)라거나, 정부의 '기금' 정책은 "사회의식을 변화시켜 나가는 것을 경시"(니시노 루미코, 140쪽)한 것이라고 말한다. 그리고 '기금' 창설에 대해 "일본 정부의 자세를 바로잡을 기회가 도래했을 때 그 싸움을 포기하는"(같은 글, 141쪽) 것이라고 말한다.

지원자들은 이렇게 '위안부' 문제를 '일본 사회의 개혁'과 결부지어 생각하고 있었다. 말하자면, 지원자/단체들이 일본 정부의 인식과 부정파들의 인식을 똑같은 것으로 취급하고 '기금'에 반대하게 된 것은 자신들의 정치

철학을 반영한 '일본 사회'에 대한 열망 때문이었다. 위안부 문제가 '일본'의 현실정치를 바꾸는 수단으로 변질되기 시작한 것이다. 그들의 비판이 단지 '과거'나 '제국' 비판에 그치지 않고 '현재'와 '우익'을 그런 과거를 이어받는 것으로 간주하고 비판하는 식으로 전개된 것도 그 때문이었다.

'위안부' 문제를 둘러싼 한국 측의 이해가 "일본의 정치·사회적 현실이 그런 분위기였기 때문에 기금안을 점점 주저한다", "일본이 이렇게까지 과거의 비인도적 범죄를 은폐하고 호도·옹호하려 한다"(이효재 외, 「역시 기금 제안은 받아들일 수 없다─한일 간에 가로놓인 심연의 깊이를 바라보며」, 『세카이 世界』, 1995. 11.)는 식이었던 것도 일본의 지원자/단체들의 영향을 받은 것으로 보인다. 그래서 그저 일본 정부의 정책을 "얼마간의 돈이나 물질적 이익으로 모든 현안을 결말지으려 한다"(같은 글)고만 받아들였던 것이다.

한국이 일본 정부와 '위안부' 문제 자체를 부정하는 이들을 구별하지 않고 '기금'을 불신하게 된 데에는 일본 쪽 지원자/단체들의 인식의 영향이 컸을 것이다. 그리고 그들은 '기금'을 "천황·천황제의 전쟁범죄·전쟁책임을 다시 면책·봉인시켰다"(스즈키 유코)고 판단하고 '위안부' 문제를 위한 '운동'을 천황제 비판으로 연결시켰다.

위안부들을 지원해왔던 이들이, '기금'이 '자민당과 관료의 합의'로 만들어졌다는 사실을 무시하고 '기금'을 비판한 것은 어쩌면 당연한 일이다. '위안부' 문제를 당시 진행된 '교육법'이나 〈기미가요〉 문제와 결부시켜 '전후 일본' 및 '제국주의'를 비판하는 근거로 삼았던 것도, 그런 현실정치를 바꾸려는 열망 때문이었다고 볼 수 있다. 그건 냉전 종식 후 본격화된 일본 좌우 세력의 '내부 냉전'의 시작이었다. 말하자면 진보는 세계 냉전이 종식된 데에 따라 자신의 아이덴티티를 확인할 필요가 있었던 것이다. 위안부 문제가 역사인식 논쟁으로 커져간 것은 그 때문이기도 하다.

하지만 좌우세력의 대립이 자신의 아이덴티티를 묻는 일이기도 한 역사인식 논쟁에 이르게 되면 쉽사리 '일본 국민'으로서의 합의를 이끌어낼 수 있을 리가 없다. 그건 이명박 정부 이후 표면화된 한국의 좌우대립이 보여주고 있는 일이기도 하다.

이런 상황은, 처음에는 '강제연행'에 대한 의문에서 시작했던 이들을 본격적으로 반발/결집시켜 1997년에는 '새로운 역사교과서를 만드는 모임'을 만들었고 2000년 이후에는 '혐한류'에 호응하는 혐한파들이 늘어나는 계기가 된다. 그리고 이어서 '자이니치在日의 특권을 용서하지 않는 모임'과 같은 본격적인 증오에 가까운 혐한파와 그에 동조하는 일반 시민이 늘어나게 된 것이다.

위안부를 지원해온 이들이 '제국 일본'에 대한 철저한 반성과 그것을 바탕으로 한 '일본'의 '사회개혁'을 지향한 것이 문제될 리는 없다. 하지만 부정자들의 의문을 역사인식과 연계하여 위안부 문제를 일본 사회의 개혁과 결부시켜 다루는 '운동' 방식이 성공할 가능성은 작았다.

'위안부'들에게 실제로 필요했던 것은 '일본'이나 '지원자 측'을 위한 '사회개혁'이 아니라 '위안부'들 자신을 위한 '사죄와 보상'이었다. 그런 의도는 없었다 해도, '위안부'는 결과적으로 '일본 사회의 개혁'을 위한 '도구'로 쓰였던 셈이다. 물론 대다수의 지원자들은 거기까지 의식하지는 않았을 것이다. 그러나 운동을 이끄는 이들의 방향 설정이 천황제 비판과 '일본 사회의 개혁'에 있었다는 것은 분명했다.

'기금'이 정부 나름의 '수단'으로서, 당시 국민의 '총의'를 모은 것이었는데도 부정당한 것도 그런 맥락 속에서의 일이었다. '기금'은 '사죄와 보상'을 했지만 지원자들의 일부가 바랐던 '천황 비판'의 자세를 공유하는 것은 아니었으니, 운동 측으로서는 반성이 불철저한 것으로 보였을 수 있다. 그렇다 해도, 천황에 대한 입장과는 상관없이 식민지배와 전쟁을 반성하는 '일본 국민'들 다수가 참여했다는 점에서 기금이야말로 '전후 일본'이 지향한 가치가 사회에 널리 정착되었다는 것(물론 전부라고 할 수는 없다)을 보여주는 기구였다. 결국, 지원자들의 의도가 아니었다 하더라도 위안부 문제 지원운동은 문제 해결 자체보다 '일본 사회의 개혁'이라는 좌파 이념을 중시한 셈이 되었다. 그곳에서도 '위안부'는 더 이상 '당사자'일 수 없었다.

2. 정부에 대한 불신과 운동의 정치화

지원자/단체 측이 '위안부' 문제 부정론자들과 정부를 동일시한 이유는 그들이 기대하는 만큼의 책임과 사죄의식이 정부에는 없다고 생각했기 때문이다. 물론 차별감정과 식민지주의적인 의식을 유지하고 있는 사람이 정부 내에 없지는 않을 것이다. 그러나 지원자들은 정치가나 관료의 대부분이 '전후민주주의' 교육을 받았고 천황제를 부정하지는 않아도 한 사람의 국민으로서 필요한 만큼은 자신들의 과거에 대해 반성의식을 갖고 있다는 사실을 경시했다.

　우파의 반발이 적지 않은 상황에서 정부가 자민당을 포함한 '각의양해'를 얻었다는 것은 자민당 내에도 '사죄'의 마음은 있었다는 것을 말해준다.

　'기금'의 보상금과 함께 '위안부'들에게 전달된 '수상의 편지'를 "개인으로서의 수상"에 의한 편지였고 국가의 책임이 아니라는 의견(마이크 혼다 Mike Honda 인터뷰)이 적지 않았지만, 그 편지는 '수상'이라는 대표성을 띠면서도 '개인'성을 부여할 필요가 있었던 결과로 보아야 한다. 말하자면 실질적 보상은 하면서도 '국가보상'이라는 점을 희석시켜야 했기 때문에 오히려 적극적으로 선택된 개인성이었던 것이다. 그러므로 수상이 '개인'으로서 야스쿠니 신사에 '참배'하는 것과 같은 의미를 갖는 편지였다. 그리고 야스쿠니에 수상이 참배하는 것을 비판한다면, '수상의 편지' 역시 국가를 대표하는 것일 수 있다.

그런 점이 잘 드러나지 않았던 이유는 물론 정부의 애매한 태도, 즉 실제로는 보상의 주체였는데도 그 점을 명확하게 드러내지 않았던 데에 있다. 그건 1965년의 조약에 저촉되지 않도록 신경쓴 관료다운 태도였다고 할 수 있다.

위안부 문제를 위한 일본의 운동은 천황제 비판을 정점으로 하는 '일본 사회의 개혁'을 지향하면서 그렇게 정치화된 측면이 있었다. 그러면서 '위안부' 문제는 실제로는 좌우갈등임에도 한일갈등-민족갈등으로만 나타났던 것이다. 과거의 인권 문제가 현실정치를 움직일 수 있는 양상이 되면서 각각 정치화되어버린 것이다.

위안부 문제에 관한 입법이 어려운 것은 운동이 그렇게 정치화되었기 때문이었다고 말할 수도 있다. 1990년대 중반에는 보수신문인『요미우리讀売신문』조차 기금에 반대하지 않았다. 그런『요미우리 신문』이 2011년, 기금은 물론 고노 담화에까지 '부정'적인 입장을 표명하게 된 것은, 운동의 성공은 더 많은 지지자를 확보하는 데에 달려 있다는 의미에서 운동이 실패했다는 것을 말해준다.

당시 지원자/단체가 친황제 폐지를 향한 '일본 사회 개혁'의 지향보다 '위안부' 문제 자체에만 집중했다면 '위안부' 문제의 해결은 가능했을지도 모른다. '강제동원'에 대한 의문을 받아들이면서 구조적 강제성에 대한 인정을 구하고 합의에 도달했더라면, '전후 일본' 또는 '현대'의 한계에만 주목해서 좌파 이외의 생각과 사람을 규탄하는 게 아니라 전후 일본의 가능성에도 시선을 돌리면서 정부의 대응의 의미를 올바르게 이해했더라면, '위안부' 문제가 해결되지 못한 채 20년이란 세월을 보내게 되는 일은 없었을 것이다.

3. 지원운동의 변화와 향방

그런데 최근 들어 일본의 지원자단체가 지금까지와는 다른 모습을 보이고 있다. 위안부 문제 해결을 위해 관련 단체들이 연대한 조직 "일본군 '위안부' 문제 해결 전국행동 2010"이 2012년 2월에 발행한 팸플릿 『전국행동 2010 활동의 보고』에 그 조짐이 나타난다. 이 팸플릿에는 위안부 문제 해결을 위해 '일본 정부에 대해 정치적 결단을 촉구하는 요청문을 보냅시다'라는 말과 함께 '해결 내용'을 언급할 때 다음과 같은 내용에 중점을 두자고 말한다.

(1) 일본 정부의 책임을 인정하고 피해자의 심정에 가 닿는 사죄를 할 것
(2) 국고에서 (지출하는) 속죄금償い金을 피해자에게 보낼 것
(3) '인도적인 입장'이란 가해자 측인 일본 국가가 사용할 말이 아닙니다. 책임을 회피하는 말로 받아들여져 피해자에게 상처가 됩니다.

여기에는 '입법 해결'이라는 기존의 주장이 보이지 않는다. '정부에 대해 정치적 결단을 촉구'하고 있는 것이다. 또 보상금에 관해서도 정대협이 주장하는 '배상금'이라는 말을 쓰지 않고 '속죄금', 즉 국민기금에서 사용했던 말을 그대로 쓰고 있다. 또 '인도적인 입장'이라는 말을 부정하지 않고, (한

국에서 그 말을 썼더라도) '가해자 측인 일본'이 써서는 안 된다고만 말한다. 그리고 기존의 주장처럼 '책임을 회피'하는 것이라고 규탄하지 않고, 그 말이 어떤 맥락으로 받아들여지는지를 설명하는 형식을 취하고 있다. 그동안 주장해왔던 국회가 주축이 되는 '입법 해결' 대신 '정부의 국고금'을 해결 방식으로 제안하고 있는 것이다(이 점은, 이후 필자가 일본 지원단체의 대표에게 직접 확인하기도 했다).

그런데 일본 지원자들의 이런 변화를 모든 지원자가 공유하는 것 같지는 않다. 말하자면 90년대에 기금을 둘러싸고 양분되었던 일본의 진보세력이 다시 양분된 셈이다.

'일본 제국'에 대한 더욱 철저한 반성과 사죄를 요구하는 이들의 진정은 높이 평가해야 하지만, 정치적 입장이 앞서간 판단은 90년대의 일본의 사죄를 인정하지 않았다. 진보좌파와 일치하지 않는 부분을 무조건 우익으로 몰고 적대시하면서 전쟁과 식민지배가 만든 모든 문제를 천황제에 의한 것으로만 간주하고 그 책임을 천황에게 돌렸다. 그리고 '위안부' 문제 해결을 위한 새로운 입법이 추진되지 않는 것은 오로지 현대 일본이 전쟁과 식민주의에 대한 책임을 지고 싶어하지 않기 때문이라고만 생각했다. 그들은 '전후 일본'이란 그런 '한계'로만 가득한 나라이고 문제적인 시대였고, 그런 문제적인 '전후 일본'이 '현대 일본'에도 이어지고 있다고 주장했다.

그러나 '위안부' 문제라는 '일본'의 문제를 해결하려면 '일본'이라는 주체의 '합의'가 필요했다. 말하자면 진보와 보수, 좌파와 우파 간에 이견이 있다 해도 '합의'를 도출하는 일이 필수적이었다. 90년대의 기금은 1990년대 초에 일본의 연립정권이 '국회'에서의 '합의'를 포기하고 우선 실현할 수 있었던 '합의'의 형태였다.

그건 '타협'이나 정의의 '포기'가 아니라 '현실 문제의 해결'이라는 명제

앞에서 당연한 수순이었다. 물론 '국회'라는 '국민'을 대표하는 기관에서의 '합의'를 요구하는 것은 이상적인 목표이기는 하다. 하지만 국회의 의결을 방해한 것은 보수 국회의원들에게 식민지배에 대한 사죄의식이 없어서라기보다는 '강제연행'이라는 부분에 대한 의구심이었다. 강제연행은 '범죄'가 될 수 있었지만, 앞에서 살펴본 것처럼 '국가범죄'로서의 동원은 아니었다. 그리고 식민지배에 의한 동원이었던 이상 '구조적 강제성'을 인정한 당시의 조치는 의식한 것은 아니지만 합리적인 조치였다고 해야 한다.

무엇보다 심각한 건 이 20년 동안의 강경한 주장과 한국에 대한 지원이 결과적으로 위안부 문제 해결에 나섰던 관료들과 '선량'한 일본인들까지 자포자기적 무관심과 혐한으로 몰았다는 점이다. 그렇다고 한다면, 일본 지원자들도 더 늦기 전에 그동안의 운동을 다시 한번 생각해봐야 할 때다.

제3장
한국 지원운동의 모순

1. 서울 정대협 운동의 공과

'위안부'가 없는 '위안부 소녀상'

2011년 12월에 서울의 일본대사관 앞에 서게 된 소녀상은 일본의 사죄와 보상을 인정하지 않는 정대협이 생각하는 '위안부'상의 결정판이다.

   소녀상은 분명 성노동을 강요당한 '위안부'를 상정하는 상일 텐데, 성적 이미지와는 무관해 보이는 어린 '소녀'의 모습이다. 말하자면 대사관 앞에 서 있는 것은 위안부가 된 이후의 실제 '위안부'가 아니라 위안부가 되기 이전의 모습이다. 혹은 앞에서 살펴본 위안부의 평균 연령이 25세였다는 자료를 참고한다면, 실제로 존재한 대다수의 성인 위안부가 아니라 예외적인 존재였던 위안부만을 대표하는 상이다. 그런 의미에서는 대사관 앞 소녀상이 실제 위안부를 상징하는 상일 수는 없다. 그러나 소녀상은 마치 '위안부'의 대부분이 소녀였던 것으로 생각하도록 만들고, '소녀 위안부'의 기억을 강화시켜 나간다.

소녀의 단발머리는 그녀를 단정한 학생처럼 보이도록 만든다. 하지만 그들은 대부분 학교교육을 아예 혹은 조금밖에 받지 못한 이들이었다. 그런 의미에서도 소녀상은 실제 조선인 위안부와는 거리가 있다.

소녀가 맨발을 드러내놓고 있는 것은 아무런 준비도 없이 '갑자기' 끌려갔다는 것을 상상하도록 만든다. 주먹을 쥐고 쏘아보는 듯한 강렬한 눈빛을 하고 있는 것은 '강제로 끌려간' 데에 대한 '분노'의 표시이다. 말하자면 소녀상은 '저항하는 위안부'일 뿐 일본군과의 또 다른 관계는 드러내지 않는다. 혹은 그 분노가 '일본군' 이외의 존재를 향하는 것일 수 있다는 것도 드러내지 않는다.

소녀상이 그런 모습을 하고 있는 것은 '저항하고 싸우는 소녀'의 모습이야말로 한국인이 자신과 오버랩시키고 싶어하는 아이덴티티로 이상적인 모습이기 때문이다. 소녀상이 한복을 입고 있는 것은 실상을 반영한 것일 수도 있지만, 리얼리티의 표현이라기보다는 '위안부'를 바람직한 '민족의 딸'로 보여주기 위한 것이다.

그러나 실제 조선인 위안부는 '국가'를 위해서 동원되었고 일본군과 함께 전쟁에 이기고자 그들을 보살피고 사기를 진작한 이들이기도 했다. 대사관 앞 소녀상은 그녀들의 그런 모습을 은폐한다.

그러다 보니 소녀상은, 그녀가 때로 가족을 위해 나섰던 희생정신도, 아들이 아닌 딸이 팔려가기 쉬웠던 가부장제하의 피해자성도, 그녀들을 '강제로 끌고 간' 우리 안의 가해자들도 보여주지 않는다. 그래서 소녀상은 일본에 저항해 목숨을 잃은 유관순을 아주 많이 닮아 있다.

소녀상이 저항하는 모습만 표현하는 이상, 일본옷을 입었던 일본이름의 '조선인 위안부'의 기억이 등장할 여지는 없다. 그들의 또 다른 생활과 기억,

일본 군인을 간호하고 사랑하고 함께 놀며 웃었던 기억을 가진 '위안부'는 그곳에는 존재할 수 없는 것이다. 그곳에는 군인을 자신과 같은 운명에 떨어진 가엾은 존재로 간주하고 동정했던 위안부도 물론 없다.

소녀상에는 '평화비'라는 이름이 붙어 있다. 그러나 용서의 기억을 소거한 눈은 원한에 찬 눈으로 그녀를 보는 이들에게 일본에 대한 '적대'에 동참할 것을 요구한다. 따라서 '일본보다 조선이 더 밉다'는 위안부들 역시 그곳에는 존재하지 않는다. 결과적으로 그곳에는 '조선인 위안부는 없다'.

그녀들이 해방 후 돌아오지 못했던 것은 일본뿐 아니라 우리 자신 때문이기도 했다. 즉 '더럽혀진' 여성을 배척하는 순결주의와 가부장적 인식도 오랫동안 그들을 고향으로 돌아오지 못하게 한 원인이었다. 그러나 거기에 있는 것은 단지 성적으로 더럽혀진 기억만이 아니다. 일본에게 협력한 기억, 그것 역시 그녀들을 돌아오지 못하도록 만든 것이 아니었을까. 말하자면 '더럽혀진' 식민지의 기억은 '해방된 한국'에는 필요하지 않았다. 그래서 대사관 앞 소녀상은 협력과 오욕의 기억을 당사자도 보는 이도 함께 소거해버린 '민족의 피해자'로서의 상일 뿐이다.

소녀가 '성처녀'로서의 '순결'과 '저항'의 이미지만 담고 있는 것은 그래서이기도 하다. 그런 의미에서는 소녀상은 부끄러운 기억을 망각하거나 규탄하여 '우리' 밖으로 내몰아온 해방 후 60여 년의 세월을 상징하는 것이기도 하다. 말하자면 해방 후 60년 동안 단 한 번도 총체적인 우리 자신을 끌어안고 넘어서려 하지는 않았던 세월의 상징이기도 하다. 그런 한, '피해자' 소녀에게 목도리를 둘러주고 양말을 신겨주고 우산을 받쳐주던 사람들이, 그녀들이 일본옷을 입고 일본이름을 가진 '일본인'으로서 '일본군'에 협력했다는 사실을 알게 된다면 똑같은 손으로 그녀들을 손가락질할지도 모른다. 위안부가 되기 전에 그렇게 어린 '소녀'를 내몬 '손' 또한 우리 안의 또 다른 손이기도 했다는 것은 잊은 채로.

'조선인 위안부'란 조선인 일본군과 마찬가지로 저항했으나 굴복하고 협력했던 식민지의 슬픔과 굴욕을 한 몸에 경험한 존재다. '일본'이 주체가 된 전쟁에 '끌려'갔을 뿐 아니라 군이 가는 곳마다 '끌려'다녀야 했던 '노예'임에 분명했지만, 동시에 성을 제공해주고 간호해주며 전쟁터로 떠나는 병사를 향해 '살아 돌아오라'고 말했던 동지이기도 했다. 그들은, '한복'을 입은 댕기머리 조선인이기도 했지만, 일본옷을 입고 일본머리를 한 청초한 '야마토 나데시코'이기도 했다. 말하자면 조선인 일본군과 마찬가지로 '식민지의 모순'을 가장 처절하게 살아낸 존재였다.

협력의 기억을 거세하고 하나의 이미지, 저항하고 투쟁하는 이미지만을 표현하는 '소녀'상은 협력해야 했던 '위안부'의 슬픔은 표현하지 못한다. '위안부'가 되기 전의 순수한 모습만을 기억하는 것은 '더럽혀지'기 전의 우리 자신을 상상하고 간직하는 일로 우리 자신을 위안할 수 있지만, 그것은 식민지가 무엇이었는지를 보는 것을 여전히 외면하는 일이다. 따라서 대사관 앞의 소녀상은 '조선인 위안부'도 아니고 우리 자신일 수도 없다.

위안부가 대표하는 '식민지' 체험은 '기념'되고 현창되기에는 너무나 많은 모순을 안고 있는 체험이다. '위안부'가 '유관순'일 수 없는 것은 그 점에 있다. 물론 일제가 만든 시스템과 인프라를 향유한 이들 역시 마찬가지로 모순을 내포한 존재일 수밖에 없다. 다시 말해 식민지화란 구성원 누구나가 분열증을 앓게 될 수밖에 없는 상태가 되는 것이기도 하다.

그런 의미에서는, 참혹한 존재이긴 했지만 '조선인 위안부'는 그저 유태인이라는 이유만으로 모두가 배척과 말살의 대상이 되었던 홀로코스트와는 다를 수밖에 없다. 정대협은 최근 들어 위안부 문제를 '홀로코스트'에 비견하지만(「홀로코스트·위안부 다음달 역사적 만남」, 『연합뉴스』, 2011. 11. 21.),

홀로코스트에는 '조선인 위안부'가 갖는 모순, 즉 피해자이자 협력자라는 이중적인 구도는 없다(물론 아주 없는 건 아니지만 극소수이니 위안부와는 구조가 다르다). 그런 차이를 무시한 일은 우리 자신을 '완벽한 피해자'로 상상하려는 왜곡된 욕망의 표현일 뿐이다.

소녀상으로 대표되는 '위안부'에게 종용한 것은 실제로는 우리 자신은 일상 속에서는 잊어버리고 무관심하게 지내는 일, 즉 '민족의 딸'로 존재해주는 일이다. 말하자면, 우리는 우리 자신이 하지 못하고 있는 역할을 그녀들에게 맡기고 있는 셈이다.

수요시위 1000회를 기념하는 2011년 12월 14일에 위안부 소녀상이 일본 대사관 앞에 세워진 이유는 거기에 있다. 위안부가 모두 세상을 떠난다 해도, 소녀는 계속 그곳에서 일본을 규탄할 것이다. 설사 운동가가 운동을 접는다 해도.

그런 의미에서는, 소녀상은 위안부 자신이라기보다는 정대협의 이상을 대변하는 상이다. 다시 말해 소녀상은 '그때의 조선인 위안부'라기보다는 '20여 년의 데모'와 운동가가 된 위안부이다.

미군의 장갑차에 치어 사망한 효순/미선의 부모는 "억울한 내 딸 두 번 죽이지 마라"(『주간 동아』, 2003. 6. 26.), "이제 가족들만 단출하게 모여 그 애들을 생각하고 싶다"(『조선닷컴』, 2012. 6. 4.)고 말했다고 한다. 그건 그들이 바로 소녀들의 부모였기 때문일 것이다. 그들은 자신의 소중한 딸들이 언제까지고 '미국에 의한 피해자'로 기억되면서 '민족의 소녀'가 되어 '반미'의 상징이 되는 것을 더 이상 보고 싶지 않았던 것이다. '피해자 소녀'의 이미지는 아름다운 숙녀로 자라 연애도 하고 결혼도 했을 '나의 딸'의 모습을 상상할 수 없게 만들 테니까. 그것은 소녀들은 물론이지만 부모들에게서도 안식과 평화를 뺏는 일이 된다.

일본에게 입은 피해를 기억하는 것은 중요하지만, 대사관 앞 소녀상은 절반의 진실을 나타낼 뿐이다. '조선인 위안부'란 조선인으로만 남아 있을 수 없었던 식민지인이었기에, 하나의 기억만을 가질 수는 없는 존재였다.

그런데 소녀상은 이제 한국 안의 다른 장소(통영, 공주 등)로, 그리고 미국에까지 확산되는 중이다. 미국에 설립된 위안부 기림비는 '강제로 끌려간 20만 명의 소녀'라는 문구를 담고 있다. 그런 한 그 비는 '위안부'에 관한 대한민국의 '공식 기억'을 표현한 것일 뿐 위안부 자체를 표현한 것은 아니다. 미국에 위안부 기림비를 세운 것은 일본을 압박하는 방식으로 선택된 것이지만, 우리가 하나의 기억만을 내세울수록 위안부 문제를 부정하는 이들은 또 다른 기억만을 상기할 수밖에 없다. 그리고 그런 식으로 각자의 기억만 고수하는 한 위안부 문제의 해결은 오지 않는다.

'위안부'들이 당한 고통을 생각하고 기억하는 것이 목적이라면, 그것이 세워져야 하는 장소는 위안소가 있었던 장소이거나 그녀들이 전쟁으로 목숨을 잃은 장소가 더 적절하다. 또 원한보다는 슬픔을, 분노보다는 절망을, 그리고 일제에 의해 이중인격적인 삶을 살 수밖에 없었던 식민지의 모순을 표현하는 편이 훨씬 생산적이다. 지금의 소녀상은 '평화'를 말한다고 하지만 그 상이 일본의 굴복만을 요구하는 한 저항은 커질 수밖에 없다. 결과적으로 소녀상은 언제까지고 평화 아닌 불화만을 만들어낼 것이다. 실제로 2011년 겨울 소녀상이 세워진 이후의 한일관계가 극단적으로 불화로 치달았던 것이 그것을 증명한다. 그리고 소녀상은 우익뿐 아니라 한국에 호의적이었던 양심적인 일본인까지도 한국에 등을 돌리거나 무관심해지도록 만들었다. 소녀상은 문제 해결을 오히려 저해하고 있을 뿐이다.

정대협의 힘과 민족권력

앞에서 언급한 심미자 할머니는 유언장에서 정대협을 격하게 비난하고 있다(http://www.ctnews.co.kr/sub_read.html?uid=15117&section=sc21&section2=%BB%E7%C8%B8 등의 사이트. 『e시티뉴스』, 2012. 8. 2.). 그에 따르면, 그녀는 일본 정부가 인정한 유일한 일본군 위안부였고, 1992년에 결성된 '무궁화자매회'라는 이름의 일본군 '위안부' 단체의 회장이었다. 그런데 이후 자신들의 단체를 "북한공작원 정대협이 발길로 차 쫓아"냈다고 말한다. 그는 정대협이 위안부를 해외에서 '수입'해서 수요시위에 동원해 '앵벌이'시킨다면서 2004년에는 '정대협 나눔의 집 모금행위 및 시위 동원 금지 가처분 신청'까지 했다. 그리고 정대협이 자신들을 이용해 출세했으며 정대협 출신 국회의원이 하지도 않은 위안부 관련 활동을 했다는 '거짓 의정보고'를 했다고 주장한다. 피를 토하는 듯한 이 절규가 어디까지 신빙성이 있는 것인지는 알 수 없다.

그녀는 그렇게 일찍부터 정대협과 갈등을 겪었고 세상을 향해 호소하기도 했지만, 그녀의 목소리가 공론화되는 일은 없었다. 그리고 본인에겐 엄청난 시련이었을 과정이 우리 사회에 조금도 알려지지 않았다는 사실은 그녀―당사자와 정대협―지원단체 간의 힘의 차이를 말해준다. 실제로 위안부 문제가 한국 사회에서 커다란 관심과 함께 그에 따른 힘을 얻으면서 정대협은 권력화되었다.

실제로 한국 사회에서 이제까지 지원단체와 그들과 함께하는 위안부를 이긴 이는 없다. 위안부를 '공창'이라고 말했다는 식의 곡해가 원인이 되어 정대협의 비난을 받았던 한 교수는 결국 나눔의 집에 가서 사죄했고, 위안부 사진집을 만들려 했다고 비난받은 여배우도 역시 나눔의 집에 가서 필름을 불태우고 무릎 꿇고 사죄했다. 그렇게, '정대협의 생각'과 다른 말을 하는 이들은 단순히 비판받는 정도를 넘어 위안부와 지원단체가 대표하는 '민족에 대한 사죄'를 해야 할 만큼 정대협은 어느새 '민족'을 대표하고 있었고, 그 힘은 절대적이었다.

정대협의 운동 결과로 한국에서는 '사죄하지 않는 일본'이라는 이미지만 정착되었지만, 사실 일본은 2012년에 다시 한번 추가조치를 하려고 한 바 있다. 2011년 12월 교토에서 열린 한일정상회담에서 이명박 대통령의 강력한 요청을 받은 이후의 대응에서다. 2012년 봄, 일본은 수상의 사죄와 추가 보상과 대사의 위안부 방문으로 구성된 안을 제안했다.

「수상 사죄와 보상 타진, 한국 난색 표하며 합의하지 않아」
사이토 쓰요시佐藤勁 관방장관이 4월에 방한했을 때, 한국 대통령부에 대해 종군위안부 문제의 해결책으로서 노다 요시히코野田佳彦 수상에 의한 사죄와 보상 등을 타진했다는 사실이 11일에 밝혀졌다. 한국 측은 일본 측에 위안부 지원단체의 의향을 물을 것을 요청하는 등 난색을 표해 합의에 이르지 못했다.(『홋카이도 신문』, 2012. 5. 12.)

이 제안은 5월 중순으로 예정되어 있었던 한일정상회담에서 공식 제안하기 위한 물밑교섭이었지만, 교섭이 이루어지지 않자 결국 일본 측은 아무런 제안도 하지 않았다.

실은 이보다 며칠 전에도 이미 『아사히 신문』이 "일본 정부는 13일에 베이징에서 여는 일한수뇌회담에서 전 종군위안부 문제의 해결책을 제시하는 것을 유보하기로 방침을 굳혔다. 한국 측의 요청을 받아들여 이번 수뇌회담에서 (일본 측이 생각한 방안을) 제시할 것을 지향하고 있었지만, 사전조정에서 조율이 되지 않았다", "작년 12월 방일한 한국의 이명박 대통령과의

회담에서 '인도적 입장에서 지혜를 짜보겠다'고 했고, 양국 정부는 이번 수뇌회담을 겨냥해 조정을 개시, 일본은 외무성 관계자를 한국에 파견해 새로운 인도 지원책 등을 탐색했지만 합의하지 못했다"(2012. 5. 9.)고 보도한 참이었다.

이때 양국 정부는 그런 사실이 없었다고 부정했지만, 일본 정부로서는 보상 자체를 반대하는 이들이 비판할 것을 의식해서, 한국 정부로서는 입법 해결이 아닌 해결안을 정부가 받아들였다고 비판받을 것이 두려워 부정했을 것이다.

그런 제안이 나온 것은 이 문제를 해결하기 위해 노력한 고위급 각료가 민주당 안에 있었기 때문이었다. 하지만 청와대 관계자는 일본 측의 제안을 받아들이지 않았다. 그리고 그 이유는 "일본 측에 위안부 지원단체의 의향을 물을 것을 요청하는 등 난색을 표"했다는 데에서 알 수 있는 것처럼 정대협을 의식했기 때문이었다. 불과 6개월 전에 정부 차원에서 일본 정부에 위안부 문제를 해결하라고 요구했던 한국 정부가 정작 일본이 움직이기 시작하자 지원단체 뒤로 숨었던 것이다.

이 사태는 2012년 3월에 이명박 대통령이 위안부 문제를 '인도적 조치' 방식으로 해결할 수도 있다고 말한 데에 대해 정대협이 성명서를 통해 비난했던 일의 영향을 받은 것으로 보인다. 이 대통령은 3월에 이어 6월에도 '인도적 조치'로 해결할 수 있다고 말했는데, 이때 외교부는, 한국 정부는 '입법 해결'을 바라고 있고 대통령의 뜻도 그렇다고 해명하기까지 했다. 2011년 여름에 나온 헌법재판소의 판결에 떠밀려 일본에 위안부 문제의 해결을 요구하고 나섰던 외교부가, '인도적 조치'를 말한 대통령이 정대협의 비판을 받게 되자 대통령이 아닌 정대협의 편에 선 것이다.

그러나 이런 사태는 정대협 자체의 힘이라기보다는 대한민국 국민과 언론 대부분이 정대협의 인식을 공유하고 있는 상황이 만들어주는 힘이다. 다시 말해 이런 사태를 만드는 것은 우리 자신이기도 하다. 이 20년 동안 정대협이 제공하는 정보 이외에는 다른 정보를 보려고도 들으려고도 하지 않았던 결과이기도 하다.

1990년대 이후, 한국에서 '위안부'는 핍박받은 '식민지 조선'을 상징하는 존재가 되어 있다. 2011년 연말에 '위안부'가 보신각 타종 행사에 초청되고, 문재인, 김두관 등 대통령선거 경선후보들이 빠뜨리지 않고 만나러 가는 사람이 위안부(『부산일보』, 2012. 8. 16.)인 것도 그 때문이다. '위안부'가, 배려받고 보호받아야 할 '약한 자'를 대표하는 존재가 되어 있는 것이다. 그런 위안부를 보호하고 지원하는 정대협은 이 20년 동안 한국 사회에서 막강한 힘을 갖게 되었다. 정대협 관련 인사가 장관이나 국회의원이 될 수 있었다는 것도 그것을 말해준다. 그렇게 정대협의 힘은 어느새 대통령도 이길 만큼 강해져 있었다.

원래 정대협은 1980년대의 민주화투쟁과 기독교단체와 여성운동의 접합체로서 탄생한 조직이다(야마시타 영애山下英愛). 단순한 '여성'단체가 아니라 한국에서는 1980년대 후반에야 비로소 목소리를 낼 수 있게 된 진보 그룹이기도 하다. 1997년부터 진보파가 정권을 인수해 10년 동안 지속된 것은 정대협의 성장에 커다란 기폭제가 된 것으로 보인다. 정부 지원의 규모에 관해서는 알 수 없지만, 같은 시기에 이 그룹에서 국회의원과 장관이 나왔고 21세기에 들어서는 한일정상회담을 비롯한 한일관계와 관련된 각종 문제에 대해 발언하는 주요 단체가 된 것도 그것을 증명한다.

아시아여성기금의 해산과 한국의 진보정권의 종식 이후 정대협과 위안부 문제는 한일 양국 사회의 관심을 한동안 받지 못했다. 그러다가 2011년, 정부가 위안부 문제를 해결하는 데에 나서지 않는 것은 위헌이라는 헌법재판소의 판결이 나온 이후 정대협은 다시 활발한 활동을 전개하고 있다. 정대협이 이명박 정부 때에조차 박물관 설립에 5억 원을 지원받았다는 것도 정대협의 힘을 보여준다.

똑같은 '일제의 피해자'인 '태평양전쟁유족회'는 정대협만큼의 주목을 받지 못하는 것도, 정대협의 '위안부' 문제 해결운동이 단순히 민족주의뿐 아니라 페미니즘과 진보좌파 진영과도 연계되어 있기 때문이다. 2012년에, 정부가 한일군사보호협정을 추진한다는 사실을 두고 정대협이 정부를 '뼛속까지 친일'이라는 말로 비난한 데에서 드러나는 것처럼, 정대협의 정체성은 민족주의나 페미니즘만이 아니라 진보진영이기도 하다. 그러나 위안부 문제가 '민족의 여성' 문제로 제기되면서 그런 문맥은 보이지 않았던 측면이 있다.

물론 진보진영이라는 것이 문제일 수는 없다. 문제는 일본의 지원운동이 그랬던 것처럼 여러 가지 문제를 안고 있었는데도 진보나 페미니즘 진영이 그런 부분에 대한 자정작업을 하지 못했다는 데에 있다.

2012년 5월의 일본의 제안은 '위안부 문제'를 해결할 수 있는 두 번째 기회였다. 앞으로 일본이 다시 행동을 취하지 않는다면 그 기회가 마지막 기회였다고 말해야 할 날이 올지도 모른다. 당시 일본 정부는 원전 문제와 오키나와 문제와 증세 문제로 사면초가 상태에 놓여 언제 내각이 해산될지 모르는 상황이었다. 그리고 내각이 바뀔 경우 자민당과의 연립정권이 될 것이라는 소문이 파다했으니, 그 경우 민주당보다 이 문제에 강경한 자민당 연립정권에서 민주당 각료가 그 자리에 머무른다는 것은 기대하기 어려운 상황이었다(그리고 실제로 이후 자민당이 정권을 잡았고 위안부 문제에 대해 일찍부터 이의제기를 해온 아베 전 수상이 다시 수상이 되었으니, 아이러니가 아닐 수 없다).

정대협과 정부는 당시에, 특별한 변수가 없는 한 위안부 문제가 영원히 해결되지 못할 수도 있는 상황이라는 것을 알고 있었을까. 당시의 일본의 움직임은 거부되고 나서야 보도되었으니, 정부가 일본의 생각을 당사자들에게 전하고 의향을 묻지 않은 것은 결정적인 실책이었다. 그렇게까지 정부가 정대협을 의식한 것은 정대협에 반하는 일이 곧 국민감정에 반하는 일로 인식되어 비판받을까 두려워서였을 것이다.

한국 사회가 '정대협의 생각' 이외의 다른 생각을 갖지 못하게 된 것은 언론과 관련 학자들이 '정대협의 생각' 이외의 생각을 국민들에게 전달하지 못했기 때문이다.

냉전이 끝난 1990년대 이후, 한국의 일본 인식은 전여옥의 『일본은 없다』와 위안부 문제에 관한 정대협의 생각이 만들었다고 해도 과언이 아니다. 물론, 1998년의 일본문화 개방 이후 일본 드라마와 영화를 쉽게 접하게 되면서, 그리고 교과서 문제 등의 역사인식 문제를 거치면서, '일본'에 대한 일반인들의 이해는 이전에 비해 훨씬 깊어졌다. 그러나 그와 비례하는 형태로, 위안부 문제를 둘러싸고 '사죄하지 않는 일본', '뻔뻔한 일본'이라는 인식은 이전보다 더 강하게 자리잡았다. 그리고 '위안부'는 위안부 자신이 "내가 독도고, 독도가 용수"(이용수, 앞의 『영남일보』 인터뷰, 2012. 9. 14.)라고 말하는 데에서 나타나는 것처럼 '지켜야 할 한국'의 상징이 되었다. 그렇게 위안부 문제를 둘러싼 대응은 한국의 자존심 싸움이 되고 있는 것이다.

그러나 일본 정부는 사죄했고, 2012년 봄에도 다시 사죄를 제안했다. 그리고 앞으로도 정대협이 주장하는 국회입법이 이루어질 가능성은 없다. 그 이유는 1965년의 조약, 그리고 적어도 '강제연행'이라는 국가폭력이 조선인 위안부에 관해서 행해진 적은 없다는 점, 있다고 한다면 어디까지나 예외적인 사례여서 개인의 범죄로 볼 수밖에 없고 그런 한 '국가범죄'라고 말할 수는 없다는 점에 있다.

기금을 받은 위안부들이 무시된 건 정대협이 생각하는 '정의'에 굴복한 것으로 간주되었기 때문이다. 혹은 돈이 필요해서 받아들인 현실적 '타협'으로 간주되었기 때문이다. 그런 경계심과 저항은 일찍이 '제국'에 저항했던 좌파로서는 당연한 생각일 수도 있다. 그러나 '반제국'의 의미를 가졌던 저항이 그곳에서는 어느새 민족권력화되어 있었다. 스스로가 '국가'가 되어 개인의 의지를 허용하지 않았던 것이다. 그것은 '민족의 자존심'을 위한 것으로 간주되어 온 국민의 호응을 얻었지만, 실제 운동의 주도권은 분명 좌파가 가지고 있었다. 정대협이 90년대 이후 일본의 좌파와 연대하고 북한과 긴밀히 연대할 수 있었던 것도 그들이 '제국'에 저항한 세력이기 때문이다.

그러나 원래는 민족의 자유를 억압하는 세력—제국주의에 대항하는 의미를 가지는 좌파가 어느새 국가의 얼굴을 하고 위안부를 억압하게 된다. 2000년대 이후 운동에서는 '여성의 인권'을 화두 삼아 운동을 세계적으로 성공시켰지만, 정작 지원단체의 뜻에 따르지 않는 '늙은 한국 여성'의 인권은 존중받지 못했다.

무엇보다, 처음엔 분명 식민지배의 문제로 제기되었던 이 문제가 '식민지배'가 낳은 문제라는 인식은 지금은 사라지고 말았다. 2000년대 이후 다른 국가들과 연대한 세계운동을 펼치게 되면서 '전쟁'이 키워드가 된 '여성의 보편적인 인권 문제'로만 호소해온 결과다. 말하자면 '조선인 위안부'와 일본군의 특수성은 보이지 않게 되고 만 것이다. 세계를 무대로 한 정대협의 운동은 그런 모순을 안은 것이기도 했다.

2. 서울 정대협의 요구를 다시 생각한다

죄인가 범죄인가

일본에 대한 정대협의 구체적인 요구는 "일본군 '위안부' 범죄 인정, 진상 규명, 국회결의 사죄, 법적 배상, 역사교과서 기록, 위령탑과 사료관 건립, 책임자 처벌"이다.

위안부 문제를 '범죄'로 인정하라는 것은 '법적 책임'을 묻고 그에 대한 '배상'을 받기 위해서일 것이다. 여성을 돈으로 산다고 하는 행위 자체가 인간을 상품으로 다루는 행위인 이상, 위안소에서의 성행위는 설사 폭행이 없었다 해도 비인륜적이다. 그렇지만 시스템이 비인륜적이라고 해서 곧바로 그것을 '범죄'로 규정할 수 있는 것은 아니다. 그런 일을 방지하기 위해 법을 만들고 시스템 자체를 바꾸었을 때 우리는 비로소 정해진 규칙에 반하는 행위를 '범죄'라고 말한다. 위안부를 대상으로 한 강간이나 폭력이 공식적으로는 금지되고 있었으니(『강제 5』, 36쪽), '국가'가 그 범죄를 저질렀다고는 말하기 어려운 상황이다. 다시 말해 국가로서의 '발상'과 기획에 대해 책임을 물을 수는 있지만, 위안부의 고통이 물리적으로는 업주나 군인에 의한 것인 이상 군인들의 이용을 '국가범죄'로 규정짓는 것은 무리가 있다. 군인들의 강간이나 폭행은 국가가 묵인한 부분이 있지만 공식적으로는 처벌되었던 것이 사실인 이상, 어디까지나 개인적인 범죄로 다루어야 할 사안이다.

무엇보다 일본은 '군의 강제성'을 인정하는 식으로 '범죄'로 인정하지는 않았지만 '도의적 책임'을 졌고 그건 '죄'로 인정했다는 것이 된다.

진상 규명에 관해서라면, 이미 일본 정부와 기금이 조사를 통해 적지 않은 자료를 발굴/정리하여 발표한 바 있다. 아시아여성기금이 펴낸 자료집이나 홈페이지는 '진상'에 대해 일본 국가와 군이 기획한 것으로 '인정'하고 있다.

위안부들도 생존자가 얼마 남지 않은 현재, 이 문제에 관여한 관계자들이 생존해 있을 가능성은 희박하다. 무엇보다, '책임자 처벌'을 요구한다면, 업자와 가담자를 '책임자'에 포함시켜야 하고, 그 경우 그 화살은 우리 자신을 향한 화살이 될 수도 있다. 또한 '조선인 위안부'들이 '네덜란드인 성노예'나 '중국인 강간 피해자'와 상황이 똑같지만은 않다는 사실, 조선인의 경우 같은 조선인 업자들이 인신매매의 주체라는 것이 알려지면, 유럽이나 미국이 이제까지처럼 한국 편으로 남아 있으리라고는 기대하기 어렵다.

그것은 위안부를 필요로 한 군이 위안부 모집을 조선이나 대만 총독부 등에 부탁했다고 하더라도 마찬가지다. 일본군은 해외에서의 전쟁터나 오지까지 와주는 '해외원정 종군위안부'를 필요로 했지만, 사기나 속임수를 써가며 모집하는 일까지를 일본군의 의도였다고 단정할 수는 없기 때문이다. 군의 수요를 알게 된 업자들이 사기나 속임수를 써서까지 모집했던 것이 대부분이었고, 일본군은 그런 상황을 묵인하기도 했지만 공식적으로는 단속했다. 그리고 단속한 이상 '단속' 쪽이 일본군의 인신매매에 대한 자세를 나타내는 것일 수밖에 없다. 위안부들이 가혹한 노동을 하게 된 것은 분명 일본군이 그런 시스템을 허용하고 묵인하고 이용했기 때문이지만, 그에 따른 처벌을 일본군에게만 돌릴 수 없는 상황이 존재하는 것이다. 그런 한 위안소 이용이 '국가범죄'가 될 수는 없다.

'강제연행'이라는 단정에 반발한 이들로 인해 사라지는 중인 위안부 문제를 다시 교과서에 싣도록 요구한다면, 이런 모든 사실이 다 실릴 것도 상정해야 한다. 물론 그렇다 하더라도 일본의 식민지배의 책임을 가르치는 의미가 희석되지는 않는다. 위안부의 '피해'만 부각시키지 않고도 얼마든지 일본의 식민지배의 문제에 대해 생각해볼 수 있다.

　일본군이 위안부를 필요로 한 것은 군인들에게서 일상을 뺏은 대신 '성욕 처리'를 포함한 인간의 기본 욕구가 채워지는 대체일상을 제공하기 위해서였다. 군인들의 폭력적이고도 방만한 성욕처리와 그로 인한 성병을 관리하기 위해 군대 주변에 생겨난 위안소와 도회지의 기존 시설 중 '관리 가능한 위안소'를 지정하고 실제로 관리했던 것이 일반적인 '위안소'의 실상이다. 그중에는 점령지의 위안소도 포함되어 있었다. 그에 반해, 타지의 위안부로서 필리핀이나 중국 등 현지의 위안소가 있었다. 그들 중에도 '점령국의 여자'로서 '납치, 연행'당한 이들이 있는가 하면, 기존 시설에서 일하던 여성도 있었다. 그러나 '조선인 위안부'는 기본적으로는 '같은 일본인'이 되어 군인들의 욕구를 받아주는 형태로 조선인을 포함한 일본군을 '위안'하기 위해 동원된 이들이었다. 우리 앞에 있는 피해자들은 그런 일반적 '위안'의 시스템적인 가해에 더해 개인적인 폭력과 강간 등의 가해를 더 만났던 경우다. 그리고 그 폭력과 강간과 중절의 주체는 때로는 업자이기도 했다.

　'조선인 위안부'가 '군수품'이었다면, 강간당한 네덜란드 여성이나 중국 여성은 '전리품'이었다. 물론, 전리품이든 군수품이든, '일본군' '남성'에게 물건처럼 착취를 당했다는 점에서는 '남성 중심 국가'로서의 일본의 사죄는 당연하다. 그러나 그 경우 일본의 패전 후에 일본이 만들어준 위안소를 이용했고 한국전쟁 때 한국 정부가 만들어준 위안소를 이용했던 미국 역시 그 비판을 피할 수는 없다. 그동안 미국이 이 문제에서 한국 편을 들어온 것은, 그들의 '위안소' 문제를 지적당하지 않았기 때문이다.

　또 '일본군'으로 존재하던 '조선인' 병사들이 자국의 위안소를 이용했을 뿐 아니라 일본인 위안부에 대한 폭행자였을 가능성도 없다고만 할 수는 없다. 『가라유키상』의 주인공은 조선에서 조선인 노동자들에게 당한 집단괴롭힘이 한평생 트라우마가 되었다. 그건 식민지화된 분노를 '적의 여성'에게 표출한 것이었겠지만, 피해자의 것이었다고 해서 폭력적인 행동이 용서될 수는 없는 일이다. 무엇보다 위안소를 이용한 조선인 군인들 중에 위안소는 물론 일본군과 함께 중국인을 강간한 강간자가 있었을 가능성도 배제할 수는 없다. 심지어 '위안부'들조차도 때로는 조선인 감시원과 함께 연합군 포로를 조롱하기도 한 존재였다(박유하, 2009).

'식민지화'란 그런 모순을 안게 된 사태였다. 일본에 '기록'을 요구하려면 그런 모순도 기록될 것을 각오해야 한다. 그들이 일본인에게 인정받기 위해 '일본인' 이상의 일본인이 되어야 했다고 하더라도 그런 모순을 외면할 수는 없는 일이다.

'공식 사죄'와 '법적 책임'

남는 문제는 법적 배상, 국회결의를 통한 사죄와 보상이다. 그것이 정대협의 가장 중요한 요구이기도 하다. 그러나 그 요구는 앞에서 말한 것처럼 실현 가능성이 없는 요구일 뿐 아니라 그렇게 요구할 수 있는 근거도 충분치 않다.

앞에서도 언급했지만 2012년 3월, 정대협은 성명을 내고 이명박 대통령의 '인도적인 조치' 제안을 이렇게 비난했다.

> 「이명박 대통령은 일본 정부가 주장하는 '인도적 해결'에 동조하지 말고 공식적으로 일본 정부에게 법적 책임 이행을 촉구하라!」
>
> 지난 3월 21일, 이명박 대통령은 서울에서 개최될 제2차 핵안보정상회의를 앞두고 내외신 공동기자회견을 열어 일본군 '위안부' 문제에 대해 "법보다 인도적

으로 풀어야" 한다고 발언했다. 우리는 피해자들의 마음을 무시하고 본질에서 동떨어진 이러한 발언에 강력히 항의한다.

그동안 일본군 '위안부' 피해자와 정대협은 일본 정부에게 일본군 '위안부' 범죄를 밝히고 그 범죄에 대한 반성을 바탕으로 피해자들의 명예와 인권을 회복하기 위해 공식 사죄와 법적 배상을 요구해왔다. 일본군 '위안부' 문제는 당시 일본 국가가 관리해 자행한 제도적인 범죄이며 일본 정부가 국가책임 인정하에서 법적으로 해결해야 하는 문제이다. 그리고 일본 정부가 여전히 자랑스럽게 홍보하는 '여성을 위한 아시아 평화 국민기금'이 결국 실패한 것으로 알 수 있듯이 국가가 아니라 민간에 책임을 돌려버린 '인도적 지원'으로써는 해결할 수 없기 때문이다. (하략)

정대협은 변함없이 위안부 문제를 "제도적인 범죄"라고 말한다. 그리고 기금을 "민간에 책임을 돌려버린"것으로 간주한다. 물론 기금을 받은 위안부가 적지 않다는 이야기도 하지 않는다. 일본의 기금을 받아들인 이들이 여전히 우리 앞에 나타날 수가 없는 구조가 이어지고 있는 것이다.

그러나 '기금'을 받은 61명이라는 숫자는 헌법재판소에 소송을 냈던 이들 중 생존해 있는 60여 명과 비견되는 숫자다. 그중에서도 현재 시위에 등장하는 위안부는 불과 몇 사람에 지나지 않는다. 시위에 나오지 않는 이들이 어떤 생각인지를 확인할 필요도 있다.

미군기지에서 일했던 한 여성은, 위안부와 함께 자신의 경험을 말했던 자리를 회상하면서 이렇게 말한다. 기지촌 여성의 상황을 개선하고 미군과의 사이에서 태어난 혼혈아들에게 도움이 되기를 바라면서 미국 강연여행을 했을 때, 자신의 이야기가 자신의 의도와는 달리 소비되는 현장에 맞닥뜨렸다는 것이다.

희망 없는 삶. 단 한 번도 제 욕심껏 시도해본다거나 이뤄본 경험이 없는 사람들. 그게 바로 우리들이었다. 그래서 나는 그 현실을 이기고 버텨온 그 삶의 희망을 이야기하고 싶었다. 천막을 치며 새롭게 살아보려고 몸부림치며 그 속에서 느낀 희망과 자부심, 내가 변하게 된 계기를 말하고 싶었다. 또 내가 의지할 수 있었던 신앙의 힘에 대해서도 말하고 싶었다. 하지만 주최 측은 내가 미군을 상대로 매춘을 하며 고통스러웠던 까닭, 자살하고 싶었던 경험 같은 것을 위주로 이야기해주기를 바랐고 군사정책을 중심으로 얘기가 진행되기를 원했다.(김연자, 273쪽)

그녀는 또 자신들의 이야기를 듣는 관계자들이 "미군 철수와 쌀 수입 반대라는 구호를 내걸고 한 기지촌 여성의 죽음을 확대하는 것도 이해가 가지 않았다"(253쪽), "나는 여성운동에 대해 잘 모르겠지만 **주연은 여성운동가이고 현장 여성은 조연, 엑스트라일 뿐이었다**"(255쪽)며 자신들의 이야기가 소비되는 방식에 대한 위화감을 감추지 않는다.

여기서도 '국가'의 운동에 개인이 이용되고 있었던 셈이다. 국가주의를 비판해온 운동의 아이러니가 아닐 수 없다.

이제까지 우리는 '당사자' 자신보다도 '당사자'를 통해 독립적이고 자존심이 강한 국가, 그 구성원으로서의 우리 자신을 보고 싶어했다. 그러나 그 감정은 '식민지배'를 당한 나라의 구성원이기 때문에 생긴 감정이다. 뿐만 아니라 그런 감정을 유지하는 구조는 우리 자신의 트라우마를 언제까지고 치유하지 못하도록 만든다. 이해와 화해가 아니라 분노와 적대가 이어지도록 만드는 움직임이 있는 것이다.

정대협은 처음에는 '위안부' 자신과 지원활동을 위한 모금을 했다. 위안부들이 전부 한국 정부의 보상을 받고 생활이 나아진 이후로는 박물관 건립을 위한 모금을 해왔다(이런 모금에도 일본의 선량한 시민들이 다수 참여했다).

그리고 이후에는 기림비를 위한 모금을 해오다가 2013년 3월부터는 세계인을 대상으로 '1억 명 서명운동'을 시작했다.

그러나 현재와 같은 주장만을 이어가는 운동이라면 그 운동은 결코 해결을 가져오지 못한다. 그렇다고 한다면, 정대협의 운동은 과연 무엇을 위한 운동일까.

3. 헌법재판소의 판결을 읽는다

피해자들의 생각과 한일협정

2011년 말부터 위안부 문제가 다시 주목받게 된 계기는 2011년 8월 30일에 한국의 헌법재판소가 내린 결정이다. 정대협과 위안부 64명이 '한국 정부가 위안부 문제 해결을 위해서 노력하지 않는 것은 위헌'이라며 제기한 소송(2006헌마788)에서 헌재가 5년 만에 이들의 주장을 받아들인 것이다. 취임 이후에도 이 문제의 해결에 무관심했던 이명박 대통령이 2011년 12월에 열린 일본 수상과의 회담에서 갑자기 문제 해결을 강하게 요청한 것도 이 결정이 배경에 있다. 그리고 요청대로 일이 안 풀리자 결국 대통령이 갑작스럽게 독도를 찾으며 한일관계가 전면적인 경색 국면에 빠졌으니, 이 결정은 위안부 문제에 관해 일본을 움직이도록 만들면서도 결과적으로는 한일관계를 위기에 빠뜨린 원인이기도 했다.

헌재 결정문의 주문은 이렇게 말한다.

청구인들이 일본국에 대하여 가지는 일본군 위안부로서의 배상청구권이 '대한민국과 일본국 간의 재산 및 청구권에 관한 문제의 해결과 경제협력에 관한 협정' 제2조 제1항에 의하여 소멸되었는지 여부에 관한 한·일 양국 간 해석상 분쟁을 이 사건 협정 제3조가 정한 절차에 따라 해결하지 아니하고 있는 피청구인의 부작위가 위헌임을 확인한다.(헌법재판소『판례집』23-2상, 370쪽)

재판 내용은 개인의 청구권이 한일협정에 의해 소멸되었는지에 관한 해석을 둘러싼 것이었고, 헌재는 소멸되지 않았다고 판단했다. 그에 근거해서 소멸되지 않은 개인의 청구권을 되찾기 위해 정부가 노력하지 않는 것은 위헌이라고 판단한 것이다. 이 판례는, 정대협에 대해서도 비교적 냉철한 태도를 유지했던 외교부가 2012년 이후 왜 갑자기 정대협의 주장을 전면적으로 받아들인 것처럼 행동했는지를 설명해준다. 외교부는 위안부와 정대협의 요구에 맞춰 일을 처리하지 않는 것은 '헌법을 위반'하는 일이라는 판정을 받고 더 이상은 독자적인 판단을 할 수 없는 상황에 빠졌던 것이다.

그런데 여기서 논지의 근거가 되고 있는, '대한민국과 일본국 간의 기본관계에 관한 조약'의 부속협정인 '대한민국과 일본국 간의 재산 및 청구권에 관한 문제의 해결과 경제협력에 관한 협정'(조약 제172호, 1965. 6. 22. 체결, 1965. 12. 18. 발효)이란 어떤 내용이었을까.

대한민국과 일본국은, 양국 및 양국 국민의 재산과 양국 및 양국 국민 간의 청구권에 관한 문제를 해결할 것을 희망하고, 양국 간의 경제협력을 증진할 것을 희망하여, 다음과 같이 합의하였다.

제1조
1. 일본국은 대한민국에 대하여,
  (a) 현재에 있어서 1천8십억 일본 원(108,000,000,000원)으로 환산되는 3억 아

메리카합중국 불($300,000,000)과 동등한 일본 원의 가치를 가지는 일본국의 생산물 및 일본인의 용역을 본 협정의 효력 발생일로부터 10년 기간에 걸쳐 무상으로 제공한다. 매년의 생산물 및 용역의 제공은 현재에 있어서 1백8억 일본 원(10,800,000,000원)으로 환산되는 3천만 아메리카합중국 불($30,000,000)과 동등한 일본 원의 액수를 한도로 하고, 매년의 제공이 본 액수에 미달되었을 때에는 그 잔액은 차년 이후의 제공액에 가산된다. 단, 매년의 제공 한도액은 양 체약국 정부의 합의에 의하여 증액될 수 있다.

 (b) 현재에 있어서 7백20억 일본 원(72,000,000,000원)으로 환산되는 2억 아메리카합중국 불($200,000,000)과 동등한 일본 원의 액수에 달하기까지의 장기 저리의 차관으로서, 대한민국 정부가 요청하고, 또한 3의 규정에 근거하여 체결될 약정에 의하여 결정되는 사업의 실시에 필요한 일본국의 생산물 및 일본인의 용역을 대한민국이 조달하는 데 있어 충당될 차관을 본 협정의 효력 발생일로부터 10년 기간에 걸쳐 행한다. 본 차관은 일본국의 해외경제협력기금에 의하여 행하여지는 것으로 하고, 일본국 정부는 동 기금이 본 차관을 매년 균등하게 이행할 수 있는 데 필요한 자금을 확보할 수 있도록 필요한 조치를 취한다. 전기 제공 및 차관은 대한민국의 경제발전에 유익한 것이 아니면 아니 된다.

2. 양 체약국 정부는 본 조의 규정의 실시에 관한 사항에 대하여 권고를 행할 권한을 가지는 양 정부 간의 협의기관으로서 양 정부의 대표자로 구성될 합동위원회를 설치한다.

3. 양 체약국 정부는 본 조의 규정의 실시를 위하여 필요한 약정을 체결한다.

제2조

1. 양 체약국은 양 체약국 및 그 국민(법인을 포함함)의 재산, 권리 및 이익과 양 체약국 및 그 국민 간의 청구권에 관한 문제가 1951년 9월 8일에 샌프란시스코

시에서 서명된 일본국과의 평화조약 제4조(a)에 규정된 것을 포함하여 완전히 그리고 최종적으로 해결된 것이 된다는 것을 확인한다.

2. 본 조의 규정은 다음의 것(본 협정의 서명일까지 각기 체약국이 취한 특별조치의 대상이 된 것을 제외한다)에 영향을 미치는 것이 아니다.

　(a) 일방체약국의 국민으로서 1947년 8월 15일부터 본 협정의 서명일까지 사이에 타방체약국에 거주한 일이 있는 사람의 재산, 권리 및 이익

　(b) 일방체약국 및 그 국민의 재산, 권리 및 이익으로서 1945년 8월 15일 이후에 있어서의 통상의 접촉의 과정에 있어 취득되었고 또는 타방체약국의 관할하에 들어오게 된 것

3. 2의 규정에 따르는 것을 조건으로 하여 일방체약국 및 그 국민의 재산, 권리 및 이익으로서 본 협정의 서명일에 타방체약국의 관할하에 있는 것에 대한 조치와 일방체약국 및 그 국민의 타방체약국 및 그 국민에 대한 모든 청구권으로서 동일자 이전에 발생한 사유에 기인하는 것에 대하여는 어떠한 주장도 할 수 없는 것으로 한다.

제3조

1. 본 협정의 해석 및 실시에 관한 양 체약국 간의 분쟁은 우선 외교상의 경로를 통하여 해결한다.

2. 1의 규정에 의하여 해결할 수 없었던 분쟁은 어느 일방체약국의 정부가 타방체약국의 정부로부터 분쟁의 중재를 요청하는 공한을 접수한 날로부터 30일의 기간 내에 각 체약국 정부가 임명하는 1인의 중재위원과 이와 같이 선정된 2인의 중재위원이 당해 기간 후의 30일의 기간 내에 합의하는 제3의 중재위원 또는 당해 기간 내에 이들 2인의 중재위원이 합의하는 제3국의 정부가 지명하는 제3의 중재위원과의 3인의 중재위원으로 구성되는 중재위원회에 결정을 위하여 회부

한다. 단, 제3의 중재위원은 양 체약국 중의 어느 편의 국민이어서는 아니 된다.

3. 어느 일방체약국의 정부가 당해 기간 내에 중재위원을 임명하지 아니하였을 때, 또는 제3의 중재위원 또는 제3국에 대하여 당해 기간 내에 합의하지 못하였을 때에는 중재위원회는 양 체약국 정부가 각각 30일의 기간 내에 선정하는 국가의 정부가 지명하는 각 1인의 중재위원과 이들 정부가 협의에 의하여 결정하는 제3국의 정부가 지명하는 제3의 중재위원으로 구성한다.

4. 양 체약국 정부는 본 조의 규정에 의거한 중재위원회의 결정에 복한다.(371~373쪽)

이 내용에서 알 수 있는 것은 일본의 보상이 '돈'뿐 아니라 '사람=노동력'으로도 지급되었다는 사실이다. 그리고 보상금은 기본적으로 '경제발전'에 쓰이도록 사용처가 지정되어 있었고, 그 사용처를 구체적으로 감시하는 기관-인물에는 한국뿐만 아니라 일본도 들어가 있다. 말하자면, 1965년의 보상금의 사용은 결코 독립적으로 이루어지지 않았다. 어디까지나 일본이 중심이 되어 사용처를 지도하고 감시하는(긍정적으로 표현하자면 조언하는) 체제로 한일협정은 성립된 것이었다. 보상금이 식민지배에 대한 보상금이 아니라 '경제협력금'이 되어버렸기 때문일 것이다.

아무튼 2006년에 시작된 소송은 이 협정이 청구권 문제를 분명히 '완전히 그리고 최종적으로 해결'되었다고 하고 있는 제2조의 (3)에 대한 이의제기였다.

(1) 일본국이 **청구인들을** 성노예로 만들어 가한 **인권유린** 행위는 '추업을 행하기 위한 부녀자 매매 금지에 관한 조약', '강제노동금지협약(국제노동기구(ILO) 제29호 조약)' 등의 국제조약에 위배되는 것으로서, **이 사건 협정의 대상에는 포**

함된 바 없다. 이 사건 협정에 의하여 타결된 것은 우리 정부의 국민에 대한 외교적 보호권만이고, 우리 국민의 일본국에 대한 개인적 손해배상청구권은 포기되지 않은 것이다.

그런데, 일본국은 이 사건 협정 제2조 제1항에 의하여 일본국에 대한 손해배상청구권이 소멸하였다고 주장하며 청구인들에 대한 법적인 손해배상 책임을 부인하고 있고, 이에 반하여, 우리 정부는 2005. 8. 26. 일본군 위안부 문제와 관련하여 일본국의 법적 책임이 이 사건 협정 제2조 제1항에 의하여 소멸하지 않고 그대로 남아 있다는 사실을 인정하여, 한·일 양국 간에 이에 관한 해석상의 분쟁이 존재한다. (중략)

(4) 그런데도 우리 정부는 청구인들의 기본권을 실효적으로 보장할 수 있는 외교적 보호조치나 분쟁해결 수단의 선택 등 구체적인 조치를 취하지 아니하고 있는바, 이러한 행정권력의 부작위는 위의 헌법 규정들에 위배되는 것이다.(374쪽)

그런데 이 청구는, 인신매매의 주체를 일본국인 것처럼 말하고 있다. 그리고 1965년의 협정에 '개인'에 대한 손해배상이 청구되지 않았다고 말한다. 그러나 앞에서 살펴본 것처럼 인신매매의 주체는 업자였고, 후에 말하겠지만 개인적인 청구권을 소멸시킨 것은 한국 정부였다.

그리고 이에 대해 피청구인(정부)이었던 외교부는 "이 사건 협정에 따른 분쟁해결을 위한 국가의 구체적 작위 의무는 인정될 수 없다"는 등, 피해자들이 보상을 받도록 움직이는 것이 정부의 의무는 아니며, 그런 한 정부가 국민의 기본 권리를 침해했다고 말할 수는 없다고 했다. 그러나, 5년이나 걸린 재판 끝에, 헌법재판소는 결국 청구인들의 손을 들어주었던 것이다.

한일협정의 논의

사실 정부는 1965년의 한일협정 때 개인보상을 국가가 도맡아 하기로 했다는 회담 내용이 2005년에 공개된 이후, '일제 강점하 강제동원 피해 진상규명 등에 관한 특별법'을 만들어 피해자들에게 추가보상을 한 바 있다. 유족의 경우 2000만원의 보상액이 정해졌고, 1970년대에 지급된 30만원을 받은 이들은 그 금액을 뺀 1970만원을 받았다(태평양전쟁희생자유족회 양순임 회장의 증언, 2012. 10. 6.). 물론 '위안부'들에게도 1997년에 한국 정부에게 돈을 받은 이들을 제외한 신청자 중 '위안부'로 인정받은 이들에게 보상금이 지급되었다. 그런데 이때 인정받은 이들은 300명을 넘는 신청자 중에서 불과 22명이었다.

1965년의 한일조약으로 귀결된 한일회담은 무려 14년에 걸쳐 이루어진 길고도 긴 회담이었다. 그런데 그 협정은, 뒤에서도 말하겠지만, 일본에 대한 '승전국'들이 일본과 맺은 1952년의 샌프란시스코 조약에 한국이 참여하지 못했기 때문에 별도로 시작한 회담이었다. 연합국들은 조선은 일본과 '싸워 승리'한 나라가 아니라고 생각해 조선의 참가를 인정하지 않았고, 샌프란시스코 회담에서는 그런 나라들은 당사국들 간의 교섭을 통해 새로운 관계를 정립하도록 결정했다. 식민지 시대에 한국에 와서 살던 일본인들이 남기고 간 재산은 미국이 접수해서 한국에 불하하는 형식으로 처리되었는데, 그 방식을 인정한 것도 샌프란시스코 회담이었다(아사노 도요미, 607쪽). 이에 따라 한국과 일본은 1951년부터 길고 긴 회담을 시작했고 14년이나 지난 1965년에 '한일기본조약'을 맺었던 것이다.

그런데 한국이 1952년에 제시한 '한·일 간 재산 및 청구권 협정 요강 8개항' 중 사람에 관한 사항은 '5. 한국 법인 또는 자연인의 일본 및 일본 국민에 대한 일본국채, 공채, 일본은행권, 피징용 한국인의 미수금, 그 외 한국인의 청구권을 변제할 것'이라고 되어 있다. 그리고 한국 측이 개인피해에 관한 보상을 요구하자 일본은 '구체적인 징용, 징병의 인원수나 증거자료를 요구'했는데, 한국은 자료를 제시하지 못했다. 양국이 접점을 찾지 못한 채로 1961년에 이르러 '정치적 측면에서의 접근이 모색'되었다.

그런데 이때 일본은 '청구권에 대한 순변제로 하면 법률관계와 사실관계를 엄격히 따져야 될 뿐 아니라 38선 이남에 국한되어야 하며 그 금액도 적어져서 한국 측이 수락할 수 없게 될 터이니, 유상과 무상의 경제협력의 형식을 취하여 금액을 상당한 정도로 올리고 그 대신 청구권을 포기하도록 하자'고 제안했다(『판례집』, 377쪽). 말하자면 '개개인의 피해'를 명확히 할 수 없다는 이유로 보상방식이 '경제협력의 형태'가 된 셈이다. 한일협정은 그런 논의가 오간 끝에 합의된 결과였다. 그리고 양국은 그것을 바탕으로 양국 간의 청구권 문제는 '완전히 그리고 최종적으로 해결'되었다는 것에 합의했다. 일본이, '청구권'은 1965년의 조약으로 보상 문제가 끝났다고 말하는 이유는 여기에 있다.

그리고 한국 정부는 1966년에 '청구권 자금의 운용 및 관리에 관한 법'을 제정해 보상을 했는데, 그 대상은 '징용·징병된 사람 중 사망자와 재일 민간 청구권자로서 논의되어 알려져 있던 민사채권 혹은 은행예금채권 등을 갖고 있는 민사청구권 보유자'였다. 그리고 1974년에 '대일 민간 청구권 보상에 관한 법률'을 제정해 1975년 7월부터 1977년 6월 말에 걸쳐 약 92억 원을 지급했다.

그런데, 회담이 진행될 때 한국 정부는 '징용·징병 피해자'에 대해서는 개인보상을 청구했지만, 일본의 '식민지배' 전체에 대한 '사죄와 보상'을 요구하지는 않았다. 그것은 한일회담이 샌프란시스코 조약과 연동된 회담이었기 때문이다. 다시 말해 샌프란시스코 조약은 어디까지나 '전쟁' 종료에 따른 '전후처리' 조약이었기 때문이다. 중일전쟁에 동원된 이들에 대한 보상을 요구했지만, 그것은 '국가범죄'에 대한 것이 아니다. 다시 말해 원래부터 지불되기로 약속되어 있었던 '징병'에 대한 미수금 등을 요구한 것이다.

그러나 결국 '식민지배'에 대한 보상은 요구하지 않았다. 당시에는 다른 피식민국가들도 식민지배에 대한 보상을 요구하지 않았고, 여타 식민지배 국가들도 '식민지배'를 '사죄와 보상'의 대상으로 생각하지는 않았다. 이때의 '보상'의 중심은 어디까지나 '전쟁'에 따른 전후처리와 갑작스러운 '내지·반도의 분단과 원상 복귀'에 따른 금전적 사후처리였다.

피해자단체는 '청구권 관계 해설자료'에서 이렇게 말한다.

> 일본군 위안부 문제는 이 사건 협정 체결을 위한 한·일 국교정상화 회담이 진행되는 동안 전혀 논의되지 않았고, 8개 항목 청구권에도 포함되지 않았으며, 이 사건 협정 체결 후 입법조치에 의한 보상 대상에도 포함되지 않았다.(378쪽)

문제는 한일협정에 '보상'의 법적 근거가 없었다는 데에 있다. '일본인'들에게는, 징병이나 징용은 '일본 국민'의 이름으로 간 것이었고 사후에 '무덤(비용)'이나 은급(연금)이 지급되었다. 징병 자체는 국민으로서 '국가총동원법'에 따라 동원한 것이니, 일본 측에서 보자면 한때 '일본 국민'이었던 조선인에게 당시에 국민으로서 부과된 일은 공식적으로는 '보상'의 대상이 될 수 없었던 것이다. 문제는 또한 우리가 일본에게 강요당한 한일합방이, 조선인이 '일본 국민'이 되겠다는 의사표명을 한 것처럼, 합법처럼 되어버린 데에 있다.

한일합방조약의 구속

한일합방조약의 제1조는 '한국 황제 폐하는 한국 전체에 관한 일체 통치권을 완전히 또 영구히 일본 황제 폐하에게 넘겨준다'는 내용이다. 제2조는 그에 대해 일본 천황은 그 제의를 받아들이겠다는 식의 문면이다. 그리고 황족을 포함해 일본국에 거스르지 않는 자라면 보호하겠다는 것이 제3조와 제4조의 내용이다. 서글픈 사실이지만, 그 조약이 '양국 합의'의 형태를 띠고 있는 한 그 조약에 의거해 이루어진, '법적으로' '일본인'이 되어야 했던 조선인으로서의 피해는 보상의 근거가 없다는 말이 된다. '위안부'들을 피해자로 규정하고 보상을 위한 '입법'을 하기 위해서는 '식민지배라는 불법행위에 의한 타국 국민 동원에 관한 배상'이 되어야 하는데, 당시의 합방이 양국의 조약 체결을 거친 것이었으니 '법적으로'는 유효했다는 치명적인 문제가 생기는 것이다.

물론 그 조약은 국민의 동의를 거치지 않은 조약이었다. 그러니 그런 사태를 문제시할 수는 있다. 그러나 그저 '합방조약 자체가 무효'라는 주장을 일본이나 당시에 식민지를 소유한 제국들이 받아들일 가능성은 희박하다.

1990년대의 일본의 사죄에 대해 생각하려면 1965년의 조약으로, 1965년의 한일기본조약에 대해 생각하려면 1910년의 합방조약으로까지 거슬러 올라가 생각하지 않으면 안 된다. 그리고, 당시에 '식민지배'가 법적으로 금지되어 있지 않았던 이상(역으로 강대국끼리의 양해가 '그들만의 법'의 세계였다), 식민지배하에서 식민지 사람들에게 가한 정신적·신체적·경제적 피해는 '배상'받을 수 없다는 현실이 우리 앞에 있는 것이다.

무엇보다도 한국 정부의 당시의 요청은 식민지배에 대한 배상이 아니었다. 일본은 한일회담에서 피징용자에 관한 논의가 있었을 때, "보상금이란 어떠한 성격의 것인가"라고 물었고, 그에 대해 한국은 "미수금은 그 당시

규정에 의하여 받을 것을 받지 못한 것을 말하며 보상금은 생존자, 부상자, 사망자를 포함하여 피징용자에 대한 보상, 즉 정식(원문대로)적 고통에 대한 보상을 말하는 것"(김창록, 248쪽에서 재인용)이라고 말했다. 말하자면 식민지배 전체에 대한 보상 요구가 아니었다.

그런데 일본은 이에 대해 "이 항목은 사적인 청구가 대부분이라고 생각하며 종래 이러한 청구는 국교가 정상화하지 못했기 때문에 해결을 보지 못한 것으로 국교가 회복되고 정상화되면 일본의 일반 법률에 따라 개별적으로 해결하는 방법도 있다고 생각하는데, 이 점 어떻게 생각하는가"라고 물었다. 즉 개인보상은 개별적으로 청구하는 방식을 일본 쪽에서 제시했던 것이다.

하지만 여기서 한국은 여전히 "우리는 나라가 대신하여 해결하고자 하는 것이며 또 여기에 제시한 청구는 국교 회복에 선행해서 해결해야 할 것으로 생각한다"(248쪽)고 고집했다. 또, '피징용자 보상금'을 둘러싸고 일본은 "보상이란 국민징용령 제19조에 의하여 유족부조료, 매장료 등은 지불하기로 되어 있고 공장에 관해서는 공장법에, 군인군속에 있어서도 그러한 원호규정이 있었는데 당시의 그러한 베이스에 의한 보상을 의미하는가"라고 물었는데, 한국은 "새로운 기초하에 상당한 보상을 요구한다", "다른 국민을 강제적으로 동원함으로써 입힌 피징용자의 정신적·육체적 고통에 대한 보상"이라고 말한다. 그러자 일본은 "징용될 때에는 일단 일본인으로서 징용된 것이므로 당시의 원호 같은 것, 즉 일본인에게 지급한(원문은 '지금한') 것과 같은 원호를 요구하는 것인가"라고 물었는데, 한국은 그에 대해서도 "새로운 입장에서 요구하고 있다"고 거듭 말했던 것이다. 오히려 일본은 "우리 입장은 미불금이 본인 손에 들어가지 않으면 안 된다", "일본 원호법을 원용하여 개인 베이스로 지불하면 확실해진다"면서 "개인에 대한 직접

보상을 주장"(249쪽)했다. 개인들이 어떤 피해사실을 새롭게 들고 나올지 모르니 추후에 일본 국가가 한국의 개인에게 직접 보상하겠다고 했는데도, 한국 정부 쪽이 그 방식을 거부했던 것이다.

이미 지적된 것처럼, 당시엔 "일본 측은 징용이 강제동원이라는 의식이 전혀 없었으며 그 때문에 손해배상을 해야 한다는 의식도 전혀 없었"(250쪽)을 것이다. 그리고 그것은 일본이 1910년의 합방과 국민동원을 '합법'으로 인식하는 한 당연한 일이기도 했다. 실제로 일본 측은 "징용자 보상금에 관하여는 한국 측은 생존자에 대하여 정신적 고통에 대한 보상을 청구하고 있으나, 그 당시의 한국인의 법적 지위가 일본인이었다는 점에 비추어 일본인에 지불된 바 없는 보상금은 지불할 수 없다고 생각한다. 그러나 사망 및 상병자에 대하여는 당시의 국내법에 의하여 급여금이 지불되었을 것인바 미지불된 것이 있으면 피징용자 미수금으로 정리될 것이니 그 항목에서 검토하는 것이 좋을 것"(252쪽)이라고 말했다.

말하자면, 일본은 '전前 일본인'으로서의 조선인, 즉 한때 '일본 국민'이었던 틀을 사용하면 피해자들에 대한 보상은 가능하다고 말한 셈이다. 이는 "청구권에 관한 양측의 인식의 차이"(252쪽)에서 빚어진 일이었고, "한국 측은 '피징용자의 정신적·육체적 고통에 대한 보상'까지를 포함하는 것으로 청구권을 폭넓게 인식하고 있었던 데 비해, 일본 측은 일본의 국내법에 의해 이미 성립되어 있는 권리만을 염두에 두고 있었"(253쪽)다.

그런 '인식의 차이'는 문제지만, 이때 이런 일본의 권유를 받아들여 개인보상 부분을 남겨놓았다면 위안부들뿐만 아니라 또 다른 피해자들도 후에 적법한 보상을 받을 수 있었을 것이다. 그렇지만 한국 정부는 그렇게 하지 않았다. 위안부들과 피해자들이 그동안 대부분의 재판에서 진 것은 바로 그 때문이기도 했다.

일본 정부를 상대로 한 위안부 관련 재판이 줄곧 패소한 것을 우리는 일본이 식민지배에 대한 책임의식이 없어서라고 생각해왔지만, 일본의 재판소들이 위안부들의 손을 들어주지 않은 건 책임 자체가 없다고 생각해서만은 아니다. 이미 1965년 협정에 근거한 보상을 통해 책임의무를 다했다고 생각한 것이 패소의 원인이었다. 개인이 청구할 몫을 이미 한국 정부에게 주었던 건 사실이니, 한국인 피해자가 일본에 대한 '개인청구'를 할 수 없도록 만들어버린 건 일본 정부가 아니라 한국 정부였다.

제국과 냉전시대의 한계

이때 한국이 개인의 청구권을 남겨놓지 않은 것은 "경제건설을 위한 희생이라기보다 오히려 이북 지역의 청구권 문제를 봉쇄하기 위한"(장박진, 2009, 456쪽) 것이었다. 그 이유는 "통일 후 일본이 이북 지역의 일본인 재산청구권을 요구할 것을 차단하는 것이며 또 하나는 통일 이전에 북한과 일본이 청구권 교섭을 할 것을 막는"(455쪽) 데에 있었다. "한일협정에 의한 각종 개인청구권의 소멸은 본시 같이 일본에 대해서 그 과거청산을 도모해야 했던 동족과의 대립 탓으로 생긴 것"(456쪽)이었다.

물론 한국이 주장한 '새로운 틀'은 논리적으로는 정당한 요구였다. 그러나 식민지 시대엔 조선은 '일본'의 한 부분이 되어 있었고 '일본 국민'이 되어 있었다. 그리고 당시엔 국민이 국가에 의해 피해를 입을 경우에 보상을 청구할 수 있는 '법'이 존재하지 않았다. 그런 상황에서(물론 식민지배에 관해서도 마찬가지다) 어디까지나 피해국('다른 나라')으로서 받기를 원했던 한국의 주장은 윤리적으로는 옳지만 '법적' 배상을 요구할 수 있는 '법'이 없었다는 점이 문제로 남는다.

즉 일본 측에서 보자면, 받는 사람이 이미 '다른 나라 국민'이라면 왜 보상을 해야 하는지가 문제가 된다. 말하자면 식민지배가 이 시기에 '불법'으로 간주되지는 않았다는 것이 문제의 핵심이다. 실제로 미국과 영국이 당시 한국 병합을 승인한 것은 그것이 당시에 통용되는 법으로서의 '조약'이라는 형식을 갖춘 것이었기 때문이다(장박진, 2010, 192쪽). 그런 한 일본으로서는 그것이 '불법'이 아니게 되는 것이다.

그러나 위헌 결정을 내린 헌법재판소가 이런 과정, 즉 협정 당시 일본이 '개인보상'을 하겠다고 했는데도 한국 측이 주장해서 개인에 대한 보상을 국가가 대신 받았다는 점, 그리고 일부는 보상을 받았고 그로부터 40여 년 가까이 지난 시점에서 '위안부 및 피해자'들에게 다시 한번 국가가 추가보상을 했다는 점을 알고 있었던 것 같지는 않다.

사실 1990년대에, 한국 정부는 위안부로 인정된 이들에게 4000만 원가량의 지원금을 지불했다(그 과정에 대해서는 『화해를 위해서』 참조). 그리고 2005년에 한일회담 문서가 공개되면서 90년대에 받지 못한 위안부들과 70년대에 보상받은 유족회에 추가로 보상금을 지급했다. 일본으로부터 받을 보상금 대신 지급한 1990년대의 보상금은 일본 정부의 기금을 받지 않을 것을 전제로 한, 일본에 대한 '대항적 성격'의 보상금이었지만, 2000년대의 보상금은 한일회담 내용이 밝혀지면서 국가가 받았다는 것이 알려진 후 지급된, 70년대의 실책을 보완한 보상금이다.

식민지배에 대한 사죄라는 명확한 의식은 없었지만, 일본이 '개인의 피해'에 대한 보상을 한 것만은 분명하다. 다만 한국 정부가 전달 주체가 되었을 뿐이다. 그리고 '위안부'라는 존재는 일본이 말한 "추후에 나올 수도 있는 개인"이었다(물론 국가의 책임으로 인정했을 때의 이야기다). 식민지배 문제는 한일협정 때 논의되지 않았거나 최종적으로 빠진 것으로 보이지만, 한일협정 때의 보상금이 그런 경우까지 상정하고 전달된 금액이었다는 것은 분명한 사실이다. 그리고 한국 정부도 최종적으로 그 책임은 완수했다. 앞서의 정부의 변에서 나름대로 지원을 해왔다는 말은 그런 사실을 말하는 것이다.

한일협정 당시 일본에게 '식민지배'에 대한 책임의식이 없었던 것은 분명하다. 그러나 당시의 개인청구권 소멸 책임이 한국 정부에게 있었다면 일본에게 '법적 책임'을 지도록 요구하기는 어렵다. 그리고 1990년대에 행해진 일본의 '도의적 보상'은 분명 '식민지배'로 인해 생긴 피해에 대한 보상이었으니 그 의미를 인정할 필요도 있다. 국가에 의한 '정신적 피해'를 보상하는 법, 제국의 식민지배에 대한 보상을 할 수 있도록 하는 법이 당시 존재하지 않았던 이상 '법적 보상'을 요구할 수 없다는 것은 어쩔 수 없는 일이기도 하다. 이 과정에서의 모순은, 타국을 지배하는 것을 나쁜 일로 생각하지는 않았던 제국 시대와, 그것에 대한 문제제기를 충분히 못한 채로 일본과 국교를 맺어야 했던 냉전체제 안에 우리가 있었다는 점이다.

그리고 2006년 이후에 한국 정부가 위안부들을 비롯한 일제 시대 피해자들에게 보상금을 지급한 것은, 이름은 '도의적 보상'이었지만 1965년의 조약 때 일본으로부터 받은 보상금을 뒤늦게 전달한 것이니 실질적으로는 '법적 책임'을 완수한 셈이다.

무엇보다도, 소송자들이 소송을 낸 근거는 위안부들이 '강제노동'과 '인신매매'를 당한 것이었다. 그것이 당시의 국제법을 어긴 것이었다는 것이 '배상' 요구의 근거였는데, 당시의 법을 실제로 어긴 직접적 주체는 일본국이 아닌 업자였다. 그런 의미에서는 소송자들의 '법적 책임'과 '배상 요구' 자체에 이미 무리가 있었다.

'위안부'에 대한 이해

그런데 헌재는 '위안부'에 대해 어떻게 이해하고 있었을까.

헌재가 결정문에서 일본군 위안부 숫자를 '8만에서 10만 혹은 20만'으로 추정된다고 하고 있는 것은 소송자들이 제출한 자료를 그대로 받아들인 것으로 보인다. 그들은 이 숫자를 대부분 '강제연행'당한 조선인으로 생각했을지도 모른다.

또 결정문은 또한 1998년의 유엔 인권소위원회 '맥두걸 보고서'를 언급하며, 이 보고서가

① 위안부 제도가 성노예제라는 것을 분명히 하고, 위안소를 **강간센터**(rape center, rape camp)로 규정하여 강제성을 부각하였고,
② 일본의 책임자 처벌 문제를 강조하면서 생존 전범의 색출을 주장하였으며,
③ 유엔 사무총장은 일본 정부로부터 최소한 연 2회 이상 진행사항을 보고받고, 유엔 인권위원회 고등판무관은 일본 정부와 협력하여 **책임자**의 **처벌** 및 적절한 배상을 위한 패널을 구성하는 등 유엔의 적극적인 개입을 요구하였고,
④ 생존자들이 고령인 점을 고려하여 긴급하고 신속하게 일본 정부의 배상이 이루어져야 한다는 점이 강조되었다.(381쪽)

라고 말한다. 헌재의 결정에는 이러한 자료들도 영향을 미친 듯하다.

하지만, 뒤에서 다시 살펴보겠지만, 이 맥두걸 보고서 역시 정대협의 주장을 대부분 그대로 받아들인 것이었다. 다시 말해 글자 그대로의 강간과 '위안'(매춘적 강간 혹은 강간적 매춘)을 구별하지 않은 보고서였다. 그들은 네덜란드인 여성들의 경우인 '강간센터'와 조선인들의 위안소를 같은 것으로 생각했다. 그런데 결정문은 '나. 일본군 위안부 문제의 제기와 진행'의 (10)

에서, 2007년에 미국 하원의 일본군 위안부 결의안이 "일본 정부는 일본군들이 위안부를 성의 노예로 삼고 **인신매매를 한 사실이 없다는** 어떠한 주장에 대해서도 분명하고 공개적으로 반박하여야 한다"고 말한 것도 다시 인용(381쪽)하고 있다. 그러니 헌법재판소도 인신매매를 일본군이 주체가 되어 행해진 것으로 생각했을 것이다.

헌재는 같은 글 (11)에서 2008년에 **유엔 인권이사회**가 "일본 인권상황 정기검토를 통해 일본군 위안부 문제에 대해 각국의 권고와 질의를 담은 실무그룹 보고서를 정식으로 채택하였으며, 유엔 B규약 인권위원회는 2008. 10. 30. 제네바에서 일본의 인권과 관련된 심사보고서를 발표하고, 일본 정부에 대해 처음으로 일본군 위안부 문제의 법적 책임을 인정하고 피해자 다수가 수용할 수 있는 형태로 사죄할 것을 권고했다"고 쓰고 있다.

그러나 헌재가 판결에 인용한 이러한 참고자료들은, 뒤에서 살펴보겠지만 일본이 조선인도 '강제로 연행'했다는 인식을 전제로 한 것이다. 한국의 국회 본회의에서 2008년 10월에 '일본군 위안부 피해자 명예회복을 위한 공식 사죄 및 배상을 촉구하는 결의안'이 통과되었다는 것도 그중 하나인데, 이 결의안은 한국의 국회의원들 역시 같은 인식을 갖고 있었기 때문에 내놓은 결의안이었을 뿐이다.

물론 조선인 위안부들의 일부가 가혹한 인권유린을 당한 것이 분명한 이상, 그 피해에 대해 사죄와 보상이 이루어져야 한다는 것은 말할 필요도 없는 일이다. 그러나 헌재 결정은 개인의 피해를 보상받을 기회를 박탈한 주체는 일본이 아니라 한국 정부였다는 사실, 그리고 1990년대에 또 한 번의 보상이 이루어졌고 상당수의 위안부가 보상을 받았다는 사실을 간과된 채로 이루어진 것으로 보인다. 올바른 판단을 위해서는 무엇보다 '조선인 위안부'에 대한 더 깊은 이해가 필요했는데, 피해자가 제시한 자료 이외의 자료를 헌재가 사용한 흔적은 없다. 말하자면 이 판결은 '조선인 위안부'에 대한 이해와 자료를 단지 소송자가 제기한 것에만 의존하여 내려진 것으로 보인다.

소송자들은 위안부가, 당시의 국제법이 매춘을 금지하고 있었는데 그런 국제법을 위반했으니 위안소 운영이 '불법행위'라고 말한다. 그러나 국제법 전문가인 아이타니 구니오藍谷邦雄 변호사는 이렇게 말한다.

1) 국제법에 의한 주장에는 두 가지 측면이 있다는 것을 이해해야 한다. 국제법에서 금지하는 법규를 위반했다는 것만으로는 손해배상을 청구하는 근거가 되지 않는다. 민법의 부작위 혹은 그 밖의 법적 근거에 의해 왜 배상이 필요한지를 말해야 한다.

2) 배상의 근거로 주장할 수 있었던 것은 헤이그 제3조약의 제3조에 근거한 내용, ILO[국제노동기구]의 강제노동금지조약에 근거한 것, 이 두 가지다. (중략) ILO 강제노동금지조약은 금지 위반에 대해서 손해배상을 규정하는 것은 아니지만, 위법한 강제노동에 대해서도 보수를 지불해야 한다고 되어 있다(제14조). '위안부'에 대한 성적 강요가 강제노동에 해당되는 것이라고 하더라도 그에 대한 지불을 보수라고 해야 하는지에 관해서는 의문이 남지만, 그러나 조약의 취지에 근거해 판단한다면 **어느 정도 현금이 지불되어야 했다**고 말할 수 있다. 이 국제법의 주장은, **국가무답책**(國家無答責: 1947년에 국가배상법이 제정되기 이전의 대일본제국헌법하에서, 관리는 천황에게만 책임을 지고, 공권력의 행사에 해당하는 행위에 의해 시민에게 손해를 끼치더라도 국가는 손해배상 책임을 지지 않는다는 법리 - 인용자)이 없는 것은 물론 (조약은 국가의 의무를 정하는 것이 아니므로) 시효, 제척기간도 적용되지 않는 것이기 때문에 중요한 근거 법규로 주장되었다.

3) 다른 한편으로 위안부 제도의 위법성을 주장하는 근거로서의 국제법에는 '부인 및 아동의 매매 금지에 관한 국제조약'이 있어서, 그 제1조, 제2조에서는 본인의 동의가 있는 경우에도 미성년자에 대해서는 타인의 정욕을 만족시키기 위해 추업을 시켜서는 안 되고, 이를 위반한 자는 처벌해야 한다고 되어 있다. 이것이 국제법상으로도 위안부 제도를 위법행위로 인정해야 하는 근거라는 데에는 싸울 여지는 없었다고 할 수 있다. 그러나 **이것이 손해배상을 해야 된다는 근거는 되지 않는다는 점은 어쩔 수 없는 부분**이기도 하다.(아이타니 구니오, 36쪽)

결론적으로 위안부 제도에 문제가 있다고 하더라도 그것이 곧 손해배상 청구의 근거가 되지는 않으며, 미지불 '(강제)노동'이 있었다면 그에 대한 보상은 가능하다는 이야기이다. 실제로 인신매매를 일본 국가가 했다 해도 손해배상을 청구하는 것은 불가능하다는 이야기이기도 하다.

피해자단체들은 그동안 1965년의 한일기본조약에 의해 '보상'은 끝났다는 현실에 입각해 한일 간의 법이 아닌 국제법상의 법규를 적용하려 했던 것 같다. 그러나 애석하게도 그 법규도 '법적'으로는 일본을 추궁할 수는 없다는 이야기가 된다.

그러나 헌법재판소는 1965년에 '개인배상'의 대상으로 언급이 되지 않았으니 일본이 배상을 해야 한다는 피해자들의 청구를 그대로 받아들였다. 그리고 일본이 보상하도록 한국 정부가 움직여야 한다는 판결을 내놓았다. 그것이 5년이나 끈 끝에 2011년 8월 30일에 나온 헌재의 '위헌' 결정이었다.

그런데 당시 이 판결에 찬성하지 않은 재판관도 없지는 않았다.

그들의 반대의견의 근거 몇 가지 가운데 일본에 관한 항목은 이렇다.

이 사건 협정은 한·일 양국이 당사자가 되어 상대방에 대하여 부담할 것을 전제로 체결된 조약이기에 위 협정 제3조로부터 '우리 정부가 청구인들에 대하여 부담하는 작위 의무'는 도출될 수 없으며, 더구나 이 사건 협정 제3조에 '의무적' 내용은 기재되어 있지 않다. 그리고 위 협정 제3조에 기재된 외교적 해결, 중재회부 요청은 우리 정부의 '외교적 재량사항'에 해당한다는 선례(헌재 2000. 3. 30. 98헌마206 결정)도 있는데, 다수의견은 결론적으로 위 선례와 배치되는 판단을 하고 있다.(368쪽)

여기에 더해 "'외교적 해결을 할 의무'란 그 이행의 주체나 방식, 이행정도, 이행의 완결 여부를 판단할 수 있는 객관적 판단기준을 마련하기도 힘들고, 그 의무를 불이행하였는지 여부의 사실확정이 곤란한 고도의 정치행위 영역에 해당하므로, 헌법재판소의 사법심사의 대상이 되기는 하지만 권력분립 원칙상 사법자제가 요구되는 분야이다"(400쪽)라고 말한다.

아무튼 헌재의 결정은 무엇보다 위안부와 '위안부 문제'에 대한 부정확한 정보를 근거로 판단하고 내려진 것이었다. 다시 말해 국회나 언론, 국민들의 부정확한 인식을 헌재 또한 공유하고 내린 결정이었다. 헌재의 결정은 한국 정부로 하여금 '외교적 해결'에 나서게 했지만, 문제의 본질이 이해되지 않은 채로 시도된 행동이 해결을 가져올 리는 없었다. 이후에 대통령까지 나서면서도 이 문제의 '외교적 해결'이 더한층 심화된 한일 대립을 가져온 것이 그것을 증명한다.

한국에서는 그렇게, 국회도 사법부도, 그리고 그에 따라 행정부 – 정부도 정대협의 인식을 넘어서지는 못했다.

제4장

세계의 생각을 생각한다

헌법재판소도 참고한 2007년의 미 하원 결의나 유엔 보고서들은 정대협은 물론, 2012년 여름 한일관계가 경색된 이후로는 한국의 언론까지 위안부에 관한 일본의 범죄성과 책임을 '세계가 인정했다'고 보도하는 근거로 쓰인 자료들이다(「위안부 문제 물은 유엔 보고서 주목」, 『노컷뉴스』 2012. 8. 29.).

세계는 이 문제를 어떻게 보았던 것일까.

1. 쿠마라스와미 보고서

1996년의 유엔 '쿠마라스와미 보고서'(「여성에 대한 폭력—전시에 있어서의 군의 성노예 제도 문제에 관하여, 조선민주주의인민공화국, 대한민국 및 일본에 대한 방문조사에 기초한 보고서」)는 일본 정부에 '법적 책임 수락, 배상 지불, 문서 공개, 공식 사죄, 관계자 처벌' 등을 권고하고 있다. 그런데 2년 뒤인

1998년의 보고서(「여성에 대한 폭력-그 원인과 결과」)는 이렇게 말한다.

> 일본 정부는 '위안부'에 대한 과거의 폭력 문제를 다루는 환영할 만한 노력을 했다. 일본 정부와 역대 수상이 자책의 염念을 표했고, 전 '위안부'에게 사죄했다. '아시아여성기금'이라는 민간기금이 피해자 개개인에게 200만 엔을 지급했다. 100명 이상의 피해자가 기금을 받아들였고, 약 50명이 실제로 속죄금[償い金]을 수령했다. 기금은 전 '위안부'가 있어도 문화적 이유로 이름을 밝힐 수 없는 나라(한국을 말하는 것일 터이다 – 인용자)에서는 고령자 여성들을 지원하는 시도를 하고 있다. 일본 정부는 '아시아여성기금'의 의료복지사업에 정부 예산에서 7억 엔을 제공했다. 국민들의 관심을 높이는 노력을 했고, 학교 교과서에 이 비극을 실어 미래에 되풀이되지 않도록 하고 있다.
> 그러나 일본 정부는 법적 책임을 인정하지 않고 있다. 아마도 국내 재판소에서 계류 중인 재판 6건의 판결을 기다리고 있는 것일 터이다.(액티브 뮤지엄 '여자들의 전쟁과 평화자료관', 279~80쪽, 부록의 자료. 일본어 번역에서 재번역)

이 보고서는 이렇게 국민기금의 사죄와 보상을 '환영할 만한 노력'이라면서 높이 평가하고 있다. 그건 96년의 보고서 이후에 일본의 기금사업이 실시되었다는 것을 알게 되었기 때문일 것이다. 또 이 보고서는 일본이 위안부 문제를 교과서에 실었다는 것도 명확히 기록해두고 있다. 위안부 문제는 고노 담화가 나온 이후 교과서에 실렸다가 '강제동원'이 문제가 되면서 사라지게 된다. 다시 말해 위안부 문제 자체를 전全부정했다기보다는 '강제로 끌고 간' 것은 아니었다고 생각하는 이들의 주장이 힘을 받으면서 사라지거나 내용이 수정된 것이다.

정대협이 기금의 사죄와 보상을 인정한 유엔 보고서의 변화를 몰랐을 리는 없다. 그러나 그런 변화는 한국에 전달되지 않는다. 그리고 2006년 이후 추가보상 조치를 한 이후 정대협의 입장과는 거리를 두어온 정부 역시 정대협과 비슷한 발언을 하게 된다.

> 외교통상부 당국자는 30일 "일본군 위안부와 관련해 지금까지 유엔에서만 여러 개의 보고서가 나왔는데도 일본이 그 권고사항을 제대로 이행한 것이 없다"며 "유엔에서 쓸 수 있는 마지막 카드는 결의안"이라고 말했다. 외교 소식통도 "외교부 내 여러 회의에서 유엔 결의안을 추진하는 방안이 거론되고 있다"고 전했다.(『동아일보』, 2012. 8. 31.)

이 '쿠마라스와미 보고서'는 정대협의 위안부 인식을 그대로 받아들여 나온 보고서였다. 쿠마라스와미는 정신대가 위안부가 되었다면서 강제연행을 했다고 말한 요시다 세이지의 책을 인용하고 있다. 또 위안부의 대부분은 '14~18세'였고, 윤정옥 교수의 말을 인용하여 위안부 모집에 학교제도를 이용했다고 말한다. 또 위안부들이 상대한 군인의 숫자는 하루에 60~70명이라고 적는다. 그리고 13세 때 끌려갔던 북한 위안부의 이야기로서, 하루에 40명이나 상대해야 한다는 것에 항의한 다른 위안부 소녀가 못 철판에 고문을 당했으며, 성병에 걸린 소녀를 '살균소독'한다며 달군 쇠꼬챙이로 음부를 찔렀다는 이야기를 기록해두고 있다. 그에 더해 "20만의 조선 여성 대부분을 죽였다"면서, 1965년의 한일협정은 개인의 청구권은 포함되지 않은 경제협약에 지나지 않았으니 이 조약은 이 문제와 상관이 없다는 결론을 내린다('디지털기념관 위안부 문제와 아시아여성기금' 홈페이지의 '쿠마라스와미 보고서' 일본어 번역 참조).

쿠마라스와미의 '위안부'에 대한 인식은 이렇게 정대협의 인식과 거의 차이가 없다. 그런데 증언 가운데서도 믿기 어려울 만큼 끔찍한 이야기들이 대부분 북한 여성들의 증언이라는 것은 우연일까. 아무튼 문제는 이후에 나오는 의견서들이 대부분 이 보고서의 영향을 크게 받았다는 점이다.

그런데 그런 쿠마라스와미조차 '위안부'의 상황을 '강요된 매춘'으로 인식하고 있다. 위안부들을 세 가지—자발적인 매춘업, 음식점이나 세탁부로 갔다가 '위안'을 하게 된 경우, 강제연행—로 분류하는 등 '위안부'의 모습이 하나가 아니었다는 것도 알고 있었다. 1996년 시점에 '위안부'란 근본적으로 '매춘'의 틀 안에 있던 여성들이라는 것을 알고 있었던 것이다.

이런 점들을 제외하면, 쿠마라스와미의 보고서가 '조선인 위안부'를 둘러싼 정황에 대해 정확하게 알고 있었다고 보기는 어렵다. 그럼에도 불구하고 단지 유엔의 보고서라는 점만으로 위안부 문제에서 오래도록 권위 있는 자료가 되어온 것이다. 그러면서도 일본의 사죄와 보상을 인정했다는 부분은 한국에는 알려지지 않는다.

2. 맥두걸 보고서의 '최종보고'

헌재가 인용했던 '맥두걸 보고서'는 1998년에 나왔는데, 추가보고인 2000년의 '업데이트된 최종보고'는 이렇게 말한다.

성노예제가 기록된 사례에서도 가장 심한 사건 중 하나는 제2차 세계대전 중의 일본군이 관여한 **강간수용소** 제도였다. 특별보고자가 임무를 맡게 된 주요한 계기가 된 것도, 아시아 전역에서 이른바 '위안부'로 노예가 된 여성과 소녀 **20만 명**이 겪은 피해의 실태와 성격에 대해 국제적인 인식이 높아진 일이었다.(액티

브 뮤지엄 '여자들의 전쟁과 평화자료관', 281~282쪽에서 재인용-)

이 보고서 역시 '20만 명'이나 되는 '여성과 소녀'가 전부 '강간수용소' 같은 시설에 '수용'되었던 것으로 이해하고 있다. 뿐만 아니라 '아무런 배상도 이루어지지' 않은 것으로 생각하고 있다. 98년의 보고서에서는 대부분이 11~20세였고, 유괴와 사기의 주체가 일본군이었으며, 일본군이 여성의 매매 금지 조약을 위반했다고 말한다. 또 살아남은 이들은 25퍼센트에 불과해 '14만 5000명'이 살아 돌아오지 못했다고 말한다. 그러나 그런 인식은 자민당의 어느 의원이 말한 숫자를 사실 확인 없이 인용한 것이었다. 그러면서도 국가가 위법자를 '방치'한 것이 문제라고 말하고 있으니, 맥두걸은 일본군이 개인적으로 사기와 유괴를 저지른 것으로 이해했는지도 모른다.

그에 반해 지원자들은 '위안'을 일본군의 하나의 체계적인 시스템이었던 것으로 간주하고 '국가범죄'로 생각했다. 물론 앞에서도 말한 것처럼 일본군이 위안소 운영에 따르는 문제들을 알면서도 묵인한 것은 분명 문제가 있다. 그러나 당시의 '위법'사항이 인신매매뿐이었던 이상, 위안소 설치와 이용을 '일본국의 범죄'로 말할 수 있는 것은 아니다. '일본군'이 한 일을 범죄시하려면 오히려 개인적인 강간이나 폭행에 대해서 말해야 한다.

맥두걸 보고서 역시 내용을 살펴보면 이렇게 문제가 없지 않다. 독자적인 조사를 충분히 하지 않았을 가능성도 있다. 그런데도 그저 유엔 보고서라는 것만으로 한국의 지원단체와 언론은 우리의 생각이 옳은 증거로 내세워왔던 것이다.

3. 미 하원의 위안부 결의안

일본 정부는 1930년대부터 제2차 세계대전 중의 아시아와 태평양 군도의 식민 지배 및 전시점령 기간에 일본군에게 오직 성적 서비스를 제공할 목적으로 '위안부'라 알려지게 된 젊은 여성들을 공적으로 동원시켰다. 일본 정부에 의한 강제적인 군대매춘제도 '위안부'는 그 잔혹성과 규모에서 전례를 볼 수 없는 것으로, 집단강간, 강제중절, 굴종, 신체절개, 죽음이나 결과적 자살로 이어지는 성폭력을 포함하는 20세기 최대 규모의 인신매매 가운데 하나이다.(하략, 아라이 신이치, 9쪽에서 재인용)

미국 내의 결의 중 가장 빨리 나왔던 하원의 위안부 결의(제110대 의회, 결의 제121호, 2007. 7. 30.)도 이렇게 정대협을 비롯한 한국의 기존 위안부 이해를 그대로 답습하고 있다. 그리고 이 역시 '인신매매'의 주체가 '일본 정부'였다고 생각하는 것이다.

이 결의안의 문안을 만들어 통과시키는 데에 많은 공을 세웠다는 민디 코틀러에 의하면, 이 안은 "가장 강력한 사회보수주의자들에게도 놀랍게도 보편적인 지지"를 받았는데, 그 이유는 그들의 "친가족, 친금욕, 반낙태"라는 가치관이었다. 코틀러는 말한다. "'위안부'에 관해 의회에 설명하는 문건들은 모두 '강요된 낙태'에 관한 언급을 포함하고 있었는데, 그것은 의도적이었다"고. 그리고 "도쿄의 미국대사관 홈페이지에 나타난 다섯 가지 인기 주제 중의 하나가 인신매매였다"(민디 코틀러, 64쪽)고.

중절이 여성들에게 고통스러운 일이라는 것은 두말할 나위도 없다. 그러나 계속해서 '위안'에 종사해야 하는 위안부들의 경우 낳아서 기르는 일 역시 고통스러웠다. 한국의 미군 기지촌의 이른바 '양공주'들이 임신했을 때

중절 시기를 놓치고 혼자서 혼혈아를 낳아 길러야 했던 경우는 적지 않다. 혼혈아라는 차별을 받으며 자란 아이들도 많았고, 적지 않은 아이들이 해외로 입양되었다. 말하자면 일본군은 위안부의 임신을 '관리'했지만(물론 포주나 위안부 스스로가 중절한 경우도 많았다), 미군(혹은 한국)은 위안부의 임신을 '방치'했다. 물론 일본군에 의해 '관리'되는 상황이 더 나았다는 것은 아니다. 중요한 건 중절 자체가 아니라 그 중절이 여성의 의지에 의한 것인가 아닌가이다.

미 하원이 '중절'에 대해 거부감을 갖고 결의를 통과시켰다는 것은 사실에 대해 충분히 알지 못했다는 측면을 드러내고 있다. 뿐만 아니라 이 결의를 통과시킨 이들이 통과 자체에 의미를 둔 나머지 보수의 가치관을 이용하는 '의도'적인 접근방식을 취했다는 것도 보여준다.

이 결의안 이후 캐나다와 유럽연합 등의 결의가 이어지게 되는데, 유럽연합 결의 역시 위안부 문제를 강제노동, 노예, 부인 및 아동의 매매, 공적인 징용 명령에 의한 모집, 강제낙태, 20세기 인신매매로 인식하고 있다. 그리고 맥두걸 보고서와 네덜란드 정부의 조사보고서를 존중한다는 말을 결의의 주요 내용에 넣고 있다. 이들의 결정에 네덜란드 여성이 겪은 사건이 중요한 영향을 끼쳤다는 것을 알 수 있는 부분이다. 그러나 이른바 '스마랑 사건'(자바 섬 스마랑의 민간인 수용소에 있던 17~28세의 네덜란드 여성 35명을 강제로 4곳의 위안소로 연행하여 강간하고 매춘을 시킨 사건)으로 불리는 이 사건은 사건이 알려진 후 즉각 위안소가 폐쇄되었고, 일본의 패전 이후 주범자는 사형 등의 처벌을 받았다. 말하자면 '법적으로' 금지되어 있는 일을 한 데에 대한 처벌을 한 것이다.

한편 미 하원의 이 결의 역시 "1995년의 민간기금이라 할 수 있는 아시아여성기금의 설립을 이끌어냈던 일본의 공인과 민간인의 노력과 정열을 칭송"하면서 '아시아여성기금'이 "일본인들에 의한 '보상'을 위안부들에게 전달하기 위해 570만 달러의 기부금을 모금"한, "정부에 의해 착수된, 기금의 대부분을 정부가 부담했던 민간기금"이라고 평가했지만, 그 부분은 한국에 전달되지 않았다.

4. ILO 조약권고적용전문가위원회의 소견

위안부 문제를 해결하기 위한 운동을 성공시키기 위해서는 인신매매 등의 현재의 문제와 연결시키는 것이 좋다고 조언했던 ILO 조약권고적용전문가위원회는 주목할 만한 '소견'을 내놓은 적이 있다. 1996년에는 '위안부는 성노예'이고 '강제노동금지조약 위반'이라고 했던 그들이 2001년의 소견에서는 이렇게 쓰고 있다.

> 법적으로 보상 문제는 조약(한일기본조약 – 인용자)에 의해 끝났다고 인정한다. 각국 노동조합의 반대의견도 소개하며, 맥두걸 보고서의 견해에도 주의. '일본 정부는 청구자 및 청구자를 대표하는 단체와 협의하여 더 늦기 전에 희생자의 기대에 보답할 수 있는 방법으로 희생자에게 보상하는 다른 방책을 찾아내기를 바란다.'(액티브 뮤지엄 '여자들의 전쟁과 평화자료관', 283쪽에서 재인용)

그들은 이렇게, 1965년의 '조약'에 의해 '법적인 책임은 없다'는 일본 정부의 변을 명확히 인정하고 있다. 그러면서 '다른 방책을 찾아내'라고 권고하고 있는 것이다. 그것도 벌써 12년 전의 일이다. 또 2003년에는 "개인청구의 법적 근거에 대해" 일본 정부의 자료와 그 밖의 여러 자료를 "상세히 인용"하면서, 그에 대해 "본 위원회로서는 의문 상태로 놔두고자 한다"고 말하고 있다. "일본 정부의 견해가 개인 전문가에게 지지되지 않고 있다"고 쓰면서도 "일본 정부의 의견은 옳다"고 말하는 것이다. 그리고 피해자들이 주장하는 "청구권에 대해서는 코멘트를 하지 않았"다고 덧붙이고 있다. 더 이상 이들의 주장에 대답하지 않겠다는 뜻이 아니었을까.

실제로 보고서는 이어서 "2국간조약, 다국간조약의 법적 효과는 ILO의 권한 밖이며, 성노예에 관한 최종적인 의견을 말하는 일은 불가능하고, 또 하지 않겠다"고 명언하고 있다. 이듬해 2004년에는, "앞서의 결론을 반복하며, 총회에서 위원회의 의제로 채택하지 않았다"고 더 이상 이 문제에 대해 의견을 내놓지 않을 자세를 표명하고 있다.

말하자면 유엔이나 국제노동기구는 이렇게 이미 10년 전에 일본의 해명을 받아들인 상태였다. 그리고 더 이상 위안부 문제에 대해 논의하지 않겠다는 쪽으로 입장을 정리했던 것이다. 다시 말해 유엔 위원회들은 처음에는 일본에 대해 한국 측의 주장을 근거로 이런저런 권고를 했지만, 2000년대 이후에는 이 문제에 관해 일본의 '법적 책임'이 필요하다고 말하지는 않았다.

그러나 정대협을 비롯한 지원자들은 그런 세계의 시각의 변화를 공식적으로 말한 적이 없다. 한국인들이 유엔을 비롯한 국제기구들이 여전히 한국의 입장을 지지하는 것처럼 생각하게 된 것도 그 결과다.

2012년 10월 31일에 제네바에서 열린 유엔 인권이사회의 일본에 대한 정례 인권검토회의에서 일본에 대한 7개국의 성토가 이어졌다는 보도가 있었다.

유엔 인권이사회가 일본에 일본군 위안부 문제를 해결할 것을 촉구하는 보고서를 채택했다. 위안부 문제에 대해 **책임 회피**로 일관하고 있는 일본 정부의 비인권적 태도에 대해 국제 사회가 경고를 보낸 것이다. (중략) 이번 정례인권검토회의에서 한국과 북한, 중국, 네덜란드, 코스타리카, 동티모르, 벨라루시 등 7개국이 일본군 위안부 문제와 관련해 일본에 책임 있는 조치를 요구한 바 있다. 위안부 문제와 관련해 일본을 비판한 나라는 2008년 4개국에서 7개국으로 늘어났으며 특히 중국이 2008년 당시와 달리 일본을 직접 거명해 비판한 바 있다.(『경향신문』, 2012. 11. 4.)

여기서 언급되고 있는 것은 '유엔 총회 인권이사회'가 실시하는 '국가별 정례 인권검토(UPR, Universal Periodic Review)'이다. 인권이사회에서 신설되어 2008년에 최초로 시행된 제도로, 193개 회원국이 4년에 걸쳐 순차적으로 자국의 인권 상황에 대해 회원국들로부터 심의를 받는다.

그런데 일본에 위안부 문제를 해결하라고 요구한 나라는 불과 7개국이다. '보고서를 채택'했다고는 하지만, 그것은 7개국의 의견을 존중했다는 이야기일 뿐이다.

그 가운데 네덜란드가 목소리를 높이는 것은 네덜란드인 위안부가 말 그대로 '강제연행'당해 위안부 역할을 해야 했던 그들 자신의 문제와 무관하지 않을 가능성이 크다. 동티모르의 경우도 그들에게도 태평양전쟁 때 일본군이 민간인을 범해 혼혈아가 태어난 경우가 있기 때문일 것이다(부산 정대협의 전시관 자료 참조). 중국과 북한 이외의 다른 두 나라가 어떤 이유에서 일본을 규탄했는지 알 수 없지만, 유엔 회원국 190개국이 넘는 나라 중 한국과 같은 요구를 한 나라는 불과 7개국이다. 중국이 "2008년에도 위안부 문제를 거론하면서도 일본을 비판하는 직접적 표현은 사용하지 않았으나 이번에는 직접 일본을 거명했다"(『연합뉴스』, 2012. 11. 1.)는 것은 (과거엔 중일조약으로 보상 문제는 해결되었다고 하면서 '위안부'를 문제삼지 않았던) 중국이 최근의 영토 문제 등의 영향으로 입장을 바꾼 것일 확률이 높다. 말하자면 여성들의 인권 자체를 생각한 반응이라기보다는 정치적인 의도가 담긴 입장 전환으로 보인다(중국의 경우, 위안부 문제에 대해 중일 국교정상화 당시에 끝난 일로 하고 새로운 보상을 요구하지 않았다).

5. 사라진 '조선인 위안부' 문제

한국이 '일본의 범죄성'을 주장하는 데에 중요한 지표로 삼아온 '세계의 생각'은 실상은 우리가 생각해온 것과는 조금 거리가 있다. 뿐만 아니라 동조하는 나라들도 그 배경은 각각 다르다.

무엇보다도, 영향력이 컸던 90년대의 보고서들이 아직 한국과 일본조차 조선인 위안부에 대해 충분히 알지 못하는 시기에 만들어졌다는 사실, 그리고 그 내용이 차츰 변하기 시작했다는 것은 알아둘 필요가 있다.

그동안 한국의 지원자들은 일본 정부나 위안부 문제를 부정하는 이들과의 접점을 찾기보다는 일본의 외부, 즉 한국이나 세계와의 연대에 더 많은 노력을 할애했다. 일본의 지원자들 역시, '일본 사회의 개혁'을 원하면서도, 일본 내부의 반대자들이나 정부와 대화하기보다는 외부와의 연대를 통한 압박 정책을 택해왔다.

한국의 지원단체가 세계를 상대로 운동을 시작했을 때 "'위안부' 문제 하나만으로는 무리"이니 '인신매매와 연결시켜라'라는 유엔 관계자 등의 충고를 받아들였다고 한다. 처음엔 유엔의 '고문금지위원회'도 '현재'의 문제에만 집중했고 '과거' 문제인 '위안부' 문제에는 관심이 없었다는 것이다. 그래서 운동가들은 2004년 'STOP 여성에 대한 폭력'이라는 캠페인을 시작했고 그 결과 '분쟁하의 여성에 대한 폭력'이라는 개념 안에 '위안부' 문제를 포함시킬 수 있었다. 이후 2007년 11월 국제사면위원회 주도의 '위안부 문제 해결을 위한 스피킹 투어'가 실시되었고, 피해자들이 네덜란드, 유럽연합, 독일, 영국, 캐나다 등을 방문해서 증언하는 행사가 이어졌다(하바 구미코). 11월에서 12월에 걸쳐 네덜란드, 캐나다, 유럽연합의 각 의회에서 '위안부' 결의가 채택된 것은 그렇게 운동의 방향을 '여성의 인권' 문제로 방향 전환하고 '인신매매'와 결부시킨 결과로 보인다.

「2006년 6월의 유엔 인권이사회 보편적 정기조사」의 권고는, 조사 시점에서 "위안부 문제는 미해결의 문제이나 일본 정부는 그 사실조차 인정하고 있지 않다는 인상을 많은 국가가 가지고" 있었고, 이미 "'세계의 기억'이 되어 있다고 '자유권규약위원회' 위원이 발언"했다. 이에 따라 비로소 '위안부' 문제는 "분쟁 속의 여성에 대한 폭력의 상징으로 인식되"(가와다 후미코)기 시작한 것이었다. 전 세계의 페미니스트, 인권운동가, 인권단체의 연대활동은 그렇게 위안부 문제를 둘러싼 '세계의 시각'을 만들었다.

하지만 '인신매매'와 연결시킨 이 운동은 '위안부' 문제에서 결코 도외시할 수 없는 '업자' 문제를 은폐한 것이었다. 현재 서양의 국가들은 "위안부 제도는 20세기 인신매매에 있어 가장 규모가 큰 예 가운데 하나"라며 "황군의 행위에 대해 애매하지 않게, 명확하게, 공식적으로 인정"(「유럽의회 결의」, 인용은 가지무라 다이이치로, 2008. 6.에서)하라고 요청하고 있다. 여러 보고서들이 일본 정부에 사죄를 요청하지는 않게 되었지만 여전히 인신매매 자체에 일본군이 관여했다고 인식하고 있는 것이다. 하지만, 설령 군 등이 업자를 '선정'(요시미 요시아키, 2009. 1)했다 하더라도, 모든 사례가 그렇지는 않았다. 게다가 동원이 '인신매매'를 통해 이루어진다는 것을 군이 알고도 지시한 것이 아닌 한, 설사 방관했다 하더라도 그 묵인이 의식적으로 이루어진 것이 아닌 한, '강제연행'이나 '인신매매'의 주체를 '일본군'으로 상정하는 것은 무리가 있다.

2007년의 각국 의회의 결의는 전쟁으로 인한 여성의 피해를 세계에 호소하고 공감대를 넓혔다는 점에서는 중요한 성과였다고 할 수 있다. 하지만 이때의 구미 각국의 결의는, 운동이 조선인 위안부의 특수성을 제거하고 여성인권 문제로 호소하면서 구미의 '식민지배'의 그림자를 지워버렸기 때문에 가능했던 성과였다. 말하자면 구미 각국은 자신들도 식민지배의 경험이 있고 위안부를 필요로 한 군대를 가졌다는 점에서는 일본만을 비판할 수는 없는 일이었는데 위안부 문제를 자신들과는 무관한 일이라고 생각했기 때문에 안심하고 '일본'만을 비판한 것으로 볼 수도 있다. 일본의 식민지배로 인해 위안부 문제를 안게 된 나라가 다른 서양 제국에 대해 일본 제국에 대한 비판을 호소한 셈이니 아이러니가 아닐 수 없다.

이런 문제가 생긴 것은, 위안부 문제를 단순히 '전쟁'의 문제로 호소한 결과다. '전쟁'의 문제로 호소하는 한 일본과 싸워 이긴 연합국, 즉 또 다른 서양 제국이 일본에 대해 엄격한 태도를 취하는 것은 당연한 일이다. 그들은 전쟁에서의 자신들의 피해―타이-버마를 잇는 구역에서 연합군 포로가 혹사당해 많은 병사들이 죽음에 내몰렸던 일 등―를 떠올릴 테니까. 그런 한 네덜란드 등의 입장에 동정하고 공감하는 것은 필연적이다. 동시에 일본과의 전쟁에서 그들은 그들의 식민지를 잃었다.

그러나 정대협의 관계자는 "법적 책임을 회피하기 위해서" "국민기금을 만든 일본 정부는 잘못된 정부"이고 "최근 미국 하원의 결의안 채택을 둘러싸고 네덜란드·대만 등과의 연대가 강화되어" "서구 사회에 일본군 '위안부 문제'를 여론화하는 데 있어 큰 역할"을 수행했다면서 이렇게 말한다.

그러나 여전히 일본 정부는 법적 책임을 다하려 하지 않고 있습니다. 여전히 '여성을 위한 아시아 평화 국민기금'으로 다해야 할 책임은 다했다고 말하고 있습니다. 과거의 범죄에 대한 반성도 없이, 오히려 일본군 '위안부' 문제를 지워버리거나 침략전쟁을 왜곡, 미화하고 있고 재일조선인에 대한 테러와 탄압, 북한에 대한 적대시 정책을 고수하면서 일본의 전쟁범죄를 반성하지 않고 있습니다. 그에 더해 교육법을 개악해 군국주의 교육을 학생들에게 주입하려 하고 있고 평화헌법 9조 개악을 통해 군사대국에의 야심을 드러내고 있는 것입니다.(윤미향, 52쪽)

그러나 그동안의 과정을 보면 일본이 "위안부 문제를 지워버리"려고 했다는 것은 근거 없는 주장일 수밖에 없다. 또, 지원단체가 생각하는 해결책이 아니었다는 점만으로 전쟁에 대한 일본의 사죄(고노 담화, 무라야마 담화, 오부치 선언, 수상의 편지)를 무시하고 "침략전쟁을 미화"했다고 주장하는 것 역시 왜곡이 아닐 수 없다. 이 문제를 '재일조선인에 대한 테러와 탄압', '교육법' 등에 대한 비판과 결부시키는 것도 비약일 뿐이다. 교육법 개악은 애국심을 키워 국가를 위해 언제든 생명을 던질 수 있는 '국민'을 키우려 하는 교육을 지향하는 것이니 비판될 수 있지만, 여기에는 똑같은 교육을 하는 한국이나 그야말로 '군국주의' 국가인 북한에 대한 반성적인 인식은 없다. 일본에서는 독일의 배상이 높이 평가되지만, 그것은 법적 책임이 아니라 '도의적 책임'을 지는 배상이었다.

일본의 반발을 부른 것은 사실이라고 하기엔 어려운 이런 식의 이야기들이기도 하다. 2000년의 여성국제전범법정은 한일의 지원자들이 세계를 향해 운동한 성과였지만, 이런 시각의 연장선에서 이루어진 성과였고, 특히 쇼와 천황을 '범죄자'로 규정한 것은 사태를 악화시켰을 뿐이다. 위안부 문제를 지원하는 이들의 운동이 단순히 인권의식을 위한 운동을 벗어나 일본의 체제를 위협하는 '좌파'들의 운동이라는 의식이 커졌기 때문이다. 그에 따라 '천황제'나 제국의 구조에 대해 깊이 생각하지는 않아도 '위안부' 문제에 대해서는 '사죄'하는 마음을 가지고 있는 사람들까지 반발하도록 만든 것이다. 전범법정 이후 12년, 2007년의 미국을 비롯한 각국 의회의 결의 이후 5년이 지난 지금까지도 운동가들이 '입법'을 못하고 있는 것도 그것을 증명한다.

위안부를 지원해온 이들은 이제까지의 운동 방식에 대한 비판에 대해 "'위안부' 문제가 전혀 해결되어 있지 못한 현 상황에서는 평가와 총괄·비판은 더욱 신중을 기하지 않으면 안 된다"(스즈키 유코, 2008 12. 27.)고 말한다. "설령 비판하는 경우가 있다 하더라도 운동의 전진에 기여할 수 있는 보충적 비판이어야 한다"는 것이다.

하지만, 중요한 것은 '운동의 전진' 자체가 아니다. 필요한 것은 '위안부' 문제의 해결이고, 그것을 통한 '위안부'들의 '운동으로부터의 해방'이다.

다른 나라들은 합의를 이룬 위안부 문제가 한국만 합의에 이르지 못한 것은 냉전 종식과 함께 제국에 저항했던 진보좌파들이 다시 한번 제국에 대해 저항하는 형식으로 운동을 해왔기 때문이다. 그런 입장이 '일본'을 한국 이상으로 비판하도록 만들기도 했다.

그러나 한국이 '제국'을 비판하면서도 또 하나의 제국인 네덜란드와 연대하는 식의 운동은 모순일 수밖에 없다. 그리고 문제는 그런 운동이 일본을 움직이지는 못한다는 점이다. 이제까지 그랬던 것처럼. 그리고 이제 그런 운동의 모순이 한꺼번에 드러나고 있는 중이다.

제5장

일본 정부에 기대한다
― 새로운 조치에 나서야 할 세 가지 이유

1. 1965년 한일협정의 한계

'조선인 위안부'가 역사 속의 '피해자'라는 건 부정할 수 없는 사실이다.

하지만 현재의 일본 여론은 새로운 보상은 물론 1990년대의 '여성을 위한 아시아 평화 국민기금'에 대해서도 부정적이다. '기금'을 "역사적 사실에 관한 냉정한 검증이 결여된" 것으로 보고 "1993년 고노 관방장관 담화에는 일본의 관헌이 마치 조직적, 강제적으로 여성을 위안부로 동원했다는 듯한 기술이 있어 오해를 심화시켰다. 그런데 그와 같은 사실을 뒷받침하는 자료는 존재하지 않았다"(『요미우리 신문』 사설, 2011. 10. 17.)는 기사는 그 대표적 의견이다.

한일 양국이 1965년의 국교정상화 조약의 체결에 앞서 과거에 대한 논의를 거쳤고, 그 결과로 일본이 한국에 무상 3억 달러, 정부차관 2억 달러의 '보상'을 한 것은 틀림없는 사실이다. 그런데 이 배상은 '독립축하금'과 '개발도상국에 대한 경제협력금'이라는 이름으로 실시되었다. 다시 말해 일본 정부는 막대한 배상을 했지만 조약에서 '식민지배'나 '사죄'나 '보상'이라는 표현을 전혀 사용하지 않았다. 실제로는 보상금인데도 그 '명목'은 보상과는 관련이 없는 것처럼 보이는 것이다. 이런 모양새는 1990년대의 '기금'이 실제로는 정부가 중심이 되었는데도 마치 국가와는 관계가 없다는 식의 형태를 취했던 것과 너무나 비슷하다.

해방 후 최초로 양국 간에 이루어진 공식적 대화였던 한일회담은 성립까지 14년이라는 시간이 걸렸다. 잘 알려진 것처럼, 회담이 시작된 계기는 샌프란시스코 강화조약이었다. 일본은 패전 후 연합국의 점령에서 벗어나 독립할 때 샌프란시스코 강화조약에 의거해 전쟁 상대국에 대한 배상을 끝냈다. 하지만 한국은 샌프란시스코 조약에서 서명국으로서의 위치를 인정받지 못했다. 따라서 샌프란시스코 조약의 방침에 따라 개별적인 '강화'를 해야 했다. 결국 한일 간의 교섭은 한국전쟁이 한창인 가운데 당시의 대통령 이승만의 요청에 의해 시작되었다(다카사키 소지 등).

한국전쟁 당시 일본이 미국의 후방지원이라는 역할을 담당했고 그로 인해 전쟁 특수를 맞은 것은 널리 알려진 사실이다. 그런데 실은 일본은 전쟁 자체에 더 깊숙이 개입했다(쇼지 준이치로; 정병욱). 미군의 요청에 따른 통역이나 운전 등의 군속 업무에 그치지 않고 직접 참전해서 목숨을 잃은 사람까지 있었다(정병욱). 일본이 참전하게 된 건 당시의 미·일군이 '반공'이라는 이념으로 견고하게 연결되어 있었기 때문이다. 제국 붕괴 후 한일 간의 새로운 관계는 그렇게 냉전구조에 깊숙이 가담하는 방식으로 시작되었다.

그런데 결국 지불된 것은 1910년 이후 36년에 걸친 '식민지배'에 의한 인적·정신적·물적 손해에 대해서가 아니라(실제 일본의 '지배'는 '보호'에 들어간 1905년부터라고 해야 한다) 중일전쟁 이후의 강제동원에 관한 보상이었다.

한때 결렬될 만큼 서로가 '식민지배'를 강하게 의식하고 있었으면서도 그렇게 된 것은 한일회담의 계기가 샌프란시스코 강화조약에 근거한 것이기 때문이었다. 샌프란시스코 강화조약은 어디까지나 '전쟁'의 뒤처리, 말 그대로 '전후처리'를 위한 조약이었다. 한일회담의 기본 틀이 샌프란시스코 강화조약에 기반한 것이었기 때문에 한일 간의 협의도 '전쟁'에 따른 손해와 보상에 대해 논의하는 형태가 된 것이다.

회담은 일본이 남기고 간 재산과 조선이 청구해야 할 보상금(대일 채권, 한국인 군인·군속·관리의 미지급 급여, 은급, 기타 접수 재산)에 대한 논의가 중심이었다고 한다. 그리고 '청구권'과 관련하여 기본조약의 부수조약 '재산 및 청구권에 관한 문제의 해결과 경제협력에 관한 대한민국과 일본국의 협정'이 맺어졌다. 결국 일본 측이 해결을 원했던 한반도에 남겨진 일본인들의 재산도 포기되었고, 포기된 재산을 (미국이 승전국으로서) '접수'한 뒤 한국에 나누어주는 형태를 취하게 되었다. 이 또한 '반공전선'을 형성하기 위한 미국의 의도가 작용한 것이었고, 미국이 일본에게 받아야 할 비용(일본으로 돌아간 식민자들의 귀환에 사용된 배비용 등)을 그런 방식으로 대신 받아 한국의 자립을 도와주고자 한 일이었다(이상, 아사노 도요미).

결국 1965년의 조약 내용과 돈의 명목에 '식민지배'나 '사죄' 같은 내용이 포함되지 않았던 것은 당시 한국의 '청구권'이 1937년 이후의 전쟁 동원에 한정된 것이었기 때문이었다. 그리고 보상금 전액은 한국 정부가 대신 받아 국가가 개인의 청구에 부응하는 형태로 지불되게 되었다.

한일기본조약에는 이런 내용이 있다.

대한민국과 일본국은 **양국 국민 관계의 역사적 배경과 선린관계와 주권 상호존**

중의 원칙에 입각한 양국 관계의 정상화에 대한 상호 희망을 고려하며, 양국의 상호 복지와 공통 이익을 증진하고 국제 평화와 안전을 유지하는 데 있어서 양국이 국제연합헌장의 원칙에 합당하게 긴밀히 협력함이 중요하다는 것을 인정하며, 또한 1951년 9월 8일 샌프란시스코 시에서 서명된 일본국과의 평화조약의 관계규정과 1948년 12월 12일 국제연합 총회에서 채택된 결의 제195(Ⅲ)호를 상기하며, 본 기본관계에 관한 조약을 체결하기로 결정하여, 이에 다음과 같이 양국의 전권위원을 임명하였다.

여기서는 과거의 한일관계에 대해 구체적으로 언급하지 않고 단지 '역사적 배경'이라는 애매한 표현을 쓰고 있다. 그리고 뒷부분에서, 이 조약이 샌프란시스코 조약에 근거하고 있다는 점이 확인된다. 한국이 일본에 대한 배상 청구를 1937년 이후로 한정한 것은 (명기하고 있진 않으나) "식민지 관계는 일차적으로 배상 청구의 대상이 될 수 있는 문제가 아니라고 인식"(장박진, 2009, 248쪽)했던 결과일 가능성이 높다.

샌프란시스코 조약을 통해 연합국들, 즉 미국, 영국, 프랑스가 일본의 '식민지배'를 문제삼지 않았던 것은 그 회담이 '전쟁' 후처리를 논의하는 회담이었고, 연합국들 역시 일본과 마찬가지로 '제국'을 구축했던 나라였기 때문이다. 제2차 세계대전의 종언에 의해 식민지에서 해방된 국가는 많았지만 '식민지배'는 아직 논의의 대상이 아니었던 것이다. 제2차 세계대전 당시, 그리고 이후에도 오랜 세월에 걸쳐 '식민지배'—타민족을 '점령', '지배'하는 것이 '나쁜' 일로 공적으로 인식된 적은 아직 드물다.

그렇지만 현실적으로 1965년의 조약에 식민지배에 대한 인식이 포함되지 못했던 것은 한국의 청구가 "미국의 대일 배상정책의 움직임과 연동해서 전개될 수밖에 없는 제약 아래 있었기 때문"(위의 책, 248쪽)이었다. 애초에 한국이 샌프란시스코 조약에 참가할 수 없었던 이유는 "서명국 참가의 가능성은 일본에 대한 막대한 배상 청구의 포기와 연동되는 구조" 속에서 "한국 정부의 능력을 초월한 구조적 결과"(248쪽)에 있었다. "한일회담의 **목적은 당초부터 특수한 과거의 청산을 위한 것이라기보다 반공을 위한 우호적인 한일관계 수립에 있었**"(256쪽)던 것이다.

결국 한일회담은 서로가 '식민지배'를 의식하면서도 그에 대한 견해를 '공식적으로' 남기지 못한 회담이 되었다. 이는 당시의 세계구조와 인식의 한계의 결과였다. 말하자면 미국과 소련이 중심인 세계대국에게 등 떠밀리는 형태로 양국 다, 하고 싶은 말을 충분히 하지 못한 채(일본 측 또한 일본인의 개인 재산을 되찾지 못했다) 끝나버린 회담이기도 했다.

그리고 식민지배가 끝나고 20년이란 세월이 지난 뒤 만들어진 조약에는 '식민지배'나 '사죄'라는 말이 단 한마디도 안 들어가게 된다. 그런 의미에서는 한일기본조약은 최소한 인적 피해에 관해서는 '제국후' 보상이 아니라 말 그대로 '전후' 보상이었다.

말하자면 일본은 1945년에 제국이 붕괴하기 이전에 '식민지화'했던 국가에 대해 실제로는 공식적으로 사죄·보상하지 않았다. 조선 조정의 요청을 받았다고는 하지만 식민지화 과정에서의 동학군의 진압에 대해서도, 1919년의 독립운동 당시 수감/살해된 사람들에 대해서도, 간토關東 대지진 당시 살해된 수많은 사람들에 대해서도, 그 밖에 '제국 일본'의 정책에 따르지 않는다는 이유로 투옥되거나 가혹한 고문 끝에 목숨을 잃은 사람들에 대해서도, 공식적으로는 단 한 번도, 구체적으로 언급한 적이 없는 것이다. 그리고 '조선인 위안부'들은 국민동원의 한 형태였다고 볼 수 있지만, 제국의 유지를 위한 동원의 희생자라는 점에서는 이들과 마찬가지로 식민지배의 희생자다.

그렇다고 해서 일각에서 주장하는 것처럼 한일조약 자체를 깨고 재협상하는 것이 꼭 최선의 해결책은 아니다. 그렇게 되면 국가로서의 신뢰는 깨질 수밖에 없다. 또 앞에서도 살펴본 것처럼 한일합방이 일본의 국민이 되겠다고 한 약속이었던 이상 '위안부' 동원을 '법적'으로 문제삼을 수도 없는 일이다. 무엇보다 국가가 합의한 '개인의 권리'가 여전히 남아 있는 것으로 간주하게 되면 당시 조선에 재산을 남기고 간 일본인들의 청구권 문제에도 한국이 대답해야 하는 상황이 생길 수도 있다.

지금 필요한 것은 한일협정은 또 하나의 제국이었던 미국이 주도하는 냉전체제하에서 이루어진 탓에 식민지배에 대해 철저하게 되물을 기회를 한일 양쪽에 주지 않았다는 점을 인식하는 일이다.

물론 1990년대에 일본이 '기금'을 만들어 보상한 것은 1965년에 했어야 할 일을 했다는 점에서 실질적으로는 1965년의 협정 내용을 보완한 것이었다. 하지만 일본은 식민지배에 대한 보상은 끝났다는 생각에서, 그리고 다른 나라가 섞여 있었기 때문에, '도의적 책임'이라는 말로 실질적인 보상을 하면서도 그 일에 공적인 의미를 담지 못했다.

일본은 개인들에 대한 '법적 책임'은 졌다. 그러나 그것은 '전쟁후 처리'였고 '식민지지배'에 대한 것은 아니었다. 그렇다고 한다면, 한일조약의 시대적 한계를 생각하고 보완하는 것은 다른 전前'제국' 국가들보다 일본이 한 발 앞서 과거의 식민지화에 대한 반성을 표명하는 기회가 될 수도 있다. 전쟁뿐 아니라 강대국에 의한 타국의 지배는 '정의'에 반하는 것이라고 앞장서서 표명하는 일이 될 수 있다. 그 표명은 세계사적으로 의미 있는 일이 될 것이다.

2. 미완의 1990년대 '사죄와 보상'

일본이 1990년대에 지급한 '보상금'은 완전한 성과를 거두지 못했다. 앞에서 살펴본 것처럼 한국이나 대만 등 일부 국가/지역의 피해자들은 그 보상금을 받지 않았기 때문이다. 이런 과정을 겪으면서, 받지 않겠다면 어쩔 수 없다, 일본으로서는 할 일을 다 했다고 생각하는 사람이 있다 해도 이해할 수 없는 일은 아니다.

하지만, '기금'의 보상금을 받은 조선인 위안부는 "반도 채 되지 않는다"(와다 하루키, 2011). 당시, 기금 비판자들은 보상 주체가 '민간'이라면서 그건 책임을 '애매'하게 만드는 것이라고 반발했다. 하지만 애매했던 건 '보상 주체'가 아니라 실제로는 국가보상에 가까웠는데도 정부의 관여를 명확히 드러내지 않았던 '보상 태도'였다. 아시아여성기금의 보상사업에는 52억 엔에 가까운 돈이 들어갔고 그중 46억 엔 이상, 그러니까 90퍼센트에 가까운 금액이 정부가 지출한 돈이었다(위의 글). 금액만 보더라도 당시의 보상 주체가 '국가'였음(국고의 돈이었으니 '국민의 돈'이기도 하다)은 분명하다.

또 한 가지 기금의 실책은 '위안부'들을 구별하지 않았다는 점에 있다. '위안부'가 존재했던 국가는 일본, 대만, 한국, 필리핀, 인도네시아, 네덜란드 6개국 및 그 지역이다. 앞에서 본 것처럼, 그들이 처했던 상황은 각각 달랐다. 말하자면 주둔지의 일반 지정매춘업소에서의 '단순매춘'과 전쟁터에서의 '위안'과 '위안체제 속의 강간'과 (점령지나 전쟁터에서의 상대국 여성을 향한) '단순강간'을 구별하지 않았다.

인도네시아나 중국이나 필리핀의 경우는 기본적으로는 '점령지', 즉 전쟁터에서의 일이었다. 물론 그 안에서도 차이가 있었을 것이다.

'네덜란드' 여성과 인도네시아 여성과 조선인 여성은 일본군과의 기본적인 관계가 다르다. 일본군에게 네덜란드 여성은 '적의 여자'였지만, 인도네시아의 여성은 점령지의 여성이었고, 조선인 위안부는 같은 일본인 여성으로서의 동지적 관계였다. 그녀들이 입은 피해의 형태는 기본적인 관계에 의해 규정되었지만, 그런 기본관계를 벗어난 관계도 얼마든지 있었다.

그럼에도 불구하고 '기금'은 그와 같은 개별적 차이도 일본과의 관계의 차이도 구별하지 않았다. 물론 이제껏 '위안부'의 정의에 대한 사회적 합의가 없는 상황이니, 당시의 상황에서는 어쩔 수 없는 일이기도 했다. 일본으로서는 '조선인 위안부'가 처음 세상에 나온 만큼, 조선인 위안부의 사례를 중심으로 대처한 것이니 성실한 대응이었다고 할 수도 있다.

처음 '위안부' 문제가 대두되었을 때는 그 주인공이 '조선인 위안부'였으므로 그들이 식민지배 피해자라는 것은 누가 봐도 자명한 일이었다. 하지만 지원단체들이 다른 국가와도 연대하게 되면서 '위안부'들은 똑같은 '전쟁' 피해자로만 규정되게 된다. 이 점에서도 1990년대 일본의 의식과 대응은 1965년 협정 당시와 다르지 않았다. 말하자면 '패전'의 책임만을 졌을 뿐 식민지배의 책임은 의식에 없었다.

한국이나 대만에서 보상사업이 원만하게 수행되지 못했던 이유는 무엇보다 이 두 나라가 과거에 일본의 식민지였다는 관계성에 있다. 그 이유는 '조선인 위안부'가 '전쟁'을 매개로 한, 명확히 피해자와 가해자의 관계로 나눌 수 있는 존재가 아니라, 식민지배하에서 동원된 '제국의 피해자'이면서, 구조적으로는 함께 국가 협력(전쟁 수행)을 하게 된 '동지'의 측면을 띤 복잡한 존재였기 때문이었다. 아직까지도 한국의 위안부만이 '문제'로서 남아 있는 것은 그런 부분이 원인이 된 측면이 크다. 두 나라의 여성들은, 다른 나라보다 더 '긍지'를 훼손당해서는 안 되는 입장에 있었고 그런 심리적 구조 역시 '기금'의 보상을 쉽게 받아들일 수 없도록 만든 원인 중의 하나였다.

　동시에, 이 두 나라/지역이 냉전구조에 편입된 지역이라는 점이 문제를 더 어렵게 만들었다. 그 결과로, 한국에는 '기금'에 관한 사실이 일반인들에게는 거의 알려지지 않은 채로 시간이 흘렀다.

　그 당시 일본 정부가 '정부'가 주도하는 사업이라고 명확히 밝혔다면, 그 결과로 한국의 많은 사람들이 '기금'에 대해 조금이라도 이해를 넓힐 수 있었다면, 사태는 조금 달라졌을 수도 있다. 적어도 지금과 같은 상황이 되지는 않았을 것이다. 즉 1990년대의 일본 정부의 사죄의식과 기금의 관계와, 실제로 이 사업을 뒤에서 지원했던 "외교관의 지지와 성의", (힘든 일이었지만) "10년 동안 이를 악물고 실시해온", "모두 애정을 가지고 신경 써서 열심히 했던", "아무런 보답도 명예도 바라지 않"(이상, 여성을 위한 아시아 평화국민기금 편, 227쪽)았던 노력을 동시적으로 그리고 공개적으로 설명했더라면 좋았을 것이다. 앞에서, 당시에 '애매'했던 건 '보상 주체'가 아니라 '보상 태도'였다고 말한 것은 그런 뜻이다.

　'기금'은 분명히 위안부에 대한 보상을 실시했다. 그러나 결과적으로 '반도 채 되지 않는' 위안부만이 보상금을 받은, 다시 말해 '반 이상'이 보상금을 받지 않은 상황에서 '기금'은 2007년에 해산했고 사업을 종료했다. 그런데 이때 이후로 일본은 보상을 받지 않은 사람들이 있다는 사실을 완전히 잊어버린 듯하다. 1995년 무라야마 전 수상은 아시아를 상대로 했던 전쟁 및 식민지 시대에 대해서 전후 최초로 공식적으로 사죄하는 내용을 담은 '무라야마 담화'를 통해 이렇게 말했다.

　아시아·태평양 지역, 더 나아가 세계 평화를 확고히 해나가기 위해서는 무엇보다도 이들 여러 나라와의 사이에 깊은 이해와 신뢰를 바탕으로 하는 관계를 키워

나가는 것이 불가결하다고 생각합니다. 정부는 이러한 생각을 바탕으로 하여 특히 근현대에 있어서 일본과 근린 아시아 제국과의 관계에 관한 역사 연구를 지원하고 각국과의 교류를 비약적으로 확대하기 위하여 이 두 가지를 축으로 하는 평화우호교류사업을 전개하고 있습니다. 또 현재 힘을 기울이고 있는 전후처리 문제에 대해서도 일본과 이들 나라와의 신뢰관계를 한층 강화하기 위해 저는 앞으로도 성실히 대응해나가겠습니다.

기금은, 무라야마 전 수상의 '전후처리에 성실히 대응'하겠다는 표현의 연장선상에서 발족되었다. 하지만 한국에서 기금은 절반의 성과밖에 거두지 못했다. 그리고 그 경위가 어떻든 간에 '깊은 이해와 신뢰를 바탕으로 하는 관계'를 지향한다고 밝혔던 무라야마 전 수상의 말은 아직 달성되지 못한 상태다. 기금의 사업이 완전히 성공하지 못한 배경에는 한국 측의 문제도 없지 않았지만, 결과만 보았을 때 17년 전의 '일본' 정부의 선언—무라야마 담화가 지향했던 것은 아직 이루어지지 못했다.

일본의 역대 수상들은 자민당 정권 시대에도 1995년의 무라야마 담화를 계승한다고 말해왔다. 그렇지만 '이들 나라와의 신뢰관계를 한층 강화'한다는 담화의 목표는 아직 달성되지 않았다.

3. 세계의 시각과 일본의 역할

일본이 새로운 조치에 착수하는 것이 바람직한 이유는 또 있다. 2007년 북미와 유럽 각국에서는 '위안부' 문제에 대한 일본의 사죄를 촉구하는 국회 결의가 속속 이루어졌다. 이는 지원단체 측이 국제사면위원회(앰네스티)를 대상으로 벌인 활동의 결과로 성사된 한국, 네덜란드, 필리핀 '위안부'들의 증언이 '효력을 발휘한' 결과였다. 특히 '위안부' 문제를 '인신매매의 하나'로 인정한 앰네스티의 의견을 유럽 의회의 결의가 받아들인 것이 큰 효과가 있었다(하바 구미코).

그 결의에는 같은 해 봄에, 당시의 아베 신조 수상이 '위안부' 문제에 관해 "강제성은 없었다"고 한 발언도 영향을 미쳤을 가능성이 높다. 수상에 대한 비판의 목소리가 높아지자 아베 수상은 미국에 '사죄'했지만, 일본의 일부 의원들이 미국 신문에 「THE FACTS」라는 제목으로 광고를 내서 아베 수상의 '사죄'를 부정한 것이(『워싱턴 포스트』, 2007. 6. 14.) 오히려 역효과를 내서 국회 결의를 이끌었음이 분명하다. 아베 수상이 "넓은 의미의 강제성은 있었지만 좁은 의미의 강제성은 없었다"고 말한 것은 '강제로 끌어간' 것은 아니라는 점을 강조하고 싶어서였을 것이다. 한국에서는 일본군이 직접 '강제연행'을 한 것처럼 알려져 있지만 실제로 그런 사례는 증언에서도 많지 않으니, 아베 수상의 항의는 당연한 것일 수도 있다.

그러나 아베 수상은 피해자의 마음을 어떻게 열 수 있는지 이해하지 못했다. 실제로 아베 수상은 "20세기는 인권이 세계 각지에서 침해당한 세기였는데, 일본도 예외는 아니다"(『산케이 신문』, 2007. 4. 27.)라면서 잘못은 일본만 저지른 것이 아니라는 투로 이야기했다. 다른 나라의 '책임'까지 환기시키려는 말은 그런 의도가 없다고 하더라도 책임 회피로 간주될 수밖에 없다. 무엇보다 그 일본과 전쟁을 벌였던 연합국들이 그런 문제제기를 곧바로 받아들일 리가 없었다.

일본은 자신들 기준에서의 '팩트'(사실) 주장이 오히려 역효과를 냈던 2007년의 사태를 심각하게 받아들이지 않았던 것 같다. 어떤 의미에서는 당시의 결의를 구속력이 없다고 해서 무시해온 결과가 오늘의 혼란을 불러

일으킨 것이기도 하다. 2007년 "일본의 변호를 자처했던 많은 사람들조차" "아베 수상을 옹호하는 게 아니라 비판하는 쪽으로 선회"(기타오카 신이치) 했는데도, 2013년의 위안부 문제를 둘러싼 하시모토 도루橋下徹 오사카 시장의 발언은 2007년의 아베 사태에서 배운 것이 없어 보인다. 물론 이번에는 미국의 위안소 이용을 직접 거론했으니 사태는 달라질 수 있다. 그러나 '군의 위안소 이용'이라는 틀은 같아도 일본의 전쟁은 길었고 전쟁터도 넓었다.

미 하원의 결의는 위안부 문제를 "일본 정부에 의한 강제적인 군대매춘제도 '위안부'는 그 잔혹성과 규모에서 전례를 볼 수 없는 것으로, 집단강간, 강제중절, 굴종, 신체절개, 죽음이나 결과적 자살로 이어지는 성폭력을 포함하는 20세기 최대 규모의 인신매매 가운데 하나"로 인식하고 있다. 그래서 "최근 일본의 공인과 개인이 위안부의 고통에 대해 일본 정부가 진지한 사죄와 후회를 표명했던 1993년 고노 요헤이 내각관방장관의 '위안부'에 대한 성명을 깎아내리려는, 혹은 철회하려는 욕구를 표명"하고 있다고 생각한다.

앞에서도 본 것처럼, 이런 식의 세계의 시각에는 물론 문제가 없지 않다. 그렇지만 네덜란드인 여성의 사례가 존재하는 한 '군에 의한 강제성'은 있었다는 것은 진실일 수밖에 없다.

물론 군에 의한 '강제성'이 있었다고 하더라도 일반적인 것이 아니라 예외적인 사태였다는 이해는 필요하다. 그러나 '구조적인 강제성'을 묻게 되면 일본으로서는 강제성에 대해 인정하지 않을 수 없을 것이다. 그런 의미에서도 1990년대의 보상에 이은 추가조치를 취할 필요가 있다.

결의는 피해 여성 중에도 보상금을 받은 사람이 있다는 것을 알지 못하는 것처럼 보인다. 그런 한 위안부 문제를 둘러싸고 어떤 일이 있었는지를 알려가는 것은 중요하다. 하지만 더욱 중요한 것은, 2013년 현재 일본을 제외한 세계는 미국의 인식을 공유하고 있고 국회의원의 결의까지 내놓은 미국이 그런 결의를 금방 철회하거나 수정할 가능성은 크지 않다는 점이다.

무엇보다 사태가 이 지경에까지 이른 것은 기금 해산 이후에 일본 정부가 더 이상은 이 문제에 관심을 갖지 않았다는 데에도 원인이 없지 않다. 한국의 일본대사관 앞에서 여전히 데모가 이어졌던 이상 무시로만 일관할 것이 아니라 사태를 타결하기 위한 노력을 해야 했다. 물론 위안부 문제 해결을 위해 나름대로 애써왔는데도 받아들여지지 않았으니 실망과 함께 사태에 무관심해지는 것은 이해할 수 있는 일이다. 그러나 어떤 모순이 있다 하더라도 관계개선을 위해 노력하는 것이 '외교'의 역할이 아닐까.

앞에서 살펴본 것처럼, '조선인 위안부' 문제는 한국과의 관계만 본다면 식민지배가 원인이 되어 발생한 문제다. 그런 의미에서는 '위안부' 문제가 '분쟁하의 여성에 대한 폭력의 상징'으로만 인식된 것은 '위안부'들 사이의 그런 '차이'를 무시하는 일이기도 하다. 그리고 그 점에서 지원자들의 호소나 유엔 결의에 문제가 없는 것은 아니다. 더구나 설령 '식민지배'로 인한 일이었다고 인식했다 한들 미국과 유럽의 의회가 그 점을 근거로 일본을 비난할 만큼 정당한 입장인 것도 아니다. 무엇보다도 '일본 정부는 그 사실조차 인정하고 있지 않다'는 인식은 사실이 아니므로 '세계의 인식'에 모순이 있는 것도 분명하다.

그렇지만 '위안부' 문제가 '여성' 문제이기도 하다는 사실이 명확한 이상, 비판 내용을 전부 수용할 수 없다고 하더라도 그 부분에만 얽매인다면 일본이 했던 일까지도 부정당하고 진심을 의심받게 될 뿐이다. 2007년에 많은 국가들이 국회 결의를 내놓은 것이 그것을 증명한다.

'위안부' 문제는 1990년대에 동시대적으로 문제화되었던 전시강간 문제―'전쟁범죄'와 결부되면서 전 세계가 관심을 갖게 되었다. 그런 상황에서 다른 국가들의 견해나 요구를 그저 부조리한 '외압'으로 치부하고 부정해버리는 것은 일본에 대한 불신을 심화시킬 뿐이다.

지금 일본이 취할 수 있는 가장 좋은 선택은 세계의 관심을 역으로 이용해서 일본의 생각과 가치관을 명확하게 보여주는 것이다. '위안부' 문제의 해결을 통해 과거의 국가나 제국이 거기에 소속된 이들에게 저지른 불행에 대해 그 후예들이 어떻게 대처해야 하는지를 전 세계에 보여줄 수 있는 기회가 될 수도 있다.

'위안부' 문제란 전시뿐 아니라 전쟁대기 상태(주둔)에서도 존재하는 문제다. 현재의 동아시아에 주둔 중인 미군 역시 병사를 '위안'하는 시스템을 이용하고 있고, 언젠가는 이 문제가 다르지 않다는 것이 알려질 것이다. 그때는 물론 미국도 비판받아야만 한다.

그에 앞서 '제국' 구축을 위해 전쟁을 일으키고 전쟁을 효과적으로 수행하기 위해 위안부를 필요시했던 나라로서 일본이 위안부 문제를 해결하는 일은, '제국'의 욕망과 지배를 다른 제국 국가에 앞서서 반성하는 의미를 갖는다. 이미 영국과 이탈리아가 그런 사죄를 한 적이 있지만, 서양의 제국주의를 의식하며 제국주의로 향하게 된 일본의 사죄는 아시아의 통합을 위해서도 필요하다. 그것이 가능해질 때, '전후 일본'은 비로소 '제국후 일본'(포스트 제국 일본)이 될 수 있을 것이다.

1990년대 일본 정부의 '기금'안이 반발을 불러일으켰던 것은 사죄나 보상의 형태를 정하는 과정에서 '당사자'가 배제되었기 때문이었다. 이번에는 반드시 지원단체와 '위안부'를 참여시켜 협의할 필요가 있다. 다만 지원단체나 위안부들도 이제까지의 대표적인 주장 이외의 의견을 가진 이들 또한 참여시킬 필요가 있다.

그리고 정부와 당사자 간의 협의를 위해 이 문제에 관심을 가진 양국의 관계자/지식인들도 참여시킬 필요가 있다. '위안부 문제'란 당사자와 운동가들만의 판단으로는 합의에 도달할 수 없을 만큼 어려운 문제가 되었기 때문이다. 이 20년 동안의 세월이 그것을 증명한다.

만약 해결안에 대한 합의에 도달해서 새로운 '사죄와 보상'을 하게 된다면, 그때는 세계를 향해 일본의 생각을 밝히는 공식적인 형태를 취하는 편이 좋다.

그때 일본은, '조선인 위안부' 문제가 '위안부'라는 존재를 통해 드러난 '식민지배' 문제임을 말하고, 1965년의 한일기본조약에 식민지배에 대한 사죄가 포함되지 않았기에 그런 한일협정을 보완하는 의미가 있다는 것을 명확히 보여주어야 한다. 그렇게 한다면 한일기본조약 자체를 흔드는 어려운 사태를 감수하지 않고도 한국과 새로운 관계를 구축할 수 있다.

그때는, 조선을 식민지로 삼고 지배하는 기간에 희생당했던 수많은 사람들—3·1 독립만세운동, 간토 대지진, 병사로 동원되어 참가한 전쟁, 고문 등에 의해 목숨을 잃은 사람들—에 대한 진심을 그 '사죄' 속에 담아야 한다. 그때는 '국민기금'도 한국인 '위안부'에 대한 지급 상황 등에 대한 미공개자료를 공개할 필요가 있다.

위안부를 지원해온 이들은, 이전보다 위안부 문제 자체를 부정하는 사람들이 많아진 상황에 대한 반성을 담아, 일본 정부가 '정부 국고금'으로 보상에 나선다면 그런 정부를 적극적으로 평가하고 지원해야 한다.

한국의 '위안부'들이 '기금'을 '위로금'으로 받아들이고 반발한 이유는 과거에 받았던 '차별' 경험과 기억 때문이다. '식민지'의 '위안부'들은 자신들이 '그곳'에 있게 된 이유가 '가난한 여성'이기 때문이었고 그 가난이 '피지배민족'이라는 계급성이 만드는 것이라는 사실을 잘 알고 있었다. 그렇기 때문에 더, 다시 한번 '모욕'당하는 일을 경계했고, 그 결과로 '반발과 저항'이 강했던 것이다.

사실 '기금' 성립 당시엔 지원자들 간에도 이를 어떻게 받아들여야 하는지에 대한 '격론'이 있었다(하나후사 에미코). 그렇다면 '격론' 끝에 묻혀진 사고를 이 시점에서 돌이켜볼 필요도 있다.

현대 일본에는 식민지배에 대한 사죄의식을 갖는 일본인들이 그렇지 않은 이들보다 훨씬 많다. 그렇다면, 그런 '일본의 목소리'가 외부에도 들리도록 해야 한다. 기나긴 세월 동안 '위안부 문제 해결'을 위해 노력하고 동참한 이들이 더 많은데도, 바깥에 들리는 '일본'은 여전히 '사죄하지 않는 일본'이다. 그렇게 만든 것은 '일본의 우파'가 목소리가 커서가 아니었다. 오히려 일본의 '사죄의 목소리'를 죽여온 '일본의 좌파'의 목소리가 컸기 때문이다. 더욱 철저한 정의 의식에서였건 현실 정치를 위한 것이었건, 그 부분에 대한 반성도 필요하다.

이제 일본은 '하나의 목소리'를 들려주어야 한다. 내부에서의 대립은 건강한 대립으로 이어가더라도, 때로 외부를 향해 '일본'으로서 해야 할 일이 있다. 그런 '하나의 목소리'를 아직 보상받지 못한 '위안부'들이 들을 수 있도록 해주는 일, 그것만이 위안부 문제를 해결할 수 있다.

◉ 제4부 ◉

제국과 냉전을 넘어서

제1장

위안부와 국가

1. 위안부와 제국

한국의 위안부 문제 관계자들이 현대 일본을 '군사주의 국가'나 '침략적 국가'로 간주해온 것은 위안부 문제를 일본만의 특수한 문제로 생각하고 그 원인을 천황제와 사무라이의 전통에서 찾으려 했기 때문이다.

그러나 위안부 문제의 저변에는 무엇보다 먼저 매매춘을 허용하고 관리했던 공창제가 있었다. 근대 이후 해외로 팔려나간 가난한 소녀들이 처음 정착한 곳은 대개 항구도시였고, 그녀들의 이동에 맞추어 공창이 합법화되었다. 그것은 '국가의 세력확장 욕망'에 따라나선 남성들을 그곳에 가능한 한 오래 묶어두어야 했기 때문이다. 그런 의미에서는 공창은 제국주의적 이동과 정착을 뒷받침한 장소였다.

공창을 한국에 이식시킨 것은 일본이었지만, 일본에 앞서 아시아에 자국을 위한 공창을 만든 것은 서양이었다. 그 과정은 서양이 먼저 아시아에 먼저 식민지를 만들고 이어서 일본이 서양에 저항하며 자신들의 식민지를 만들기 시작한 과정과 정확히 일치한다.

일본은 대만과 조선, 그리고 중국의 일부에 식민지를 만들었지만, 같은 시기, 영국은 홍콩 등에, 프랑스는 동인도 등에, 네덜란드는 이보다 훨씬 전에 인도네시아 등에 식민지를 만들었다. 그런 "아시아의 영국령 식민지에는 일본의 개국 이전부터 공창 풍습이 제도적으로 존재했다"(야노 도루). 홍콩의 경우 "1845년 6월부터 이미 윤락시설이 공인되었고, 1857년 조례 제12호로 성병검사 조례가 공포되었으며, 1867년에는 새로운 조례로 창부의 등록과 신체검사 실시가 공인되었"(같은 책, 40쪽)던 것이다.

'가라유키상'에 관한 또 다른 유명한 책인 야마자키 도모코의 『산다칸 8번 창기집』에는 보르네오까지 팔려간 나가사키 소녀의 이야기가 나온다. 이 또한 "구미 열강에 의한 식민지 수탈을 위해 형성된 거점도시가 창부의 수요를 만들었"고 "유럽에서 백인 창부가 아시아로 향하는 한편, 아시아 여러 민족의 여성들도 창부로서 해외 각지로 보내"(105~106쪽)지는 과정에서 생긴 일이다. 가난한 여성들의 해외이동을 조장한 것은 가부장제와 국가주의뿐 아니라 무엇보다 먼저 자국의 세력을 해외로 넓히려 했던 제국주의였다.

한 국가의 '군사주의'는 분명 '위안부 문제'의 결정적 원인이지만, '위안부'는 군인뿐 아니라 상업 등의 목적이나 일자리를 떠나 해외로 떠나간 이들을 위해서도 존재했다. 일본의 탄광 등에 와서 노동을 해야 했던 조선인 노동자를 위한 이른바 '기업 위안부'도 기본적으로는 일본의 제국주의의 팽창이 만든 존재였다. 그들은 조선반도의 '가라유키'이기도 했지만, 그들의 노동력이 '일본 제국'의 것인 한 그들은 '일본 제국'의 '가라유키'들이었다. 그렇게 '제국 만들기'에 동참한 국가들은 모두 자국의 남성들을 위해

'위안부'를 필요로 했다.

사회의 하층계급 여성들의 이동이 활발했던 것은 다른 경제 시스템 안으로 편입되는 '이동'이 그들의 몸값을 높여주었기 때문이다. 말하자면 '위안부 문제'는 국가의 문제일 뿐 아니라 더 본질적으로 자본의 문제다. 제국 국가가 '교역'을 빌미로 타국에 불평등조약을 강요하고 상품을 팔아 경제적 이득을 취했던 것처럼, 업자와 포주들은 여성을 '상품'화해서 소비자에게 팔았다. 그런 의미에서도 '위안부 시스템'에서 실제로 가장 많은 이득을 취한 것으로 보이는 '업자'의 존재를 보지 않고는 '위안부 문제'의 본질이 보이지 않는다.

'제국'은 그렇게 조국을 떠난 상인들이 자신과 자국의 이득을 꾀하면서 생길 수 있는 충돌―작게는 일상적 트러블에서 크게는 전쟁―을 이겨내고 그곳에 더 오래 머무를 수 있도록, 다시 말해 그들이 국가의 세력을 확장하고 경제를 윤택하게 하는 임무를 수행하는 길에서 이탈하지 않도록 관리한다. 위안소는 표면적으로는 군대의 전쟁 수행만을 위한 것으로 보이지만, 그 본질은 그런 '제국주의'와 인간을 착취하여 이윤을 남기려고 하는 자본주의에 있다. 전쟁 자체는 그런 경제전쟁에서의 방해물을 제압하고 성공시키기 위한 수단에 불과하다. 일본의 근대 계몽주의자였던 후쿠자와 유키치가 "창부의 해외 돈벌이는 '일본이 세상을 다스리는 데에 필요하다'"(야노 도루, 45쪽)고 말한 것은 바로 그런 의미였다.

근대 국가는 '부국'이 되기 위해 자원을 획득하거나 상품을 팔기 위해 자국의 영향력이 미치는 영토를 확장하려 했다. 현대 국가는 노골적으로 영토 확장을 꾀하지는 않지만, 자국의 이익을 위해 '힘'이 미치는 영역을 넓히려 하는 운동은 여전히 지속되고 있다, 그리고 그런 '운동'에 '군인'이나 '산업전사'들이 동원된다. 홀로 떠나가는 그들을 위해 자국의 혹은 상대국의 '이익'에 맞춰 여성들이 동원되기도 한다. 자국을 떠나 오랜 기간 일종의 격리 상태라는 왜곡된 구조에 방치되게 되는 그들을 위해 국가가 '위안부'를 준비하는 것이다.

물론 때로 군대가 공식적으로 금해도 업자들이 마구잡이로 들어가는 경우도 적지 않았다. 이미 1910년대의 조선에 들어와 있었던 일본의 업자들의 장사가 주둔군을 상대로 "재미질 만큼 벌이가 좋"(나카니시 이노스케, 103쪽)았던 것은 그런 공식적인 규율을 깨면서 이루어진 일이었다. 그곳에도 "아버지가, 가라고 해서"(118쪽) 팔려온 일본의 소녀들이 있었고, 그렇게 "'국력이 발전하는 신영토'에 보내지는 젊은 여성들"(161쪽)이 "C(조선을 가리킨다 – 인용자)에는 어떤 시골 구석에도"(317쪽) 들어와 있는 상태였다.

2. 위안부와 미국

당연히, 그런 '위안부'를 준비한 것은 일본만이 아니다. 위안부 문제는 '일본의 천황제'나 '일본의 군사주의'가 아니라 국가세력을 유지/확장시키기 위해 군대를 유지하는 국가 시스템이 만든 문제다.

페루 작가 바르가스 요사가 쓴『판탈레온과 특별봉사대』라는 소설에는, 제2차 세계대전 이후의 위안부 이야기가 나온다. 1950년대에 국경을 수비하는 군인들의 민간인 강간 문제가 심각해지자, 군대가 직접 비밀리에 여성들을 모아서 그들에게 '봉사'하도록 했다는 것이다. 이 이야기가 "사실에 바탕을 두고 있"(서문)다고 말하는 것처럼, 남미의 페루도 '군인을 위한 위안부'를 군이 나서서 조직화하고 운영했다.

앞서의 기지촌 여성의 자전에세이는 '군인들을 위한 위안부'가 우리 자신도 용인한 존재였다는 것을 명확하게 보여준다. 동두천에서 일하던 그녀들은 국가에서 주관하는 '교양강좌'를 들어야 했는데, 그녀들은 국가가 발행한 "검진증을 뺏기지 않으려고 자리를 채우고 있었다". 그들의 "앞쪽 좌우로 군수, 보안과장, 평택군청 복지과장"(김연자, 123쪽)이 앉아 있고. "터놓고 양색시를 해도 좋다고 국가가 인정한 매춘자격증"(138쪽)이기도 했던 보건소가 발행한 '검진증'을 그녀들이 갖고 있었던 것은 그녀들이 국가―한국 정부가 미군을 위해 만든 '위안부'였기 때문이다(『화해를 위해서』 참조).

그런 한국형 '위안소'가 생기게 된 건 미군 역시 아시아의 여성들을 대상으로 무차별 강간을 했기 때문이다. 한 일본인 여성은 일본의 패전 직후 오키나와에 상륙한 미군의 성폭행에 대해 이렇게 증언한다.

> 우리가 제일 무서웠던 건, 우리 마을을 내 집에 있는 것처럼 활보하고 다니던 미군들이었습니다. 지켜주는 이들이 아무도 없었던 미망인이나 약한 여자들, 나이 든 약한 여자, 남의 부인 할 것 없이 밤낮 가리지 않고 어깨에 둘러메고 데리고 갔고 폭행을 했지요. 낮에 먹을 것을 찾으러 가려 해도 언제나 사람 그림자만 보면 떨었습니다. 밤에는 천장 밑이나 마루 아래 숨어서 잤습니다. (중략) 수용소엔 꼭 매일 밤, 미군이 막 들어와서는 여자들을 둘러메고 나갔습니다.(소카갓카이創価学会 부인평화위원회 편, 221~222쪽)

만주 지역과 북한에 있었던 일본인 여성들이 갑자기 진주해온 소련군에게 매일 밤처럼 강간을 당했다는 이야기는 이미 잘 알려진 이야기다. 또 연합군이 일본 본토에 상륙하자 일본은 직접 나서서 점령군인 미군을 위한 위안소를 만들기도 했다.

미군들은 한국전쟁 때도 한국인 여성들을 강간했는데, 한 위안부는 그 상황을 이렇게 말한다.

"인제 거기서는 여주 이천을 가니까는, 글쎄 못 살겠는 거야, 또. 어. 미국 사람 땜에.
"그때는 인제 미국 사람들(한테) 잽혔다 하믄 죽는 거야. 그냥 한 놈이 그러는 것도 아니래요. 그냥, 뭐, 여자들 피난 댕기다 저렇게 당해가지구 죽으면 그냥 산에다 버리구 이랬거던. 옛날 우리 겪던 그 식. 그, 그, 그 식이지.
"미군이 또 해꼬지할라고 허니까, 응.
"걔들이, 한국 사람이 팔군단 마크 붙인 사람덜이구. 군속이거던. 이렇게 봐가지고 뭐 하면은 들여보냈잖어. 거 여자들 있는 데루. 그렇게 한국 사람이 못돼먹었어. 그래가지구 낭중에 그 양갈보, 양공주, 그걸 맨들은 거 아냐?
"그냥 안하무인이야. 부인이구 무신 처녀구, 무신 응, 늙은이구, 그것도 아랑곳 없더구만, 아이구. 그러니께는 저 그 도라쿠 안에서도 지네가 뭐 잡아가지구 거기서 다 그래가지구, 죽으면 저 땅으로 집어내뿌리고 가구 이랬대는 거 아니야, 그 있는 대루 군인들이 다 그 지랄이야.(『강제4』, 237~238쪽)

이 증언은 미군들 역시 일본군처럼 전시에 강간과 윤간과 때로 성폭행 후 살해를 했을 가능성을 보여준다. 그리고 그런 행위에 한국 자체가 가담했다는 것도. 물론 그건 미군이 '공산주의자'들을 한국 땅에서 몰아내주는 존재였기 때문이다. 이때의 위안부는 '제국과 냉전'에 함께 동원된 셈이다.

"오키나와에서 미군 군속들은 12살 내지 13살짜리 오키나와 소녀들을 미군기지에 있는 포로수용소에 가둬놓고 병사들에게 성적인 서비스를 강요했다. 필리핀에서 미군부대장은 적극적으로 매춘을 장려했으며, 그들 중 일부는 심지어 자기 소유 클럽을 가지고 매춘부들을 집단적으로 관리했다.

1970년대 한국에서는 군용버스가 하루에 200명이나 되는 여자들을 동두천 기지촌에서부터 근처에 있는 캠프 케이시로 실어나르곤 했다. 이때 부대장은 그런 일을 암묵적으로 봐주고 넘어가거나 혹은 적극적으로 가담했다."(여지연, 40쪽) 또 미군은 "공식적으로는 매춘에 연루되는 것을 금지했지만—비공식적으로는 못 본 척하고 넘어갔다."(같은 책, 52쪽) 심지어는 미군을 상대했던 이들 중에는 일본군의 위안부였던 이도 있다.

'가라유키상'들이 가난한 소녀들이었던 것과 마찬가지로, 그녀들이 그곳에 오게 된 이유는 가난이었고 어렸을 때 당한 "강간이나 근친상간의 희생자들이거나 무책임하게 학대하는 남자친구나 남편의 희생자"(59쪽)들이었다.

그래서 그녀들은 "'미군홀 여종업원 모집, 월 20만원, 침식 제공', 『아리랑』, 『명랑』 잡지와 신문광고에 실린 유혹을 따라 나"서기도 했는데, 한번 발을 들여놓게 되면 "화장품값, 침대값에 데려온 사람 소개비까지 덤터기를 씌워놓"는 "권력의 역학관계" 속에 빠진 이들이었다. 그녀들도 일본군 위안부들처럼, "처음에는 '영화에서처럼 미군들하고 춤만 추면 된다'"고 들었다가 나중에는 "'홀에서는 몸도 팔아야 된다'고 말을 바"꾸는 사태를 만났고, 그때는 "이미 소개비에 침대값, 장롱값, 먹은 것들이 빚이 되어 쌓였고, 가겠다고 하면 빚을 '갚아야 갈 수 있다'고 으르니 그 자리에 주저앉을 수밖에 없"(김연자, 138쪽)는 상황에 처했다.

그렇게 해서 일본과 한국에 있는 미군기지에는 미군을 위한 기지촌이 들어서게 되었고, 한국의 기지촌 여성들 가운데에는 성병치료 주사를 맞다가 죽은 이들도 많았다. "훈련이 고될수록 미군들은 여자를 험하게 다뤄"(같은 책, 195쪽)서 힘들었다는 그녀들의 이야기는 일본군이 전쟁에서 돌아오면 폭행을 하기도 했다는 위안부들의 말을 상기시킨다. 그녀들은 미군이 팀스

피리트 훈련을 나가면 "원정"(194쪽)을 가기도 했는데, "훈련지에 갔다 오면 한결같이 심한 병을 얻었다. 골병이 든 몸은 살갗이 헐었고, 성병이나 임신의 고통을 겪었다"(195쪽). 그들 역시 그런 경우에는 "여성 한 명이 하룻밤에 서른 명 내지 마흔 명의 군인을 받"(여지연, 45쪽)아야 했다.

그중의 한 여성은 "일자리를 찾으려고 서울로 갔는데, 난데없이 믿을 수 없게도 기지촌에 팔려갔다"면서 그곳에서 "뼛골 빠지게 고생"했으며 "피눈물이 난다는 표현이 딱 맞"(여지연, 111쪽)았다고 말한다. 그녀는 미군과의 첫 경험을 "강간"이었다고 표현하고 "도망쳤지만 매번 붙잡혀서 그때마다 죽도록 맞았다"고, 그 때문에 "도망을 포기"했다고 말한다.

> "난 참을 수가 없었어. 내 몸뚱이가 내 몸뚱이가 아니니까. 있잖아, 그게, 스물네 시간 내내 내 몸은 내 것이 아니었어."(112쪽)

일본의 '위안부' 문제가 주목받아온 것은 그들의 고통이 다른 경우와 비교하기 어려울 만큼 여성들에게 가혹한 생활이었던 것처럼 간주되었기 때문이다. 하지만, 미군을 위해 준비된 여성들 역시 미군을 상대하기까지의 과정이나 이후의 생활에서 기본적으로 다른 것은 없다. 그들 역시 참혹한 생활을 했고, 그런 참혹함과 그에 따른 고통은 '일본군'이나 '미군'이라는 고유명사 이전에 '성노동' 자체가 강요한 것이었다. 그리고 그녀들이 그런 일을 하게 된 것은 그곳에 국가가 만든 '군대'가 있었기 때문이다.

일본의 경우 '규약'까지 만들면서 철저하게 '관리'를 했기 때문에 일본만이 제도적인 '군 위안소'를 만들었던 것처럼 인식되고 있다. 하지만, "베트남에서는 4000명의 미군들에게 서비스하는 매춘시설이 미군에 의해 특별히 만들어졌"(같은 책, 39쪽)다. 그리고 "1980년대 미 육군 교본"에는 "보건증을 가지고 있는 클럽 여성들만을 상대할 것과 거리 여성들을 피하라고 충고했다"(38쪽). 말하자면 규모와 방식은 다르지만, 기본 구조는 일본군이나 미군이나 다를 게 없다.

하지만 이들의 피해는 아직 공식적으로는 공개된 적이 없다. 1992년에 윤금이 사건으로 미군의 성폭행 문제가 주목받기도 했지만, 해방되자마자 미국과 소련이 중심이 된 냉전체제에 편입되면서 한국은 미국의 횡포에 대해 말하지 못했다. 그런 냉전체제에서 한국이나 일본 등 아시아 지역을 포함한 세계 곳곳에 주둔하게 된 미군기지는 아직 현재형으로 존재한다.

일본에 있는 미군기지는 그렇게 세계 곳곳에 존재하게 된 미군기지 중 '자산가치'가 가장 높은 곳으로, 한국은 네 번째로 인식되고 있다(하야시 히로후미, 2012, 4쪽). 그에 따라 미군기지 면적과 주둔 군인수도 일본이 2위, 한국이 3위를 차지한다(일본 3만 5329명, 한국 2만 4655명, 2010년 12월 31일 기준). 그리고 그 기지의 존속을 위해 오늘도 여성들이 참혹한 생활을 강요받는다.

3. 위안부와 한국

한국에 미군을 위한 위안소가 생긴 건 미군이 '해방군'으로서 한국에 주둔하게 되었기 때문이다. 그리고 한국전쟁 때 "한국 정부는 1951년 5월, 유엔군을 위한 위안 방법으로서 댄스홀과 위안소 설치를 결정했고, 동시에 한국군 병사를 위한 특별위안대 결성도 결정"(Lee Im Ha, 「Korean War and Mobilization of women」, 세계여성대회에서의 구두발표, 2005.6., 하야시 히로후미, 2012, 194쪽에서 재인용)하기도 했다. 그리고 "1952년에 네 개의 부대의 위안부 총수 89명이 이동하며 위안을 했고, 1년 동안에 합계 20만 4560명에게 '위안'을 실시"했다. '유엔군'의 이름으로 한국전쟁에 참전했던 16개국의 군인들 역시 그렇게 '위안소'를 이용했다. 그렇게 다국적의 수많은 군인들을 '위안'했던 '유엔 위안부'는 1954년 시점에서 고작 '2564명'(같은 책, 150쪽)이었다.

위안부들이 '원정'간 곳에서는 "여자들이 버젓이 헤집고 돌아다녀도 동네 사람들은 속으로야 '에이, 더러운 것들'이라고 욕을 할지언정 없는 방도 만들어 내줄 정도"(195쪽)로 이들에게 협조했다. 그것은 "갑자기 시골 동네에 가게들이 들어서고, 논밭 위에서 밤새도록 음악소리가 요란하게 울려퍼"지는 식으로 상권이 형성되었기 때문이다. 그녀들에 대해 편견을 품고 차별을 하면서도 일반인들 또한 그렇게 미군을 위한 위안부 시스템을 이용했다.

일본의 가라유키들이 근대 초기 일본의 국가경제에 도움을 주었던 것처럼, 이들 역시 '국가'에는 애국자였다. "1964년 한국의 외화수입이 1억 달러에 불과하던 시절, 미군 전용 홀에서 벌어들인 돈은 근 10퍼센트인 970만 달러"(한홍구, 『한겨레』, 2012. 12. 1.)였고, 당시로서는 막대한 비용이었던 1억 원이나 들여 '기지촌 정화사업'을 하면서까지(『오마이뉴스』, 2012. 8. 26.) 존속시켰던 이유는 단순히 안보라는 이름의 '반공'뿐 아니라 그렇게 달러를 빌어들이는 손재이기도 했기 때문이다.

그녀들은 이제, "자신의 추한 역사를 돌이켜보지 않고 일본에 대해 위안부 배상을 요구하는 위선을 보이고 있다"면서 한국 정부에 대해 '보상과 사과'를 요구하고 있다(『뉴시스』, 2009. 1. 9.). 그리고 그에 부응해 '기지촌여성인권연대'가 출범하고 변호사들이 이들을 위해 나서고 있다(「기지촌과 미군기지, 현재진행형인 미군 문제의 역사」, '민주사회를 위한 변호사 모임 공식 블로 그', 2013. 1. 16.). 조만간 한국 정부나 미국 정부가 이들에게 국가보상을 해야 하는 날이 올 수도 있다.

한국의 기지촌에 팔려간 필리핀 여성들을 위해 필리핀은 한국을 상대로 소송을 내기도 했다(『경향신문』, 2002. 10. 17.). 그런데 필리핀은 냉전체제 유지를 위한 '위안부'를 만든 존재로 '국가'가 아닌 '포주'를 겨냥했다.

2006년이 되어, "동두천에선 거의 한국 여성을 볼 수가 없"(『주간 경향』 669호, 2006. 4. 11.)게 되고, 한국 여성을 대체하던 조선족이나 러시아인들이 필리핀인과 페루인으로 바뀌었다. 그것은 일찍이 일본인 위안부가 하던 일을 조선인 여성들이 하게 된 것과 같은 구조 속의 일이다. 한국의 경제력이 높아지면서 더 가난한 외국인 여성들이 한국인 여성의 자리를 대체하고 있는 것이다. 문제는 그 대체를 위해 지금도 "동아시아를 향해 세계 각지에서 인신매매된 여성들이 보내지고 있"(하야시 히로후미, 2012, 152쪽)다는 사실이다.

가부장제와 자본주의에 의해 지탱되어온 근대 국민국가 체제는, 국가세력을 확장하거나 유지하기 위해 군대를 조직했고 고향을 떠나 '나라를 위해' 일하는 그들을 '위안'할 여성들의 조직을 유지해왔다. 그런 의미에서는 러일전쟁 시대의 일본인 위안부도, 태평양전쟁 시대의 조선인 위안부도, 해방 후 한국에 주둔하게 된 미군을 위한 위안소도, 기본적으로는 모두 똑같이 국가(안보 혹은 경제)를 위한다는 명목으로 동원된 피해자들이다. 그런데도 '위안부' 문제가 일본에만 해당하는 문제처럼 인식되고 있는 것은, 일본군의 숫자가 워낙 많았던 데다가 전쟁기간이 길고 전쟁지역이 넓어서 표면화되기 쉬웠기 때문으로 보인다. 그에 더해, 패전국이 되어 그러한 사실들이 승전국에 의해 알려지게 되었을 뿐 아니라 앞서의 센다처럼 그들 스스로가 이 사안을 문제시했던 결과로 보아야 한다.

자신을 위한 집도 땅 한 뼘도 없이 몸담을 곳을 찾아 '이동'을 당하거나 선택하는 것은 늘 사회에서 가장 약한 자들이었다. 빈곤이 고향을 떠나도록 그들의 등을 떠밀었고, 사회적으로 가장 취약한 계층이 '위안부'가 되었다. 가난한 이들은 경제적 자립을 할 만한 문화자본(교육)과 사회안전망을 갖지 못한 탓에 다른 직업을 못 찾고 자신의 신체(장기, 피, 성)를 팔게 된다. 가난한 자원병들은, 처음부터 신체 자체, 생명 자체를 국가에 저당잡힌 존재들이기도 하다. '위안부'와 군인은 그렇게 함께 국가에 의해 동원된 존재이면서 그 안에서 가해자와 피해자가 되어야 했다.

한국과 일본 등지에 존재하는 미군기지와 태평양전쟁 때의 일본군의 차이는 전시인지 평상시인지, 군인 수가 많은지 적은지의 차이뿐이다. '주둔'이란 '전시'를 예상하거나 대비한 '전시대기' 상태이고, 전쟁이 일어나게 되면 군인 수는 당연히 많아진다. 일본의 패전 직후나 한국전쟁 때와 같은 일은 얼마든지 반복될 수 있다. 국민들은 "국가라는 것이 끊임없이 전쟁 상태에 있고, 전쟁을 준비하고 있다는 것을 깨닫지 못"하고 있을 뿐이고 "장기적인 전망과 전략에 의해 준비되고 예상된" 전쟁을 '갑작스러운 사건'처럼 받아들인다(가라타니 고진, 252쪽).

'위안부'라는 존재는 제국주의와 함께 시작되었지만, 제국이 붕괴한 이후에도 아시아에서 '위안부' 시스템이 이어진 것은 곧바로 본격화된 냉전체제 때문이다. 1965년의 한일협정이 개인의 청구권이 충분히 고려되지 않은 상태로 맺어진 것도 냉전체제 속의 일이었다는 것을 생각하면, 위안부들은 제국주의에 의해 만들어졌으면서 냉전 유지에도 이용되었고 냉전 때문에 보상을 받지 못했던 셈이다.

한국은 그 냉전체제 속에서 미국의 용병으로 베트남전에 참전했고, 그 전에 일본이나 미국이 했던 일을 베트남에서 했다. 식민지 시대를 비판하면서도 의식적으로는 철저하게 식민화의 길을 걸었던 셈이다. 베트남은 아직 한국에 공식적으로 문제제기를 한 적이 없지만, 그건 양국의 암묵적인 합의에 따른 것일 뿐이다(이토 마사코). 언젠가 베트남 여성들이 한국군의 강간과 폭행에 관한 사죄와 보상을 청구하는 날이 오지 않으리라는 보장은 없다.

 1990년 전후, 베를린 장벽이 무너지고 소련이 해체되면서 공식적으로는 냉전이 끝났지만, 아시아는 여전히 냉전 상태에 있다. 기지는 안보를 위해서라기보다는 냉전을 유지하기 위해 존재하는 셈이고, 그런 한 그들을 '위안'하는 명목으로 여성들이 준비되는 위안부 문제는 사라지지 않는다. 그리고 그런 냉전을 유지하는 군대가 필리핀 등 과거의 식민지배에 대한 반성 없이 여전히 새로운 제국(패권)을 유지하고 있는 것이다.

제2장

새로운 아시아를 향해서
—패전 70년, 해방 70년

1. 식민지의 모순

위안부는 일본의 전시에만 존재한 것이 아니다. 그보다 훨씬 전부터 존재했고, 지금도 존재한다. 지금의 기지촌 여성들 역시 현대의 '위안부'이고, 군대가 존재하는 곳이면 '위안부'는 어느 곳이건 존재했다.

일본인 위안부들은 이미 "메이지 초기부터 아시아 각지에 존재"(야노 도루, 41쪽)했고, 그녀들이 일본에서 '낭자군'이라고 불리게 된 것은 메이지 30년대 초(1890년대 말)부터였다(42쪽). 그리고 "러일전쟁 직후의 번성기에는 수마트라의 메단 부근까지 포함해 6000명의 낭자군이 한 해에 1000만 달러의 수입을 얻었다"(43쪽).

이 무렵에는 "일본이 세력을 확대한 각지에 공창 제도가 이식"(야마시타 영애, 109쪽)되었고, "일본인 예기들을 대상으로 하는 단속규칙이 영사관령으로서 제정되었다"(후지나가 다케시, 206쪽). 전국에 적용되는 '단속규칙'이

나온 것은 1916년이었는데, 이때는 이미 "수많은 조선인 성매매 관련 업자가 관동주나 남만주 철도 연선 각지에 퍼져"(209쪽) 있었다. 1928년에는 일본인 창부가 부족해져서, 조선인과 중국인 창기를 고용하고 성병검사를 하기로 결정했다(207쪽). 하지만 조선인 창기는 1920년대 초부터 이미 대만에 들어가 있었다(206쪽).

'조선인 위안부'란 "이렇게 해서 조선이나 중국의 여성들이 일본의 공창제도의 최하층에 편입되었고, 아시아 태평양전쟁기의 '위안소'의 최대 공급원"(110쪽)이 되면서 생긴 존재였다. 그리고 전쟁이 본격화되어 수백만에 이르는 군대가 주둔하고 오지에까지 들어가게 되면서 군인들과 함께할 위안부로 '조선인'을 포함한 '일본 제국'의 여성들이 선택된 것이다(업자나 위안부 자신이 선택했을 수도 있다).

그러나 '조선인 위안부'가 전체 위안부의 '대부분'이라는 게 가능한 일이었을까. 지역마다 현지의 위안소가 이미 있었고 일본인 여성들이 이미 가 있었다면, 그 자리를 급격히, 또 완전히 메우는 일은 어렵지 않았을까. 한 연구자는 20퍼센트만 조선인이고, 중국 등지의 현지 여성이 30퍼센트, 일본인이 40퍼센트, 나머지는 그 밖의 지역 사람들이었을 거라고 말한다(하타 이쿠히코, 410쪽). 실제로 당시 위안소 경험을 한 한국인 남성은 위안소의 "주인들은 중국 사람들"(대일항쟁기 강제동원 피해 조사 및 국외 강제동원 희생자 등 지원 위원회, 41쪽)이었고 "대부분의 여자가 현지 여자"(115쪽)였다고 말한다. 위안부들 자신도 "(성병 검진하러 가면) 일본 여자들도 많고, 중국 여자도 있어. 대만 여자, 홍콩 여자, 상해 여자도 있고"(『강제 3』, 102쪽)라고 말한다. 그리고 수요가 많아지자 이미 진출해 있던 조선인 업자들이 더욱 많은 조선인 여성들을 모집해 데려간 정황을 위안부들의 증언들은 명확히 보여준다. 군이나 경관에 의한 '강제연행'은 증언을 그대로 받아들인다고 해도 오히려 극소수다.

이들은 본인이 하지 않았어도 중간업자에 의해 이미 포주와의 계약관계에 있었고, 그 때문에 도망치지 못하도록 감시당했다. 대부분의 '위안부'들이 버는 것보다 더 많은 빚을 갚아야 하는 처지였던 것은 그런 결과다.

전체적으로는 이들을 '강제로' 모집한 것도, 이들을 감금한 것도, 생리를 하는 날이나 아픈 날에도 손님을 받아야 하는 식으로 노예화한 것도, 또 임금을 가로챈 것도 기본적으로는 업자들이었다. "(군인들이) 돈 주고 가면 주인들이 다 받"(대일항쟁기 강제동원 피해 조사 및 국외 강제동원 희생자 등 지원위원회, 41쪽)는 쪽이 훨씬 일반적인 정황이었다.

면담자 혹시 위안소에서 춤도 추고 그래요?
이서근 아 그렇지.
면담자 아 춤도 추고 노래도 하고?
이서근 술도 먹고 노래도 하고.
(중략)
이서근 (중략) 장교를 상대로 하는 사람들은 일본 여자, 조선 여자하고 주로, 대만 여자도 있었는지…? 근데 현지 여자는 주로 병정들이 상대를 하고.
이은두 그럼, 그럼.
면담자 그럼 그냥 중국에서 온 사람들도 아니고 해남도 여자예요?
이은두 해남도 여자가 중국 여자야.
면담자 그럼 막 끌어다가 온 거에요?
이은두 그게 다 중국 여자야.
이서근 모르지 뭐 끌어왔는지… 뭐 끌어왔는지… 뭐.
이은두 아, 거 사이공도 현지 여자여.

이서근 대부분의 여자가 현지 여자야. 근데 만주라든가 중국에 보면은, 거기는 조선인이 있었어. 거기서는, 비뤼빈에서는 조선인이 있더라구.

이은두 그럼, 더러 있었어. 그것도 비리핀 여자들.

이서근 주로 피리핀이었지. 그리고 사창굴.

면담자 사창, 사창이 있었어요?

이서근 사창 있지.

면담자 나대에도 있었어요?

이서근 나대에도 있지.

면담자 거기 조선인들 있대요?

이서근 글쎄 조선인들은…

면담자 그럼 사창 같은 데 장사하는 사람들은 어느 나라 사람인지…

이서근 거기 중국 사람들.(같은 책, 114~115쪽)

대만의 '위안소' 체험자와의 면담을 기록한 이 장면은, 이른바 '위안소'가 누추한 침대 하나만 달랑 놓여 있는 곳만은 아니라는 것, 장소에 따라서는 '현지 여자'가 대부분인 곳도 있었다는 것, 그리고 그런 여자들이 전부 '막 끌어다가 온' 여성들만은 아니라는 것을 말해준다. 해군 징병 1기생이었던 이들이 생각하는 '위안소'에는 카페나 요릿집 형태의 윤락시설과 사창까지 포함되어 있었다. 면담자는 그곳에 있는 이들이 '막 끌어다가 온' '조선인' 들일 것으로 전제하고 질문을 하지만, 그런 기대는 번번이 빗나간다. 이들이 "조선 여자가, 조선 여자들이라는 게 말이지 보기 힘들었"(116쪽)다고 말하기 때문이다.

이들의 말은 '위안부의 80퍼센트가 조선인'이었다는 말조차 의심하게 만들지만, 이들이 있었던 곳은 전쟁터가 아닌 곳이었으니 전쟁터가 된 중국이나 동남아시아, 남태평양 지역은 달랐던 것으로 보인다. '현지 여자'가 전쟁터까지 따라갈 리는 없었을 터이니 전쟁터에까지 간 것은 '일본인'이나 '조선인', 그리고 '대만인'에 한한 것이었을 가능성이 크다. 혹은 이들이 전투에 참여하지 않아 그런 장면을 보지 못한 것이었을 수도 있다.

그들이 그렇게 전쟁터에까지 함께 가게 된 건 똑같이 '일본 제국'의 구성원, '낭자군'으로 불리는 '준군인' 같은 존재였기 때문이다. 대부분은 업자가 인솔해서 갔겠지만, 그것은 '왕언니'가 미군의 팀스피리트 훈련지에까지 간 것 같은 '원정'이었다.

'조선인 군인'들에게는 '조선인 위안부'는 '비싸'서 이용하기 어려운 존재였다. "현지 여자는 주로 병정들이 상대"했다는 것은 '위안'이라는 행위가 '인간의 상품화이자 계급화'였다는 것을 보여주지만, 동시에 '조선인 위안부'가 제국 내에서 놓여 있었던 위치를 보여주기도 한다. 일본인들에게 차별받는 대상이면서도, 그들은 말이 통하고 외모가 일본인과 비슷하며 같은 '동족'으로서 기밀을 지킬 수 있는 존재로서 '일본인 위안부'를 대체할 수 있는 존재였다.

그녀들이 '낭자군'이라고 불렸던 것은 그녀들이 국가의 세력을 확장하는 '군대'의 보조 역할을 했기 때문이다. "'애국봉사관'이라는 곳에는 조선인 여성이 많았"(문태복·홍종묵, 72쪽)고 그런 곳을 포함한 현지 위안소를 조선인 군속들도 "한 달에 한 번이나 두 번"(같은 책, 74쪽)은 허가를 받아 이용했다. 물론 그들 역시 "'내일 죽을지도 모르는 걸, 사양할 필요는 없어', 모두가 그런 기분"(기요카와 고지·사쿠라이 구니토시, 65쪽)이었다.

'조선인 위안부'는 피해자였지만 식민지인으로서의 협력자이기도 했다. 그것은 그들이 원했건 원하지 않았건 조선이 식민지가 되는 순간부터 걷어낼 수 없게 된 모순이었다. 우리가 '조선인 위안부'의 다양한 모습을 오랫동안 보지 못한 것은 그런 식민지의 모순을 직시하고 싶지 않았기 때문이다. "1942년 일제에 끌려가 중국 옌볜 등지에서 위안부 피해를 당하다 해방을 맞았다"며 "위안부 생활에 대한 부끄러움 때문에 귀국하지 못하다가 2000년 6월 한국을 떠난 지 58년 만에 돌아왔다"고 고백(『한국일보』, 2011. 12. 14.)한 위안부의 말 역시 '대부분이 살해당했다'는 우리의 상식에 균열을 일으키는 말이 아닐 수 없다.

'조선인 위안부'를 '일본군'이 직접 '강제로 끌어간' 존재이고 그들을 '감금'한 것도 일본군이고 모든 군인은 포악하고 모든 위안부는 '순진한 어린 소녀'로만 간주하는 일은 그런 모습으로 보이지 않는 또 다른 위안부(이른바 '매춘부'를 포함)들을 배제하는 일이기도 하다. 그것은 우리의 피해자성을 희석시키고 싶지 않은 피해자로서의 욕망이 시키는 일이지만, 표면적인 모습이 '완벽한 피해자'로 보이지 않는다 해도 그들 역시 피해자이고 희생자였다.

식민지 시대에 태어나 자란 한 사람의 조선인 위안부가 그 두 얼굴을 갖는 것은 '식민지화'된 순간 피할 수 없는 일이었다. 그런 모습을 있는 그대로 받아들이지 않는 한 우리는 식민지화되었던 우리 자신, 우리의 과거와 화해할 수가 없다.

'조선인 위안부'의 증언과 전파에서 과장과 왜곡이 발생한 것은 그런 과거를 보지 않으려 했기 때문이다. 물론 의식적으로 보지 않으려 했다기보다는 해방 후 50년의 교육이 그런 우리 자신을 있는 그대로 보고 받아들일 수 있도록 가르쳐오지 않았던 결과이기도 하다.

그러는 사이, 우리가 보고 싶지 않고 버리고 싶은 얼굴만을 굳이 확대해서 보려 하는 일본인들이 늘어가는 중이다. 우리가 그랬던 것처럼 그들도 그들이 보고 싶은 방식으로 본다. 그들은 자신의 과거를 그저 아름답고 훌

류한 것이거나 거기까지는 가지 않더라도 그렇게 나쁘지 않았던 것으로만 기억하려 하는 것이다. 결국 우리가 우리 자신의 또 하나의 얼굴을 보지 않는 것은 그들이 그들 방식대로 보는 일을 허용하는 것이 된다.

정대협을 비롯한 한국의 언론이 위안부 문제를 '소녀 20만 명의 강제연행'으로 이해하게 된 근본 원인은 식민지 시대 때 생긴 '풍문'— '정신대에 가면 위안부가 된다'에 있었다. 패전 직전에 일본인들이, 전쟁에 지면 (적군에 의해) 남성은 거세되고 여성은 강간당한다는 이야기를 믿었던 것처럼, 한국인들도 비슷한 이야기를 믿었던 것이다. 지배자를 '강간(정복)하는 남성'으로, 또 피지배자를 '거세된 남성'이거나 여성으로 상상하는 것은 제국주의 시대엔 흔한 일이었으니 그만큼 국가동원에 대한 공포가 컸다고 할 수도 있다.

'식민지화'는 필연적으로 지배하에 놓인 이들의 분열을 불러온다. 그러나 해방 후 한국은 종주국에 대한 협력과 순종의 기억은 우리 자신의 얼굴로 인정하지 않으려 했다. 그렇게 과거의 다른 한쪽을 망각하는 방식으로 해방 60여 년을 살아온 결과 현대 한국의 과거에 관한 중심 기억은 저항과 투쟁의 기억뿐이다. '친일파'— 일본에 협력한 자를 우리 자신과는 다른 특별한 존재로 간주하고 색출하고 비난하는 일이 여전히 이어지고 있는 것도 그들이 '바람직한 우리'에 대한 환상을 깨뜨리는 존재이기 때문이다.

그리고 '자발적으로 간 매춘부'라는 이미지를 우리가 부정해온 것 역시 그런 욕망, 기억과 무관하지 않다.

냉전 종료와 함께 시작된 세계화는 한일 진보세력의 연대뿐 아니라 세계와의 연대를 성공시켰다. 하지만 우리 자신의 또 다른 얼굴을 보지 않으려 했던 그 시간들은 '한국인 위안부'와 다른 나라 '위안부'와의 차이를 소거해버린 시간이기도 했다. 세계와 연대하기 위해 이 문제를 '여성인권'의 문제로 어필한 결과로, 지금 세계가 아는 위안부 문제에는 '조선인 위안부'는 '없다'. '위안부의 대부분'이 조선인이라고 강조하면서도 '왜 조선인 위안부가 많았는지'에 대해서는 말할 수 없게 된 것이다.

대신 우리는 일본보다 '도덕적으로 우위'에 있다고 하는 '도덕적 오만'을 즐겨왔다. 그러나 도덕적 오만은 가해자의 수치를 이해하지 못한다. 또 이해하려고 하지도 않는다. 일본의 사죄와 보상을 인정하지 않고 세계를 향해 일본을 비난하면서 얻어진 도덕적 오만은 과연 위안부를 위한 것이었을까. 거기에 있었던 건 그저 과거의 강자를 굴복시킬 수 있을 만큼의 '압박'이 가능한 '강자'로서의 확인이 아니었을까.

그러나 굴복시키려는 욕망—지배하고 싶은 욕망은, 우리가 아직 굴욕적인 굴복 경험의 트라우마에서 벗어나지 못했다는 것을 보여준다. "일본 천황이 내 앞에 무릎꿇고 사죄하기 전까지 나는 용서할 수 없다"(『뉴스로』, 2011. 12. 13.)는 한 위안부의 말은 그런 심리를 드러내는 것이기도 하다.

그러나 '일본 제국'의 2인자로서 중국이나 다른 아시아를, 혹은 연합군 포로를 학대하기도 했던 우리 자신의 또 다른 얼굴을 보게 된다면, 우리의 그런 욕망이 새삼스러운 것이 아니라는 것도 알게 된다. 굴복에 의해 맛본 굴욕을 다른 이들에게 강요한 것은 식민지화의 상처가 만든 왜곡된 심리였다. 그리고 우리는 아직 그 심리에서 자유롭지 못하다. 그러나 강자주의적인 욕망에 머물러 있는 한 일찍이 제국 일본이 가졌던 '강자로서의 욕망' 비판에 설득력이 있을 수가 없다.

무엇보다, 강자로서의 '제국'에 의해 상처를 입었던 우리가 구 제국(일본)의 죄를 다른 제국(네덜란드)과 연대해 또 다른 제국(미국, 영국 등 유럽)에게 물어온 방식은 아이러니가 아닐 수 없다. 위안부 문제를 둘러싼 우리의 호소 방식은 제국에 저항했던 식민지가 또 다른 제국과 연대한다는 기묘한 구조 속의 것이기도 하다. 구 제국들이 일본 비판에 적극적으로 나서는 것은 그들이 일본을 상대로 전쟁을 했던 나라들이기 때문일 수도 있다. 네덜란드가 인도네시아라는 식민지를 잃은 것은 일본의 점령이 계기가 되기도 했으니까. 더구나 자국의 여성이 일본에게 유린당했으니 그들이 일본을 비난하는 것은 당연한 일이다. 문제는 네덜란드 여성과 '조선인 위안부' 역시 '적'의 관계였다는 점이다.

더구나 일본을 잠정적으로 적대시하는 담론들은 한국의 군비 증강을 부추기고 정당화하기도 한다. 군비 증강을 하고 싶어도 '우리 민족'인 북한을 향해서는 노골적으로 하지 못하는 관계자들의 변을 뒷받침하고도 있는 것이다. 그건 위안부 문제에 더 열심히 나선 이들이 군사주의를 비판하는 우리 사회의 진보좌파라는 점에서도 아이러니가 아닐 수 없다.

일본이 제국주의에 나선 것은 서양을 흉내낸 일이기도 하다. 일본의 대상은 아시아였고, 말하자면 아시아의 불행은 서양의 제국주의에서 시작된 것이기도 하다. 그건 결과적으로 아시아의 침략이 되고 말았지만, 일본의 전쟁의 명분은 서양 제국으로부터의 '아시아의 해방'이었다. 그러나 결과적으로 일본은 졌고, 전후 일본과 한국은 함께 미국을 중심으로 한 제국적 냉전구조 속에 안주하게 된다. '제국'에 대해 제대로 물을 기회도 없이 미국의 주도로 한국과 일본은 국교를 정상화하게 되었고, 이후에도 수십 년을 미국과의 관계를 근본적으로 물을 기회를 갖지 못한 채로 '냉전의 사고'를 내면화하게 된 것이다.

2. 냉전의 사고

2010년에 나온 정대협의 심포지엄 자료집에는 북한에서 온 '축하의 글'이 실려 있다.

> 지난 기간 귀 협의회는 일본군 위안부 문제를 비롯하여 지난 세기 일본이 우리 민족에게 끼친 헤아릴 수 없는 특대형 반인륜적 범죄와 강도적인 침략 력사에 대해 폭로 규탄하고 응분의 사죄와 배상을 요구하는 다양한 활동들을 앞장서서 벌려왔습니다.
> 이것은 해·내외 온 겨레와 국제사회의 커다란 지지와 찬양을 받고 있으며 우리 겨레를 민족의 자주권 수호와 일본의 군국주의 부활 책동을 반대하는 투쟁에로 힘 있게 추동하고 있습니다.
> 일본이 우리 민족에게 감행한 과거 죄악은 아무리 세월이 흘러도 덮어버릴 수 없으며 이를 반드시 결산하는 것은 민족 공동의 과제입니다.
> 특히 오늘날 일본이 저들의 천인공노할 범죄적 만행과 과거 침략 력사를 외곡 〔왜곡〕하고 독도 강탈 기도와 재침 야망을 더욱 로골적으로 드러내놓고 있는 것은 온 겨레의 커다란 격분을 자아내고 있습니다.
> 우리는 일제의 '을사5조약' 날조 105년이 되는 올해에 일제가 우리 민족에게 력사적으로 저지른 범죄행위를 만천하에 낱낱이 폭로하며 민족의 운명과 리익을 해치는 친일사대매국행위들을 반대하는 다양한 대중활동들을 보다 힘차게 전개해나가야 할 것입니다.(민족화해협의회 6·15공동선언실천 북측위원회 녀성분과위원회 「축하의 글」, 『정대협 창립 20주년 기념 국제심포지엄 2010년 일본군 위안부 문제를 말한다』, 2010. 11. 18.)

위안부 문제에 관한 북한의 인식은 일본의 '군국주의 부활', '과거 침략 역사를 왜곡', '독도 강탈 기도', '재침 야망'을 읽어내려는 점에서 표현은 더 거칠지만, 기본적으로는 한국의 인식과 같다. 북한이 그렇게까지 강한 어조로 말하는 것은 그들 자신을 '일본 제국주의'와 싸운 적자라고 생각하기 때문일 것이다.

하지만 일본이 군국주의를 부활시키려 한다는 것은 비약일 뿐이다. 일본의 국방예산은 금액 자체는 많지만, 국내총생산(GDP) 대비 국방비 비율은 미국이나 중국(2.1퍼센트)은 물론 한국(2.7퍼센트)보다도 낮다(스톡홀름 국제평화연구소, http//10rank.blog.fc2.com/blog-entry-95.html). 패전 후 60년 이상, 미국과 한국은 징병제를 유지했고 타국에 군대를 보내기도 했지만, 일본은 그런 적이 없다. 물론 그건 일본이 이른바 '평화헌법'을 지켜왔기 때문이다. 지금은 헌법을 개정하려는 움직임도 있지만, 한국이나 북한은 오래전부터 늘 일본의 '군국주의화'를 사실화하고 비난해왔다. 그러나 군국주의를 비난한다면 북한부터 비판받아야 할 일이 아닐까. 그러나 위안부 문제에 적극적인 한국의 진보가 북한의 군사주의를 큰 목소리로 비난하는 일은 없다.

정대협은 1990년대에 '위안부 문제'를 '민족 문제'로 간주하고 북한과도 연대해왔다. 그러다가 2000년대 이후부터 정대협의 운동은 '여성의 인권 문제'를 기치로 하고 있다. 그러나 마찬가지로 북한의 인권 문제에 대한 문제제기는 없었다.

한국의 운동은 냉전 종식 이후 위안부 문제를 매개로 일본의 진보세력과도 연대했다. 다시 말해 1990년대 이후의 정대협의 운동은 냉전 종식 후에도 이어진 진보좌파의 국제연대이기도 하다. 그런 그들의 연대에 일본의 우파가 반응하고 이어서 본격적인 역사논쟁으로 확대된 것은 당연한 수순이었다.

정대협 대표가 일본에 '우익'을 감시하는 시스템이 없다면서 '일본을 바꾸어야 한다'고 역설한 것은 그런 구조와 무관하지 않다(윤미향 대표의 도쿄 YMCA 강연, 2012. 6. 9.). 그것은 일본의 진보가 꿈꾸었던 '일본 사회의 개혁'과 통하는 말이었지만, 그것은 정대협의 운동도 '위안부 문제 해결'보다 '진보'가 세상을 바꾸는('우익'을 물리쳐 세계를 이끄는) 정치적인 문제에 더 중점이 두어져 있었다는 것을 보여준다.

그러나 자신들의 주장과 다른 생각을 무조건 '우익'으로 몰고 비난해온 진보의 운동 방식은 일본의 반발을 심화시켰을 뿐이다. 위안부 문제를 둘러싼 20여 년의 세월은 그런 20년이었다. 그러면서 기지 문제에서처럼 "주연은 여성운동가이고 현장 여성은 조연, 엑스트라"(김연자, 255쪽)가 되는 상황이 이어졌던 것이다. 그런 구조가 그동안 보이지 않았던 것은 위안부 문제 운동이 늘 '민족'과 '여성'을 앞세웠고 '위안부'라는 존재가 그 두 이미지를 상징하면서 그것이 한국에서는 절대적인 정의 담론으로 존재할 수 있었기 때문이다.

'세상을 바꾸기 위한' 것이라는 명제는 그 모든 모순을 덮으면서 강경파들이 중심이 되어 좌우대립을 격화시켰고 결과적으로 민족/국가 간의 대립을 만들고 유지시켰다. 90년대 초반, 일본의 우파들이 결코 다수도 아니고 목소리가 큰 것이 아니었는데도, 운동이 그들을 '일본'을 대표하는 것처럼 간주하고 존재해서는 안 될 존재로 취급하고 심지어는 우익과는 상관없는 이들까지 '우익'으로 딱지를 붙이며 적대시했던 것은 그런 냉전적 사고가 시킨 일이다. 정대협의 북한과의 연대는 '민족'으로서의 연대라기보다는 실은 '좌파'로서의 연대였다. 그 자체야 문제시될 일은 아니지만, 문제는 그 결속에 중점이 두어지면서 좌파와 우파의 합작품이었던 일본의 사죄와 보상을 거부한 것이 그런 구조 속의 일이라는 데에 있다. 위안부 문제는, 과거에 북한을 배제하고 한국과 일본이 국교정상화를 하고 쌓아온 신뢰를 근간부터 뒤흔든 문제이기도 했다. 의식했는지의 여부와 상관없이, '민족'이라는 이름의 연대는 실제로는 일본에 저항해온 세력의 연대라는 점에서 언제까지고 일본을 비난하기 쉬웠다고 말할 수도 있다.

일본 정부가 주도한 '사죄와 보상'에 참여했던 대다수 일본 국민들을 보는 것이 아니라 아직 소수에 지나지 않았던 우파의 말과 행동에만 주목해온 것도, 그런 구조 속의 일로 볼 수 있다. 말하자면 위안부 문제 해결운동의 일본 비난은 '한국'으로서의 비난이라기보다는 과거에 '제국'에 저항했고 여전히 일본 제국과 미국 제국에 저항하고 있는 '좌파'로서의 비난이기도 했다. 그러나 문제는 '위안부 문제'가 '국가' 간 문제이니만큼 우파든 좌파든 '함께' 내놓는 해결안이 필요했다는 점이다.

대사관 앞 소녀상이, 일본을 정신적으로 굴복시키려는 강한 눈빛을 하고 있는 것도 그런 구조 속의 일이다. 원한에 찬 응시는 단순히 '민족'이라기보다는 제국주의에 '저항'했고 이후에도 투쟁을 계속해온 '민족좌파'를 대변하는 것이기도 하다. 그런 의미에서도 소녀상은 좌파운동이 싹트기 전에 '민족'으로 저항한 유관순일 수는 없다. 따라서 대사관을 향한 '소녀상'의 그 응시에는 그들의 자긍심도, 운명으로 체념하는 식의 일본에 대한 용서도, 자신을 그런 곳으로 가게 한 이들—업자나 부모에 대한 원한도 존재할 수가 없다. 기금과 화해하고 일본을 용서한 위안부가 배제될 수밖에 없는 이유도 거기에 있었다.

바로 그런 사고가, '자민당'은 '사죄'를 할 리가 없다고 생각하도록 만든 것이기도 하다. 진보좌파는 그렇게 '정의'를 '독점'했고, 나아가 왜곡해 사용했다.

한국 정부가 개인의 청구권을 남겨두지 않고 받아버린 건 북한의 청구권까지 받아버리려는(장박진) 자세를 만들었던 냉전체제 속의 사고였다는 사실도 위안부 문제를 둘러싼 북한과의 연대의 모순을 보여준다.

일본 제국주의 시대에는 천황제 파시즘에 반대하는 많은 저항세력이 고문을 받고 목숨을 잃을 정도로 가혹한 탄압을 받았다. 그런 탄압을 받은 이들이 천황제 자체를 비판하고 반대하는 것은 어쩌면 당연한 일이다. 당시의 천황제는 '국체'라는 이름 아래 일본만의 고유한 시스템으로 칭송되었고, 모든 일본 국민이 그것을 우러러 받들고, 꽃다운 젊은이들이 그것을 지키기 위해 목숨까지 바쳐야 했으니까.

천황제를 중심으로 한 '제국'은 '국가체제'를 절대권력으로 하여 그 권력에 대한 국민의 '태도'를 검증했다. 그 결과로 제국 내부의 사람들은 분열할 수밖에 없었다. 하나의 정치체제를 둘러싼 분열, 그 분열이 제국과 냉전의 붕괴 후에도 이어져 현대의 내부냉전에까지 이어져온 것이다.

물론 그것은 일본만의 일이 아니다. 한반도 역시 같은 이유로 '해방 후'에도 심각한 정신적·심리적 분열을 경험해왔다. 한국전쟁과 분단은 좌우대립의 결과이기도 하지만, 거슬러 올라가면 식민지 시대에 협력이나 저항 중 어느 한 쪽의 태도를 취할 것을 강요당하도록 만들었던 일본 통치의 결과이기도 했다. 일제 시대 때 '저항'한 이들은 대부분 출신 민족과 상관없이 좌파 계열이었으니, 그런 의미에서는 한국의 좌우분열은 단순한 이념대립이기 이전에 민족/반민족 분열이기도 하다. 다시 말해, 현재 한국에 존재하는 진보/보수의 심각한 분열과 대립의 근원에는 일본의 식민지배가 있다.

패전 직후 북한에서는, 좌익 쪽 사람들이 '부르주아'로 지목한 사람들의 토지를 몰수했다. 이호철의 소설 『남과 북』은 그때 부르주아='친일'이라는 사고방식이 그들의 몰수행위를 정당화하기도 했다는 것을 보여준다. 그 과정에서 남한으로 도피한 사람들이 공산주의를 혐오하면서 '심정적 우익'으로 변해가는 경우도 적지 않았다.

이런 일은 일본인 사이에서도, 일본 본토와 피식민자 사이뿐 아니라 식민자들 사이에서도 일어났다. 패전 후 600만 명 이상의 병사 및 식민자들의 귀환이라는 전무후무의 경험을 하는 과정에서 가족을 잃게 되는 쓰라린 경험을 했던 것이다. 그들은 돌아간 '내지'에서도 '식민자'라고 손가락질당했고 스스로를 '불필요한 존재'로 간주해야 했다. 무엇보다 중요한 것은, 이들 중에는 식민지에 남겨두고 온 재산을 되찾기 위한 운동을 전개하는 과정에서 '심정적 우익'(아사노 도요미)이 된 이들도 많다는 점이다. 한일기본조약은 그런 이들의 청구권도 포기시킨 조약이기도 했다.

'전후 일본'이란, 미국이 주도했던 냉전구조에 정치적으로 편입되어 결과적으로 '제국'을 둘러싼 논의를 충분히 하지 않아도 되게 된 시대였다. 그동안 정치는 보수 자민당이 집권해 보수 정치가들이 주도했지만, 사상적으로는 '제국'을 비판하는 좌파진보가 학계를 주도하면서 진보적이고 평화주의적인 시민을 만들어냈다. 어떤 의미에서는 그런 균형이 전후 일본을 지탱해온 것이기도 했다.

중요한 건, 외부에서 보기보다는, 보수정치가도 '전쟁과 제국주의'를 반성했고 진보시민도 미국이 주도한 '자유민주주의'의 혜택을 향유했다는 점이다. 그리고 고도 경제성장 시대를 향해 온 국민이 '하나'가 되어 달려온 듯 보였던 시대가 끝나자 잠재되어 있던 대립이 표면화된 시대가 바로 1990년대였다. 이른바 '냉전'이 끝나자 냉전구도 속에서 숨죽이고 있던 군소민족들의 목소리가 대두되었고, 국가 간 경계를 허무는 '세계화'가 급속히 진전되면서 그에 반발하는 형태로 그동안의 갈등이 한꺼번에 분출하는 시대가 시작되었다.

일본에서는 그런 시대가 '불황'과 연결되면서, 위안부 문제가 시작된 것이었다. 1990년대 이후 일본에서 '위안부' 문제를 놓고 진보와 보수가 격하게 대립한 것도 그런 과정에서의 일이었다. 말하자면 커다란 냉전이 끝나면서 진보도 보수도 자신의 아이덴티티를 재확인해야 하는 상황이 벌어졌고 저마다 위안부 문제를 통해 일본의 과거와 현재, 그리고 자기 자신에 대해 생각하려 한 시기였던 셈이다. 그런 의미에서는 그런 식의 역사인식 논쟁이 되어버린 위안부 문제가 진보와 보수 사이에서 접점을 못 찾은 것은 당연한 일이기도 했다.

90년대 이후 일본과 한국의 진보가 일본 정부를 신뢰하지 않았던 것도 자신과 다른 사고를 무조건 '우경화'의 증거로 보려 했던 냉전적 사고가 시킨 일이다. 이 기간 동안 일본도 한국도 일관되게 '일본의 우경화'를 외쳤지만, 이후 일본에는 오히려 패전 후 처음으로 진보정권이 들어서 그런 비판이 올바른 비판만은 아니었음을 증명하기도 했다. 그리고 그로부터 3년 후에 다시 보수정권이 들어선 데에는, 2011년 8월의 대통령의 독도 방문을 비롯한 한국과의 갈등이 영향을 끼친 면도 없지 않다. 말하자면 한일 간의 연대는 정치에서도 효과적이지 않았다. 오히려 그 과정에서 진보좌파의 연대운동은 결과적으로 20년 전보다도 더 많이 위안부 문제에 반발하는 이들을 만들어놓았다. 위안부 문제 해결운동을 통해 '일본 사회를 개혁'하겠다던 좌파 운동 방식이 결코 효과적이지 않았음을 증명한 셈이다.

아시아여성기금은 좌절했지만, 지원운동은 문제 해결을 담당하는 주체인 일본을 설득하지 못했다는 점에서 실패한 운동이다. 그리고 그 이유는 운동이 '위안부 문제' 자체보다도 정치적 싸움으로 변질된 데에 있었다. 말하자면 위안부 당사자나 동아시아 평화를 우선한 윤리적이고도 합리적인 지점에서 접점을 찾는 것이 아니라 자신의 사상과 아이덴티티 확인을 위안부 운동보다 우선시했던 것이다.

위안부를 지원해온 한국의 한 운동가는 "한국이 이제 인권국가로 인정받기 위해서는 시간을 두고 이 문제를 우리의 요구대로 해결해야 한다"고 말한다(외교부 주관 위안부문제대책회의, 2012. 11.). 또 같은 장소에 있었던 대표적 진보신문의 기자는 "시간이 걸리더라도 국회입법 요구 등의 기존 방식을 고수해야 한다"고 말했다. 그러나 그런 식의 생각은 더 이상 합리적이지도 윤리적이지도 못하다.

지금 필요한 일은, 그들을 '올바른 조선인 투사'로 존재하게 하면서 '국가의 품격'을 높이는 일이 아니다. 그저 그들을 '한 사람의 개인'으로 돌아갈 수 있게 해주는 일이다. 중국이나 네덜란드와 같은 일본의 적국 여성들의 '완벽한 피해'의 기억을 빌려와 덧씌우고, 조선 여성들의 '협력'의 기억을 벗겨낸 소녀상을 통해 그들을 '민족의 딸'로 만드는 것은, 가부장제와 국가의 희생자였던 '위안부'를 또 다시 국가를 위해 희생시키는 일일 뿐이다.

2012년, 미 하원 결의 5주년을 맞아 미국의 한인단체가 위안부 문제 해결을 위해 흑인단체를 동참시킨 것은 '위안부 문제' 해결을 '보편적 인권 운동'으로 연계하려는 또 하나의 시도이지만, '여성인권'으로 연대해온 그동안의 운동이 그랬던 것처럼 왜 위안부로 '식민지배 치하 가부장제하의 가난한 여성'이 동원되었는지를 보지 못하게 한다.

위안부 문제는 국가가 자국의 세력(경제력)을 확장하기 위해 동원한 가난한 여성들의 문제다. 그녀들은 '이동'에 의해 경제력을 갖춘 주체로 재주체화했다. 실질적으로는 보수를 받지 못하거나 열악한 보수밖에 받지 못한 경우가 많아 보이지만, 자본주의적 경제가 "개인을 공동체의 구속에서 해방시키고, 제국—코스모폴리스의 인민으로 삼"(가라타니 고진, 207쪽)는 과정에서 생긴 존재이기도 했다.

일본의 지원자들이 그 점을 보지 못한 것은 '천황제 파시즘' 비판에 대한 집착이 컸기 때문이다. 일본 정부의 '기금'이 단순한 '위로금'으로 인식된 것도 '천황제 파시즘'이 '전후'에도 변하지 않았다고 생각한 진보의 '전후 이해'에 있다. 천황제에 저항하면서 현실정치를 바꾸려 했던 염원과 무관하지 않았던 것이다.

지원자들이 업자의 존재를 무시한 것도 그런 문맥에서의 일이었다고 할 수 있다. 결과적으로, 실제로는 자본주의에 가장 비판적인 이들이 '위안부'라는 존재가 국가의 자본축적을 위해 동원된 존재들이었다는 사실을 간과한 셈이다. 진보좌파는 이윤을 낳는 자본주의에 민감하면서도 노동의 대가의 반 이상을 축적했던 업자와 이들의 존재가 만든 상권에 기생한 상인들의 존재를 잊거나 은폐했다.

실제로 '왕언니'가 '원정' 간 마을 사람들이 이들의 출현을 받아들이고 마을경제를 부흥시켰듯이, '위안부'의 출현은 단순히 풍속(윤락)적인 의미에 국한되지 않았고 경제적인 의미 또한 작지 않았다. "낭자군에 기생하는 형태로 일본인의 상업활동이 형성되고/되어, 발전을 이루었"고 그중에서도 "기모노집, 일상잡화집, 여관업, 의사, 그리고 사진업, 세탁소 등, 모두 낭자군의 번영에 '기생'하는 형태로 발생한"(야노 도루, 43쪽) 일이 있었던 것처럼, 그런 식의 상권이 머지않아 타국의 토지와 제도에 관한 권리를 획득하게 되는 것이 제국주의였다는 점에서, 낭자군들은 무의식적인 제국주의자들이기도 했다.

일본 우익의 어떤 이는 "자민당은 좌익정당이다"라면서 "이걸로 자민당이 전후 좌파의 하수인이라는 걸 알았다", "점점 더 왼쪽으로, 즉 차분히 역사의 진실을 재검증하는 게 아니라 과도하게 속죄의식만 강해졌다", "이런 역사관 편향이 쇼와 60년 이후 자민당 정권 안에서 급속하게 강해졌기 때문에, 그 10년 후에 드디어 무라야마 담화 따위가 나오게 되었다"(나카니시 데루마사)고 말한다. 그럼에도 진보는 자민당 정부의 다양성을 감안하기보다는 불신해왔던 것이다. 몇 년 전에 문제발언을 한 다모가미 도시오田母神俊雄 항공막료장을 정부가 해임한 사건을 두고 한 우파학자는 "자민당의 국적國賊 행위"(와타나베 쇼이치)라고 비난하기도 했을 만큼 일본의 우파는 폭이 넓다. 그럼에도 '자민당'에게는 '사죄의식'이 없는 것으로 치부한 '정의의 독점'이 결과적으로 일반 시민의 혐한과 우경화를 가속화시키기도 했던 것이다. 문제는 그런 식의 경직된 사고가 미국이 만든 해방 후 냉전체제 속에서 굳어진 것이라는 점이다. 제국은 붕괴했지만, 냉전체제는 그렇게 여전히 동아시아를 분열시키고 있다.

3. 해결을 위해

정대협은 2000년대 이후 세계를 상대로 한 운동에서 미국 하원에 이어 캐나다와 유럽연합 등의 결의까지 이끌어냈다. 최근엔 미국에까지 위안부를 기리는 기념비를 세웠고, 2013년 3월부터는 다시 전 세계를 상대로 한 '1억 명 서명운동'을 전개하고 있다.

그런데 미국에 서는 기림비들은 모두 '강제로 끌려간 20만 명의 조선인 소녀'라는 인식에 기반한 것들이다. 최근 들어 그중에는 전부가 조선인은 아니었다는 인식도 내놓고 있지만, 정대협이 인식의 변화를 공식적으로 말하고 수정한 적은 한 번도 없다. 2013년 1월에 이루어진 뉴욕 주 상원 결의는 한국의 주장을 인정하면서도 '일본의 사죄'를 요구하고 있지 않다. 그건 일본의 사죄를 세계가 인정하기 시작했다는 하나의 사례일 것이다.

그리고 이제 정대협은 '아시아와 연대'해서 아시아 전역에 위안부상을 세울 계획까지 갖고 있다. 그런데 문제는 그렇게 단순하지 않다.

싱가포르 정부가 태평양전쟁 당시 일본군 위안부 피해자들을 기리기 위한 평화비 '소녀상'을 과거 싱가포르 위안소 자리에 세우자는 한국 정신대문제대책협의회의 요청을 사실상 거부했다.

30일 AFP통신에 따르면 싱가포르 문화부는 소녀상 설립계획을 싱가포르 당국과 협의하고 있다는 한국 정대협의 주장을 사실상 부인했다. 싱가포르 문화부는 AFP에 이메일 성명을 보내 "(소녀상 설립을 협의 중이라는 주장은) 정확한 것이 아니다"라고 밝혔다.

그러면서 "싱가포르 정부와 한국 정대협 사이 (소녀상 설립) 이슈와 관련해 진행 중인 회담이나 논의는 없다"며 "싱가포르에 소녀상을 세우는 것도 허용하지 않을 것(Nor will we allow such a statue to be erected in Singapore)"이라고 강조했다. 앞서 정대협의 한 관계자는 "3월 중 장소를 확정해 평화비를 세울 수 있도록 싱가포르 당국과 협의 중"이라고 말한 것으로 알려졌다.

정대협은 일본군 위안부 피해자들의 증언에 따라 일본군 위안소가 설치됐던 아시아 곳곳에 평화비를 세우는 '나비 프로젝트'를 지난해부터 추진하고 있다.(『뉴스1』, 2013. 1. 30.)

정대협은 이 프로젝트의 첫 번째 장소로 설정한 곳에서 제안이 거부된 것을 두고 "프로젝트를 시작도 하기 전에 이런 일이 생겨 허탈하지만 세계에 위안부 문제를 알리기 위한 노력은 계속할 것"(『경향신문』, 2013. 2. 1.)이라고 말한다.

싱가포르가 왜 거부했는지 자세한 내막은 알 수 없지만, 분명한 건 소녀상의 건립—정대협의 '위안부 문제를 알리기 위한 노력'을 싱가포르는 탐탁치 않게 생각한다는 점이다.

정대협은 '아시아'의 '위안소'가 똑같이 여성들을 '강제로 끌어간' 곳으로 생각해서 이 프로젝트를 추진한 것이겠지만, 당시에 싱가포르에 가 있었던 조선인 여성은 '일본 제국'의 일원이었다. 다시 말해 싱가포르인과 조선인은 일본군과의 관계가 다르다. 그들에게 태평양전쟁 때의 조선인이란 '일본인'이고 자국을 침략한 적국의 여성일 뿐이었다.

일본의 패전 이후 한국 인사들이 아시아나 영국 등의 유럽을 여행하면서 적의에 찬 눈길을 받거나 뜻하지 않은 봉변을 당해야 했던 것도 그런 과거가 남긴 결과다. 그들은 조선을 일본의 앞잡이로 기억하고 있기 때문이다. 당시 영국인들은 영국 병사를 가혹하게 다룬 조선인 포로감시원을 기억하고 있었고, 말레이시아인들은 "조선 사람이 일병의 부하가 되어서 잔혹한 행동을 많이 했"고 "조선 사람에게 무지한 고문을 당하였다"(장세진, 71쪽)고 기억하고 있었다. 그런 가혹한 포로감시원에게 당한 일을 그림으로 남겨놓은 연합군 포로들도 있다(박유하, 2009).

위안부라고 해서 예외일 수는 없다. 조선인 위안부들은 일본인 위안부들에게 차별을 당했지만, 냄새난다는 이유로 대만인을 싫어했던 조선인 위안부들이 '현지' 여성들을 차별하지 않았으리라는 보장은 없다.

조선인에 대한 안 좋은 기억이 아직 그들에게 공적인 집단기억으로 남아 있는지 여부는 알 수 없다. 그러나 싱가포르의 거부는 적어도 그들의 '위안부'에 대한 기억이 한국의 기억과는 다르다는 것을 말해준다.

'위안부'의 피해는 보상되어야 하지만, '조선인 위안부'는 한국이 바라는 방식으로 '기림'을 받기에는 모순이 없지 않은 존재다. 그들을 기억해야 한다면, 있는 그대로, 식민지의 모순적인 존재로서, 가난한 부모를 봉양하고 오빠를 위해 희생한 가부장제하의 가난한 누이로 기억되어야 한다. 그리고 국가와 자국의 남성들이 지키지 못해 타국의 남성들에게 가혹한 환경에서 성을 제공해야 했던 존재들로 기억되어야 한다.

한국의 욕망이 투영된 '피해자이자 투사'로서의 '민족의 딸'을 보는 일은 우리가 아시아에서 '적의 여자'이기도 했던 일을 잊는 일이기도 하다. 아시아의 다른 나라와의 새로운 관계는 그런 일을 기억하고 마주하는 일에서부터 시작되어야 한다.

이제 '조선인 위안부'가 누구인지를 정확히 알 필요가 있다. 그리고 압박이 아니라 대화로써 일본과 다시 마주해야 한다. 운동이 주력해온 외부로부터의 압박이 일본을 움직일 수 있었다면, 2000년에 도쿄에서 열렸던 여성국제전범재판에서 내려진 판결, 즉 '천황 히로히토裕仁 및 일본국을, 강간 및 성노예 제도에 관해 인도에 대한 죄로서 유죄'라고 했던 것 이상의 압박은 없다. 그리고 그로부터 7년 후, 미국과 캐나다, 그리고 다른 유럽 국가들이 '일본의 사죄'를 촉구했던 2007년의 각국의 국회 결의만으로도 일본은 움직였을 것이다.

하지만 실제로는 도쿄 여성국제전범재판 이후 12년, 그리고 유럽과 미국의 국회 결의 이후 5년이 지나도록 일본은 아무런 움직임을 보이지 않았다. 그건 '운동'이 지향한 밖에서부터의 '압박' 방식이 효과가 없었다는 것을 말해준다. 아시아여성기금 해산 이후 일본이 그나마 움직이기 시작한 것은 2011년 겨울, 이명박 대통령이 한일정상회담에서 위안부 문제의 해결을 촉구한 뒤부터였다. 결국 결실을 맺기 전에 시들고 말았지만, 직접담판이 일본을 움직이는 데에는 가장 효과적이라는 것을 보여준 일이기도 하다. 그리고 그건 일본이 '외부'보다 오히려 '한국'을 존중한다는 것을 보여준 일이었다.

정대협은 제3국을 포함한 '중재위원회'를 만들라고 요구하고 있지만, '중재위원회'가 하는 일은 실질적으로는 양측이 진실을 놓고 치열하게 싸우는 본격적인 싸움이다. 그런 싸움에서 승리할 가능성도 적어 보이지만, 설사 승리한다고 해도 그런 식의 해결이 한일관계 회복에 도움이 될 리도 없다.

'위안부 문제' 해결은 필요하지만, 입법해결은 불가능하다. 정말 위안부 문제의 해결을 원한다면 정부는 일본과 대화를 시작해야 한다.

일본 정부는 사죄했고, 일본의 사죄를 받아들인 위안부도 많다. 그러나 그 사실은 알려지지 않은 채, 오랫동안 사죄하지 않는 자와 용서하지 않는 자의 대립만이 큰 목소리가 되어 위안부 문제의 중심에 있었다. 하지만 이제 목소리를 내지 못했던 이들, 좌우의 정치적인 입장을 넘어서 이 문제를 윤리적이고 합리적으로 풀려 하는 이들의 목소리가 필요하다.

2년 후인 2015년은 한국에는 해방 70년, 일본에는 '전후 70년', 한일 양국에는 국교 수립 50년의 해이다. 식민지배의 피해를 입은 '위안부'들뿐만 아니라 한때 '식민자'의 입장으로 조선이나 '만주'에 있었던 일본인들도 점점 사라지고 있다. 양국의 '식민지배—피지배' 당사자들이 사라져가고 있는 것이다. 양쪽 당사자들이 살아 있는 동안에 과거의 지배가 남긴 문제를 해결해야 한다.

전후 일본은 평화헌법을 내걸고 전쟁을 일으키지 않겠다는 가치관을 지켜왔다. 대다수의 국민이 '반전'의식을 가질 수 있는 교육을 실시해온 점은 인정받고 평가되어야 한다.

하지만 '제국'으로서 존재했던—식민지를 만들어 지배했던—점에 대한 반성의식은 '반전'에 대한 반성의식만큼 일본 국민의 공통인식으로 형성되어 있지는 않다. 일본이 '당사자'들의 마음에 와닿을 수 있는 형태로 단지 '반전'만이 아니라 '반지배', '반제국'의 사상을 새롭게 표명하는 것은 한국과 일본 및 아시아를 넘어 세계사적으로도 의의가 깊다.

2001년 인종주의와 차별 문제를 논의했던 더반 세계회의에서는 노예제와 식민지배가 논의되었고, 식민지배에 대해 '어디서든 언제든 비난받아 마땅하며, 재발은 방지되어야 한다'는 취지의 선언이 채택되었다. 일본의 일부 정치가들이 주장하듯이, 과거에 제국주의적 침략을 저지른 것은 일본만이 아니다. 그러나 서양이 시작한 제국주의에 참가해버린 일본이 내놓는 제국주의에 대한 반성과 사과는 서양에 의해 지배받고 상처받았던 아시아가 처음으로 서양을 극복하는 의미를 갖는다.

2013년 1월 29일 뉴욕 주 상원이 통과시킨 결의는 다른 결의들과 마찬가지로 "제2차 세계대전 당시 20만 명의 여성이 위안부로 강제동원됐다"(『한겨레』, 2012.1 30.)고 생각하고 있다. 결의안을 발의한 의원도 "위안부 할머니들을 만나고 나서 위안부가 인신매매이고 범죄행위"(같은 기사)라고 말한다. 일본은 그에 대한 해명을 하려 하지만, 그보다는 과거에 무라야마 담화 등을 통해 아시아에 대해 표명했던 사죄의식을 이제 위안부 문제를 통해 세계를 향해 표명하는 편이 문제 해결의 의미도 커진다.

이제 지원자들은 그 역할을 다시 생각해야 한다. 위안부의 불행을 내 일처럼 아파했던 이들이라면, 정의의 독점이 아니라 그들의 '지금, 이곳'을 안온하게 해주는 일이야말로 지원자의 더욱더 중요한 역할일 수 있다는 것을 생각해볼 필요가 있다. 그때는 할머니들에게 미움과 분노가 자라도록 하는 정보만이 아니라 정확한 정보를 전달해야 한다. 그렇게 해서 '투사 할머니'나 '성노예 소녀'가 아닌 한 사람의 개인으로 돌아가게 해주어야 한다.

위안부 문제에 관한 한국의 인식이 한국 교과서에 실리고 또 일본과 화해가 이루어지지 않은 채로 모든 위안부가 세상을 떠나는 날이 온다면, 한일

간의 화해는 아마도 영원히 어려워질 가능성이 높다. 그것은 우리가 그저 '일본군의 만행'만 기억하며 분노를 되새기는 국민으로서, 식민지화된 국민, 고난에 처했던 국민으로서 그 수난을 딛고 성숙해지는 것이 아니라, 언제까지고 우리가 입은 상처를 들이대며 그들을 상처 입히는 일에 탐닉하는 일이기도 하다.

불화는 보수를 우경화시키고, 냉전적 사고는 기지를 존속시킨다.

'위안부' 문제를 진정으로 해결하고 싶다면 기지 문제를 해결해야 하고, 그것을 위해서도 일본과의 화해는 필요하다. 진정한 '아시아의 연대'는 그렇게 일본의 제국주의에 앞서 시작된 서양의 제국주의와 그들이 남긴 냉전적 사고를 넘어설 때 비로소 가능해진다.

'위안부' 문제를 포함한 과거청산 문제를 다음세대에게까지 물려주는 것은 '적대'를 물려주는 일이다. 적대를 물려주는 일은 우리의 트라우마를 아직 어린 그들에게 넘겨주는 일이다. 역사를 잊는 것이 아니라 다른 방식으로 들여다보는 일이 필요하다. 제국주의와 냉전으로 인한 상처를 회복하기 위해서도 식민지의 '복잡성'을 들여다볼 필요가 있다. 그렇게 제국주의와 민족주의가 만든 타자에 대한 적대를 넘어설 수 있을 때 우리는 비로소 기지와 전쟁이 없는 평화로운 세상을 현실의 것으로 꿈꿀 수 있을 것이다.

후기

2011년 겨울, 나는 연구년을 맞아 도쿄에 있었다. 원래는 이전부터 해왔던 연구—만주나 조선 땅에서 자라 패전을 맞아 일본으로 돌아간 후에 작가가 된 이들에 관한 연구—와 함께 '식민지지배'에 대한 책을 쓸 생각이었다. 그런데 2011년 8월, 한국 헌법재판소의 위헌 결정이 나오고 12월에 일본대사관 앞에 위안부 소녀상이 서게 되면서 갑자기 위안부 문제가 주목을 받게 되었고, 원래는 '식민지지배'를 긍정적으로 생각하는 일본인들을 향해 쓸 생각이었던 원고 중 일부를 일본의 인터넷 잡지에 연재하게 되었다. 이 책에서는 그 원고를 제2부와 제3부에서 나누어 사용했는데, 일본의 지원자들과 부정자들을 비판하고 일본 정부에 '추가조치'를 촉구하는 내용이 중심이었다.

그랬기 때문에, 나는 12월의 이명박 대통령과 노다 수상의 만남 이후의 추이를 기대를 안고 바라보고 있었다. 그리고, 한 달에 두 번꼴로 게재했던 연재가 종반에 접어들 무렵, 일본 정부가 추가조치에 관한 제안을 했다는 것을 알고 예상 밖의 빠른 전개에 놀라기도 했다.

그런데 본문에서도 쓴 것처럼 결국 그 제안은 받아들여지지 않았다. 한국을 향해서 또 다른 위안부 문제론을 써야겠다고 생각한 건 그때였다.

같은 시기에, 나는 와다 하루키 선생, 우에노 지즈코上野千鶴子 선생 등 신뢰하는 일본 진보지식인들과 모여 위안부 문제의 해결을 위한 논의를 이어갔다. 이전부터 나 역시 위안부 문제 해결을 위해 할 수 있는 일을 해야겠다고는 생각했지만, 다른 이들에게 연락해서 모임을 주선하기에 이른 건 오직 와다 선생의 열의에 이끌려서였다. 와다 선생은 이 책에서도 여러 번 언급한 아시아여성기금에서 중요한 역할을 했던 분이다. 기금 문제로 오랫동안 비난을 받아왔는데도, 또 건강이 썩 좋지 않았는데도, 와다 선생은 어떻게든 이 문제를 해결해야 한다는 열정을 잃지 않고 있었다.

2012년 1월 이후, 앞에 언급한 두 선생, 그리고 고모리 요이치小森陽一, 나리타 류이치成田龍一, 이와사키 미노루岩崎稔 선생 등 '한일, 연대 21'에서 함께해왔던 이들을 중심으로 우리가 시도한 것은 그동안 이 문제에 관해 강경한 입장을 취해왔던 이들과 만나 의견을 나누는 일이었다. 2012년 3월에는, 최근 몇 년 동안 위안부 문제를 둘러싼 지원자들 간의 갈등에 관해 의견을 나누어왔던 시미즈 기요코志水紀代子 선생과 한국의 정대협에서 오랫동안 함께해왔지만 후에 정대협을 비판하게 되었던 야마시타 영애山下英愛 선생이 함께 주최한 도시샤 대학에서의 심포지엄에 와다 선생과 함께 참석해 기금을 반대해온 이들과 의견을 나누었다. 그러니 그 연구년은 '위안부 문제'와 함께한 연구년이기도 했다.

그러나 결국, 변함없이 국회입법을 해야 한다고 주장하는 이들과 만나 의견을 나누고 접점을 찾으려 했던 시도는 성공하지 못했다. 그리고 우리는 어쩔 수 없이 국회입법 해결은 불가능하다는 입장에서 일본 정부의 국고금에 의한 추가조치가 좋다고 생각하는 이들을 중심으로 7월 1일에 도쿄 대학에서 워크숍을 가졌다. 그 자리에는 일찍부터 이 문제를 해결하기 위해 노력해온 시미즈 스미코淸水澄子 전 참의원 의원도 참석해 왜 국회에서 입법이 불가능했는지에 대해 자세히 설명하기도 했다(그리고 2012년 12월, 시미즈 의원은 그렇게 바라던 위안부 문제의 해결을 보지 못하고 작고하고 말았다).

그들은 모두 진심으로 위안부 문제를 해결하고자 지성과 열정을 다해 생각하려는 이들이었다. 말하자면 그 자리는 글자 그대로 일본 제국주의에 대한 책임을 지고자 하는 '현대 일본의 양심'이 모인 자리였다.

그들 중 일부는 앞에서 말한『화해를 위해서—교과서·위안부·야스쿠니·독도』가 2006년 말에 일본에서 번역되면서 이어준 인연이기도 했다. 말하자면 그 책이 나오면서 내 주위에 있던 일본의 진보 측 학자들은 의견이 갈렸는데(논란의 대상이 된 것은 위안부 문제였고, 그중에서도 지원운동에 대한 비판이었다), 그 자리에 함께한 이들은 자신에 대한 비판일 수 있음에도 내 의견에 귀 기울여주고 공감해준 이들이었다.

『화해를 위해서』는 반은 위안부 문제나 식민지배에 대한, 이른바 '우익'의 사고와 행동에 대해 비판적으로 쓴 책이었다. 그러나 그 책을 비판한 이들은 아무도 내 책 안의 우익 비판에 대해서는 말하지 않았다. 그리고 그저 진보진영의 위안부 문제 해결 운동 방식에 대한 비판만을 들어 격하게 비난했다.

비판자들은 일본에서 내 책이 높이 평가된 것(아사히 신문사가 주최하는 '오사라기 지로 논단상' 수상)을 두고 일본이 우경화되었기 때문이라고 말했고, 내가 마치 일본의 우익과 비슷한 주장을 한 것처럼 취급했다. 그들의 영향을 받은 것으로 보이는 한국의 진보매체의 한 기자는 내가 일본의 보상방식에 대한 의견을 말하게 된 자리에 와서 몰래 녹화해 앞뒤를 생략하고 한국 텔레비전에 내보내기도 했다. 그 결과로 나는 이른바 '네티즌'들에게 마녀사냥식의 공격을 당했고, 한동안 대인기피증에 시달리기도 했다.

당시, 나는 사태를 수습하기 위해 내가 했던 발언 내용을 그대로 번역해『프레시안』에 실었고, 문제의 방송국에 항의하여 사과를 받았다. 그런데 지원단체의 어떤 이는 그 글을 일본의 지원단체가 공유하는 메일에 전달하면서『프레시안』이 나에 대해 사용한 '지일파'라는 단어를 '친일파'로 번역해서 전달하기도 했다. 그건 분명 '진보(운동)의 타락'이라고 하지 않을 수 없는 사태였다.

　한국에서 명망 높은 어느 재일교포 작가는 어느 날 갑자기 「화해라는 이름의 폭력」이라는 칼럼을 대표적인 진보신문에 쓰기도 했고, 또 다른 재일교포 학자가 쓴 책을 번역한 같은 신문의 기자는 그 학자의 책을 소개하는 불과 대여섯 줄의 글에서 "일본 우익의 찬사를 받은 박유하의 『화해를 위해서』를 비판한 책"이라고 소개하기까지 했다. 물론 우익의 찬사를 받았다는 것은 거짓이었고(내 책을 높이 평가해준 건 대표적인 진보매체 『아사히 신문』과 진보적인 학자들, 그리고 식민지배에 대한 사죄의식을 가진 선량한 시민들이었다), 내가 항의하자 그 기자는 실은 위의 두 재일교포에게 '들은 이야기'라고 말했고, 공식적인 사과와 수정을 요구했지만 거부당했다. 후에 이 기사는 인터넷상에서만 '우익'이라는 단어가 '보수'로 바뀌어 있었다.

　이런 이야기를 굳이 하는 것은 이제 와서 그들을 새삼스럽게 비난하기 위해서가 아니다. 진보 측의 이런 대응은 '정의'의 편에 서 있다는 자기확신이 만든 것임이 분명하다. 문제는 그런 식의 자기확신이 때로는 경직된 자세와 무책임한 폭력을 만들기도 한다는 점이다. 그리고 중요한 건, 본문에서도 말한 것처럼 그런 식의 사고에 바탕한 비난이 일본 정부와 국민 전체를 대상으로 행해지기도 했다는 점이다. 그리고 그런 20년의 세월이 일본 안의 혐한파들을 늘려놓았다.

　2013년 봄, 일본에서 이른바 도를 넘어선 혐한 데모가 일어나는 것을 보면서 착잡했던 것은 이런 경과가 있었기 때문이다. 단순한 우익이나 차별주의자들을 제외하면, 혐한파들은 일본을 향해 한국이 퍼부었던 언어폭력에 상처를 입은 이들이 대부분이다. 말하자면 이전에는 한국의 비난을 그저 묵묵히 감수하고 있었던 이들이 더 이상 참는 일을 그만둔 것이기도 하다. 그 중에는 한국을 좋아했다는 이도 적지 않다.

아무튼 이 사태에 충격을 받고 2013년 4월 초, 나는 약 두 달간, 일본어 트위터를 통해 그들과의 대화를 시도했다. 그때 염두에 둔 것은 아직 식민지배를 정당화하는 수준에 가지 않았어도 그런 이들의 이야기에 영향을 받을 수 있는 이들이었다. 혐한파가 전체적으로 보면 소수라는 것은 알고 있었지만, 그들의 영향력이 더 커지기 전에, 그들에게 동조하는 이들이 많아지는 것을 막아보려 했던 것이다. 달리 말하면 양 극단에서 목소리를 높여온 이들이 아니라 가운데에서 서로의 목소리에 귀를 기울이며 좀 더 합리적이고 윤리적으로 사고하려 하는 이들, 그런 이들이 많아지기를 기대하면서 나는 혐한파들과 대화를 나누었다.

두 달의 집중적인 대화 끝에, 나는 그들과 가느다랗지만 어쩌면 튼튼할 수도 있을 대화의 끈을 만들 수 있었다. 물론 그 안에는 우파도 좌파도 있었다.

이 책이 한국에서도 그런 역할을 할 수 있으면 좋겠다. 이제는 소수의 '관계자'가 아니라 합리적이고 윤리적으로 사고하는 더 많은 이들이 한일 문제에 대해 생각하고 발언해주기를 바란다. 그래서 이제는 '함께' 아시아의 분열을 치유하고 평화를 만드는 일에 나서주기를.

정대협은 소녀상 건립운동에 이어 '1억 명 서명운동'이라는 것을 전개하고 있다. 그러나 위안부 지원(하지만 위안부들은 정부의 '인정급'과 생활지원을 받고 있어서 생활이 비교적 안정적이라고 한다), 박물관 건립 등 그동안 이어져온 '모금'과 '기부' 운동에 수많은 일본인들이 여전히 참여하고 있다는 것은 아이러니가 아닐 수 없다. 그들의 '기부'는 정대협이 비난했던 기금의 '동정금'과 어떻게 다른 것일까.

무엇보다도, 최근 들어 수요시위를 비롯한 정대협의 활동에 어린 학생들이 대거 동원되는 상황은 극히 우려스럽다. 그들에게 새롭게 심어진 '반일'적 적개심을 넘어서 같은 또래의 일본 청소년들과 대화하기 위해서는 또 얼마나 많은 대립과 감정소모의 시간이 필요할까.

　정대협의 '운동'을 거대한 '국가적 소모'라고까지 느끼는 내 감성을 그저 '친일파'로 간주하려는 이들이 있을지도 모르겠다. 그러나 '빨갱이'나 '친일파'라는 명칭이 그저 개인에 대한 공격 자체를 목표로 하는 세월이 이어지는 한 제국과 냉전으로부터의 '해방'은 오지 않는다.

　위안부 문제를 제대로 생각하기 위해서는 꼭 필요했기 때문에 너무나도 많은 분야의 이야기를 혼자서 하고 말았지만, 사실 위안부 문제는 공동연구가 필요한 문제다. '위안부' 자체에 대한 연구도 물론이지만, 그 이상으로 90년대 이후의 경과에 대한 여성학, 외교학, NGO학, 미디어학 등등의 연구가 언젠가 이루어져서 여기서 생각한 문제들이 더 소상히 밝혀지거나 오류가 지적되는 날이 오기를 기대한다. 그러나 그 이전에, '해결'에의 모색이 앞서야 할 것이다. 그 해결을 위해, 이 책을 읽는 모든 이가 지혜를 모을 수 있는 계기가 된다면 더없이 기쁘겠다.

　이 책이 세상에 나오기까지는 많은 사람들의 도움이 있었다. 일본의 인터넷매체 『WEBRONZA』에 연재했던 일본어 원고를 초벌번역해준 이승준 군, 위원회에서 나온 보고서 등을 아낌없이 제공해주신 강제동원피해진상규명위원회의 정혜경 선생님, 그리고 음으로 양으로 내 생각을 들어주고 읽어주고 응원해주고 함께해준 그 밖의 분들께 고마운 마음을 전한다. 그들의 응원과 지지가 없었다면 아마도 나는 이 책을 쓸 수 없었을 것이다.

　마지막으로, 이번에도 문제적일 수 있을 뿐 아니라 거칠기까지 한 원고를 기꺼이 책으로 만들어주신 정종주 사장님께 오래된 인연과 신뢰에 감사하면서 깊은 고마움을 전한다.

참고문헌

단행본 및 보고서

가라타니 고진, 『세계사의 구조』, 도서출판b, 2012.

김연자, 『아메리카 타운 왕언니 죽기 오분 전까지 악을 쓰다』, 삼인, 2005.

대일항쟁기 강제동원 피해 조사 및 국외 강제동원 희생자 등 지원 위원회, 『해남도로 연행된 조선인 성노예에 대한 진상 조사』, 2011.

민디 코틀러Mindy L. Kotler, 『'위안부' 문제 해결방안 연구: 결의안 통과 이후』, 일제강점하강제동원피해진상규명위원회 2008년도 연구용역보고서.

바르가스 요사, 송병선 옮김, 『판탈레온과 특별봉사대』, 문학동네, 2009.

박유하, 『화해를 위해서―교과서・위안부・야스쿠니・독도』, 뿌리와이파리, 2005.

여지연, 『기지촌의 그늘을 넘어』, 삼인, 2007.

윤미향, 『20년간의 수요일』, 웅진주니어, 2010.

이국언, 『빼앗긴 청춘, 돌아오지 않는 원혼』, 시민의소리, 2007.

일제강점하강제동원피해진상규명위원회, 『전시체제기 조선의 사회상과 여성동원』, 2007.

장박진, 『식민지 관계 청산은 왜 이루어질 수 없었는가』, 논형, 2009.

장세진, 『슬픈 아시아』, 푸른역사, 2012.

조남현 감수, 『교과서 한국문학 그 여자네 집』, 2007, 휴이넘.

한국정신대문제대책협의회・정신대연구회, 『증언집 1 강제로 끌려간 조선인 군위안부들』, 한울, 1993.

한국정신대문제대책협의회・한국정신대연구회, 『증언집 강제로 끌려간 조선인 군위안부들 2』, 한울, 1997.

한국정신대연구회・한국정신대문제대책협의회, 『강제로 끌려간 조선인 군위안부들 3』, 한울, 1999.

한국정신대문제대책협의회, 『기억으로 다시 쓰는 역사』, 풀빛, 2001.(이 책은 2011년 '한국정신대문제대책협의회 2000년 일본군 성노예 전범 여성국제법정 한국위원회 증언팀'을 지은이로 한 개정판 『강제로 끌려간 조선인 군위안부들 4―기억으로 다시 쓰는 역사』로 같은 출판사에서 재출간되었다.)

한국정신대문제대책협의회 2000년 일본군 성노예 전범 여성국제법정 한국위원회·한국정신대연구소,『강제로 끌려간 조선인 군위안부들 5』, 풀빛, 2001.

김일면金一勉,『天皇の軍隊と朝鮮人慰安婦』, 三一書房, 1976.

나카니시 이노스케中西伊之助,『赤土に芽ぐむもの』, 改造社, 1924.

다무라 다이지로田村泰次郎,「蝗」,『戦争・文学 日中戦争』, 集英社, 1964..

─────,「春婦伝」,『肉体の門』, ちくま文庫, 1988.

다카사키 소지高崎宗司,『検証 日韓会談』, 岩波書店, 1996.

마이니치 신문사毎日新聞社,『日本の戦歴』, 1964.

모리사키 가즈에森崎和江,『からゆきさん』, 朝日新聞社, 1976.

문태복文泰福·홍종묵洪鐘黙,『死刑台から見えた二つの国』, 梨の木舎, 1992.

야마시타 영애山下英愛,『ナショナリズムの狭間で』, 明石書店, 2008.

센다 가코千田夏光,『声なき女8万人の告発・従軍慰安婦』, 双葉社, 1973.

소카갓카이創価学会 부인평화위원회婦人平和委員会 編,『あの星の下に』, 第三文明社, 1981.

스즈키 유코鈴木裕子,『戦争責任とジェンダー』, 未來社, 1997.

아마코 구니天児都,『「慰安婦問題」の問いかけているもの』, 石風社, 2001.

아사노 도요미淺野豊美,『帝国日本の植民地法制』, 名古屋大学出版会, 2008.

액티브 뮤지엄 '여자들의 전쟁과 평화 자료관'アクティブ・ミュージアム '女たちの戦争と平和資料館' 編,『証言 未来への記憶―アジア '慰安婦' 証言集Ⅱ 南·北·在日コリア編(下)』, 明石書店, 2010.

야노 도루矢野暢,『'南進'の系譜』, 中央公論, 1975.

야마자키 도모코山崎朋子,『サンダカン八番娼館』, 文藝春秋, 1975.

여성을 위한 아시아 평화 국민기금女性のためのアジア平和国民基金 編,『政府調査「従軍慰安婦」関係資料集成 4』, 1998.

─────,『アジア女性基金: オーラルヒストリー』, 女性のためのアジア平和国民基金, 2007.

오누마 야스아키大沼保昭·시모무라 미쓰코下村滿子·와다 하루키和田春樹 編,『慰安婦問題とアジア女性基金』, 東信堂, 1998.

오누마 야스아키大沼保昭, 『「慰安婦」問題とは何だったのか―メディア·NGO·政府の功罪』, 中公新書, 中央公論新社, 2007.

오니시 야스미쓰尾西康充, 『田村泰次郎の戦争文学』, 風間書院, 2008.

하타 이쿠히코秦郁彦, 『慰安婦と戰場의 性』, 新潮社, 1999.

하야시 히로후미林博文, 『米軍基地の歴史』, 吉川弘文館, 2012.

후나바시 요이치船橋洋一, 『歴史和解の旅』, 朝日新聞社, 2004.

후루야마 고마오古山高麗雄, 「白い田圃」, 「蟻の自由」, 『プレオー8(ユイット)の夜明け』, 講談社文芸文庫, 1970.

논문

김창록, 「1965년 한일조약과 한국인 개인의 권리」, 국민대학교 일본학연구소 편, 『의제로 본 한일회담』, 선인, 2010.

장박진, 「한일회담에서의 피해 배상 교섭의 변화 과정 분석」, 국민대학교 일본학연구소 편, 『의제로 본 한일회담』, 선인, 2010.

정병욱, 「일본인이 겪은 한국전쟁―참전에서 반전까지」, 『역사비평』 2010년 여름호, 역사비평사.

정혜경, 「'여자근로정신대피해자지원조례' 제정의 의미와 향후과제」, 광주광역시의회 주최 『제36차 정책토론회 자료집』, 2012. 2.

허석, 「韓國在住日本人文學에 나타난 對韓意識 考察」, 『일본어문학』 10호, 한국일본어문학회, 2001.

후지나가 다케시藤永壯, 「전시체제기 조선에서의 '위안부' 동원에 관한 '풍문'에 대하여」, 『서울대 낙성대경제연구소 국제학술대회 자료집: 일제의 전시체제와 조선인 동원징병·징용·위안부』, 2006. 3. 3.

가와다 후미코川田文子, 「宋神道さんの戰いを振り返る」, 『戦争責任研究』 57호, 2007년 秋季号.

가지무라 다이치로梶村太一郎, 「歴史認識の不作為と正義の実現―欧州議会対日'慰安婦'決議を読む」, 『世界』, 2008. 6.

가토 마사오加藤正夫, 「河野官房長官談話に異議あり 慰安婦強制連行は事実無根」, 『現代コリア』, 1993. 10.

구라모토 도모아키倉本知明,「戰場でのセクシュアリティと身体—田村泰次郎〈蝗〉と陳千武〈獵女犯〉の比較を中心に」,『生存学』4, 立命館大学生存学研究センター, 2011. 5.

구레 도모후사呉智英,「道徳という道具と歴史の真実」,『正論』, 2011. 12.

기무라 사이조木村才蔵,「慰安婦問題を斬る!」,『国体文化』, 2007. 5.

기요카와 고지清川紘二・사쿠라이 구니토시桜井国俊,「韓国大邱から沖縄宮古への朝鮮人被強制連行者—徐正福の証言」,『沖縄大学人文学部紀要』第15号, 2013. 3.

기타오카 신이치北岡伸一,「'外交革命'に日本はどのように立ち向かうか」,『中央公論』, 2007. 9.

나카니시 데루마사中西輝政,「田母神論文の歴史的意義」,『WiLL』, 2009. 1.

니시노 루미코西野瑠美子,「境界に立つ和解論とは何か」,『インパクション』172号, 2010. 1.

니시오카 쓰토무西岡力,「'慰安婦問題'とは何だったのか」,『文藝春秋』, 1992. 4.

──────,「危険水位を超えた'慰安婦'対日謀略」,『正論』, 2011. 12.

마이크 혼다Mike Honda 인터뷰,「特集:なぜ今慰安婦問題なのか」,『論座』, 2007. 6.

박유하,「'あいだに立つ'とはどういうことか—'慰安婦'問題をめぐる九十年代の思想と運動を問い直す」,『インパクション』171, 2009. 11.

오노자와 아카네小野沢あかね,「'植民地公娼制度'.女性の家族外就労と'慰安婦'問題—早川紀代『戦争.暴力と女性3 植民地と戦争責任』から」,『戦争責任研究』75号, 2012年 春季号.

쇼지 준이치로庄司潤一郎,「韓国戦争と日本—アイデンティティ、安全保障をめぐるジレンマ」,『戦争史研究国際フォーラム報告集:韓国戦争の再検討、その遺産』, 防衛省防衛研究所, 2007. 3.

스즈키 유코鈴木裕子,「'慰安婦'問題は解決していない、批判の矛先をどこに向けるべきか—挺対協運動の渦中にあった著者の運動総括の書」,『図書新聞』2899号, 2008. 12. 27.

아이타니 구니오藍谷邦雄,「'慰安婦'裁判の結果及びその後の動向」,『歴史学研究』849号, 青木書店, 2009.

오노다 히로오小野田寛郎,「私が見た従軍慰安婦の正体」,『WiLL』, 2007. 8.

와다 하루키和田春樹,「日本の戦後和解とアジア女性基金の努力」, 佐藤健生・Noberto Frei 編,『過ぎ去らない過去との取り組み』, 岩波書店, 2011.

──────,「慰安婦問題二十年の明暗」,『シンポジウム 慰安婦問題の解決に向けて』,

白澤社, 2012.

─────, 「アジア女性基金解散から一年─東海林留津路得子氏に答える」, 미출간 원고.

와타나베 쇼이치渡部昇一, 「'村山談話'は'外務省談話'である」, 『WiLL』, 2009. 1.

요시미 요시아키吉見義明, 「'强制'の史實の否定は許されない」, 『世界』, 2007. 5.

─────, 「'從軍慰安婦'問題硏究の到達點と課題」, 『歷史学硏究』, 2009. 1.

─────, 「日本軍'慰安婦'問題について─『ワシントンポスト』の'事実'広告を批評する」, 『戰爭責任硏究』第64号, 2009年 夏季号.

우에스기 지토시上杉千年, 「總括 慰安婦奴隷狩りの'作り話'」, 『自由』, 1992. 9.

윤미향尹美香, 「日本軍'慰安婦'問題解決のためのアジア連帯十五年」, 『統一評論』501号, 2007. 7.

이타구라 요시아키板倉由明, 「検証 慰安婦狩り懺悔眞鷹 朝日新聞に公開質問 阿鼻叫喚の强制連行は本当にあったのか」, 『諸君!』, 1992. 7.

이토 마사코伊藤公子, 「韓国軍のベトナム派兵をめぐる記憶の比較研究」, 『東南アジア研究』 48巻 3号, 2010. 12.

이효재 외, 「やはり基金の提案は受けいれられない─韓日間に横たわる深淵の深さを見つつ」, 『世界』, 1995. 11.

쓰치노 미즈호土野瑞穂, 「'女性のためのアジア国民基金'の政策過程に関する一考察─アクター分析を中心に」, 『人間文化創成科学研究論叢』第13巻, お茶の水女子大学, 2010.

하나후사 에미코花房惠美子, 「関釜判決を支援して」, 『シンポジウム'慰安婦'問題の解決に向けて』, 同志社大学, 2012. 3. 10.

하바 구미코羽場久美子, 「ヨーロッパ議会はなぜ從軍慰安婦非難決議を採擇したのか」, 『学術の動向』, 2009. 3.

하야시 히로후미林博文, 「看護婦になった慰安婦たち」, アクティブ・ミュージアム'女たちの戦争と平和資料館'編, 『証言 未来への記憶, アジア'慰安婦'証言集Ⅱ 南北·在日コリア編(下)』, 明石書店, 2010.

─────, 「日本軍'慰安婦'研究の成果と課題」, 『女性·戦争·人権』11号, 2011.

혼고 요시노리本郷義則, 「居直り続ける朝日新聞」, 『WiLL』, 2007. 8.

후지나가 다케시藤永壯, 「朝鮮植民地支配と'慰安婦'制度の强制連行について」, 金富子·

宗蓮玉.バウネットジャパン編, 『'慰安婦'.戦時性暴力の実態—日本.台湾.朝鮮編』, 綠風出版, 2000.

인터넷 자료

「기지촌과 미군기지, 현재진행형인 미군 문제의 역사」, 『민주사회를위한변호사모임 공식 블로그』, 2013. 1. 16.

나데시코 액션 홈페이지(http://sakura.a.la9.jp/japan/)

아시아여성기금 홈페이지(http://www.awf.or.jp/index.html)

연재: 전 '위안부' 심미자의 유언장(『e시티뉴스』, 2012.8.2., http://www.ctnews.co.kr/sub_read.html?uid=15117&section=sc21&section2=%BB%E7%C8%B8 등)

윤정옥 교수 인터뷰(http://www.miznaeil.com/community/board_view.asp?aIdx=14245&alcode=03)

태평양전쟁 당시 중국 전선의 군의였던 이의 글 「내가 아는 '종군위안부'」(http://www.ne.jp/asahi/tyuukiren/web-site/backnumber/05/yuasa_ianhu.htm)

한국정신대문제대책협의회 홈페이지(https://www.womenandwar.net/contents/home/home.nx)

헌법재판소의 '대한민국과 일본국간의 재산 및 청구권에 관한 문제의 해결과 경제협력에 관한 협정 제3조 부작위위헌확인' 소송(2008헌마648) 결정문(『판례집』 23-2상; http://www.ccourt.go.kr/home/storybook/storybook.jsp?eventNo=2008%C7%E5%B8%B6648&mainseq=111&seq=17&sch_date=&sch_time=&eventnum=&board_id=&comm_id=&media_id=a&accident1=2008&accident2=헌마&accident3=648&accident_name=&law_name=&provision=&regname=&flag=1&pg=1&list_type=06)

드라마, 애니메이션, 만화

김준기 애니메이션 〈소녀 이야기〉, 2011.

송지나 드라마 〈여명의 눈동자〉, 1991~92.

유현미 드라마 〈각시탈〉, 2012.

이현세 연재만화 〈남벌〉(『일간스포츠』, 1993. 7.~1994. 11.)

저자의 인터뷰

부산 정대협 김문숙 회장 인터뷰, 2013. 4. 1.

태평양전쟁유족회 양순임 회장 인터뷰, 2012. 10. 6.

그 밖의 자료

고노 담화(「위안부 관계 조사결과 발표에 관한 고노 내각관방장관 담화」, 1993. 8. 4.)

국제노동기구(ILO) 조약권고적용전문가위원회 연차보고

「대한민국과 일본국 간의 기본관계에 관한 조약」

무라야마 담화(「전후 50주년의 종전기념일을 맞아」, 1995. 8. 15.)

미 하원 위안부 결의(「종군위안부 문제의 대일對日 사죄 요구 결의」, 제110대 의회 결의 제121호, 2007. 7. 30.)

민족화해협의회 6·15공동선언실천 북측위원회 녀성분과위원회의 「축하의 글」, 『정대협 창립 20주년 기념 국제심포지엄 2010년 일본군 위안부 문제를 말한다』(2010. 11. 18.)

유럽의회 결의 「위안부를 위한 정의」(2007. 12. 13.)

유엔 인권소위원회 '맥두걸 보고서' 「노예제의 현대적 형태들―무력분쟁하의 조직적 강간, 성노예제 및 노예제 유사 관행」(1998. 6. 22.)

유엔 인권소위원회 '맥두걸 보고서' 「노예제의 현대적 형태들―무력분쟁하의 조직적 강간, 성노예제 및 노예제 유사 관행」의 '업데이트된 최종보고'(2000. 6. 6.)

유엔 인권위원회 '쿠마라스와미 보고서' 「여성에 대한 폭력―그 원인과 결과」(1998. 1. 26.)

유엔 인권위원회 '쿠마라스와미 보고서' 「여성에 대한 폭력―전시에 있어서의 군의 성노예 제도 문제에 관하여, 조선민주주의인민공화국, 대한민국 및 일본에 대한 방문조사에 기초한 보고서」(1996. 1. 4.)

"일본군 '위안부' 문제 해결 전국행동 2010" 팸플릿, 『전국행동 2010 활동의 보고』, 2012. 2.

정대협 성명서 「이명박 대통령은 일본 정부가 주장하는 '인도적 해결'에 동조하지 말고 공식으로 일본 정부에게 법적 책임 이행을 촉구하라!」(2012. 3. 23.)

부록 1:
『제국의 위안부』 고소고발 사태 관련 일지

2005년 9월 30일
- 박유하, 『화해를 위해서—교과서·위안부·야스쿠니·독도』(뿌리와이파리) 출간
- 이듬해, 2006년 문화체육관광부 우수교양도서로 선정

2006년 11월 20일
- 박유하, 『화해를 위해서』 일본어판(헤이본샤) 출간

2007년 12월 16일
- 일본어판 『화해를 위해서』, 아사히신문사의 '오사라기 지로 논단상' 수상(시상식은 2008년 1월 29일)

2008년 9월 13일
- 『한겨레』, 재일교포 서경식의 「타협 강요하는 '화해'의 폭력성」 칼럼 게재
- 서경식, 해당 칼럼에서 박유하 및 박유하에 우호적인 일본 "진보주류" 지식인을 함께 비판

2009년 7월 25일
- 『한겨레』, 재일교포 윤건차 인터뷰에서 "『화해를 위해서』라는 책으로 일본 우익 지식인의 찬사를 받은 박유하"로 표현. 윤건차는 박유하를 "사이비 우파 심정주의"로 규정

2009년 12월 25일
- 『한겨레』 한승동 기자, 윤건차의 책을 "일본 보수세력의 찬사를 받은 『화해를 위해서』를 비판한 책"으로 소개

2011년 2월 28일
- 서경식, 박유하를 비판한 글이 수록된 『언어의 감옥에서』 출간

2011년 4월 18일
- 서경식에 대한 박유하의 반론, 「'우경화' 원인 먼저 생각해봐야」(『교수신문』)

2013년 8월 12일
- 박유하, 『제국의 위안부』(뿌리와이파리) 출간

2013년 9월
- 당사자들이 원하는 해결 방식을 듣기 위해 할머니들과의 만남 재개
- 나눔의집 거주자였던 배춘희 할머니와 11월부터 교류

2013년 9월 28일
- 법학자 이재승, 「감정의 혼란과 착종: 위안부에 대한 잘못된 키질—박유하 [제국의 위안부](뿌리와이파리, 2013) 서평을 중심으로」 발표(인터넷 매체 『아포리아』)

2013년 10월 4일
- 출판사 푸른역사 주최 『제국의 위안부』 서평회(발제: 윤해동 교수)

2014년 2월 19일

- 정대협 전 대표 윤미향, 일본 삿포로 강연에서 "그 책(『제국의 위안부』)은 정대협을 정면에서 폄훼하기(こき下ろす) 위해 쓰여진 책 같다. 명예훼손으로 소송을 걸고 가처분신청을 하려고 했었다", "박유하의 발언은 위안부 문제를 막으려는…"이라고 발언

2014년 4월 29일

- 박유하, 『제국의 위안부』 취지에 공감하는 일본학 학자, 전 주일특파원 등 언론인들과 심포지엄 〈위안부 문제, 제3의 목소리〉를 개최, 묻혀 있던 위안부 할머니들의 목소리를 공개, 이 심포지엄을 다룬 『한국일보』 황영식 칼럼(2014.5.8.) 등 한일 언론 주목

2014년 5월 13일

- 배춘희 할머니와 약속 후 나눔의집을 방문했으나, 안신권 소장의 거부로 만나지 못함

2014년 6월 9일

- 배춘희 할머니 별세

2014년 6월 16일

- 나눔의집, 위안부 할머니 9인을 원고로 『제국의 위안부』 저자와 뿌리와이파리 출판사 대표 정종주를 고소. 위안부 할머니의 명예훼손과 무관한 지원단체 관련 비판을 다수 포함한 109곳을 "허위사실 적시"에 의한 명예훼손으로 주장, 형사고발과 함께 1인당 3000만 원씩 2억 7000만 원의 손해배상을 청구하는 민사소송, 출판/판매금지 및 위안부 접근금지 가처분신청을 제기
- 박선아 변호사와 안신권 나눔의집 소장이 기자회견을 열고 『제국의 위안부』가 위안부를 "자발적 매춘부"라고 했다고 주장. 손해배상 청구의 증거자료로서 나눔의집 고문변호사이자 한양대 법학전문대학원 리걸클리닉센터 학생들이 작성한 〈『제국의 위안부』(박유하 지음, 2013)의 문제점과 법적 대응방안에 대한 보고서〉를 법원에 제출

2014년 7월 7일
- 국문학자 김철 교수, 일본사학자 박삼헌 교수가 주도하고 박유하의 페이스북 친구들이 참여하여 〈『제국의 위안부』 가처분신청 기각을 요청하는 탄원 성명서〉(220명 서명) 제출

2014년 7월 9일
- 도서출판 등 금지 및 접근금지 가처분신청 1차 심리. 이후, 3차까지 진행

2014년 7월 22일
- 박선아 변호사, 『화해를 위해서』가 "『제국의 위안부』보다 추상적이기는 해도 우수교양도서로는 선정될 수 없는 책"이라며 "보고서를 만들어 제출하는 등 선정취소를 위한 행정절차를 진행하겠다"고 발언

2014년 8월
- 일본의 사상가 가라타니 고진, 박유하를 옹호하는 메시지를 법원에 제출
- 페이스북 박유하 지지자들, 대책 논의 시작

2014년 9월
- 박유하, 가처분신청 담당 재판부에 A4 150매 분량의 답변서 제출
- 원고 측, 예정 심리기일 연기 신청

2014년 10월 15일
- 원고 측, 가처분신청 취지 변경 신청. 지원단체인 정대협 관련 지적 부분을 비롯, 고소 당시 문제시한 곳들의 반 이상을 삭제, 109곳을 53곳으로 줄이고, 박유하의 "역사 인식"이 "공공선에 반하는 것"이며 "전쟁범죄를 찬양하고 있다"는 내용으로 변경된 고소장을 재제출하며 기자회견. 이때 당초의 전면 판매금지 요구를 '주위적 신청취지'로, 일부 표현(53곳)을 '삭제하지 아니하고는 출판, 발행, 인쇄, 복제, 판매, 배포, 광고를 하여서는 아니된다'를 '예비적 신청취지'로 변경.
- 윤미향 전 대표로부터 『제국의 위안부』에 대한 고소고발 상담을 받았던 정연순 변호사, 이 '취지 변경 신청서'에 원고 측 변호인으로 합류

2014년 10월 31일/11월 7일
- 한국언론중재위원회, 6월 고소고발 당시의 왜곡보도에 대한 박유하의 중재신청

을 받아들여, 『연합뉴스』, 『한겨레』, 『한국일보』, 『조선일보』 등 4개 언론사에 반론보도/정정/삭제 등 명령

2014년 11월 30일

- 박유하, 『제국의 위안부』 일본어판(아사히신문출판) 출간

2014년 12월

- 검찰 조사관, 2회에 걸쳐 박유하 소환, '범죄 일람표'로 정리된 53곳에 대한 조사 후 무혐의로 판정

2015년 1월 29일

- 검사에 의해 재조사, 이후 3회까지 진행

2015년 1월 31일

- 페이스북 지지자들의 공식모임('동아시아 평화를 생각하는 제3의 목소리') 발족을 위한 준비모임에서 첫 세미나 〈『제국의 위안부』를 말한다〉 개최(발제: 작가 장정일, 언어심리학자 요시카타 베키)

2015년 2월 17일

- 도서출판 등 금지 및 접근금지 가처분신청 담당 재판부(서울동부지법 민사21부, 수석부장판사 고충정), "34곳을 삭제하지 아니하고는 출판…해서는 아니된다"며 원고 측 가처분신청을 '일부 인용'. 원고의 요구 중 접근금지 가처분신청은 기각

2015년 2월

- 담당 검사, 인사이동

2015년 4월

- 새로 사건을 담당한 권방문 검사의 권유로 형사조정 시작

2015년 5월 27일

- 서울동부지법 민사14부, 손해배상소송 재판 시작

2015년 6월 16일

- 박유하, 가처분신청 '일부 인용' 결정에 따라 34곳을 삭제한 『제국의 위안부』

'제2판, 34곳 삭제판' 출간

2015년 6월 20일

- 지원자/지지자들과 함께 만든 시민모임 '동아시아 화해와 평화의 목소리' 창립 총회 및 기념 심포지엄 〈역사를 마주하는 방식―해방 70년, 한일협정 50년, 위안부 문제를 다시 생각한다〉 개최

2015년 9월

- 박유하, 가처분신청 '일부 인용' 결정에 대해 이의신청

2015년 10월 3일

- 『제국의 위안부』 일본어판, '아시아·태평양상 특별상'(마이니치신문사) 수상(시상식은 11월 11일)

2015년 10월 22일

- 『제국의 위안부』 일본어판, '이시바시 단잔 기념 와세다 저널리즘 대상'(와세다대학, 문화공헌부문) 수상(시상식은 12월 10일)
- 원고 측, 조정조건으로 1) 사죄, 2) 한국어판 삭제 부분을 없앤 다른 판으로 낼 것, 3) 일본어판 삭제를 요구, '조정 불성립'

2015년 11월 18일

- 서울동부지검 권방문 검사, 박유하를 불구속기소

2015년 11월 26일

- 『아사히 신문』 와카미야 요시부미 주필이 주도하여 오에 겐자부로, 무라야마 도미이치 전 수상 등 일본 국내외 지식인 54명이 〈박유하 씨 기소에 대한 항의 성명〉 발표

2015년 12월 2일

- 김철 교수, 작가 장정일, 김규항 주도로 한국 지식인 194명, 〈『제국의 위안부』 형사기소에 반대하는 지식인 성명〉 발표, 박유하와 함께 기자회견

2015년 12월 7일

- 『동아일보』 박유하 인터뷰: 「위안부 문제 매듭지어야… 양심적 한일 지식인들이 해결책 찾자」

2015년 12월 9일
- 정진성 전 정대협 대표를 포함한 한/일 연구자/활동가 380명, '형사책임을 묻는 방식의 단죄'는 적절치 않다면서도 기소 비판에 대해서는 '신중해야 한다'며 (위안부 할머니들이 정의로운 해결을 호소 중인) "이 엄중한 사실들을 도외시한 연구는 결코 학문적일 수 없다"는 내용의 성명 발표

2015년 12월 16일
- 서울동부지법 민사 손해배상소송, 박유하 최후진술

2015년 12월 18일
- 『뉴욕 타임스』, 박유하 인터뷰/취재 보도, 「한국의 한 학자, '위안부'에 대한 논쟁적인 주장으로 거센 반발에 부딪히다」

2015년 12월 21일
- 뉴욕한인학부모협회, 『뉴욕 타임스』 보도를 계기로 긴급성명 발표, 세종대 총장에게 〈역사 왜곡, 박유하 세종대학 일문학과 교수 해임 요구서〉 발송

2015년 12월 28일
- 윤병세 외무장관-기시다 후미오 외무대신, 한일 위안부 문제 합의 발표

2016년 1월 13일
- 서울동부지법 민사14부(부장 박창렬), 원고 측에 대한 9000만 원의 손해배상 판결

2016년 1월 19일
- 박유하, 손해배상 판결에 항소

2016년 1월 20일
- 서울동부지법 제11형사부, 제1회 형사 1심 준비재판(이후 6회까지 진행). 박유하, 국민참여재판 신청

2016년 1월 24일
- 원고 측, 민사소송 손해배상금 명목으로 박유하의 급여 차압 신청

2016년 1월 31일
- 박유하, 『제국의 위안부』 삭제판을 웹사이트를 통해 무료공개

2016년 2월
- 서울서부지법, 원고 측의 손해배상금 9000만 원 압류 및 추심명령 신청을 인용. 세종대, 박유하의 급여 차압
- 박유하, 차압 강제집행정지신청

2016년 3월 14일
- 서울고등법원, 강제집행정지신청을 받아들이고 4500만 원의 공탁을 명령

2016년 3월 28일
- 『제국의 위안부』 사태를 둘러싸고 대립 중이던 일본인/재일교포 진보학자/지식인들이 도쿄 대학에서 토론회 개최

2016년 6월 8일
- 성남시 공공도서관이 박유하의 저서들을 '19세 미만 열람 불가'(19금)로 판정하고 서가에서 제외해둔 사실이 밝혀짐

2016년 7월 19일
- 제6회 형사 1심 준비재판. 박유하, 국민참여재판 신청 철회

2016년 8월 30일
- 형사 1심 1차 공판, 홍세욱 변호사가 피고 대리인으로 합류. 이후 6차까지 진행

2016년 11월 29일
- 형사 1심 5차 공판, 피고인 심문

2016년 12월 20일
- 형사 1심 6차 공판, 최종변론/최후진술

2016년 12월 30일
- "『제국의 위안부』에 대한 형사제재가 부당하다고 생각"하는 시민/독자 380명, 탄원서 제출

2017년 1월 25일
- 서울동부지법 제11형사부(부장 이상윤), 형사 1심 선고: 무죄 판결

2017년 6월 16일
- 서울고등법원 형사4부, 형사 2심 1차 공판. 이후 4차까지 진행

2017년 7월 1일
- 『제국의 위안부』 중국어판(玉山社, 타이페이) 출간

2017년 9월 27일
- 형사 2심 4차 공판, 최종변론/최후진술

2017년 10월 27일
- 서울고등법원 형사4부(부장 김문석), 형사 2심 판결: 유죄, 벌금 1000만 원 선고

2017년 10월 30일
- 박유하, 대법원 상고

2017년 12월 7일
- 김철, 황종연 교수 주도로 김우창, 오에 겐자부로, 브루스 커밍스, 놈 촘스키 등 국내외 지식인들, 〈『제국의 위안부』 소송 지원·동참 호소문〉 발표

2018년 2월
- 김병익, 김원우 등 문단 원로와 김미영, 김우재, 이진경 등 해외 거주 학자 26명, 대법원에 탄원서 제출
- 공로명 전 외교부장관, 유명환 전 외교부장관, 라종일 전 주일대사 등 외교관과 정치인 8명, 대법원에 탄원서 제출

2018년 6월 16일
- 박유하, 법정투쟁기 『〈제국의 위안부〉, 법정에서 1460일』과 비판에 대한 반론집 『〈제국의 위안부〉, 지식인을 말한다』(뿌리와이파리) 출간

2020년 8월 28일
- 박유하, 위안부 할머니들과의 대화를 정리한 『일본군 위안부, 또 하나의 목소

리』(뿌리와이파리) 출간

2022년 8월 31일
- 박유하, 위안부 문제와 징용 문제를 다룬 『역사와 마주하기』(뿌리와이파리) 출간과 함께, 『제국의 위안부』 소송과 위안부 문제 관련 학계의 동향 등을 설명하며 빠른 판결을 호소하는 기자회견 개최(한국프레스센터)
- 박유하, 세종대학교 명예교수로 정년퇴임

2022년 9월 26일
- 이인복 전 대법관, 『법률신문』 인터뷰에서 『제국의 위안부』 사태에 대해 "2심에서 유죄가 난 게 이해가 안 됐다"고 발언

2023년 7월 10일
- 『법률신문』, 「대법원 상고심 판결 지연 피해자 박유하 교수」 제하의 인터뷰 기사 게재

2023년 10월 26일
- 대법원 3부(주심 노정희 대법관), 형법상 명예훼손 혐의에 대해 '무죄 취지 파기환송' 판결

2023년 12월 20일
- 서울고등법원 제12-1민사부, 민사 항소심 1차 변론기일. 이후 3차까지 진행
- 원고 측, 일본 정부를 상대로 한 '위안부' 재판 판결문을 박유하 재판에 '증거자료'로 제출

2023년 12월 22일
- 서울고등법원 제8형사부, 형사 파기환송심 공판, 박유하 최후진술

2024년 4월 12일
- 서울고등법원 제8형사부(부장 김재호), 형사 파기환송심 무죄 선고

2024년 8월 3일
- 『제국의 위안부』 영어판(Routledge) 출간

2024년 12월 4일
- 민사 항소심 3차 변론기일, 결심

2025년 1월 22일
- 서울고등법원 제12-1민사부(재판장 장석조), 민사 항소심 선고: 명예훼손과 인격권 침해 인정하지 않고 박유하 승소 판결

2025년 7월 15일
- 서울동부지법 제21민사부(재판장 김정민), 가처분 이의신청에 대해 '삭제 등' 가처분 취소 결정

부록 2:
『제국의 위안부』에 대한 '허위사실 적시에 의한 명예훼손' 주장 및 삭제 요구, 가처분 '일부 인용' 내용 표

〔편집자주〕

1.
2014년 6월 17일 나눔의집에 거주하는 위안부 할머니 아홉 분의 이름으로 제기된 『제국의 위안부』에 대한 '도서출판 등 금지 및 접근 금지 가처분신청'에서 2015년 2월 17일, 그중 "34곳을 삭제하지 아니하고는 출판…을 하여서는 아니된다"는 '일부 인용' 결정이 나왔다. 저자와 출판사는 그 결정에 '이의신청'을 하고, 2015년 6월 16일, 『제국의 위안부』 제2판, 34곳 삭제판'을 출간했다. 10년 5개월이 지난 2025년 7월 15일, '가처분 취소' 결정이 내려졌다. (자세한 경과는 앞 '부록 1'의 일지 참고.)

2.
2014년 6월 17일자 '가처분신청'은 전체 본문 320쪽의 109곳이 '허위사실, 명예훼손'에 해당한다고 꼽았다. 2014년 10월 15일자 '가처분 신청취지 및 신청이유 변경 신청서'는 '예비적 신청취지'로, 그 109곳 중 67곳을 제외하고 13곳을 추가, 2곳(번호 1과 2, 8과 9)을 한 항목으로 통합, 총 53곳으로 변경하여 '삭제'를 요구했다. 그리고 2015년 2월 17일의 가처분신청 '일부 인용' 결정은 그중 '34곳'을 적시했다. 그 이후의 여러 재판에서는 이 '109곳'(민사 1심), '53곳'(민사 2심) 또는 '34곳'을 근거, '범죄증거', '청구권원'으로 하여 공방이 펼쳐졌다. 공방의 대상이 된 그 내용들을 표로 정리했다.

3.
이 표엔 없지만, 형사재판에서 검사는 '34곳'에 한 곳('범죄일람표'의 15.), "조선인 '위안부'를 지칭하는 '조센삐'라는 말에서는 조선인에 대한 노골적인 경시가 드러난다. 이 군인들이 그녀들을 이렇게도 간단히 강간할 수 있었던 것은 그녀들이 '창녀'였기 때문이기도 하지만, 무엇보다 '조선인'이었기 때문이다."(144쪽 21행~145쪽 2행)를 더해 35곳을 '허위사실에 의한 명예훼손'의 '범죄증거'로 제시했다.

4.
'원고 측'에서 제출한 표현의 사소한 오류들을 바로잡고, 생략된 부분은 '[ ]'로 집어 넣었다.

번호	위치	'허위사실/명예훼손' 주장 (2014. 6. 17.)	삭제 요구 (2014. 10. 15.)	'일부 인용' 가처분 (2015. 2. 17.)
1	19쪽 8행	센다는 '위안부'를, '군인'과 마찬가지로 군인의 전쟁 수행을 자신의 몸을 희생해가면 도운 '애국'한 존재라고 이해하고 있다.	센다는 '위안부'를, '군인'과 마찬가지로 군인의 전쟁 수행을 자신의 몸을 희생해가면 도운 '애국'한 존재라고 이해하고 있다.	센다는 '위안부'를, '군인'과 마찬가지로 군인의 전쟁 수행을 자신의 몸을 희생해가면 도운 '애국'한 존재라고 이해하고 있다.
2	19쪽 11행	그리고 결론부터 말하자면 그런 센다의 시각은 이후에 나온 그 어떤 책보다도 위안부의 본질을 정확히 짚어낸 것이었다.	그리고 결론부터 말하자면 그런 센다의 시각은 이후에 나온 그 어떤 책보다도 위안부의 본질을 정확히 짚어낸 것이었다.	그리고 결론부터 말하자면 그런 센다의 시각은 이후에 나온 그 어떤 책보다도 위안부의 본질을 정확히 짚어낸 것이었다.
3	23쪽 2행	그 업자는 군인의 의뢰를 받고 위안부들을 모았다고 말한다.	제외	
4	25쪽 3행	증언자의 대다수가 이런 식의 유혹을 받고 집을 떠났다고 말한다.	제외	
5	31쪽 19행	그것은 분명 국가의 부조리한 책략이었지만, 외국에서 서러운 음지생활을 하던 그들에게는 그 역할은 자신에 대한 긍지가 되어 살아가는 힘이 되었을 수 있다.	그것은 분명 국가의 부조리한 책략이었지만, 외국에서 서러운 음지생활을 하던 그들에게는 그 역할은 자신에 대한 긍지가 되어 살아가는 힘이 되었을 수 있다.	

번호	위치	'허위사실/명예훼손' 주장	삭제 요구	'일부 인용' 가처분
6	31쪽 21행	"싱가포르 근처에는 거의 6000명의 <u>가라유키상이 있었고 1년에 1000달러를 벌었는데, 그 돈을 일본인들이 빌려 상업을 했</u>"(232쪽)다는 이야기는 해외의 가라유키상들이 <u>일본 국가의 국민으로 당당할 수도 있었다는 것을</u> 보여준다.	제외	
7	32쪽 3행	없음	'가라유키상의 후예.' '위안부'의 본질은 실은 바로 여기에 있다.	'가라유키상의 후예.' '위안부'의 본질은 실은 바로 여기에 있다.
8	33쪽 7행	위안부의 본질을 보기 위해서는 <u>'조선인 위안부'의 고통이 일본인 창기의 고통과 기본적으로는 다르지 않다는 점을 먼저 알 필요가 있다.</u>	위안부의 본질을 보기 위해서는 <u>'조선인 위안부'의 고통이 일본인 창기의 고통과 기본적으로는 다르지 않다는 점을 먼저 알 필요가 있다.</u>	위안부의 본질을 보기 위해서는 <u>'조선인 위안부'의 고통이 일본인 창기의 고통과 기본적으로는 다르지 않다는 점을 먼저 알 필요가 있다.</u>
9	33쪽 10행	없음	그리고 '조선인 위안부'라는 존재가 생기게 된 것은 이들의 위치를 조선인 여성들이 대체한 결과였다.	
		말하자면 아시아 각지		

번호	위치	'허위사실/명예훼손' 주장	삭제 요구	'일부 인용' 가처분
10	37쪽 19행	에 존재했던 매춘시설이 모두 '일본군 위안소'였던 것은 아니다. 여러 종류의 '공창'과 '사창'이 존재했고, '일본군'이 관리하고 공식적으로 병사들이 이용한 것은 기본적으로 군이 허가한 '공창'뿐이었다고 보아야 한다. 또 중국 등 전쟁을 한 점령지에는 여성에 대한 '강간'도 많았지만, 이런 식의 '공창'에 있던 여성들도 있었다. <u>그렇게 다른 상황에 처해 있었던 여성들을 똑같이 '위안부'라고 말할 수는 없다.</u>	제외	
11	38쪽 4행	그에 따라 업자에게 의뢰하는 경우도 있었겠지만, <u>일반적인 '위안부'의 대다수는 '가라유키상' 같은 이중성을 지닌 존재로 보아야 한다.</u>	그에 따라 업자에게 의뢰하는 경우도 있었겠지만, <u>일반적인 '위안부'의 대다수는 '가라유키상' 같은 이중성을 지닌 존재로 보아야 한다.</u>	그에 따라 업자에게 의뢰하는 경우도 있었겠지만, <u>일반적인 '위안부'의 대다수는 '가라유키상' 같은 이중성을 지닌 존재로 보아야 한다.</u>
			그러나 '<u>위안부</u>'들을 '유괴'하고 '강제연행'	그러나 '<u>위안부</u>'들을 '유괴'하고 '강제연행'

번호	위치	'허위사실/명예훼손' 주장	삭제 요구	'일부 인용' 가처분
12	38쪽 18행	없음	<u>한 것은 최소한 조선 땅에서는, 그리고 공적으로는 일본군이 아니었다. 말하자면 수요를 만든 것이 곧 강제연행의 증거가 되는 것은 아니다.</u>	<u>한 것은 최소한 조선 땅에서는, 그리고 공적으로는 일본군이 아니었다. 말하자면 수요를 만든 것이 곧 강제연행의 증거가 되는 것은 아니다.</u>
13	48쪽 2행	'정신대' 동원과 '위안부' 동원의 풍경은, 예외로 보이는 증언을 제외한다면(제외하는 이유는 소수이기 때문이다) 확연히 다르다.	제외	
14	55쪽 제목	1. 일본군과 조선인 위안부―지옥 속의 평화, 군수품으로서의 동지	제외	
15	57쪽 6행	'주둔부대의 일원'이자 '부인 같은 느낌'이었다는 위안부들. 사실은 이것이 조선인 위안부에게 요구된 역할이었다. 남자들로만 구성된 군대에 투입되어, <u>회사에서 일하는 남성을 여성이 집에서 일하며 다시 회사에 나갈 수</u>	'주둔부대의 일원'이자 '부인 같은 느낌'이었다는 위안부들. 사실은 이것이 조선인 위안부에게 요구된 역할이었다. 남자들로만 구성된 군대에 투입되어, 회사에서 일하는 남성을 여성이 집에서 일하며 다시 회사에 나갈 수	

번호	위치	'허위사실/명예훼손' 주장	삭제 요구	'일부 인용' 가처분
		있도록 보살피는 역할을 맡았던 것처럼. <u>군인들이 전쟁을 수행하는 동안 거기에 필요한 갖가지 보조 작업을 하도록 동원된 것이 위안부였다.</u> 그런 의미에서도 전쟁터에서의 강간의 대상이 된 '적의 여자'와 위안부는 군과의 관계에서 근본적으로 다른 존재였다. (중략) 위안부들이 군인들과 휴일의 '평화로운' 한때를 보낼 수 있었던 것은 그런 구조가 있었기 때문이다.	있도록 보살피는 역할을 맡았던 것처럼. 군인들이 전쟁을 수행하는 동안 거기에 필요한 갖가지 보조 작업을 하도록 동원된 것이 위안부였다. 그런 의미에서도 <u>전쟁터에서의 강간의 대상이 된 '적의 여자'와 위안부는 군과의 관계에서 근본적으로 다른 존재였다.</u> (중략) 위안부들이 군인들과 휴일의 '평화로운' 한때를 보낼 수 있었던 것은 그런 구조가 있었기 때문이다.	
16	58쪽 3행	없음	조선인 위안부가 한 일은 성적 욕구를 받아주는 일만이 아니었다. <u>그들은 간호도 붕대감기도 배웠고 심지어는 총쏘기(총조립하기?)까지 배워 군인들과 함께 전쟁을 지탱했다.</u> 전쟁에 나갔다 오면 '기모노에 에프론' 차림으로 맞아	

번호	위치	'허위사실/명예훼손' 주장	삭제 요구	'일부 인용' 가처분
			들이고 축하연에 참석하는 존재들이기도 했다.	
17	59쪽 12행	자원한 '위안부'들은 처음부터 자신의 역할이 군인의 '위안'—'나라를 위해' 일하는 것이라는 것도 명확히 인지하고 있었다. '이런 몸'이 되었다고 자기 자신을 비하해야 할 만큼 사회의 차별적인 시선을 받아온 그녀들에게, 군인을 상대하는 '위안부'란 처음으로 자신의 앉을 자리를 '양지'에 내받은 일이기도 했다.	제외	
18	61쪽 18행	그녀들이 '황국신민서사'를 외우고 무슨 날이면 '국방부인회'의 옷을 갈아입고 기모노 위에 띠를 두르고 참여한 것은 그래서였다. 그것은 국가 멋대로 부과한 역할이었지만, 그러한 정신적 '위안'자로서	그녀들이 '황국신민서사'를 외우고 무슨 날이면 '국방부인회'의 옷을 갈아입고 기모노 위에 띠를 두르고 참여한 것은 그래서였다. 그것은 국가가 멋대로 부과한 역할이었지만, 그러한 정신적 '위안'자로서	그녀들이 '황국신민서사'를 외우고 무슨 날이면 '국방부인회'의 옷을 갈아입고 기모노 위에 띠를 두르고 참여한 것은 그래서였다. 그것은 국가가 멋대로 부과한 역할이었지만, 그러한 정신적 '위안'자로서

번호	위치	'허위사실/명예훼손' 주장	삭제 요구	'일부 인용' 가처분
		의 역할―자기 존재에 대한 (다소 무리한) 긍지가 그녀들이 처한 가혹한 생활을 견뎌낼 수 있는 힘이 될 수도 있었으리라는 것은 충분히 상상할 수 있는 일이다.	의 역할―자기 존재에 대한 (다소 무리한) 긍지가 그녀들이 처한 가혹한 생활을 견뎌낼 수 있는 힘이 될 수도 있었으리라는 것은 충분히 상상할 수 있는 일이다.	의 역할―자기 존재에 대한 (다소 무리한) 긍지가 그녀들이 처한 가혹한 생활을 견뎌낼 수 있는 힘이 될 수도 있었으리라는 것은 충분히 상상할 수 있는 일이다.
19	62쪽 12행	"응모했을 때도 그랬지만, 이런 몸이 된 나도 군인들을 위해 일할 수 있다, 나라를 위해 몸바칠 수 있다고 생각하고 그네들은 기뻐하고 있었습니다. 그랬기 때문에, 자유로워져서 내지에 돌아가도 다시 몸 파는 일을 할 수밖에 없다는 것을 알고 있었기 때문에, 여성들은 군인들을 위해 온 힘을 다할 수 있었던 것입니다. [물론 돈도 벌고 싶었겠지만요.(26쪽)]"	"응모했을 때도 그랬지만, 이런 몸이 된 나도 군인들을 위해 일할 수 있다, 나라를 위해 몸바칠 수 있다고 생각하고 그네들은 기뻐하고 있었습니다. 그랬기 때문에, 자유로워져서 내지에 돌아가도 다시 몸 파는 일을 할 수밖에 없다는 것을 알고 있었기 때문에, 여성들은 군인들을 위해 온 힘을 다할 수 있었던 것입니다." 물론 이것은 일본인 위안부의 경우다. 그러나 조선인 위안부 역시 '일본 제국의 위안부'였던 이상 기본	"응모했을 때도 그랬지만, 이런 몸이 된 나도 군인들을 위해 일할 수 있다, 나라를 위해 몸바칠 수 있다고 생각하고 그네들은 기뻐하고 있었습니다. 그랬기 때문에, 자유로워져서 내지에 돌아가도 다시 몸 파는 일을 할 수밖에 없다는 것을 알고 있었기 때문에, 여성들은 군인들을 위해 온 힘을 다할 수 있었던 것입니다." 물론 이것은 일본인 위안부의 경우다. 그러나 조선인 위안부 역시 '일본 제국의 위안부'였던 이상 기본

번호	위치	'허위사실/명예훼손' 주장	삭제 요구	'일부 인용' 가처분
			적인 관계는 같다고 해야 한다.	인 관계는 같다고 해야 한다.
20	64쪽 8행	이 소설은 '위안부'들이 본인의 희망에 따라 이동할 수도 있었다는 것, 이동은 군인이 맡았다는 것, 군은 이들을 군부대가 주둔하는 '같은 시' 다른 지역에 있는 '여관'이라 이름 붙은 위안소로 이동시켜주기까지 했다는 사실을 알려준다.	제외	
21	65쪽 11행	가족과 고향을 떠나 머나먼 전쟁터에서 내일이면 죽을지도 모르는 군인들을 정신적·신체적으로 <u>위로하고 용기를 북돋아주는 역할</u>. 그 기본적인 역할은 수많은 예외를 낳았지만, '일본 제국'의 일원으로서 요구된 <u>'조선인 위안부'의 역할은 그런 것이었고, 그랬기 때문에 사랑도 싹틀 수 있었다.</u>	가족과 고향을 떠나 머나먼 전쟁터에서 내일 이면 죽을지도 모르는 군인들을 <u>정신적·신체적으로 위로하고 용기를 북돋아주는 역할</u>. 그 기본적인 역할은 수많은 예외를 낳았지만, '일본 제국'의 일원으로서 요구된 <u>'조선인 위안부'의 역할은 그런 것이었고, 그랬기 때문에 사랑도 싹틀 수 있었다.</u>	가족과 고향을 떠나 머나먼 전쟁터에서 내일이면 죽을지도 모르는 군인들을 <u>정신적·신체적으로 위로하고 용기를 북돋아주는 역할</u>. 그 기본적인 역할은 수많은 예외를 낳았지만, '일본 제국'의 일원으로서 요구된 <u>'조선인 위안부'의 역할은 그런 것이었고, 그랬기 때문에 사랑도 싹틀 수 있었다.</u>

번호	위치	'허위사실/명예훼손' 주장	삭제 요구	'일부 인용' 가처분
22	65쪽 17행	없음	"(우리에 대해서는) 무조건하고 옷 벗기고 그러지 않지"(『강제5』, 133쪽)라는 말에서처럼, 중국인 여성과 조선인 위안부는 일본군에게는 명확히 다른 존재였다.	
23	66쪽 9행	이렇게 말하는 위안부는, "자꾸 배신감이 들어"라면서도 "지금도 이 사람이 안 잊혀져"라고 말한다.	제외	
24	67쪽 12행	그렇다고 하더라도 그곳에 이런 식의 사랑과 평화가 가능했던 것은 사실이고, 그것은 조선인 위안부와 일본군의 관계가 기본적으로는 동지적인 관계였기 때문이었다. (중략) 그런 사실을 은폐하려 한 것이 그녀들 자신이었다는 것을 보여주는 말이기도 하다.	그렇다고 하더라도 그곳에 이런 식의 사랑과 평화가 가능했던 것은 사실이고, 그것은 조선인 위안부와 일본군의 관계가 기본적으로는 동지적인 관계였기 때문이었다. 문제는 그녀들에게는 소중했을 기억의 흔적들을 그녀들 자신이 "다 내뻬렸"다는 점이다. "그거 놔두면 문제될까봐"라는 말은, 그런 사실을 은폐하려 한 것이 그녀들 자신	그렇다고 하더라도 그곳에 이런 식의 사랑과 평화가 가능했던 것은 사실이고, 그것은 조선인 위안부와 일본군의 관계가 기본적으로는 동지적인 관계였기 때문이었다. 문제는 그녀들에게는 소중했을 기억의 흔적들을 그녀들 자신이 "다 내뻬렸"다는 점이다. "그거 놔두면 문제될까봐"라는 말은, 그런 사실을 은폐하려 한 것이 그녀들 자신

번호	위치	'허위사실/명예훼손' 주장	삭제 요구	'일부 인용' 가처분
			이었다는 것을 보여주는 말이기도 하다.	이었다는 것을 보여주는 말이기도 하다.
25	68쪽 2행	말하자면 그녀들이 자신의 소중한 기억을 버리는 것은 그녀들 자신이 선택한 일이 아니다. '문제'삼을 것으로 여겨진 '사회'의 억압이다. 그건 그녀의 기억들이 '피해자로서의 조선'에 균열을 일으킬 것을 두려워하는 무의식적 양해사항이라고 할 수도 있다. 그러나 위안소의 고통을 잊게 해주었을지도 모르는 또 다른 기억들을 무화시키고 망각시키는 것은 그녀들에게 또 하나의 폭력이 아니었을까.	제외	
26	68쪽 13행	"나쁜 군인은 말도 못하게 나쁘지만 좋은 군인은 같이 울기도 하고 자기들도 천황 명령이기 때문에 어쩔 수 없다고 했다(『강제 2』, 57쪽)"는 증언이	제외	

번호	위치	'허위사실/명예훼손' 주장	삭제 요구	'일부 인용' 가처분
		야말로 위안소의 실태에 가장 가까운 것이리라. 그런데도 이 20년 동안 "어떤 군인은 달려들지 않고 젖통만 만지다가 가는 애들도 있었다(56쪽)"는 기억은 그저 묻혀 있어야 했다.		
27	72쪽 14행	앞서의 센다는 일본군이 위안부들의 권태감을 풀어주기 위해 부대가 주관해서 운동회를 열었던 일을 언급하면서, <u>위안부들이 운동회를 몹시 즐거워했다는 이야기를 전한다.</u> (중략) '위안부'들의 순수한 기쁨의 기억을 외부자들이 소거할 권리는 없다.	제외	
28	73쪽 8행	그러나 그런 일이 불가능했던 전쟁터에서 <u>위안부는 대리고향이자 가족이었다. 그런 특공대의 마음을 받아주고 동정하는 역할을 맡은 것도 위안</u>	제외	

번호	위치	'허위사실/명예훼손' 주장	삭제 요구	'일부 인용' 가처분
		부들이었다. 그러나 피해기억만을 필요로 하는 한 "참 안됐"다고 말하는 연민의 기억은 잊혀질 수밖에 없다.		
29	74쪽 9행	그렇다고 해서 <u>"장교를 상대로 하는 사람들은 일본 여자하고 조선 여자"</u>이고 "현지 여자는 주로 병정들이 상대"(대일항쟁기 강제동원 피해 조사 및 국외 강제동원 희생자 등 지원 위원회, 144쪽)한다는 식으로 계급화되어 있던 상황 속에서, <u>가장 하위에 놓여 성과 생명을 국가에 바쳐야 했던 식민지의 '여성'과 병사들이 서로에게 연민을 느끼는 것이 이상한 일은 아니다.</u>	제외	
30	75쪽 6행	여기에는 속아서 왔다면서도 "군인들이 총알 맞는 것"과 "위안부가 된 것"을 그저 운이 나빴다는 식으	제외	

부록 2: 『제국의 위안부』 '명예훼손' 주장 및 삭제 요구, 가처분 '일부 인용' 내용 표 351

번호	위치	'허위사실/명예훼손' 주장	삭제 요구	'일부 인용' 가처분
		로 간주하고 <u>군인을 원망하지 않는 위안부가 있다. 그녀가 이런 식으로 말할 수 있는 것은 그녀가 이미 식민지가 된 지 오래인 땅에서 자라나 자신을 '일본'의 일원으로 믿었기 때문일 것이다.</u> 말하자면 <u>그녀의 눈앞에 있는 남성은 어디까지나 동족으로서의 '군인'일 뿐 적국으로서의 '일본군'이 아니다. 그녀가 일본군을 가해자가 아니라 자신과 똑같이 불행한 '운'을 가진 '피해자'로 보면서 공감과 연민을 표할 수 있는 것도 그녀에게 그런 동지의식이 있었기 때문이다.</u>		
31	76쪽 1행	혹독한 체험을 한 이들에게도 '즐거웠던' 순간은 없지 않았고, 군인에게 신세타령을 하면서 정신적 교감을 나누는 '위안부'도	제외	

번호	위치	'허위사실/명예훼손' 주장	삭제 요구	'일부 인용' 가처분
		없지 않았다. 그들은 국가에 의해 고향을 떠나 머나먼 타지로 이동해야 했던 '개미' 같은 처지임을 서로 민감하게 감지한 고독한 남녀이기도 했다.		
32	77쪽 17행	군인들과 위안부들이 어울려 말이나 자동차에 타고는 "어른애들마냥" 놀았던 체험을 이 할머니는 즐겁고 행복한 추억으로 기억한다.	제외	
33	79쪽 9행	그러나 다른 한편으로 그들은 양쪽 다, 국민동원이라는 국가 시스템 속에서 함께 움직여진 장기말이었다. 그들은 둘 다 성과 생명을, 그것을 담는 신체를 '국가를 위해' 바쳐야 했던 한 마리 '개미'들이었다. (중략) 그들은 함께 국가에 의해 고향을 멀리 떠나 타지로 '이동'해야 했던 이들이기도 했다.	제외	

번호	위치	'허위사실/명예훼손' 주장	삭제 요구	'일부 인용' 가처분
34	95쪽 9행	그녀에게는 <u>위안부 체험보다도 귀환 체험이 더 잊고 싶은 기억</u>으로 남아 있는 것이다.	제외	
35	98쪽 1행	중국뿐 아니라 인도네시아에 있었던 이들의 증언은 <u>조선인 위안부들이 현지인들에게는 '적'의 관계였음</u>을 여실히 보여준다. 이들 중엔 스스로가 위안소를 경영하는 업자가 된 이들도 있었는데, 그들에게는 일본의 패전이란 우선 그동안의 자신의 위치와 재산을 잃는 일이었다. 그리고 같은 지역에 있었어도 '간호원'이라는 지위를 이용해서 일본군과 함께 쉽게 빠져나온 경우도 있었다. "아무것도 갖고 나오지" 못한 것은 일본인 역시 마찬가지였다. 말하자면 돈을 벌었던 경우에도 이들은	중국뿐 아니라 인도네시아에 있었던 이들의 증언은 <u>조선인 위안부들이 현지인들에게는 '적'의 관계였음</u>을 여실히 보여준다. 이들 중엔 스스로가 위안소를 경영하는 업자가 된 이들도 있었는데, 그들에게는 일본의 패전이란 우선 그동안의 자신의 위치와 재산을 잃는 일이었다. 그리고 같은 지역에 있었어도 '간호원'이라는 지위를 이용해서 일본군과 함께 쉽게 빠져나온 경우도 있었다. "아무것도 갖고 나오지" 못한 것은 일본인 역시 마찬가지였다. 말하자면 돈을 벌었던 경우에도 이들은	

번호	위치	'허위사실/명예훼손' 주장	삭제 요구	'일부 인용' 가처분
		모은 돈을 잃을 수밖에 없었고, 그건 그들이 일본의 점령지에 나가 있었던 결과로 일본과 함께 현지에서 쫓겨 달아나야 했던 '준일본인'이기 때문이었다. 그런 의미에서는 <u>위안부의 가난</u>'은 업주들에게 노예 같은 착취를 당한 결과이기도 하지만, 다른 한편으로는 '일본의 패전'의 결과이기도 하다. 실제로 식민지나 점령지에 나가 있었던 일본인과 조선인 등 '일본 제국'의 구성원들은 갑작스러운 일본의 패전을 맞아 대부분 몸만 빠져나와야 했고, 돌아온 각각의 '조국'에서 오랫동안 차별과 가난에 시달려야 했다. 그리고 그 부분이 (일본인, 대만인과 함께) <u>'조선인 위안부'가 중국에 있었던 위안부와도, 다른 동남</u>	모은 돈을 잃을 수밖에 없었고, 그건 그들이 일본의 점령지에 나가 있었던 결과로 <u>일본과 함께 현지에서 쫓겨 달아나야 했던 '준일본인'</u>이기 때문이었다. 그런 의미에서는 '위안부의 가난'은 업주들에게 노예 같은 착취를 당한 결과이기도 하지만, 다른 한편으로는 '일본의 패전'의 결과이기도 하다. 실제로 식민지나 점령지에 나가 있었던 일본인과 조선인 등 '일본 제국'의 구성원들은 갑작스러운 일본의 패전을 맞아 대부분 몸만 빠져나와야 했고, 돌아온 각각의 '조국'에서 오랫동안 차별과 가난에 시달려야 했다. 그리고 그 부분이 (일본인, 대만인과 함께) '조선인 위안부'가 중국에 있었던 위안부와도, 다른 동남	

번호	위치	'허위사실/명예훼손' 주장	삭제 요구	'일부 인용' 가처분
		아시아에 있었던 위안부와도 같은 위치에 있지 않았다는 것을 극명히 보여주는 부분이기도 하다.	아시아에 있었던 위안부와도 같은 위치에 있지 않았다는 것을 극명히 보여주는 부분이기도 하다.	
36	99쪽 5행	버마의 양곤(랑군)에 있다가 전쟁 막바지에 폭격을 피해 태국으로 피신했던 이 위안부 역시 일본군의 안내로 일본까지 왔다가 귀국한 경우다. 이들이 '전쟁범인', 즉 전범들이 있는 곳으로 가게 된 이유는 이들이 '일본군'과 함께 행동하며 '전쟁을 수행'한 이들이었기 때문이다. 그건 설사 그들이 가혹한 성노동을 강요당했던 '피해자'라고 해도 '제국의 일원'이었던 이상 피할 수 없는 운명이었다.	버마의 양곤(랑군)에 있다가 전쟁 막바지에 폭격을 피해 태국으로 피신했던 이 위안부 역시 일본군의 안내로 일본까지 왔다가 귀국한 경우다. 이들이 '전쟁범인', 즉 전범들이 있는 곳으로 가게 된 이유는 이들이 '일본군'과 함께 행동하며 '전쟁을 수행'한 이들이었기 때문이다. 그건 설사 그들이 가혹한 성노동을 강요당했던 '피해자'라고 해도 '제국의 일원'이었던 이상 피할 수 없는 운명이었다.	버마의 양곤(랑군)에 있다가 전쟁 막바지에 폭격을 피해 태국으로 피신했던 이 위안부 역시 일본군의 안내로 일본까지 왔다가 귀국한 경우다. 이들이 '전쟁범인', 즉 전범들이 있는 곳으로 가게 된 이유는 이들이 '일본군'과 함께 행동하며 '전쟁을 수행'한 이들이었기 때문이다. 그건 설사 그들이 가혹한 성노동을 강요당했던 '피해자'라고 해도 '제국의 일원'이었던 이상 피할 수 없는 운명이었다.
		어쩌면 그들의 '죽음'은 '일본인'에게만 허용된 의무이자 긍지의 표현이었을 수도 있다.		

번호	위치	'허위사실/명예훼손' 주장	삭제 요구	'일부 인용' 가처분
37	101쪽 21행	아무튼 이런 상황이 확인되는 한 일본군이 패전 직후 조선인 위안부를 무조건 사살했다는 이야기를 보편적인 상황으로 보기는 어렵다. <u>자신을 '일본인'으로 믿었던 일부 조선인 일본군처럼 자결을 택했을 수도 있다.</u> 그런 의미에서는 '위안부의 죽음'으로 알려진 사진은 폭격에 의한 것이거나 '일본인 위안부'일 가능성이 높다.	제외	
38	102쪽 14행	전쟁터의 극한상황에서 군인이 조선인 위안부를 버리고 갔다 해도, <u>그 또한 대상이 '조선인'이어서라기보다는 나부터 살아야 한다는 '에고이즘'이거나 '위안부' 집단보다는 '군인' 집단을 더 우위에 둔 차별에 의한 것으로 보아야 하지 않을까.</u>	제외	

부록 2: 『제국의 위안부』 '명예훼손' 주장 및 삭제 요구, 가처분 '일부 인용' 내용 표 357

번호	위치	'허위사실/명예훼손' 주장	삭제 요구	'일부 인용' 가처분
39	103쪽 20행	실제로 위안부들이 얼마나 귀환할 수 있었는지는 알 수 없다. 그러나 우리 앞에 나타난 이들의 숫자가 적은 것은 우리 앞에 나타나야 할 만큼 피해가 컸던 이들인 게 아닐까. 다른 이들은 나이가 많았지만 자신은 어렸다고 하는 이야기가 그런 가능성을 보여준다.	제외	
40	104쪽 5행	아마도 지금 우리가 귀 기울여야 하는 것은 누구보다도 이들이 아닐까. 전쟁터의 최전선에서 일본군과 마지막까지 함께하다 생명을 잃은 이들—말 없는 그녀들의 목소리에. 일본이 사죄해야 하는 대상도 어쩌면 누구보다도 먼저 이들이어야 할지도 모른다. 언어와 이름을 잃은 채로 성과 생명을 '국가를 위해' 바쳐야 했던 조선의 여성	제외	

번호	위치	'허위사실/명예훼손' 주장	삭제 요구	'일부 인용' 가처분
		들, '제국의 위안부' 들에게.		
41	111쪽 15행	'조선인 여성'은 일본의 '식민지'가 된 '반도' 출신 '일본' 여성— '제국 치하 국민'의 자격으로 군인에 대한 성의 제공을 요구당한 존재였다.	'조선인 여성'은 일본의 '식민지'가 된 '반도' 출신 '일본' 여성— '제국 치하 국민'의 자격으로 군인에 대한 성의 제공을 요구당한 존재였다.	
42	111쪽 18행	최종적으로 위안부에 '조선 여성'이 많았던 것은, 다른 이유도 있지만 우선은 '조선'이 '일본'에 비해 상대적으로 가난한 여성들이 많은 지역이었기 때문이다.	최종적으로 위안부에 '조선 여성'이 많았던 것은, 다른 이유도 있지만 우선은 '조선'이 '일본'에 비해 상대적으로 가난한 여성들이 많은 지역이었기 때문이다.	
43	112쪽 1행	예외는 있었겠지만 일본어를 어느 정도 할 수 있었던 그녀들이 일본옷을 입고 일본이름을 갖고 일본군을 상대했다는 사실은 '조선인 위안부'가 '일본인 위안부'를 대체한 존재였다는 것을 말해준다.	제외	
		조선인 여성이 위안	조선인 여성이 위안	조선인 여성이 위안

부록 2: 『제국의 위안부』 '명예훼손' 주장 및 삭제 요구, 가처분 '일부 인용' 내용 표 **359**

번호	위치	'허위사실/명예훼손' 주장	삭제 요구	'일부 인용' 가처분
44	112쪽 15행	부가 된 것은, 오늘날에도 여전히, 다른 경제활동이 가능한 문화자본을 갖지 못한 가난한 여성들이 <u>매춘업에 종사하게 되는 것과 같은 구조 속의 일이다.</u>	부가 된 것은, 오늘날에도 여전히, 다른 경제활동이 가능한 문화자본을 갖지 못한 가난한 여성들이 매춘업에 종사하게 되는 것과 같은 구조 속의 일이다.	부가 된 것은, 오늘날에도 여전히, 다른 경제활동이 가능한 문화자본을 갖지 못한 가난한 여성들이 매춘업에 종사하게 되는 것과 같은 구조 속의 일이다.
45	112쪽 21행	[정대협의 설명은] '조선인 위안부' 여성이 많았던 것이 <u>식민지의 빈곤과 인신매매 조직의 활성화 등 전체 사회구조의 결과</u>[라는 것을 보지 못하게 만든다.]	[정대협의 설명은] '조선인 위안부' 여성이 많았던 것이 식민지의 빈곤과 인신매매 조직의 활성화 등 전체 사회구조의 결과[라는 것을 보지 못하게 만든다.]	
46	113쪽 2행	그러나 앞에서 본 것처럼, 위안부들은 <u>폭격으로 사망한 이들이 오히려 소수이고 대부분은 귀국했거나 현지에 남은 것으</u>로 보인다. 물론 그중에 일본군의 도움으로 귀국한 이들도 있었다는 사실도 정대협의 설명은 말하지 않는다.	제외	

번호	위치	'허위사실/명예훼손' 주장	삭제 요구	'일부 인용' 가처분
47	115쪽 11행	하지만 정신대를 위안부로 혼동했다는 것을 알게 된 사실을 공식적으로 밝히지 않았던 것처럼, 정대협은 위안부에 대한 이해가 바뀐 부분에 대해서도 명확히 밝히지 않았다. 그저 홈페이지의 콘텐츠를 바꾸거나 전시내용을 조금 바꾸었을 뿐이다.	제외	
48	116쪽 15행	예외도 있었던 것으로 보이지만, 포주들은 위안부들의 수입의 대부분을 갈취했고, 일하기 싫거나 아플 때도 성노동을 강요했다.	제외	
49	118쪽 15행	'미봉책'으로 간주한다고 하더라도 위안부 문제를 둘러싼 '박물관'인 이상 미봉책의 내용[―일본 정부가 국민기금을 만들어 사죄와 함께 보상금을 전달했다는 사실]이나 상당수의 위안부들이 보상금을 받았다는	제외	

번호	위치	'허위사실/명예훼손' 주장	삭제 요구	'일부 인용' 가처분
		사실[一]도 말해야 옳다.		
50	120쪽 19행	위안부 문제를 부정하는 이들은 '위안'을 '매춘'으로만 생각했고 우리는 '강간'으로만 이해했지만, '위안'이란 기본적으로는 그 두 요소를 다 포함한 것이었다. 다시 말해 '위안'은 가혹한 먹이사슬 구조 속에서 실제로 돈을 버는 이들은 적었지만 기본적으로는 수입이 예상되는 노동이었고, 그런 의미에서는 '강간적 매춘'이었다. 혹은 '매춘적 강간'이었다.	위안부 문제를 부정하는 이들은 '위안'을 '매춘'으로만 생각했고 우리는 '강간'으로만 이해했지만, '위안'이란 기본적으로는 그 두 요소를 다 포함한 것이었다. 다시 말해 '위안'은 가혹한 먹이사슬 구조 속에서 실제로 돈을 버는 이들은 적었지만 기본적으로는 수입이 예상되는 노동이었고, 그런 의미에서는 '강간적 매춘'이었다. 혹은 '매춘적 강간'이었다.	위안부 문제를 부정하는 이들은 '위안'을 '매춘'으로만 생각했고 우리는 '강간'으로만 이해했지만, '위안'이란 기본적으로는 그 두 요소를 다 포함한 것이었다. 다시 말해 '위안'은 가혹한 먹이사슬 구조 속에서 실제로 돈을 버는 이들은 적었지만 기본적으로는 수입이 예상되는 노동이었고, 그런 의미에서는 '강간적 매춘'이었다. 혹은 '매춘적 강간'이었다.
51	121쪽 16행	돌아오지 못하거나 이미 사망한 이들도 있었겠지만 '대부분 돌아왔다'고 한다면, 그 대부분은 우리가 생각하는 비참함과는 조금은 다른 상황으로 자신들을 인식했기 때문이었을 것이다.	돌아오지 못하거나 이미 사망한 이들도 있었겠지만 '대부분 돌아왔다'고 한다면, 그 대부분은 우리가 생각하는 비참함과는 조금은 다른 상황으로 자신들을 인식했기 때문이었을 것이다.	

번호	위치	'허위사실/명예훼손' 주장	삭제 요구	'일부 인용' 가처분
52	121쪽 21행	거의 10년 전 일이지만, 위안부들의 쉼터인 '나눔의 집'에서 100미터쯤 떨어진 곳에 혼자 나와 사는 '위안부' 할머니가 있었다. 그녀는 개를 키우며 혼자 살고 있었는데, <u>나눔의 집이 싫다고 했다. 그리고 할머니는 착오로 일본 군인과 헤어지게 된 안타까운 사랑 이야기를 들려주었다.</u>	제외	
53	128쪽 2행	우선 그녀는 자신이 <u>'좋은 집안' 출신이라는 것을 강조한다.</u>	제외	
54	129쪽 4행	그리고 소녀를 보낸 직접적인 주체가 마을 사람-한국인이었다는 사실을 그리기는 하지만, 증언에 나오는 이야기―<u>소녀가 '자청'했다는 사실은 사용되지 않는다.</u>	제외	
55	130쪽 17행	<u>[아편을] 군인과 함께 사용한 경우는 오히려 즐기기 위한 것으로 보아야 한다.</u>	[아편을] 군인과 함께 사용한 경우는 오히려 즐기기 위한 것으로 보아야 한다.	[아편을] 군인과 함께 사용한 경우는 오히려 즐기기 위한 것으로 보아야 한다.

번호	위치	'허위사실/명예훼손' 주장	삭제 요구	'일부 인용' 가처분
56	130쪽 21행	물론 이 위안부가 해방 후에 '밀수'로 생활을 했다는 것도 애니메이션에서는 이야기되지 않는다.	제외	
57	131쪽 4행	2012년에 '위안부' 대신 '성노예'라는 단어를 공식적인 명칭으로 하자는 제안이 나왔을 때 <u>당사자들이 거부한 이유는</u> [*이하 본문과 약간 다름-편집자] <u>성노예를 자신의 위안부로서의 경험을 다 표현하지 못한다고 생각했기 때문이다.</u>	제외	
58	134쪽 13행	<u>그러나, 70세가 되어가도록 그 이전의 자신의 모습을 직시할 수 없다면</u>, 그건 과거의 상처가 깊어서라기보다는 상처를 직시하고 넘어서는 <u>용기가 부족해서라고</u> 할 수밖에 없다.	제외	
		일본인·조선인·대만인 '위안부'의 경우	일본인·조선인·대만인 '위안부'의 경우	일본인·조선인·대만인 '위안부'의 경우

364 제국의 위안부

번호	위치	'허위사실/명예훼손' 주장	삭제 요구	'일부 인용' 가처분
59	137쪽 3행	기본적으로는 군인과 '동지'적인 관계를 맺고 있었다.	기본적으로는 군인과 '동지'적인 관계를 맺고 있었다.	기본적으로는 군인과 '동지'적인 관계를 맺고 있었다.
60	137쪽 6행	그들의 성의 제공은 기본적으로는 일본 제국에 대한 '애국'의 의미를 지니고 있었다.	그들의 성의 제공은 기본적으로는 일본 제국에 대한 '애국'의 의미를 지니고 있었다.	그들의 성의 제공은 기본적으로는 일본 제국에 대한 '애국'의 의미를 지니고 있었다.
61	138쪽 6행	그녀들은 전시에 이미 간호부로 일하고 있었다.	제외	
62	140쪽 2행	다시 말해 '위안부' 제도는 근대 이후의 정치적인 면이 아니라 근세 이후 일본의 문화적 전통과 근대 이후의 여성들의 생계형 '이동'에서 그 원인을 찾았어야 했다.	제외	
63	145쪽 14행	'위안부'들은 이렇게 '무상'노동도 강요당했다.	제외	
64	158쪽 8행	그런 의미에서 봤을 때 "그런 유의 업무에 종사하던 여성이 스스로 희망해서 전쟁터로 위문하러 갔다"든가 "여성이 본인의	그런 의미에서 봤을 때 "그런 유의 업무에 종사하던 여성이 스스로 희망해서 전쟁터로 위문하러 갔다"든가 "여성이 본인의	그런 의미에서 봤을 때 "그런 유의 업무에 종사하던 여성이 스스로 희망해서 전쟁터로 위문하러 갔다"든가 "여성이 본인의

번호	위치	'허위사실/명예훼손' 주장	삭제 요구	'일부 인용' 가처분
		의사에 반해서 위안부를 하게 되는 경우는 없었다"(기무라 사이조)고 보는 견해는 '사실'로는 옳을 수도 있다.	의사에 반해서 위안부를 하게 되는 경우는 없었다"(기무라 사이조)고 보는 견해는 '사실'로는 옳을 수도 있다.	의사에 반해서 위안부를 하게 되는 경우는 없었다"(기무라 사이조)고 보는 견해는 '사실'로는 옳을 수도 있다.
65	160쪽 10행	오히려 그녀들의 '미소'는 매춘부로서의 미소가 아니라 병사를 '위안'하는 역할을 부여받은 '애국처녀'로서의 미소로 보아야 한다.	오히려 그녀들의 '미소'는 매춘부로서의 미소가 아니라 병사를 '위안'하는 역할을 부여받은 '애국처녀'로서의 미소로 보아야 한다.	오히려 그녀들의 '미소'는 매춘부로서의 미소가 아니라 병사를 '위안'하는 역할을 부여받은 '애국처녀'로서의 미소로 보아야 한다.
66	160쪽 18행	식민지인으로서, 그리고 '국가를 위해' 싸운다는 대의명분을 가지고 있는 남성들을 위해 최선을 다해야 할 '민간인' '여자'로서, 그녀들에게 허용된 긍지—자기 존재의 의의, 승인—는 "국가를 위해 싸우는 병사들을 위로해주고 있다"(기무라 사이조)는 역할을 긍정적으로 내면화하는 애국심뿐이었을 수 있다.	식민지인으로서, 그리고 '국가를 위해' 싸운다는 대의명분을 가지고 있는 남성들을 위해 최선을 다해야 할 '민간인' '여자'로서, 그녀들에게 허용된 긍지—자기 존재의 의의, 승인—는 "국가를 위해 싸우는 병사들을 위로해주고 있다"(기무라 사이조)는 역할을 긍정적으로 내면화하는 애국심뿐이었을 수 있다.	식민지인으로서, 그리고 '국가를 위해' 싸운다는 대의명분을 가지고 있는 남성들을 위해 최선을 다해야 할 '민간인' '여자'로서, 그녀들에게 허용된 긍지—자기 존재의 의의, 승인—는 "국가를 위해 싸우는 병사들을 위로해주고 있다"(기무라 사이조)는 역할을 긍정적으로 내면화하는 애국심뿐이었을 수 있다.

번호	위치	'허위사실/명예훼손' 주장	삭제 요구	'일부 인용' 가처분
67	173쪽 18행	그리고 "매일 3, 4명"이라는 숫자는 우리에게 익숙한 '<u>수십 명</u>'과는 많이 다르다.	제외	
68	175쪽	고노 담화에 대한 해석 부분	제외	
69	178쪽 7행	'정부' 중심으로 만들어진 것이 '기금'이었다. 다시 말해, '기금'은 '<u>책임을 회피하기 위해서</u>'가 아니라 '책임을 지기 위해' 만들어진 것이었다.	제외	
70	184쪽 11행	그런데, 같은 광고에서 재일교포 송신도 할머니는 "위로금(見舞金)을 받으면 주위 일본 사람들이 경멸한다"고 말한다.―이하, 송신도 할머니의 발언에 대한 저자의 의견	제외	
71	184쪽 22행	그들이 '법적 의무'가 없다고 생각한 것은 실은 '사죄와 보상'을 하고 싶지 않아서가 아니라 <u>1965년의 한일협정을 통해 '법적</u>	제외	

부록 2: 『제국의 위안부』 '명예훼손' 주장 및 삭제 요구, 가처분 '일부 인용' 내용 표 367

번호	위치	'허위사실/명예훼손' 주장	삭제 요구	'일부 인용' 가처분
		책임'은 다했다고 생각했기 때문이었다.		
72	190쪽 5행	없음	한 개인으로서의 위안부의 또 다른 기억이 억압되고 봉쇄되어온 이유도 거기에 있다. 일본 군인과 '연애'도 하고 '위안'을 '애국' 하는 일로 생각하기도 했던 위안부들의 기억이 은폐된 이유는 그녀들이 언제까지고 일본에 대해 한국이 '피해민족'임을 증명해주는 이로 존재해주어야 했기 때문이다. '위안부'들에게 개인으로서의 기억이 허용되지 않았던 것도 그 때문이다. 그녀들은 마치 해방 이후의 삶을 건너뛰기라도 한 것처럼, 언제까지고 '15살의 소녀피해자'이거나 '싸우는 투사 할머니'로 머물러 있어야 했다.	한 개인으로서의 위안부의 또 다른 기억이 억압되고 봉쇄되어온 이유도 거기에 있다. 일본 군인과 '연애'도 하고 '위안'을 '애국' 하는 일로 생각하기도 했던 위안부들의 기억이 은폐된 이유는 그녀들이 언제까지고 일본에 대해 한국이 '피해민족'임을 증명해주는 이로 존재해주어야 했기 때문이다. '위안부'들에게 개인으로서의 기억이 허용되지 않았던 것도 그 때문이다. 그녀들은 마치 해방 이후의 삶을 건너뛰기라도 한 것처럼, 언제까지고 '15살의 소녀피해자'이거나 '싸우는 투사 할머니'로 머물러 있어야 했다.
		그러나 국가가 군대를 위한 성노동을 당	그러나 국가가 군대를 위한 성노동을 당	그러나 국가가 군대를 위한 성노동을 당

번호	위치	'허위사실/명예훼손' 주장	삭제 요구	'일부 인용' 가처분
73	191쪽 8행	연시한 것은 사실이지만, 당시에 법적으로 금지되어 있지 않았던 이상 그것에 대해 '법적인 책임'을 묻는 것은 어려운 일이다. 또 강제연행과 강제노동 자체를 국가와 군이 지시하지 않은 이상(일본군의 공식 규율이 강간이나 무상노동, 폭행을 제어하는 입장이었던 이상) 강제연행에 대한 법적 책임을 일본 국가에 있다고는 말하기 어려운 일이다. 다시 말해 위안부들에게 행해진 폭행이나 강제적인 무상노동에 관한 피해는 1차적으로는 업자와 군인 개인의 문제로 물을 수밖에 없다.	연시한 것은 사실이지만, 당시에 법적으로 금지되어 있지 않았던 이상 그것에 대해 '법적인 책임'을 묻는 것은 어려운 일이다. 또 강제연행과 강제노동 자체를 국가와 군이 지시하지 않은 이상(일본군의 공식 규율이 강간이나 무상노동, 폭행을 제어하는 입장이었던 이상) 강제연행에 대한 법적 책임을 일본 국가에 있다고는 말하기 어려운 일이다. 다시 말해 위안부들에게 행해진 폭행이나 강제적인 무상노동에 관한 피해는 1차적으로는 업자와 군인 개인의 문제로 물을 수밖에 없다.	연시한 것은 사실이지만, 당시에 법적으로 금지되어 있지 않았던 이상 그것에 대해 '법적인 책임'을 묻는 것은 어려운 일이다. 또 강제연행과 강제노동 자체를 국가와 군이 지시하지 않은 이상(일본군의 공식 규율이 강간이나 무상노동, 폭행을 제어하는 입장이었던 이상) 강제연행에 대한 법적 책임을 일본 국가에 있다고는 말하기 어려운 일이다. 다시 말해 위안부들에게 행해진 폭행이나 강제적인 무상노동에 관한 피해는 1차적으로는 업자와 군인 개인의 문제로 물을 수밖에 없다.
74	205쪽 16행	없음	그러나 실제 조선인 위안부는 '국가'를 위해서 동원되었고 일본군과 함께 전쟁에 이기고자 그들을 보	그러나 실제 조선인 위안부는 '국가'를 위해서 동원되었고 일본군과 함께 전쟁에 이기고자 그들을 보

번호	위치	'허위사실/명예훼손' 주장	삭제 요구	'일부 인용' 가처분
			살피고 사기를 진작한 이들이기도 했다. 대사관 앞 소녀상은 그녀들의 그런 모습을 은폐한다.	살피고 사기를 진작한 이들이기도 했다. 대사관 앞 소녀상은 그녀들의 그런 모습을 은폐한다.
75	206쪽 8행	없음	그녀들이 해방 후 돌아오지 못했던 것은 (중략) 단지 성적으로 더럽혀진 기억만이 아니다. <u>일본에게 협력한 기억, 그것 역시 그녀들을 돌아오지 못하도록 만든 것이 아니었을까.</u> 말하자면 '더럽혀진' 식민지의 기억은 '해방된 한국'에는 필요하지 않았다. (중략) 그런 한, '피해자' 소녀에게 목도리를 둘러주고 양말을 신겨주고 우산을 받쳐주던 사람들이, 그녀들이 <u>일본옷을 입고 일본이름을 가진 '일본인'으로서 '일본군'</u>에 협력했다는 사실을 알게 된다면 똑같은 손으로 그녀들을 손가락질할지도 모른다.	그녀들이 해방 후 돌아오지 못했던 것은 (중략) 단지 성적으로 더럽혀진 기억만이 아니다. <u>일본에게 협력한 기억, 그것 역시 그녀들을 돌아오지 못하도록 만든 것이 아니었을까.</u> 말하자면 '더럽혀진' 식민지의 기억은 '해방된 한국'에는 필요하지 않았다. (중략) 그런 한, '피해자' 소녀에게 목도리를 둘러주고 양말을 신겨주고 우산을 받쳐주던 사람들이, 그녀들이 <u>일본옷을 입고 일본이름을 가진 '일본인'으로서 '일본군'</u>에 협력했다는 사실을 알게 된다면 똑같은 손으로 그녀들을 손가락질할지도 모른다.

번호	위치	'허위사실/명예훼손' 주장	삭제 요구	'일부 인용' 가처분
76	207쪽 3행	'일본'이 주체가 된 전쟁에 '끌려'갔을 뿐 아니라 군이 가는 곳마다 '끌려'다녀야 했던 '노예'임이 분명했지만, 동시에 성을 제공해주고 간호해주며 전쟁터로 떠나는 병사를 향해 '살아 돌아오라'고 말했던 동지이기도 했다.	제외	
77	207쪽 10행	협력의 기억을 거세하고 하나의 이미지, 저항하고 투쟁하는 이미지만을 표현하는 '소녀'상은 협력해야 했던 '위안부'의 슬픔은 표현하지 못한다.	협력의 기억을 거세하고 하나의 이미지, 저항하고 투쟁하는 이미지만을 표현하는 '소녀'상은 협력해야 했던 '위안부'의 슬픔은 표현하지 못한다.	협력의 기억을 거세하고 하나의 이미지, 저항하고 투쟁하는 이미지만을 표현하는 '소녀'상은 협력해야 했던 '위안부'의 슬픔은 표현하지 못한다.
78	208쪽 1행	홀로코스트에는 '조선인 위안부'가 갖는 모순, 즉 피해자이자 협력자라는 이중적인 구도는 없다.	홀로코스트에는 '조선인 위안부'가 갖는 모순, 즉 피해자이자 협력자라는 이중적인 구도는 없다.	홀로코스트에는 '조선인 위안부'가 갖는 모순, 즉 피해자이자 협력자라는 이중적인 구도는 없다.
79	215쪽 21행	없음	그러나 일본 정부는 사죄했고, 2012년 봄에도 다시 사죄를 제안했다. 그리고 앞으로도 정대협이 주장하	그러나 일본 정부는 사죄했고, 2012년 봄에도 다시 사죄를 제안했다. 그리고 앞으로도 정대협이 주장하

번호	위치	'허위사실/명예훼손' 주장	삭제 요구	'일부 인용' 가처분
			는 국회입법이 이루어질 가능성은 없다. 그 이유는 1965년의 조약, 그리고 적어도 '강제연행'이라는 국가폭력이 조선인 위안부에 관해서 행해진 적은 없다는 점, 있다고 한다면 어디까지나 예외적인 사례여서 개인의 범죄로 볼 수밖에 없고 그런 한 '국가범죄'라고 말할 수는 없다는 점에 있다.	는 국회입법이 이루어질 가능성은 없다. 그 이유는 1965년의 조약, 그리고 적어도 '강제연행'이라는 국가폭력이 조선인 위안부에 관해서 행해진 적은 없다는 점, 있다고 한다면 어디까지나 예외적인 사례여서 개인의 범죄로 볼 수밖에 없고 그런 한 '국가범죄'라고 말할 수는 없다는 점에 있다.
80	217쪽 9행	시스템이 비인륜적이라고 해서 곧바로 그것을 '범죄'로 규정할 수 있는 것은 아니다.	제외	
81	217쪽 14행	다시 말해 국가로서의 '발상'과 기획에 대해 책임을 물을 수는 있지만, 위안부의 고통이 물리적으로는 업주나 군인에 의한 것인 이상 군인들의 이용을 '국가범죄'로 규정짓는 것은 무리가 있다.	제외	

번호	위치	'허위사실/명예훼손' 주장	삭제 요구	'일부 인용' 가처분
82	218쪽 10행	없음	그것은 위안부를 필요로 한 군이 위안부 모집을 조선이나 대만 총독부 등에 부탁했다고 하더라도 마찬가지다. (중략) <u>사기나 속임수를 써가며 모집하는 일까지를 일본군의 의도였다고 단정할 수는 없기 때문이다.</u> 군의 수요를 알게 된 업자들이 사기나 속임수를 써서까지 모집했던 것이 대부분이었고, 일본군은 그런 상황을 묵인하기도 했지만 공식적으로는 단속했다. 그리고 <u>단속한 이상 '단속' 쪽이 일본군의 인신매매에 대한 자세를 나타내는 것일 수밖에 없다.</u> 위안부들이 가혹한 노동을 하게 된 것은 분명 일본군이 그런 시스템을 허용하고 묵인하고 이용했기 때문이지만, 그에 따른 처벌을 일본군에게만 돌릴 수	

번호	위치	'허위사실/명예훼손' 주장	삭제 요구	'일부 인용' 가처분
			없는 상황이 존재하는 것이다. 그런 한 위안소 이용이 '국가범죄'가 될 수는 없다.	
83	219쪽 16행	'조선인 위안부'가 '군수품'이었다면, 강간당한 네덜란드 여성이나 중국 여성은 '전리품'이었다.	'조선인 위안부'가 '군수품'이었다면, 강간당한 네덜란드 여성이나 중국 여성은 '전리품'이었다.	
84	232쪽 6행	서글픈 사실이지만, 그 조약이 '양국 합의'의 형태를 띠고 있는 한 그 조약에 의거해 이루어진, '법적으로' '일본인'이 되어야 했던 조선인으로서의 피해는 보상의 근거가 없다는 말이 된다.	제외	
85	246쪽 1행	그런데 증언 가운데서도 믿기 어려울 만큼 끔찍한 이야기들이 대부분 북한 여성들의 증언이라는 것은 우연일까.	제외	
		1996년 시점에 '위안부'란 근본적으로 '매	1996년 시점에 '위안부'란 근본적으로 '매	1996년 시점에 '위안부'란 근본적으로 '매

번호	위치	'허위사실/명예훼손' 주장	삭제 요구	'일부 인용' 가처분
86	246쪽 7행	<u>춘'의 틀 안에 있던 여성들이라는 것을 알고 있었던 것이다.</u>	<u>춘'의 틀 안에 있던 여성들이라는 것을 알고 있었던 것이다.</u>	<u>춘'의 틀 안에 있던 여성들이라는 것을 알고 있었던 것이다.</u>
87	247쪽 14행	없음	그러나 당시의 '<u>위법</u>' 사항이 인신매매뿐이던 이상, 위안소 설치와 이용을 '<u>일본국의 범죄</u>'로 말할 수 있는 것은 아니다. '일본군'이 한 일을 범죄시하려면 오히려 개인적인 강간이나 폭행에 대해서 말해야 한다.	
88	254쪽 23행	없음	게다가 동원이 '인신매매'를 통해 이루어진다는 것을 군이 알고도 지시한 것이 아닌 한, 설사 방관했다 하더라도 <u>그 묵인이 의식적으로 이루어진 것이 아닌 한 '강제연행'이나 '인신매매'의 주체를 '일본군'으로 상정하는 것은 무리가 있다.</u>	
		또 앞에서도 살펴본 것처럼 <u>한일합방이 일본의 국민이 되겠</u>		

번호	위치	'허위사실/명예훼손' 주장	삭제 요구	'일부 인용' 가처분
89	263쪽 3행	다고 한 약속이었던 이상 '위안부' 동원을 '법적'으로 문제삼을 수도 없는 일이다.	제외	
90	265쪽 2행	<u>조선인 위안부는 같은 일본인 여성으로서의 동지적 관계였다.</u>	조선인 위안부는 같은 일본인 여성으로서의 동지적 관계였다.	조선인 위안부는 같은 일본인 여성으로서의 동지적 관계였다.
91	265쪽 19행	식민지배하에서 동원된 '제국의 피해자'이면서, <u>구조적으로는 함께 국가 협력(전쟁 수행)을 하게 된 '동지'의 측면을 띤 복잡한 존재였기 때문이었다.</u>	식민지배하에서 동원된 '제국의 피해자'이면서, 구조적으로는 함께 국가 협력(전쟁 수행)을 하게 된 '동지'의 측면을 띤 복잡한 존재였기 때문이었다.	식민지배하에서 동원된 '제국의 피해자'이면서, <u>구조적으로는 함께 국가 협력(전쟁 수행)을 하게 된 '동지'의 측면을 띤 복잡한 존재였기 때문이었다.</u>
92	272쪽 21행	없음	한국의 '위안부'들이 '기금'을 '위로금'으로 받아들이고 반발한 이유는 과거에 받았던 '차별' 경험과 기억 때문이다. '식민지'의 '위안부'들은 자신들이 '그곳'에 있게 된 이유가 '가난한 여성'이었기 때문이었고 그 가난이 '피지배민족'이라는 계급성이 만드는 것이라는 사실을 잘	

번호	위치	'허위사실/명예훼손' 주장	삭제 요구	'일부 인용' 가처분
			알고 있었다. 그렇기 때문에 더, 다시 한번 '모욕'당하는 일을 경계했고 그 결과로 '반발과 저항'이 강했던 것이다.	
93	288쪽 5행	가난한 자원병들은, 처음부터 신체 자체, 생명 자체를 국가에 저당잡힌 존재들이기도 하다.	제외	
94	288쪽 12행	일본의 패전 직후나 한국전쟁 때와 같은 일은 얼마든지 반복될 수 있다.	제외	
95	291쪽 6행	'조선인 위안부'란 "이렇게 해서 조선이나 중국의 여성들이 일본의 공창제도의 최하층에 편입되었고, 아시아 태평양전쟁기의 '위안소'의 최대공급원"(110쪽)이 되면서 생긴 존재였다.	'조선인 위안부'란 "이렇게 해서 조선이나 중국의 여성들이 일본의 공창제도의 최하층에 편입되었고, 아시아 태평양전쟁기의 '위안소'의 최대공급원"(110쪽)이 되면서 생긴 존재였다.	'조선인 위안부'란 "이렇게 해서 조선이나 중국의 여성들이 일본의 공창제도의 최하층에 편입되었고, 아시아 태평양전쟁기의 '위안소'의 최대공급원"(110쪽)이 되면서 생긴 존재였다.
96	291쪽 10행	(업자나 위안부 자신이 선택했을 수도 있다.)	제외	
		그러나 '조선인 위안		

번호	위치	'허위사실/명예훼손' 주장	삭제 요구	'일부 인용' 가처분
97	291쪽 11행	부'가 전체 위안부의 '대부분'이라는 게 가능한 일이었을까.	제외	
98	291쪽 24행	군이나 경관에 의한 '강제연행'은 증언을 그대로 받아들인다고 해도 오히려 극소수다.	제외	
99	292쪽 2행	이들은 본인이 하지 않아도 중간업자에 의해 이미 포주와의 계약관계에 있었고, 그 때문에 도망치지 못하도록 감시당했다.	제외	
100	294쪽 5행	그들이 그렇게 전쟁터에까지 함께 가게 된 건 똑같이 '일본제국'의 구성원, '낭자군'으로 불리는 '준군인' 같은 존재였기 때문이다.	그들이 그렇게 전쟁터에까지 함께 가게 된 건 똑같이 '일본제국'의 구성원, '낭자군'으로 불리는 '준군인' 같은 존재였기 때문이다.	그들이 그렇게 전쟁터에까지 함께 가게 된 건 똑같이 '일본제국'의 구성원, '낭자군'으로 불리는 '준군인' 같은 존재였기 때문이다.
101	294쪽 16행	그녀들이 '낭자군'이라고 불렸던 것은 그녀들이 국가의 세력을 확장하는 '군대'의 보조 역할을 했기 때문이다.	그녀들이 '낭자군'이라고 불렸던 것은 그녀들이 국가의 세력을 확장하는 '군대'의 보조 역할을 했기 때문이다.	그녀들이 '낭자군'이라고 불렸던 것은 그녀들이 국가의 세력을 확장하는 '군대'의 보조 역할을 했기 때문이다.
		'조선인 위안부'는 피	'조선인 위안부'는 피	'조선인 위안부'는 피

번호	위치	'허위사실/명예훼손' 주장	삭제 요구	'일부 인용' 가처분
102	294쪽 22행	해자였지만 식민지인으로서의 협력자이기도 했다.	해자였지만 식민지인으로서의 협력자이기도 했다.	해자였지만 식민지인으로서의 협력자이기도 했다.
103	295쪽 7행	'조선인 위안부'를 '일본군'이 직접 '강제로 끌어간' 존재이고 그들을 '감금'한 것도 일본군이고 모든 군인은 포악하고 모든 위안부는 '순진한 어린 소녀'로만 간주하는 일은 그런 모습으로 보이지 않는 또 다른 위안부(이른바 '매춘부'를 포함)들을 배제하는 일이기도 하다.		
104	295쪽 10행	그것은 우리의 피해자성을 희석시키고 싶지 않은 피해자로서의 욕망이 시키는 일이지만, 표면적인 모습이 '완벽한 피해자'로 보이지 않는다 해도 그들 역시 피해자이고 희생자였다.	제외	
105	296쪽 19행	그리고 '자발적으로 간 매춘부'라는 이미지를 우리가 부정해	그리고 '자발적으로 간 매춘부'라는 이미지를 우리가 부정해	그리고 '자발적으로 간 매춘부'라는 이미지를 우리가 부정해

번호	위치	'허위사실/명예훼손' 주장	삭제 요구	'일부 인용' 가처분
		온 것 역시 그런 욕망, 기억과 무관하지 않다.	온 것 역시 그런 욕망, 기억과 무관하지 않다.	온 것 역시 그런 욕망, 기억과 무관하지 않다.
106	296쪽 22행	하지만 우리 자신의 또 다른 얼굴을 보지 않으려 했던 그 시간들은 '한국인 위안부'와 다른 나라 '위안부'와의 차이를 소거해버린 시간이기도 했다.	제외	
107	298쪽 5행	문제는 네덜란드 여성과 '조선인 위안부' 역시 '적'의 관계였다는 점이다.	문제는 네덜란드 여성과 '조선인 위안부' 역시 '적'의 관계였다는 점이다.	
108	300쪽 18행	그러다가 2000년대 이후부터 정대협의 운동은 '여성의 인권 문제'를 기치로 하고 있다. 그러나 마찬가지로 북한의 인권 문제에 대한 문제제기는 없었다.	제외	
		그것은 일본의 진보가 꿈꾸었던 '일본 사회의 개혁'과 통하는 말이었지만, 그것은 정대협의 운동도 '위		

번호	위치	'허위사실/명예훼손' 주장	삭제 요구	'일부 인용' 가처분
109	301쪽 4행	안부 문제 해결'보다 '진보'가 세상을 바꾸는[(우익을 물리쳐 세계를 이끄는)] 정치적인 문제에 더 중점이 두어져 있었다는 것을 보여준다.	제외	
110	301쪽 22행	정대협의 북한과의 연대는 '민족'으로서의 연대라기보다는 실은 '좌파'로서의 연대였다.	제외	
111	306쪽 10행	중국이나 네덜란드와 같은 일본의 적국 여성들의 '완벽한 피해'의 기억을 빌려와 덧씌우고, 조선 여성들의 '협력'의 기억을 벗겨낸 소녀상을 통해 그들을 '민족의 딸'로 만드는 것은, 가부장제와 국가의 희생자였던 '위안부'를 또 다시 국가를 위해 희생시키는 일일 뿐이다.	중국이나 네덜란드와 같은 일본의 적국 여성들의 '완벽한 피해'의 기억을 빌려와 덧씌우고, 조선 여성들의 '협력'의 기억을 벗겨낸 소녀상을 통해 그들을 '민족의 딸'로 만드는 것은, 가부장제와 국가의 희생자였던 '위안부'를 또 다시 국가를 위해 희생시키는 일일 뿐이다.	중국이나 네덜란드와 같은 일본의 적국 여성들의 '완벽한 피해'의 기억을 빌려와 덧씌우고, 조선 여성들의 '협력'의 기억을 벗겨낸 소녀상을 통해 그들을 '민족의 딸'로 만드는 것은, 가부장제와 국가의 희생자였던 '위안부'를 또 다시 국가를 위해 희생시키는 일일 뿐이다.
112	306쪽 20행	그녀들은 '이동'에 의해 경제력을 갖춘 주	제외	

번호	위치	'허위사실/명예훼손' 주장	삭제 요구	'일부 인용' 가처분
		체로 재주체화했다.		
113	307쪽 14행	"낭자군에 기생하는 행태로 일본인의 상업활동이 형성되고/되어, 발전을 이루었"고 그중에서도 "기모노집, 일상잡화집, 여관업, 의사, 그리고 사진업, 세탁소 등, 모두 낭자군의 번영에 '기생'하는 형태로 발생한"(야노 도루, 43쪽) 일이 있었던 것처럼, 그런 식의 상권이 머지 않아 타국의 토지와 제도에 관한 권리를 획득하게 되는 것이 제국주의였다는 점에서, 낭자군들은 무의식적인 제국주의자들이기도 했다.	제외	
114	308쪽 17행	최근 들어 그중에는 전부가 조선인은 아니었다는 인식도 내놓고 있지만, 정대협이 인식의 변화를 공식적으로 말하고 수정한 적은 한 번도 없다.	제외	

번호	위치	'허위사실/명예훼손' 주장	삭제 요구	'일부 인용' 가처분
115	308쪽 19행	2013년 1월에 이루어진 뉴욕 주 상원 결의는 한국의 주장을 인정하면서도 '일본의 사죄'를 요구하고 있지 않다.	제외	
116	310쪽 3행	정대협은 '아시아'의 '위안소'가 똑같이 여성들을 '강제로 끌어간' 곳으로 생각해서 이 프로젝트를 추진한 것이겠지만, 당시에 싱가포르에 가 있었던 <u>조선인 여성은 '일본제국'의 일원이었다.</u> (중략) <u>그들에게 태평양전쟁 때의 조선인이란 '일본인'이고 자국을 침략한 적국의 여성일 뿐이었다.</u>	정대협은 '아시아'의 '위안소'가 똑같이 여성들을 '강제로 끌어간' 곳으로 생각해서 이 프로젝트를 추진한 것이겠지만, 당시에 싱가포르에 가 있었던 조선인 여성은 '일본제국'의 일원이었다. (중략) 그들에게 태평양전쟁 때의 조선인이란 '일본인'이고 자국을 침략한 적국의 여성일 뿐이었다.	
117	310쪽 16행	조선인 위안부들은 일본인 위안부들에게 차별을 당했지만, 냄새난다는 이유로 대만인을 싫어했던 <u>조선인 위안부들이 '현지' 여성들을 차별하지 않았으리라는 보장은 없다.</u>	조선인 위안부들은 일본인 위안부들에게 차별을 당했지만, 냄새난다는 이유로 대만인을 싫어했던 조선인 위안부들이 '현지' 여성들을 차별하지 않았으리라는 보장은 없다.	

번호	위치	'허위사실/명예훼손' 주장	삭제 요구	'일부 인용' 가처분
118	310쪽 22행	'위안부'의 피해는 보상되어야 하지만, '조선인 위안부'는 한국이 바라는 방식으로 '기림'을 받기에는 모순이 없지 않은 존재다.	'위안부'의 피해는 보상되어야 하지만, '조선인 위안부'는 한국이 바라는 방식으로 '기림'을 받기에는 모순이 없지 않은 존재다.	
119	311쪽 4행	한국의 욕망이 투영된 '피해자이자 투사'로서의 '민족의 딸'을 보는 일은 우리가 아시아에서 '적의 여자'이기도 했던 일을 잊는 일이기도 하다.	한국의 욕망이 투영된 '피해자이자 투사'로서의 '민족의 딸'을 보는 일은 우리가 아시아에서 '적의 여자'이기도 했던 일을 잊는 일이기도 하다.	
120	312쪽 7행	일본 정부는 사죄했고, 일본의 사죄를 받아들인 위안부도 많다.	제외	
121	319쪽 17행	그러나 위안부 지원(하지만 위안부들은 정부의 '인정급'과 생활지원을 받고 있어서 생활이 비교적 안정적이라고 한다), 박물관 건립 등 그동안 이어져 온 '모금'과 '기부' 운동에 수많은 일본인들이 여전히 참여하고 있다는 것은 아이러니가 아닐 수 없다.	제외	

번호	위치	'허위사실/명예훼손' 주장	삭제 요구	'일부 인용' 가처분
122	320쪽 2행	정대협의 '운동'을 거대한 '국가적 소모'라고까지 느끼는 내 감성을 그저 '친일파'로 간주하려는 이들이 있을지도 모르겠다.	제외	

제국의 위안부—식민지지배와 기억의 투쟁
제3판(원본 복원판)

2013년 8월 12일 초판 1쇄 펴냄
2014년 7월 25일 초판 4쇄 펴냄
2015년 6월 16일 제2판 1쇄 펴냄
2020년 1월 22일 제2판 7쇄 펴냄
2025년 12월 16일 제3판 1쇄 펴냄

지은이 박유하

펴낸이 정종주
편 집 박윤선
마케팅 김창덕

펴낸곳 도서출판 뿌리와이파리
등록번호 제10-2201호(2001년 8월 21일)
주소 서울시 마포구 월드컵로 128-4 2층
전화 02)324-2142~3
전송 02)324-2150
전자우편 puripari@hanmail.net

종이 화인페이퍼
인쇄·제본 영신사
라미네이팅 금성산업

값 20,000원
ISBN 978-89-6462-215-5 (03300)